COURS ÉLÉMENTAIRE

d'Électricité pratique

OUVRAGES DU MÊME AUTEUR

Électricité expérimentale et pratique. Cours professé à l'École des officiers torpilleurs. 1889-1894. 3 tomes en 4 volumes in-8°, avec 410 figures et 3 planches.

Tome I. — Étude générale des phénomènes électriques et des lois qui les régissent. 2ᵉ édition. 293 pages, avec 84 figures et 3 planches. . . . . **6 fr.**

Tome II. — Mesures électriques. 2ᵉ édition. 273 pages, avec 95 figures. **6 fr.**

Tome III. — Description et emploi du matériel électrique a bord des navires.

1ᵉʳ fascicule. 2ᵉ édition. 300 pages, avec 119 figures. . . **6 fr.**

2ᵉ fascicule. 2ᵉ édition. 468 pages, avec 112 figures. . . **8 fr.**

Les Moteurs électriques à courant continu. 1894. Un volume in-8° de 500 pages, avec 120 figures, broché . . . . . **10 fr.**

(OUVRAGES COURONNÉS PAR L'ACADÉMIE DES SCIENCES.)

(Berger-Levrault et Cⁱᵉ, éditeurs.)

COURS ÉLÉMENTAIRE

d'Électricité pratique

PAR

H. LEBLOND

AGRÉGÉ DES SCIENCES PHYSIQUES
PROFESSEUR D'ÉLECTRICITÉ A L'ÉCOLE DES OFFICIERS TORPILLEURS

Avec 201 figures

TROISIÈME ÉDITION
mise à jour et augmentée

BERGER-LEVRAULT ET Cie, ÉDITEURS

PARIS | NANCY
5, RUE DES BEAUX-ARTS | 18, RUE DES GLACIS

1899

Tous droits réservés

AVERTISSEMENT DE LA TROISIÈME ÉDITION

En présentant cette troisième édition de notre *Cours élémentaire d'électricité pratique,* nous rappelons que nous avons voulu, en l'écrivant, exposer au *praticien,* d'une manière simple et claire, les principes indispensables pour comprendre les appareils électriques et surtout en faire usage.

Nous avons particulièrement insisté sur la conduite, l'entretien et les avaries des appareils, dans la troisième partie de cet ouvrage, et nous sommes entré dans des détails plus circonstanciés qu'on ne le fait d'ordinaire, de manière à permettre la manœuvre intelligente des appareils.

Nous restons toujours persuadé, comme au moment d'écrire ce livre, que la possession des principes généraux est plus utile au praticien que la description d'un grand nombre d'appareils presque toujours différents de ceux auxquels il aura affaire. Néanmoins, nous avons cédé à quelques sollicitations et développé notablement, dans cette nouvelle édition, la partie descriptive, notamment en ce qui concerne les *ampèremètres* et *voltmètres*, les *dynamos*, les *monte-charges électriques*, les *commandes électriques des projecteurs*, etc.

Ainsi augmentée, cette nouvelle édition contient toutes les matières du programme d'examens pour l'obtention du brevet de torpilleur-électricien. Elle reste conforme au programme d'examens pour le grade de premier maître mécanicien.

Toulon, avril 1899.

H. LEBLOND.

COURS ÉLÉMENTAIRE
D'ÉLECTRICITÉ PRATIQUE

PREMIÈRE PARTIE

ÉTUDE ÉLÉMENTAIRE DES COURANTS ÉLECTRIQUES DE LEUR MODE DE PRODUCTION ET DE LEUR UTILISATION

CHAPITRE PREMIER

NOTIONS DE MAGNÉTISME

1. Aimants naturels. — La pierre noire et brillante que je tiens à la main est un morceau d'un minerai de fer particulier, que l'on trouve dans certaines mines de Suède. Il est tel qu'il est sorti de la mine et son apparence ne présente rien de bien particulier.

Si je plonge cette pierre dans le tas de limaille de fer qui est devant moi, et que je l'en retire ensuite, je remarque qu'elle emporte avec elle de nombreuses parcelles de limaille, qui restent comme collées à sa surface.

Après avoir enlevé la limaille adhérente à la pierre, je recommence l'expérience en l'approchant cette fois de quelques grains de limaille de fer que j'ai séparés du tas ; je vois que lorsque ma pierre est suffisamment rapprochée de la limaille, sans toutefois la toucher, des parcelles de celle-ci sautent après elle et y restent collées, comme dans notre première expérience. La pierre a donc *attiré* à elle les grains de limaille, bien qu'ils en fussent à quelque distance.

Je puis réussir, de la même manière, à enlever avec la pierre de petits morceaux de fer bien plus gros que les grains de limaille, tels que ces clous en fer. Je puis même en attirer quelques-uns à distance.

Ce caillou, qui paraissait semblable à beaucoup d'autres, produit cependant, vous le voyez, des effets tout particuliers sur le fer : il l'attire et le maintient adhérent à sa surface. Aussi lui donne-t-on un nom spécial : on l'appelle *pierre d'aimant,* ou plus simplement *aimant.*

2. Métaux magnétiques. — Si j'essaye l'action de mon aimant sur d'autres métaux que le fer, je vois aisément qu'il peut encore attirer et maintenir adhérents de la limaille ou de petits morceaux d'acier ou de fonte ; je constate cependant que l'effet produit n'est plus aussi grand qu'avec le fer. Je n'obtiens plus aucune action sur de la limaille de cuivre, de laiton, de bronze, de zinc.

Si nous pouvions essayer un plus grand nombre de métaux, nous pourrions vérifier qu'en plus du fer, de la fonte et de l'acier, le nickel seul, parmi les métaux usuels, est encore attiré par l'aimant ; comme sur le cuivre, l'aimant est sans action sensible sur tous les autres métaux usuels.

L'aimant est également sans action sensible sur les corps non métalliques.

3. — On appelle *métaux magnétiques* ceux qui sont attirés par l'aimant. Comme nous l'avons vu, les métaux magnétiques subissent l'attraction à des degrés différents ; ils sont plus ou moins magnétiques ; le fer doux, c'est-à-dire pur, est le plus magnétique des métaux.

4. Aimants artificiels. — Voici maintenant deux barreaux d'acier ; l'un d'eux est tel qu'il a été fabriqué et, comme vous le voyez, il est sans action sur la limaille de fer. L'autre, au contraire, a subi, depuis sa fabrication, certaines opérations que nous indiquerons plus loin (**18** et **185**) ; si je le roule dans la limaille de fer, les grains de limaille s'attachent à la surface, comme sur la pierre d'aimant : il attire de la limaille ou des clous de fer à distance ; je puis même soulever avec lui des morceaux de fer assez gros. Ce dernier barreau d'acier est donc maintenant un aimant ; on dit qu'il a été *aimanté*; seulement, comme il ne l'était pas de lui-même, qu'il a fallu, par un procédé particulier, le rendre capable d'attirer le fer, c'est un *aimant artificiel*.

5. Aimants droits et aimants en fer à cheval. —
Vous voyez aisément la supériorité des aimants artificiels sur les aimants naturels. Les pierres d'aimants ont la forme irrégulière sous laquelle on les trouve ; les aimants artificiels, au contraire, peuvent être façonnés, avant leur aimantation, de manière à prendre toutes les formes qu'on voudra. Ainsi les figures 1 et 2 représentent un barreau d'acier aimanté

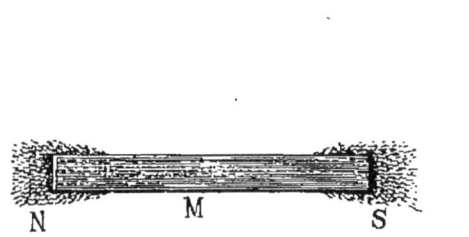
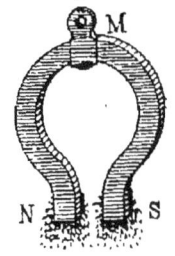

Fig. 1. — Aimant droit.   Fig. 2. — Aimant en fer à cheval.

droit et un barreau d'acier aimanté recourbé en fer à cheval ; le premier s'appelle *aimant droit*, le second *aimant en fer à cheval*.

6. —
Un autre avantage des aimants artificiels, c'est qu'on peut les aimanter plus ou moins fortement, c'est-à-dire les rendre capables d'attirer plus ou moins fortement le fer et les autres métaux magnétiques.

Nous pouvons constater aisément, avec un aimant artificiel, que les aimants attirent les métaux magnétiques même à travers les corps qui ne sont pas magnétiques, tels que le papier, le bois, le cuivre.

7. Pôles des aimants. — Si vous examinez un aimant artificiel après l'avoir roulé dans la limaille de fer, vous voyez que les grains de limaille ne sont pas restés adhérents uniformément sur toute la surface, mais qu'ils se sont portés de préférence autour de certains points N et S (*fig. 1 et 2*) situés près des extrémités ; on donne le nom de *pôles de l'aimant* à ces points où l'attraction sur le fer est plus forte. L'espace intermédiaire M, où l'attraction est presque nulle, s'appelle *ligne neutre*.

8. Action de la terre sur les aimants. — Les deux pôles d'un même aimant attirent également le fer ; il ne faudrait pas croire cependant qu'ils aient dans tous les cas les mêmes propriétés.

L'expérience suivante va nous prouver le contraire.

Suspendons un barreau d'acier aimanté, par son milieu, à un fil, de manière qu'il se tienne horizontal ; mieux encore,

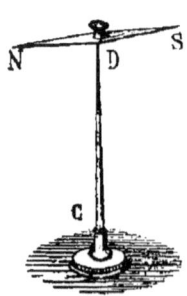

Fig. 3. — Aiguille aimantée.

prenons ce qu'on appelle une *aiguille aimantée*, c'est-à-dire un aimant artificiel très léger et de forme allongée NS, et plaçons-la en son milieu sur un pivot vertical CD, de façon qu'elle puisse se mouvoir horizontalement (*fig. 3*), en ayant soin toutefois d'écarter d'elle tout autre aimant, ou tout corps magnétique un peu important. Dès que l'aiguille aimantée est abandonnée à elle-même, elle prend une direction qui est toujours la même en un même lieu.

Si nous écartons l'aiguille de la direction qu'elle a prise, elle y revient invariablement.

Que l'on recommence cette même expérience avec vingt aiguilles différentes, et l'on trouvera que leurs directions sont toutes les mêmes.

L'une des extrémités de l'aiguille aimantée pointe vers le Nord de la terre, l'autre vers le Sud et, si nous repérons ces extrémités, nous pouvons vérifier que c'est toujours la même extrémité de l'aiguille, c'est-à-dire le même pôle qui est dirigé vers le Nord de la terre. C'est là, comme vous le voyez, un fait capital qui permet de distinguer les deux pôles d'une aiguille aimantée ou d'un aimant quelconque : le pôle qui se dirige vers le Nord de la terre est appelé *pôle nord* de l'aimant ; le pôle dirigé vers le Sud de la terre est le *pôle sud* de l'aimant. On repère généralement les pôles d'un aimant par les lettres N et S.

9. — La direction constante prise en un même lieu par une aiguille aimantée mobile horizontalement, est appelée direction du *méridien magnétique* en ce lieu. L'angle que fait la *direction du méridien magnétique* avec la *direction du méridien terrestre* s'appelle *angle de déclinaison*.

10. — Si maintenant nous prenons une aiguille aimantée mobile autour d'un *axe horizontal* passant par son centre de gravité, de telle manière que cette aiguille puisse alors s'orienter dans un plan vertical, et si nous donnons à ce plan vertical la direction du méridien magnétique déterminée comme précédemment, nous voyons le pôle nord de l'aiguille se porter encore vers le Nord de la terre. De plus, quand l'aiguille a pris sa position d'équilibre, la pointe nord est au-dessous du plan horizontal passant par l'axe de suspension, la pointe sud étant au-dessus.

On appelle *angle d'inclinaison* l'angle que fait avec l'horizontale l'aiguille ainsi mobile dans un plan vertical orienté suivant le méridien magnétique.

11. — On a reconnu de plus que l'action de la terre sur une aiguille aimantée ne pouvait produire que les effets d'orientation que nous venons d'indiquer et qu'en aucun cas on n'avait observé soit un déplacement de l'aiguille dans le plan horizontal, soit un déplacement dans le sens vertical. L'action de la terre est donc purement *directrice*.

12. Actions réciproques des pôles de deux aimants. — Je reprends notre aiguille aimantée mobile horizontalement de tout à l'heure et dont j'ai repéré le pôle nord n et le pôle sud s. D'autre part, voici un barreau aimanté pour lequel j'ai pareillement repéré le pôle nord N et le pôle sud S, en le suspendant par un fil de manière qu'il pût s'orienter librement.

Tenant le barreau aimanté à la main, j'approche son pôle nord N du pôle nord n de l'aiguille; je vois aussitôt que le pôle n est repoussé dans le sens de la flèche (*fig. 4*). Au contraire, le pôle nord N du barreau attire le pôle sud s de l'aiguille. Pareillement, le pôle S du barreau repousse s et attire n.

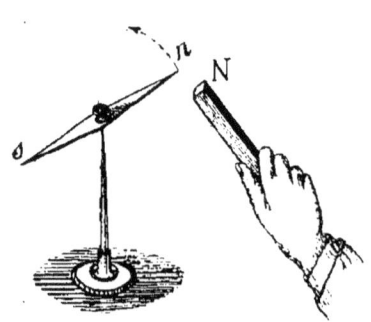

Fig. 4. — Actions réciproques des pôles d'aimant.

Ces faits nous conduisent à la loi suivante : *Les pôles de même nom se repoussent, les pôles de noms contraires s'attirent.*

13. — Il nous est facile de voir que ces effets d'attraction et de répulsion sont d'autant plus marqués que la distance est moins grande.

14. Aimant directeur. — Plaçons, au-dessous d'un puissant aimant droit NS (*fig. 5*), ou entre les pôles d'un aimant en fer à cheval, une aiguille aimantée mobile ns, nous voyons qu'elle s'oriente suivant la ligne joignant les pôles de l'aimant et de manière que son pôle nord n soit vis-à-vis du pôle sud S de l'aimant.

Si même nous faisons tourner l'aimant autour de l'axe OO',

de manière à changer la direction de la ligne de ses pôles, la direction de l'aiguille change également, de manière à toujours rester parallèle à la première.

Ainsi, tandis que l'aiguille aimantée *ns*, si elle était seule, conserverait toujours la même direction (8), l'addition de l'aimant NS permet d'en modifier à volonté l'orientation. Aussi un pareil aimant a-t-il reçu le nom d'*aimant directeur*.

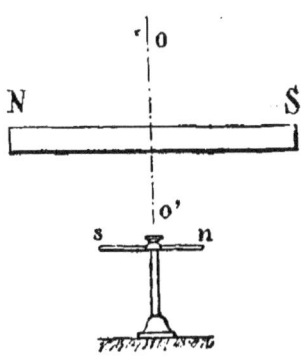

Fig. 5. — Aimant directe r.

15. — Cette orientation d'une aiguille aimantée parallèlement à un aimant directeur placé dans son voisinage, permet d'expliquer l'action directrice terrestre par l'assimilation de la terre à un immense aimant qui aurait un *pôle sud* au Nord de la terre et un *pôle nord* au Sud.

16. Aimantation par contact ou par frottement. — Présentons à l'un des pôles N d'un aimant NS un petit barreau de fer doux *ns*. Ce dernier reste adhérent à l'aimant, comme vous le savez. De plus, si nous approchons de l'extrémité *n* de ce barreau de fer quelques grains de limaille, cette

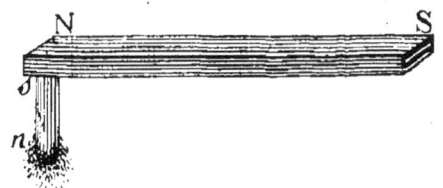

Fig. 6. — Aimantation par contact.

limaille y reste également adhérente (*fig. 6*). Le barreau de fer doux *ns* est donc lui-même aimanté pendant qu'il est en contact avec l'aimant NS. En approchant de *n* une aiguille aimantée mobile dont nous aurions repéré les pôles, nous pourrions constater que si N est le pôle nord de l'aimant NS, l'extrémité *n* du barreau de fer repousse le pôle nord de l'aiguille mobile servant aux essais et constitue par conséquent elle-même un pôle nord. Les choses se passent comme si le pôle N de l'aimant avait été reporté en *n*.

17. — Cette aimantation du fer doux au contact de l'aimant se produit instantanément aussitôt le contact établi. Mais l'aimantation cesse dès que l'aimant est éloigné du barreau de fer, si ce fer est bien pur.

Il n'en est pas de même lorsqu'on remplace le barreau de fer *ns* par un barreau d'*acier trempé*. L'aimantation au contact se produit plus lentement, mais persiste après qu'on a éloigné l'aimant NS, et l'on peut constater alors que le barreau d'acier est un aimant artificiel *permanent* présentant un pôle à chaque extrémité ; le pôle formé à l'extrémité du barreau la plus éloignée de l'aimant est toujours de même nom que le pôle de l'aimant avec lequel le barreau était en contact.

La fonte et le fer qui n'est pas pur peuvent également conserver une faible aimantation permanente, après qu'on les a mis en contact avec un aimant.

18. — Si l'on veut aimanter fortement, d'une manière permanente, un barreau d'acier trempé, le simple contact avec un aimant ne suffit pas, il faut alors opérer des frictions avec l'aimant sur le barreau. Trois méthodes principales sont employées pour aimanter ainsi un barreau d'acier trempé : la méthode de la *simple touche*, la méthode de la *double touche séparée* et celle de la *double touche réunie*.

Pour opérer par *simple touche*, on frotte le barreau à aimanter avec l'un des pôles d'un aimant, d'une extrémité à l'autre du barreau et toujours dans le même sens, jusqu'à ce que l'on constate que l'aimantation du barreau n'augmente plus. Le pôle d'aimant développe ainsi un pôle de nom contraire à l'extrémité du barreau dont il s'approche et un pôle de même nom à l'extrémité dont il s'éloigne.

Pour la *double touche séparée*, on pose les deux pôles contraires de deux forts aimants au milieu du barreau d'acier que l'on veut aimanter, en inclinant ces aimants d'environ 30° sur le barreau, puis écartant les aimants l'un de l'autre, on les fait glisser jusqu'aux extrémités du barreau, pour les reposer ensuite au milieu et recommencer toujours de la même manière, jusqu'à ce que l'on constate que l'aimantation du barreau d'acier n'augmente plus.

On développe ainsi aux extrémités du barreau à aimanter des pôles de noms contraires à ceux des aimants qui glissent sur la moitié correspondante.

Souvent on ajoute à l'action des aimants mobiles celle de deux aimants fixes sur les pôles desquels reposent les extrémités du barreau à aimanter ; les pôles des aimants fixes sont d'ailleurs disposés, quant aux noms, de la même façon que les pôles des aimants mobiles. On opère ensuite comme précédemment.

Pour la *double touche réunie,* on dispose le barreau à aimanter, les aimants fixes et les aimants mobiles comme dans la double touche séparée ; mais on promène les deux aimants mobiles attachés ensemble un nombre pair de fois sur chacune des moitiés du barreau à aimanter. Ainsi on part du milieu, on va vers une des extrémités, puis de cette extrémité à l'autre, un certain nombre de fois alternativement dans les deux sens, en ayant soin de revenir finalement à l'extrémité d'où on est parti, puis de retourner au milieu.

L'aimantation se produit d'ailleurs de même sens qu'avec la double touche séparée.

19. Aimantation par influence. — Plaçons au voisinage du pôle N d'un aimant NS, un petit barreau de fer doux *ns*, sans qu'il y ait contact entre eux. Le barreau *ns* s'aimante encore comme précédemment, ainsi que nous pouvons nous en assurer en projetant sur lui de la limaille de fer, qui reste adhérente aux extrémités *n* et *s* (*fig.* 7).

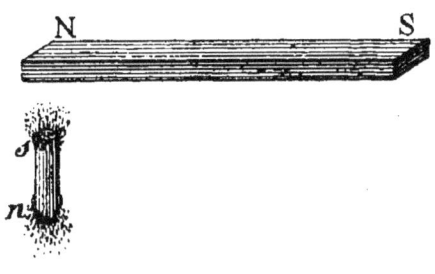

Fig. 7. — Aimantation par influence.

Avec une aiguille aimantée mobile et à pôles repérés, nous pouvons constater l'existence en n d'un pôle de même nom que N et à l'extrémité s la plus rapprochée un pôle de nom contraire.

Cette aimantation à distance s'appelle *aimantation par influence* : elle devient d'ailleurs plus faible, si nous éloignons le barreau ns de l'aimant NS. Au delà d'une certaine distance, nous cessons même de constater une aimantation sensible.

L'aimantation du barreau de fer doux ns cesse instantanément, si on enlève brusquement l'aimant NS.

20. — Si donc nous prenons une petite aiguille en *fer doux* ns mobile autour d'un axe (*fig. 8*) et que nous la placions entre les deux pôles d'un aimant en fer à cheval puissant NS, cette aiguille de fer va devenir instantanément une aiguille aimantée et alors se diriger parallèlement à la ligne des pôles de l'aimant (**14**), si elle est placée à égales distances de ces pôles.

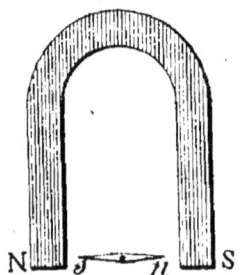

Fig. 8. — Aimantation par influence.

21. — Tous les métaux magnétiques s'aimantent par influence, lorsqu'ils sont placés au voisinage des pôles d'un aimant et d'autant plus fortement qu'ils sont plus magnétiques (**3**).

Mais l'acier trempé acquiert ainsi une aimantation permanente. Il en est de même de la fonte et du fer impur, quoique à un degré moindre.

22. — Nous avons dit (**15**) que la terre pouvait, à certain point de vue, être assimilée à un aimant.

Cette assimilation est justifiée encore par le phénomène d'aimantation par influence qui nous occupe. En effet, un morceau de fer placé dans la direction du méridien magnétique s'aimante momentanément. Un morceau d'acier trempé placé de la même manière peut prendre une aimantation permanente. Ces aimantations sont surtout appréciables, si on donne au morceau de fer ou d'acier l'angle d'inclinaison dans le plan du méridien magnétique (**10**).

Nous devons ajouter toutefois que ces aimantations ainsi obtenues directement sous l'influence de la terre sont toujours très faibles.

23. Conservation de l'aimantation. — L'aimantation des aimants artificiels, même en bon acier trempé, s'affaiblit peu à peu. On peut cependant ralentir ou même empêcher complètement cet affaiblissement en réunissant l'un à l'autre les pôles des aimants par des morceaux de fer. A cet effet, les aimants droits sont disposés deux par deux (NS

Fig. 9. — Conservation de l'aimantation des aimants droits par des pièces de fer.

Fig. 10. — Conservation de l'aimantation des aimants en fer à cheval par une armature.

et N'S'), dans des boîtes, leurs pôles de noms contraires en regard et réunis par les morceaux de fer A et B (*fig. 9*). Les deux pôles O et S d'un aimant en fer à cheval peuvent être réunis par un seul morceau de fer A (*fig. 10*). Ces pièces de fer se nomment *armatures* des aimants.

24. Champ magnétique d'un aimant. — Les expériences que nous avons faites (**1** et **2**) pour prouver qu'un aimant attire de la limaille de fer ou d'autres corps magnétiques nous ont montré en même temps que cette attraction ne se produit que si la distance n'est pas trop grande.

Nous avons dit aussi que les effets d'attraction ou de répulsion que les pôles d'un aimant exercent sur les pôles d'autres aimants placés dans son voisinage sont d'autant plus faibles que ces derniers sont placés à une distance plus grande (**13**).

Enfin, l'aimantation par influence développée par un aimant dans les corps magnétiques cesse d'être sensible si ceux-ci sont trop loin (**19**).

25. — Nous voyons donc qu'un aimant ne peut manifester les propriétés qui le caractérisent qu'autant que les corps magnétiques sur lesquels on le fait agir sont situés dans un certain espace autour des pôles.

On appelle *champ magnétique* d'un aimant l'espace qui l'environne et dans lequel ses propriétés magnétiques restent sensibles.

De deux aimants de même forme c'est le plus puissant qui peut le plus loin attirer la limaille de fer, agir sur une aiguille aimantée, ou produire l'aimantation par influence. Pour cet aimant, les limites de l'espace où les propriétés magnétiques sont sensibles sont donc plus reculées, c'est-à-dire que son champ magnétique est *plus étendu*.

Mais l'étendue plus ou moins grande du champ magnétique d'un aimant est une qualité bien peu importante pour les applications dont nous nous occuperons surtout.

26. — Bien qu'il s'agisse ici de choses auxquelles vous êtes encore peu habitués et qui, par cela seul, peuvent vous paraître difficiles à comprendre, les notions que je viens de vous donner sont fort simples. Je vais cependant les rendre plus claires, pour vous, en faisant quelques comparaisons.

Si vous vous chauffez devant une cheminée, vous pouvez, sans cesser d'éprouver la sensation de la chaleur, vous placer à une distance du feu d'autant plus grande que ce feu est plus ardent, et ou pourrait dire que le feu le plus ardent a le *champ calorifique le plus étendu*. C'est une excellente chose qu'un feu pouvant chauffer même les parties les plus reculées de la chambre où l'on se trouve, lorsqu'il fait froid.

Mais, vous le savez mieux que moi, si l'on se sert du feu pour chauffer l'eau d'une chaudière à vapeur, ce n'est nullement un avantage que le foyer chauffe au loin autour de lui et c'est même un grave inconvénient, d'abord parce que le chauffeur en est incommodé, et ensuite parce que la chaleur envoyée par le foyer dans la chambre de chauffe est perdue pour la chaudière. Ce qu'on doit chercher dans ce cas c'est, au contraire, à empêcher le foyer d'envoyer de la chaleur aux corps qui l'environnent, sauf à la chaudière.

Pour cela, on enveloppe quelquefois le foyer de matières peu conductrices de la chaleur, comme des briques par exemple, et au contraire la chaudière est elle-même en contact aussi parfait que possible, par une très grande surface métallique, avec le foyer.

On diminue de la sorte, pour employer les expressions que je cherche à vous faire comprendre, l'étendue du champ calorifique du foyer, mais on rend la chaleur plus forte, plus intense là où elle est utile, c'est-à-dire autour de la chaudière, et c'est la grandeur de l'action calorifique du foyer sur cette dernière qui est la chose intéressante.

27. — Pareillement, lorsque le vent souffle quelque part, il peut être intéressant de savoir si ce vent se fait sentir dans une région, dans un *champ* très étendu, lorsqu'on a à faire un long voyage. Mais si l'on ne veut naviguer qu'aux environs de l'endroit où l'on se trouve, ou si encore le vent doit être utilisé à terre, par exemple, pour faire tourner un moulin ou une noria, peu importe qu'il fasse du vent au loin à la ronde, et ce qu'on regarde comme intéressant, c'est la *force* du vent et sa *direction* à l'endroit où l'on est, sans qu'on puisse, malheureusement, changer ni cette force ni cette direction.

28. — De même, quand il s'agit d'un aimant et des actions magnétiques qu'il peut exercer, il est, la plupart du temps, indifférent que son champ soit étendu ; ce qui importe le plus, c'est que l'action qu'il exerce sur des corps magnétiques placés en un point précis de ce champ soit énergique.

Au lieu de dire que l'action magnétique d'un aimant sur un corps magnétique placé en un point du champ est énergique, on dit, plus simplement, que le champ magnétique de l'aimant est *intense* en ce point, qu'il a une *grande intensité*. Il est naturellement avantageux qu'un champ magnétique ait une grande intensité à l'endroit où l'on doit utiliser les actions magnétiques produites par l'aimant et nous verrons un peu plus loin qu'on a le moyen d'augmenter l'intensité du champ magnétique d'un aimant à un endroit donné.

Il est aussi souvent utile de connaître la *direction de la force d'attraction* que produit un aimant sur les corps magnétiques placés dans son champ.

29. — Étant donné un aimant, nous allons pouvoir aisément, avec une petite aiguille aimantée mobile (**8**), déterminer les limites de son champ, en même temps que la direction de la force aux différents points du champ et surtout reconnaître si cette force est énergique, c'est-à-dire si le champ est intense.

30. — Nous étudierons d'abord le champ magnétique d'un aimant droit un peu puissant (**5**) dont nous aurons éloigné tout autre aimant ou substance magnétique. Si nous prenons d'autre part cette petite aiguille aimantée bien suspendue sur un pivot, nous constatons que, placée assez loin de l'aimant, elle s'oriente sous l'influence seule de la terre (**8**), comme si l'aimant n'existait pas. Rapprochons maintenant l'aiguille, nous voyons bientôt que sa direction est modifiée, signe certain que l'action de l'aimant se fait alors sentir : nous sommes aux limites du champ magnétique du côté où nous opérons. En opérant ainsi tout autour de l'aimant, nous pouvons aisément délimiter son champ magnétique.

31. — Si maintenant nous plaçons l'aiguille aimantée en un point quelconque dans l'intérieur des limites du champ magnétique, nous pouvons constater que la direction prise par cette aiguille change avec sa position ; nous pouvions d'ailleurs nous y attendre après ce que nous avons dit de l'action des pôles d'aimants les uns sur les autres et de la variation de cette action avec la distance (**12** et **13**). Ainsi l'aimant étant en NS (*fig. 11*), plaçons l'aiguille en *ns* à égale distance des pôles de l'aimant. Le pôle *s* sera attiré par N et le pôle *n* par S et cela avec la même force, l'aiguille ne pourra donc que rester parallèle à l'aimant.

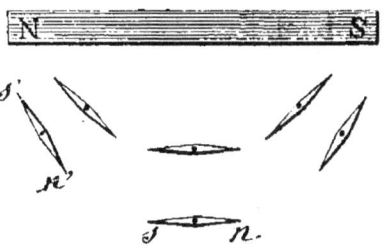

Fig. 11. — Direction des lignes de force du champ magnétique d'un aimant.

Si l'aiguille est en *n's'*, comme l'attraction de *s'* par N est plus grande (la distance est plus petite) que l'attraction de *n'* par S, l'aiguille pointera vers le pôle N.

On se rend ainsi aisément compte des diverses directions prises par l'aiguille et qui sont représentées dans la figure 11.

Comme l'aiguille aimantée prend, dans chaque position, la direction de la force à laquelle elle est soumise, on dit que cette direction est celle de la *ligne de force* au point où l'aiguille est placée. On pourrait tracer au crayon la direction obtenue pour chaque position.

32. — Enfin, en faisant vous-même l'expérience qui nous occupe en ce moment, vous pourrez constater que, suivant la position que vous donnerez à l'aiguille aimantée, elle prendra plus ou moins rapidement la direction que lui imprime l'aimant, en exécutant des oscillations plus ou moins rapides. Si l'aiguille obéit vite à l'action de l'aimant, si les oscillations sont rapides et nettes, c'est que la force à laquelle elle est soumise de la part de l'aimant est énergique, c'est donc, pour parler comme on le fait ordinairement, que le champ *magnétique de l'aimant est intense* au point où l'aiguille est placée (**28**).

Vous vérifierez aisément ainsi que le champ est plus intense autour des pôles que vers le milieu de l'aimant et qu'il est d'autant plus intense que vous opérerez à une distance plus petite de l'un des pôles.

Nous avions déjà du reste montré (**7**), que les pôles d'un aimant exercent une action particulièrement énergique sur la limaille de fer et les autres corps magnétiques.

33. — Cette manière d'étudier un champ magnétique avec une petite aiguille aimantée exige un temps assez long, vous le voyez. Mais nous avons un autre moyen, très rapide, de trouver à la fois les limites du champ, la direction de la ligne de force et l'intensité du champ aux différents points. Voici en quoi il consiste.

Nous avons vu qu'un morceau de fer doux s'aimante par influence lorsqu'il est au voisinage d'un aimant, autrement dit lorsqu'il est dans son champ magnétique (**19**) et qu'une petite aiguille de fer devient ainsi une petite aiguille aimantée obéissant alors à l'attraction des pôles de l'aimant (**20**).

Reprenons donc notre aimant NS, posons dessus une plaque de verre et parsemons cette plaque de fine limaille de fer bien sèche au moyen d'un tamis, en prenant la précaution de donner quelques petits coups avec le doigt sur le bord du verre, pour aider au glissement des brins de limaille.

La lame de verre présente bientôt l'aspect de la figure 12.

Chacun des brins de limaille de fer, devenant une petite aiguille aimantée mobile sur le verre, s'est orienté, en chaque point, suivant la *direction de la ligne de force* et l'ensemble des brins dessine les *lignes de force* du champ.

Comme d'ailleurs les brins de limaille ont pu non seulement tourner sur eux-mêmes pour s'orienter, mais encore glisser sur la surface du verre, ils se sont naturellement rassemblés en plus grand nombre là où les attirait une force plus grande ; les lignes de force sont donc plus serrées, plus noires, aux endroits où la force est considérable et où, par conséquent, le champ magnétique est intense.

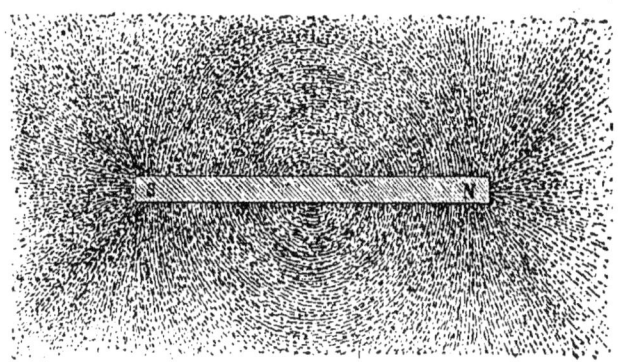

Fig. 12. — Fantôme magnétique d'un aimant droit.

Ainsi donc, au seul aspect de la figure ainsi obtenue, et qu'on appelle un *fantôme magnétique*, on peut juger de la direction des lignes de force et de l'intensité du champ en chaque point. Il est clair qu'aux limites du champ, les brins de limaille n'ont pas d'orientation bien précise et c'est ce qui permet de reconnaître ces limites.

34. — Voici dans la figure 13 le fantôme magnétique obtenu avec l'aimant de la figure 12 recourbé en fer à cheval. En comparant les deux figures, vous voyez aisément qu'en passant de l'aimant droit à l'aimant en fer à cheval on a restreint l'étendue du champ magnétique, mais qu'on a considérablement augmenté l'intensité du champ entre les deux pôles. De plus les lignes de force qui, dans la figure 12, allaient d'un pôle à l'autre en formant des courbes très accentuées, sont ici moins incurvées, presque droites et parallèles entre elles.

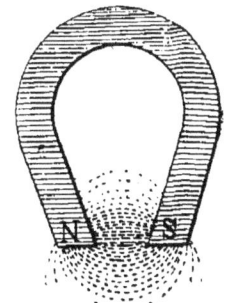

Fig. 13. — Fantôme magnétique d'un aimant en fer à cheval.

C'est encore là un caractère auquel on reconnaît un champ intense : les lignes de force y sont droites et parallèles.

Vous savez d'ailleurs qu'un aimant en fer à cheval agit, en effet, bien plus énergiquement qu'un aimant droit sur les corps magnétiques qu'on lui présente.

Plus les pôles de l'aimant en fer à cheval seront rapprochés l'un de l'autre, plus intense sera le champ entre les deux pôles.

35. — Pour rendre très intense en certains points le champ magnétique d'un aimant, on ne peut toujours rapprocher ses deux pôles l'un de l'autre comme dans un aimant en fer à cheval. Mais on arrive au même résultat en plaçant en regard des pôles de l'aimant droit NS les extrémités AB d'une pièce de fer doux (*fig. 14*). Cette fois le champ est intense entre N et B et entre S et A, comme le montre la figure. L'une des extrémités de la pièce de fer, A par exemple, peut être mise en contact avec le pôle S de l'aimant, le champ n'en est que plus intense.

Fig. 14. — Renforcement du champ magnétique au moyen de pièces de fer.

36. — Si nous considérons la figure 14 et si nous la comparons à la figure 12 obtenue avant l'introduction de la pièce de fer AB dans le champ, il nous semblera que les lignes de force primitivement éparpillées dans toute l'étendue du champ se sont resserrées pour passer ensemble à travers la pièce de fer AB. Pour exprimer cette apparence, on dit que le fer AB est *très perméable* aux lignes de force, ou qu'il a une grande *perméabilité magnétique*.

Tous les métaux magnétiques (**3**) ont une perméabilité plus ou moins grande, c'est-à-dire que, placés dans le champ magnétique d'un aimant, ils concentrent les lignes de force entre eux et les pôles de cet aimant. Mais la perméabilité du fer est plus grande que celle des autres et d'autant plus qu'il est plus pur. Au lieu de dire : un métal plus magnétique qu'un autre (**3**), nous pourrons dire : un métal ayant une perméabilité magnétique plus grande.

On exprime encore la même chose en disant : les lignes de force passent de préférence à travers les corps ayant une grande perméabilité magnétique.

Vous le voyez, il n'y a rien de mystérieux dans ces expressions ; ce sont uniquement des façons de parler pour représenter les résultats d'expériences analogues à celles que nous venons de faire et que vous pouvez tous aisément répéter.

37. — Nous devons ajouter que le renforcement du champ magnétique d'un aimant produit par un métal magnétique est aussi d'autant plus grand que ce corps magnétique a une section plus grande. Pour rendre un champ très intense, on emploiera donc de gros morceaux de fer doux.

38. Écran magnétique. — Un cas bien curieux se présente à nous lorsque entre les pôles N et S d'un aimant en fer à cheval, par exemple, nous introduisons un anneau d'un métal magnétique AB et surtout un anneau de fer doux (*fig. 15*).

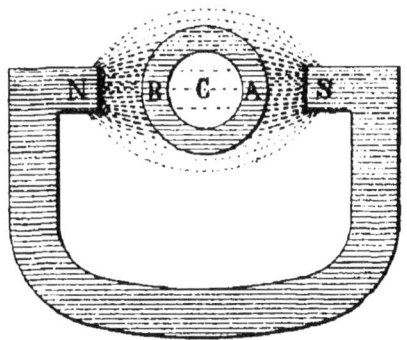

Fig. 15. — Écran magnétique.

Les lignes de force se concentrent, comme nous l'avons dit plus haut, entre les pôles de l'aimant et la pièce de fer et elles passent presque toutes à travers ce fer qui a une très grande perméabilité. Le champ magnétique est rendu très intense entre N et B et S et A, mais il est très affaibli aux autres points. C'est ainsi, par exemple, qu'il est très faible dans l'intérieur de l'anneau, en C par exemple, comme à l'extérieur d'ailleurs, ainsi que le montre la rareté des lignes de force qui y passent. Aussi dit-on que l'anneau de fer sert d'*écran magnétique* pour les points situés à l'intérieur.

CHAPITRE II

COURANTS ÉLECTRIQUES

39. Comment se manifeste un courant électrique. Expérience d'Oerstedt. — Prenons une aiguille aimantée NS, mobile sur un pivot, laissons-la s'orienter librement sous l'influence de la terre (**8**) et plaçons parallèlement à sa direction un fil métallique AB, de cuivre par exemple (*fig. 16*). L'aiguille aimantée conserve sa direction primitive, le fil de cuivre étant sans action sur elle.

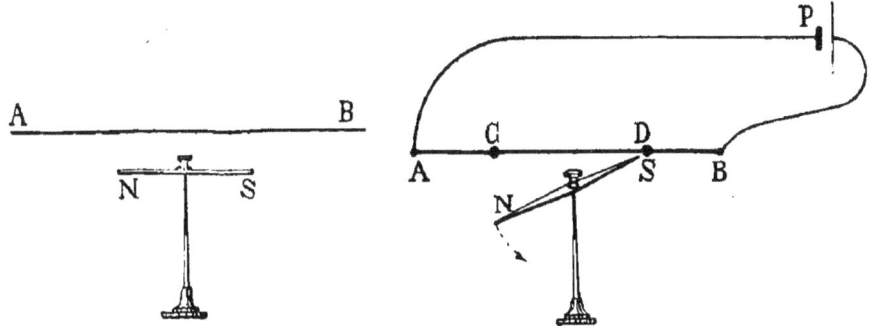

Fig. 16. — Fil parallèle à une aiguille aimantée et non parcouru par un courant.

Fig. 17. — Fil parallèle à une aiguille aimantée et parcouru par un courant.

Mais si nous relions les extrémités A et B du fil à un appareil particulier que nous décrirons plus tard et qu'on nomme *pile électrique,* nous voyons que l'aiguille aimantée est déviée de sa direction primitive ; c'est ce que montre la figure 17 où P désigne la pile.

Ainsi, dans certaines conditions, le fil AB peut acquérir une propriété qu'il n'avait pas auparavant, celle de dévier l'aiguille aimantée parallèlement à laquelle il a été placé. L'expérience qui permet de la vérifier et que nous venons d'indiquer s'appelle l'*expérience d'Oerstedt.*

Pour désigner cet état particulier du fil, on dit qu'il est *parcouru par un courant électrique*, ou qu'*un courant électrique y circule*. La pile que nous avons employée pour obtenir le courant électrique est appelée *source électrique*. A l'avenir, toutes les fois qu'un fil fera dévier une aiguille aimantée, nous affirmerons qu'il est parcouru par un courant électrique.

40. Galvanomètre. — Nous pouvons, sans difficulté, vérifier en refaisant l'expérience indiquée par la figure 17, que la déviation de l'aiguille aimantée est d'autant plus grande que le fil est plus rapproché de l'aiguille et constater

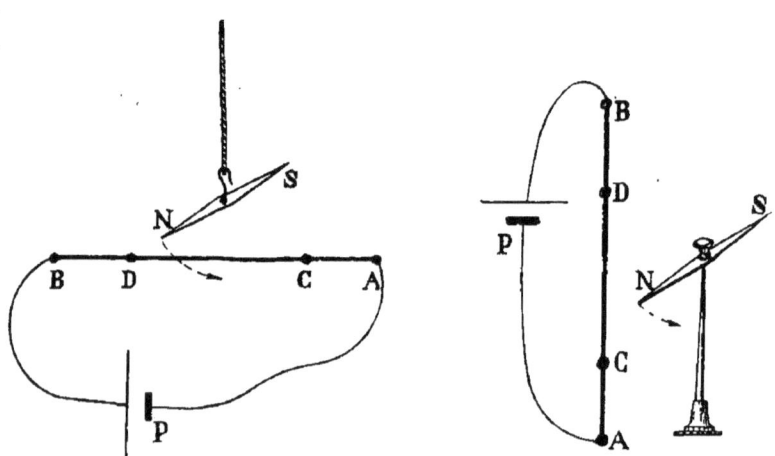

Fig. 18. — Positions diverses d'un fil parcouru par un courant et faisant dévier une aiguille aimantée.

en même temps qu'on obtient une déviation si le fil, au lieu d'être au-dessus de l'aiguille, est au-dessous, ou bien s'il est vertical devant l'un ou l'autre des pôles (*fig. 18*).

Aussi devez-vous facilement comprendre que la déviation sera bien plus forte si, au lieu de faire agir sur l'aiguille seulement une faible portion CD du fil, on fait avec lui un et surtout plusieurs tours autour de l'aiguille, comme le montre la figure 19.

Pour plus de commodité, on peut avoir à l'avance enroulé le fil préalablement recouvert de coton, sur un cadre en bois ou en cuivre, au milieu duquel peut se mouvoir l'aiguille aimantée sur son pivot.

L'ensemble de l'aiguille aimantée et du cadre enroulé du fil monté sur un support commun constitue alors un instrument appelé *galvanomètre*. On appelle *multiplicateur* du galvanomètre le cadre enroulé de fil; on lui donne aussi le nom de *bobine*.

Pour constater le passage du courant dans un fil AB, il suffit alors de couper ce fil en un point quelconque et de fixer les deux extrémités séparées aux deux bouts du fil enroulé sur la bobine du galvanomètre.

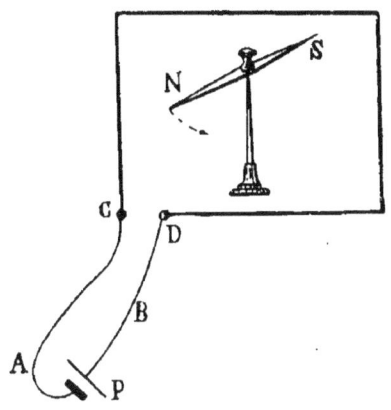

Fig. 19. — Action d'un cadre rectangulaire parcouru par un courant, sur une aiguille aimantée.

Le galvanomètre est d'autant plus *sensible* au courant que sa bobine est composée d'un plus grand nombre de tours de fil.

41. — La figure 20 représente une des formes les plus simples du galvanomètre. On a représenté en *ab* l'aiguille aimantée mobile, en C le cadre multiplicateur enroulé de fil de cuivre recouvert de coton; les deux bouts de ce fil sont d'ailleurs fixés à deux masses de laiton B et B′, percées de trous et munies de vis de serrage qui permettront d'intercaler aisément le fil du gal-

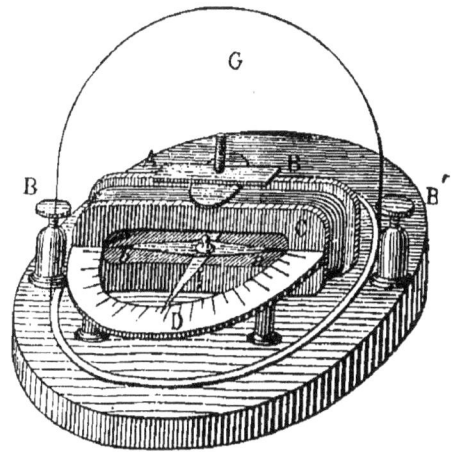

Fig. 20. — Galvanomètre.

vanomètre sur un fil quelconque où l'on veut observer le passage d'un courant : ce sont les *bornes* du galvanomètre. Un demi-cercle gradué D fixé au multiplicateur est parcouru par un index en laiton I fixé à l'aiguille aimantée et permet de noter la grandeur de la déviation de cette dernière.

Avant de relier le galvanomètre au conducteur dans lequel on veut observer le passage du courant, il faut faire en sorte que le fil du multiplicateur soit parallèle à l'aiguille aimantée. On y parvient en tournant convenablement le support du cadre, l'aiguille aimantée conservant toujours la même orientation, tant qu'aucune action étrangère ne vient pas l'en écarter (**8**).

42. — Pour rendre l'emploi du galvanomètre plus facile, on dispose parfois au-dessus du cadre multiplicateur un petit aimant AB *(fig. 20)* employé comme aimant directeur (**14**).

Au lieu de tourner le cadre de manière que le fil devienne parallèle à l'aiguille aimantée, on fait tourner alors l'aimant directeur AB qui entraîne l'aiguille jusqu'à ce que cette dernière soit parallèle au fil, résultat d'ailleurs identique à celui obtenu par l'opération précédente.

Nous décrirons plus tard (**93**) une autre forme de galvanomètre d'un usage fréquent.

43. Sens d'un courant électrique. Loi d'Ampère. — Les diverses expériences que nous venons de faire, soit avec le fil simple placé au voisinage d'une aiguille aimantée, soit avec un galvanomètre, vous ont montré que la déviation observée n'est pas toujours de même sens. Ce sens est variable, soit avec la position donnée au fil par rapport à l'aiguille, soit avec la manière dont le fil a été relié à la source électrique, soit encore avec la disposition de cette dernière. Puisque nous sommes convenus de dire qu'un courant traverse le fil, lorsque nous voyons l'aiguille aimantée dévier, il est naturel que nous attribuions un sens à ce courant électrique en nous basant sur le sens observé pour la déviation de l'aiguille aimantée.

Reprenons le fil AB relié à une source électrique, une pile par exemple, de telle sorte qu'il soit parcouru par un courant et que l'aiguille aimantée NS soit déviée de sa première position (*fig. 21*). Supposons que le pôle nord N de l'aiguille vienne en avant du plan de la figure. Plaçons, par la pensée,

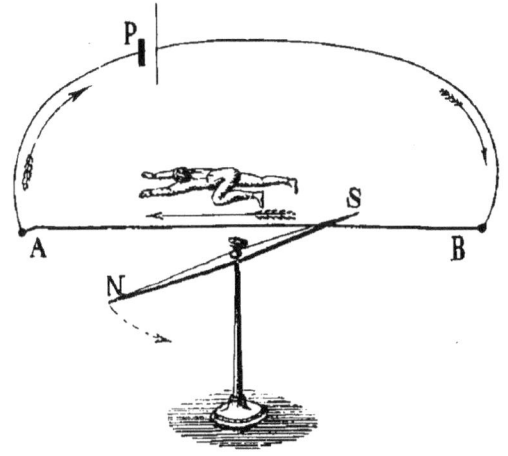

Fig. 21. — Loi d'Ampère.

le long du fil, un petit bonhomme qui regarde l'aiguille aimantée et dont le bras gauche soit dirigé du côté où a été dévié le pôle nord de l'aiguille, comme d'ailleurs il est représenté sur la figure 21. On est convenu de dire que le courant entre alors par les pieds du bonhomme et sort par sa tête, ainsi du reste que l'indique la flèche. Voici alors la règle pour trouver le sens d'un courant traversant un fil placé au voisinage d'une aiguille aimantée : c'est la *règle d'Ampère*.

Le courant va des pieds à la tête d'un petit bonhomme supposé placé le long du fil et regardant l'aiguille aimantée de telle sorte que sa gauche soit du côté où est dévié le pôle nord de l'aiguille.

En appelant droite et gauche du courant la droite et la gauche du petit bonhomme supposé traversé des pieds à la tête par le courant et regardant l'aiguille aimantée, on peut encore énoncer plus simplement la règle d'Ampère :

Le pôle nord de l'aiguille aimantée est dévié à gauche du courant.

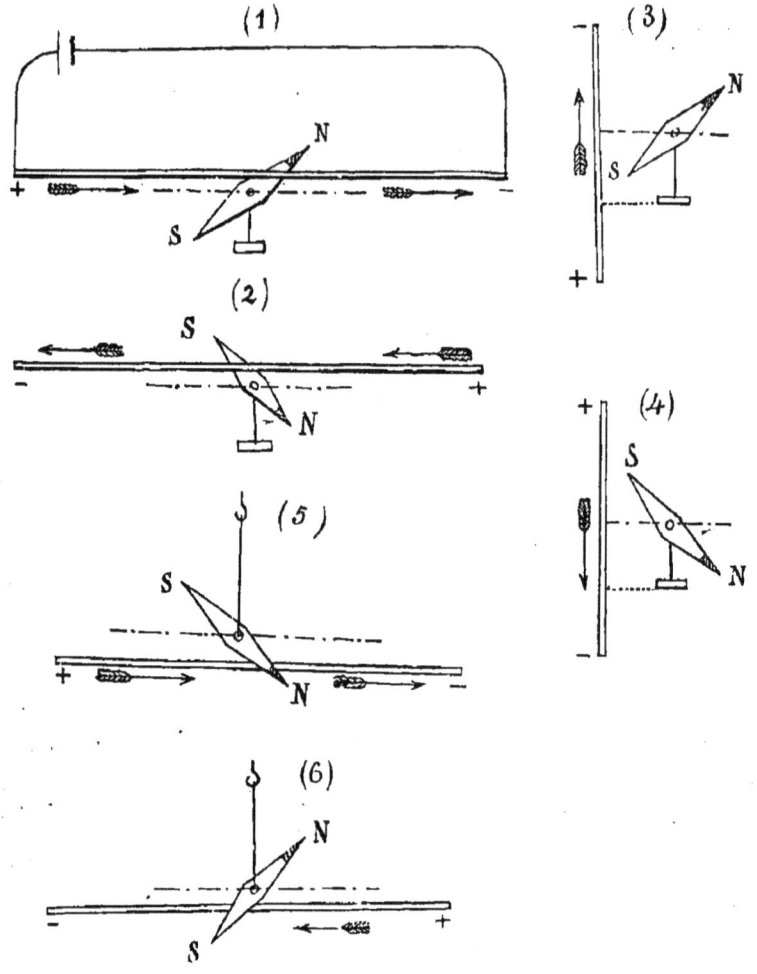

Fig. 22. — Sens des déviations d'une aiguille aimantée pour diverses positions d'un fil parcouru par un courant.

Vous pouvez maintenant imaginer diverses positions pour le fil et d'après le sens de la déviation de l'aiguille en déduire le sens du courant, ainsi que nous l'avons représenté dans la figure 22.

Cette figure 22 montre d'ailleurs que, pour une même position du fil, si la déviation de l'aiguille change de sens, c'est que le courant lui-même a changé de sens dans le fil.

44. — On peut appliquer cette règle à un galvanomètre et trouver ainsi le sens du courant qui fait dévier son aiguille. Mais comme cette recherche peut être plus difficile ici, en raison de l'enroulement du fil, on peut faire cette détermination une fois pour toutes, noter et même repérer, par la lettre P ou le signe +, la borne du galvanomètre par où le courant doit pénétrer dans son fil pour que la déviation de l'aiguille se produise dans un sens convenu à l'avance.

45. Phénomènes du courant électrique. — L'affirmation qu'un courant électrique passe dans un fil, lorsqu'on voit dévier l'aiguille aimantée d'un galvanomètre intercalé sur ce fil, n'a rien de plus mystérieux que d'autres affirmations que vous formulez tous les jours.

Ainsi, vous dites, en observant la déviation de l'aiguille d'un manomètre placé sur le tuyautage d'une chaudière à vapeur, que celle-ci a *de la pression*. Il est vrai que ce mot de pression éveille dans votre esprit tout un ensemble de faits existants ou possibles. Ainsi, vous êtes sûrs que si vous touchez le tuyautage, vous le trouverez chaud, que si vous ouvrez un certain robinet, la vapeur sortira avec bruit ; vous pouvez même prévoir, si toutefois l'aiguille du manomètre est suffisamment déviée, que la vapeur sortant de la chaudière mettra en mouvement le piston d'une machine à vapeur à laquelle elle est reliée par le tuyautage.

Mais l'expression de courant électrique passant dans un fil désigne pareillement tout un ensemble de phénomènes dont le fil peut être le siège, dans de certaines conditions.

46. — Ainsi, un fil, sur lequel est intercalé un galvanomètre dont l'aiguille dévie, *s'échauffe toujours* et, lorsque ce fil est suffisamment fin, son échauffement peut être constaté par le contact de la main, ou même rendu visible par l'incandescence à laquelle il est porté.

47. — Le fil enroulé en hélice autour d'une aiguille d'acier trempé pourra aimanter cette aiguille d'une manière permanente et en faire un aimant artificiel (**4**).

S'il est enroulé autour d'un morceau de fer, ce dernier s'aimantera encore, mais l'aimantation prendra fin quand l'aiguille du galvanomètre cessera elle-même de dévier, c'est-à-dire quand le fil cessera d'être parcouru par un courant.

48. — Si l'on vient à séparer brusquement deux parties d'un fil parcouru par un courant, on peut obtenir entre ces parties une étincelle lumineuse d'un vif éclat.

49. — On peut encore parfois ressentir une commotion plus ou moins violente en touchant avec les mains les deux parties séparées d'un fil parcouru par un courant, ou même quelquefois un seul point de ce fil.

50. — Enfin, si on coupe un fil parcouru par un courant

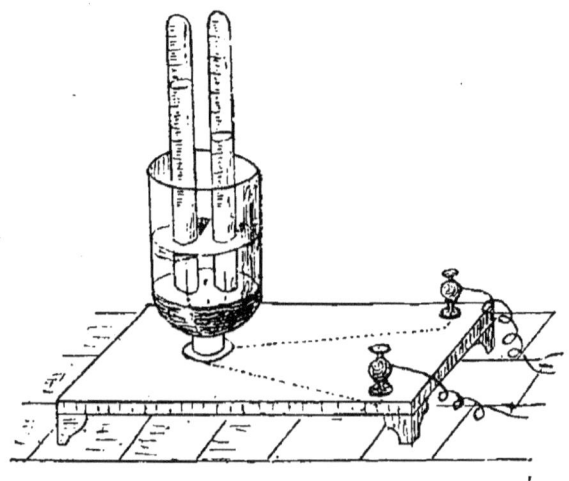

Fig. 23. — Voltamètre.

et qu'on fasse plonger les deux extrémités dans un liquide, tel que l'eau acidulée par de l'acide sulfurique, par exemple, on peut observer un dégagement de bulles de gaz sur les extrémités du fil, montrant qu'il se produit dans le liquide des effets chimiques plus ou moins compliqués. On peut, à l'avance, avoir préparé un vase rempli du liquide servant à l'expérience (l'eau acidulée ordinairement) et dans lequel plongent deux bouts de fil métallique, des fils de platine le plus souvent. Il suffit alors de relier, au moyen de bornes, ces bouts de fil aux extrémités du fil coupé parcouru par un courant pour observer le dégagement caractéristique de gaz. L'ensemble du vase, du liquide qui le remplit et des fils qui y plongent constitue un instrument appelé *voltamètre*, capable, comme le galvanomètre, de servir d'indicateur du passage du courant (*fig. 23*).

51. — Ces phénomènes *calorifiques, magnétiques, lumineux, chimiques,* et ces effets sur le corps humain peuvent se manifester plusieurs à la fois, en même temps que la déviation de l'aiguille d'un galvanomètre. Ce dernier effet sera le signe qu'il est possible d'obtenir les autres, si les conditions sont convenables.

Les phénomènes du courant électrique peuvent d'ailleurs acquérir une importance plus ou moins grande, suivant les conditions où l'on opère et dont nous parlerons plus loin.

52. Conducteurs et isolants. — Jusqu'à présent nous avons supposé que, pour obtenir un courant électrique, on reliait à une pile les extrémités d'un fil de cuivre (**39**). Mais nous aurions pu aussi employer un fil de fer ou de tout autre métal ; nous aurions pu même remplacer une partie du fil métallique par certains autres corps non métalliques et obtenir néanmoins la déviation de l'aiguille aimantée.

On appelle *corps bons conducteurs,* ou simplement *conducteurs,* ceux qui permettent d'obtenir un courant électrique et les phénomènes qui l'accompagnent.

Les principaux conducteurs sont : les métaux, certains liquides comme l'eau de mer et l'eau acidulée, le corps humain, la terre, le charbon.

53. — Au contraire, en remplaçant une partie du fil métallique relié à la pile par certains autres corps, nous n'aurions pu obtenir un courant électrique.

On appelle *corps mauvais conducteurs,* ou *isolants,* ceux qui, interposés entre les corps conducteurs, ne permettent plus d'obtenir dans ces derniers les phénomènes du courant électrique.

Les principaux isolants sont : la gutta-percha, le caoutchouc naturel ou vulcanisé, l'ébonite, la fibre vulcanisée, le coton, la soie, le papier, le bois, le verre, la porcelaine, l'ardoise, le marbre, les huiles et autres matières grasses, la paraffine, la résine, le bitume de Judée, certains vernis et enfin l'air, surtout quand il est bien sec.

54. Circuit électrique. — Pour avoir un courant électrique, il faut d'abord que les conducteurs dans lesquels on veut en obtenir les effets forment avec la *source électrique* une chaîne bien continue dont le commencement soit relié à la fin, ou, comme on dit généralement, un *circuit conducteur fermé.* Quand le *circuit est fermé,* le *courant passe,* ou peut passer. Les différents conducteurs formant le circuit sont dits *en communication électrique.*

55. — Pour empêcher le passage du courant, il faut intercaler un isolant en un point quelconque du circuit ; on dit alors que *le circuit est ouvert,* ou *rompu,* ou que *le courant ne passe pas,* qu'*il est interrompu.*

Puisque l'air est un isolant, il suffit, pour ouvrir un circuit, de le couper en un point et de laisser séparées les deux extrémités.

On appelle *interrupteurs du courant,* ou simplement *interrupteurs,* des appareils permettant de rompre commodément un circuit. Les interrupteurs permettent le plus souvent aussi de fermer le circuit quand il a été ouvert ; c'est pour cela qu'on les appelle encore alors *conjoncteurs*. La figure 24 représente

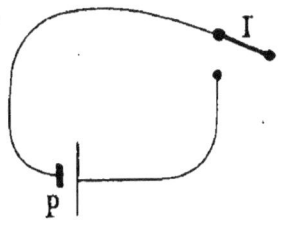
Fig. 24. — Circuit ouvert.

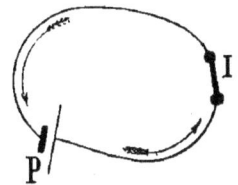
Fig. 25. — Circuit fermé.

un circuit ouvert grâce à l'interrupteur I, la source électrique étant P. La figure 25 représente ce même circuit fermé.

Lorsque tous les conducteurs qui forment un circuit avec la source électrique, sont métalliques, on dit qu'on a un *circuit métallique complet*; c'est le cas de la figure 25. Dans beaucoup de cas, une partie des conducteurs métalliques est remplacée par la *terre* ou la *mer*, qui sont aussi des conducteurs; on dit alors que le circuit *est fermé par la terre*, ou *la mer*.

Les extrémités des conducteurs métalliques sont alors munies de *plaques de terre*, généralement des plaques de cuivre, qui sont enfoncées dans la terre, ou plongées dans la mer. La figure 26 montre un pareil circuit, avec une pile P et les plaques de terre T et T', la ligne pointillée du circuit montre la partie du conducteur métallique qui a été

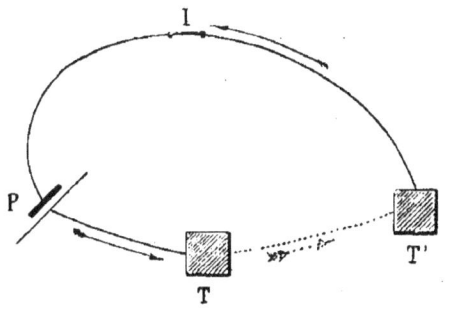
Fig. 26. — Circuit fermé par la terre.

remplacée par la terre. Il y aura presque toujours, sur ce circuit fermé par la terre, comme sur les autres, un interrupteur I qui est représenté ici dans la position de fermeture.

56. — Les différents conducteurs formant un circuit reposent inévitablement sur des supports. Lorsque ces supports sont conducteurs, si l'on veut éviter qu'ils soient en communication avec les premiers, qu'ils fassent par suite partie du circuit et qu'un courant y passe, il faut interposer un isolant entre les conducteurs du circuit et leurs supports. On dit alors que les conducteurs sont *isolés de leurs supports*. Très souvent, dans ce but, les conducteurs d'un circuit sont, sur une plus ou moins grande partie de leur longueur, recouverts entièrement d'une couche d'un corps isolant, tel que le coton, la soie, la gutta-percha, le caoutchouc ; on dit alors simplement que *les conducteurs du circuit sont isolés*.

Lorsqu'on veut que le courant électrique passe dans toutes les sinuosités d'un circuit et non pas directement d'un point à un autre de ces sinuosités, il faut aussi empêcher toute communication entre les points voisins. On emploie encore, à cet effet, très commodément des conducteurs isolés au coton, à la soie, à la gutta-percha et au caoutchouc.

C'est ainsi que les différents tours du fil d'un galvanomètre (**40**) sont toujours séparés les uns des autres par un isolant.

57. Moyens divers d'obtenir un courant électrique. — Pour obtenir un courant électrique, nous avons employé une *pile*. Comme vous le verrez plus loin, c'est une action chimique qui, dans cet appareil, est la cause du courant électrique que nous avons observé (**206**).

Mais on peut obtenir un courant électrique dans un circuit par d'autres moyens ou, comme on dit quelquefois, en employant d'autres sources électriques.

Nous indiquerons seulement ici qu'un courant peut être développé par l'échauffement inégal des diverses parties d'un circuit conducteur.

Aujourd'hui, pour avoir un courant électrique on a, le plus souvent, recours au mouvement de circuits conducteurs fermés dans le voisinage d'aimants ou, pour parler plus correctement, dans le champ magnétique créé par ces aimants (**24**). Les appareils permettant d'établir régulièrement ce mouvement s'appellent des *machines électriques* ; le mouvement est ordinairement communiqué par des machines à vapeur. Nous étudierons plus loin en détail ces appareils.

58. Diverses sortes de courants électriques. — Un courant électrique, avons-nous dit, s'observe par la déviation de l'aiguille d'un galvanomètre ; il peut être aussi mis en évidence par les autres effets qu'il produit, quoique moins commodément. Vous comprenez dès lors que suivant la manière dont la déviation du galvanomètre ou les autres effets se produisent, on pourra distinguer plusieurs sortes de courants.

Ainsi, lorsque la déviation du galvanomètre est de très courte durée, que l'aiguille est simplement chassée de sa première direction pour y revenir après quelques oscillations, on a affaire à un *courant instantané*.

Lorsque l'aiguille du galvanomètre reste en permanence déviée toujours du même côté, que, par suite, le courant est toujours de même sens (**43**), on dit que ce *courant est continu*.

Enfin, si un courant parcourt un circuit alternativement dans un sens ou dans l'autre, ce *courant est alternatif*.

CHAPITRE III

ÉLÉMENTS D'UN COURANT ÉLECTRIQUE; LOIS NUMÉRIQUES QUI LES RELIENT; LEUR MESURE

§ 1. — **Éléments d'un courant électrique.**

59. Intensité d'un courant électrique. — Supposons qu'un galvanomètre soit intercalé dans un circuit et que la déviation de son aiguille montre le passage d'un courant électrique dans les conducteurs du circuit.

Puisque cette déviation du galvanomètre sert à indiquer l'existence du courant, il est logique de dire aussi que plus la déviation de l'aiguille est grande, plus le courant lui-même est grand et fort, ou, comme on dit plutôt, plus le courant est *intense*.

Un courant électrique peut donc avoir une *intensité* plus ou moins grande, et cette intensité dépend de la déviation plus ou moins grande qu'éprouve l'aiguille du galvanomètre.

Il est facile de vérifier, du reste, que plus l'intensité d'un courant est grande, cette intensité étant constatée par le galvanomètre, plus les autres effets du courant (**45**) se manifestent avec énergie; par exemple, l'échauffement des fils parcourus par le courant est plus grand et les gaz se dégagent dans un voltamètre (**50**) avec plus d'abondance.

Pour mieux saisir la signification des éléments du courant électrique, nous allons prendre comme point de comparaison le courant d'eau passant dans un canal ou dans un tuyau.

Si ce canal est destiné à alimenter d'eau une ville, ou même s'il doit faire tourner la roue d'un moulin, la première chose qu'il soit important de connaître et d'assurer, c'est son *débit*, c'est-à-dire la quantité d'eau qu'il peut fournir par heure, ou mieux par seconde. Eh bien ! le débit d'un courant d'eau est tout à fait comparable à l'intensité d'un courant électrique.

Ainsi, dans un canal, la quantité d'eau passant par seconde dans une tranche quelconque du canal est la même, autrement dit, le débit d'un canal est le même en tous ses points. De même, dans un circuit électrique parcouru par un courant, l'intensité du courant est la même en tous les points, comme on peut d'ailleurs le vérifier aisément en intercalant un galvanomètre en un point de circuit, puis en un autre, et constatant que la déviation reste la même.

60. Quantité d'électricité fournie par un courant électrique. — Nous venons de dire que l'intensité d'un courant électrique est assimilable au débit d'un canal, c'est-à-dire à la quantité d'eau qu'il fournit par seconde. Bien que rien, jusqu'à présent, n'autorise à affirmer que, lorsqu'un courant électrique parcourt un conducteur, un fluide quelconque passe réellement dans ce conducteur, on convient, pour la plus grande facilité du langage, d'admettre cette hypothèse et on dit que le courant fait passer dans le conducteur une certaine *quantité d'électricité*. L'intensité d'un courant est alors aussi son débit, c'est-à-dire la quantité d'électricité passant par seconde dans une section des conducteurs ; il résulte de là que la quantité d'électricité fournie par un courant, dans un temps donné, est proportionnelle à ce temps et à l'intensité du courant.

61. Différence de potentiel entre deux points d'un conducteur parcouru par un courant électrique. — Pour que l'écoulement de l'eau dans un canal soit assuré, il faut qu'il ait de la *pente,* c'est-à-dire qu'une *différence de niveau* existe entre deux points quelconques de ce canal et en particulier entre ses deux extrémités ; de plus, le courant d'eau va du point où le niveau est le plus élevé vers le point où ce niveau est le plus bas.

De la même manière, si on a reconnu qu'un courant électrique passe dans un conducteur AB (*fig. 27*), au moyen d'un galvanomètre G intercalé sur ce conducteur, on dit qu'une *différence de potentiel* existe entre deux points A et B de ce conducteur. Si même on a trouvé, comme nous l'avons dit (**43**), que le courant électrique circule dans le sens de la flèche, on ajoute que le *potentiel* en A doit être plus élevé qu'en B. On peut donc considérer une différence de potentiel comme analogue à une différence de niveau.

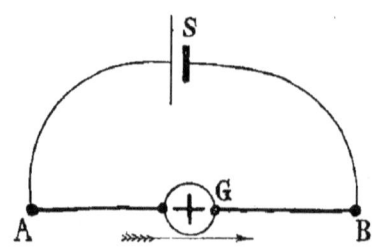

Fig. 27. — Différence de potentiel entre les extrémités d'un conducteur parcouru par un courant.

Vous pouvez regarder ces expressions comme résultant uniquement de conventions de langage. Quand vous dites qu'un courant circule dans le conducteur AB et de A en B, vous savez très bien que cela signifie d'abord que l'aiguille d'un galvanomètre G intercalé dévie dans un certain sens ; ensuite que vous pourrez, en prenant des dispositions convenables, obtenir dans le conducteur AB la manifestation des autres phénomènes du courant électrique. Eh bien ! avec d'autres paroles, vous affirmez exactement la même chose en disant : il y a entre A et B une *différence de potentiel* et le *potentiel* de A est plus élevé que celui de B.

Quelquefois on dit *chute de potentiel,* au lieu de différence de potentiel.

62. — Il est bien évident que, puisqu'une différence de potentiel entre les extrémités d'un conducteur se traduit par l'observation d'un courant électrique dans ce conducteur, la valeur de la différence de potentiel doit être d'autant plus grande que l'intensité du courant est elle-même plus grande et réciproquement, l'intensité du courant est d'autant plus grande que la différence de potentiel est plus grande.

63. Résistance électrique des conducteurs. — Vous savez comme moi que le débit d'un canal, c'est-à-dire la quantité d'eau qu'il fournit dans un temps donné, une heure ou une seconde, est d'autant plus faible que sa *section* et sa *pente* sont elles-mêmes plus faibles.

Mais la pente d'un canal, c'est la différence de niveau entre deux points séparés par une distance fixe, un mètre par exemple, ou, si vous l'aimez mieux, la différence de niveau par mètre courant. Par conséquent, s'il existe entre l'extrémité supérieure du canal et son extrémité inférieure une différence de niveau totale ayant une certaine valeur fixe, la différence de niveau par mètre, ou la pente, sera d'autant plus faible que la longueur du canal sera plus grande.

Ainsi donc, si un canal est établi pour relier deux bassins extrêmes dont la différence de niveau est donnée, le débit de ce canal est d'autant plus petit que sa section est plus petite et sa longueur plus grande.

Il faut également tenir compte de l'état des parois du canal, de sa forme aussi, l'écoulement de l'eau pouvant être plus ou moins retardé par diverses causes dépendant de la nature particulière du canal, en dehors de sa section et sa longueur.

64. — Pareillement, lorsqu'on a relié un conducteur à une source électrique, une pile par exemple, et qu'on a obtenu ainsi un courant électrique constaté au moyen d'un galvanomètre, on peut vérifier aisément que la déviation du galvanomètre devient moins grande, c'est-à-dire que l'intensité du courant s'affaiblit, lorsqu'on donne au conducteur une longueur plus grande, ou une section plus faible. On peut aussi constater qu'en remplaçant un fil de cuivre par un fil de fer de même longueur et de même section, on obtient encore une diminution de la déviation du galvanomètre et de l'intensité du courant ; un fil de maillechort donnerait au courant une intensité encore moins grande.

Vous voyez comme l'analogie se poursuit entre le courant électrique et le courant d'eau. Seulement quand il s'agit du courant d'un canal, on peut se rendre un compte plus ou moins exact de l'influence que peut avoir sur l'écoulement de l'eau la netteté plus ou moins grande, ou la nature des parois et du fond. Pour un circuit électrique, on ne voit pas du tout la cause qui fait qu'un fil de fer est traversé par un courant moins intense qu'un fil de cuivre de mêmes dimensions ; mais on constate aisément l'effet produit au moyen du galvanomètre ; cet effet est donc certain.

On rappelle ce résultat expérimental de la substitution du fer au cuivre, ou du maillechort au fer en disant : à égalité de dimensions, le fer est *moins conducteur* que le cuivre, le maillechort est *moins conducteur* que le fer. On dit aussi : la *conductibilité* du fer est moins grande que celle du cuivre.

On peut ainsi ranger les corps conducteurs dans un certain ordre, en commençant par le plus conducteur qui est l'argent ; la *conductibilité* du cuivre est presque aussi grande que celle de l'argent.

65. — Le courant électrique passant dans un conducteur a donc une intensité d'autant moins grande que la longueur de ce conducteur est plus grande et que sa section et sa conductibilité sont plus faibles ; mais comme une grande section peut corriger la diminution de l'intensité produite par une grande longueur, il est plus simple, dans le langage, de désigner l'effet total produit par le conducteur sur l'intensité du courant par l'expression *résistance électrique*.

66. — Deux conducteurs ayant même section et même conductibilité (le corps qui les constitue étant de même nature), si l'un a une longueur deux ou trois fois plus grande que l'autre, il a aussi une résistance électrique deux ou trois fois plus grande.

Si deux conducteurs ont même conductibilité et même longueur ou si l'un a une section deux ou trois fois plus petite que l'autre, sa résistance électrique est deux ou trois fois plus grande.

67. — On peut donc dire d'une manière générale que la

résistance électrique d'un conducteur est proportionnelle à sa longueur et inversement proportionnelle à sa section.

Si l'on veut tenir compte de la conductibilité du conducteur, on dira que la résistance est proportionnelle à un facteur *d'autant plus faible* que la conductibilité de la matière du conducteur est *plus grande*.

En désignant par R la résistance d'un conducteur cylindrique, par l sa longueur, par s sa section et par α le coefficient dont nous venons de parler, on pourra donc écrire

$$R = \frac{\alpha l}{s}.$$

68. — Le coefficient α prend le nom de *résistance spécifique* de la matière du conducteur. On l'appelle aussi *résistibilité*. Nous comprendrons aisément sa signification, si nous envisageons un conducteur particulier ayant une longueur égale à l'unité de longueur et une section égale à l'unité de surface. La résistance R′ de ce conducteur devient alors

$$R' = \frac{\alpha \times 1}{1}.$$

La *résistance spécifique* ou *résistibilité* d'un conducteur est donc égale à la résistance présentée par un conducteur de même matière, mais qui aurait comme longueur l'unité de longueur, comme section l'unité de surface. Si l'on convient de prendre le centimètre comme unité de longueur et le centimètre carré comme unité de surface, la résistance spécifique est alors la résistance d'un conducteur cylindrique ayant un centimètre de longueur et un centimètre carré de section.

69. Force électromotrice d'une source électrique. — Lorsqu'un conducteur est mis en communication avec une source électrique, une pile par exemple, et qu'un courant parcourt ce conducteur, c'est évidemment la source électrique qui est la cause matérielle du courant ; c'est elle qui établit une différence de potentiel entre les divers points du conducteur, en particulier entre ses extrémités, et qui maintient cette différence de potentiel. Pour exprimer cette idée de cause du courant électrique, on dit que toute source électrique a une *force électromotrice*.

70. — Il va de soi que si le courant électrique est dû à la force électromotrice d'une source, lorsque, dans un circuit composé des mêmes conducteurs, on obtient avec une source un courant plus intense qu'avec une autre, la force électromotrice de la première doit être regardée comme plus grande que celle de la seconde ; autrement dit, pour le même circuit, la grandeur de l'intensité du courant doit servir à évaluer la force électromotrice de la source ; cette expression est ainsi rendue plus précise.

§ 2. — Relations entre les éléments d'un courant électrique.

71. Lois de Ohm. — Tout en définissant l'*intensité* d'un courant électrique parcourant un conducteur, la *résistance* de ce conducteur, la *différence de potentiel* entre ses extrémités, la *force électromotrice* de la source qui produit le courant, nous avons indiqué qu'il résulte des définitions elles-mêmes que, d'une manière générale, l'intensité d'un courant doit être d'autant plus grande que la différence de potentiel, ou la force électromotrice est plus grande et que la résistance est plus faible.

Il convient maintenant d'indiquer d'une façon plus précise comment varie l'intensité d'un courant passant dans un conducteur ou un circuit, lorsqu'on fait varier la différence de potentiel aux extrémités du conducteur et la force électromotrice de la source électrique, ou bien lorsqu'on modifie la résistance du conducteur ou des conducteurs du circuit. Cette dépendance réciproque des éléments du courant électrique conduit à des *relations numériques* entre ces éléments, c'est-à-dire entre les nombres qui représentent leur grandeur et qui résultent de leur mesure.

Les lois de Ohm établissent précisément ces relations numériques entre l'intensité, la différence de potentiel ou la force électromotrice et la résistance. Elles permettent de calculer, par exemple, l'intensité d'un courant qui parcourra un circuit composé de conducteurs connus, si on connaît en même temps la source électrique employée.

Nous nous contenterons d'énoncer ces lois sans les démontrer. Leur démonstration résulte, d'ailleurs, de vérifications qu'on peut facilement établir par des expériences.

Voici comment peuvent s'énoncer les lois de Ohm.

72. — 1re LOI. — *L'intensité du courant circulant dans un circuit simple fermé est égale à la force électromotrice de la source divisée par la résistance totale du circuit ; la résistance totale d'un circuit étant d'ailleurs la somme des résistances des divers conducteurs qui le constituent.*

En désignant par I l'intensité du courant, par E la force électromotrice de la source électrique, par R la résistance totale du circuit, on peut donc écrire

$$I = \frac{E}{R}$$

73. — REMARQUE. — Certains circuits comprennent, en outre de la source électrique dont la force électromotrice produit le courant, des appareils qui sont eux-mêmes des sources électriques, mais disposés de manière à produire un courant de sens inverse à celui engendré par la véritable source ; le courant final passant dans le circuit est alors plus faible que si cette dernière existait seule. Pour exprimer que les appareils intercalés diminuent le courant en en produisant un autre de sens contraire, on dit qu'ils ont une *force contre-électromotrice*. Dans le calcul de l'intensité du courant, il faut retrancher de la force électromotrice de la source la force contre-électromotrice des appareils produisant un courant contraire.

Si on désigne par *e* cette force contre-électromotrice, on a dans ce cas,

$$I = \frac{E - e}{R}.$$

74. — 2ᵉ LOI. — *Si, dans un circuit parcouru par un courant, on considère une partie seulement de ce circuit, en choisissant d'ailleurs une partie sur laquelle aucune source électrique, aucune force électromotrice ne soit intercalée, l'intensité du courant est égale à la différence de potentiel entre les extrémités de la portion de circuit considérée divisée par la résistance de cette partie du circuit.*

En appelant I l'intensité du courant, D la différence de potentiel aux extrémités de la partie considérée du circuit et R sa résistance, on a encore

$$I = \frac{D}{R}.$$

75. — 3ᵉ LOI. — *Dans un circuit parcouru par un courant, si l'on choisit une partie du circuit sur laquelle est intercalée une force électromotrice, l'intensité du courant est égale à la différence de potentiel aux extrémités de la partie du circuit considérée, augmentée ou diminuée de la force électromotrice intercalée, puis divisée par la résistance de la partie de circuit considérée.*

En désignant toujours par I l'intensité du courant, par D la différence de potentiel aux extrémités de la portion de circuit, par R la résistance de cette partie de circuit et enfin par E la force électromotrice intercalée, on a, suivant le cas,

$$I = \frac{D + E}{R},$$

ou bien

$$I = \frac{D - E}{R}.$$

Il y a lieu de retrancher la force électromotrice de la différence de potentiel, quand cette force électromotrice est celle d'un appareil produisant un courant de sens contraire à celui qui passe réellement dans le circuit, c'est-à-dire quand c'est une *force contre-électromotrice* (**73**).

Nous aurons l'occasion, à diverses reprises, de faire le calcul de l'intensité du courant dans les conditions de circuit variées mettant nettement en évidence la manière d'opérer dans chaque cas.

76. Circuits dérivés. — Dans ce qui précède, nous avons supposé avoir affaire à un *circuit simple,* c'est-à-dire formé de conducteurs placés bout à bout, et c'est dans ces conditions que les lois de Ohm sont applicables avec l'énoncé que nous avons donné. Mais il existe, même dans la pratique, des circuits plus compliqués.

Supposons que les extrémités de la source électrique P, une pile par exemple, soient réunies d'abord par un conducteur ACFDB, constituant le circuit simple considéré jusqu'ici, et qu'un courant indiqué par la flèche circule dans ce conducteur (*fig. 28*). Réunissons maintenant par un second conducteur CHD deux points C et D du premier. Ce nouveau conducteur offrant un nouveau chemin au courant électrique, celui-ci

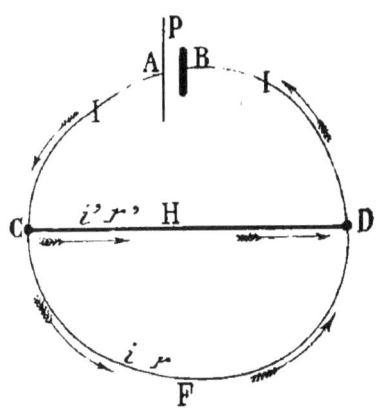

Fig. 28. — Courants dérivés.

va se bifurquer au point C ; une partie passera dans le conducteur CHD, l'autre dans le conducteur CFD.

Les conducteurs CHD, CFD prennent le nom de *dérivations*; les courants qui y circulent sont les *courants dérivés*.

La partie DBAC non divisée du circuit s'appelle le *circuit principal* et le courant qui y circule le *courant principal*.

77. Intensité d'un courant dérivé. — La seconde loi de Ohm (**74**) est applicable aux dérivations, c'est-à-dire que l'intensité du courant passant dans une dérivation est égale à la différence de potentiel entre les extrémités de cette dérivation divisée par la résistance du conducteur qui forme cette dernière, pourvu toutefois que la dérivation ne comprenne pas de force électromotrice.

En désignant par i l'intensité du courant passant dans la dérivation CFD par exemple, par r la résistance de cette dérivation, par D la différence de potentiel entre les points C et D, on a donc

$$i = \frac{D}{r}.$$

Pareillement l'intensité i' du courant dérivé passant dans le conducteur CHD de résistance r' est

$$i' = \frac{D}{r'}.$$

Cette formule représentant l'intensité du courant passant dans une dérivation reste exacte, s'il existe entre les points C et D non plus seulement deux dérivations, comme nous l'avons supposé, mais trois, quatre, ou un nombre quelconque. Si les dérivations comprennent des forces électromotrices, on applique la 3ᵉ loi de Ohm (**75**).

78. Relation entre les intensités des courants dérivés. — Il résulte de ce qui précède que les intensités i et i' des courants passant dans les dérivations sont inversement proportionnelles à leurs résistances r et r', c'est-à-dire qu'on a

$$\frac{i}{i'} = \frac{r'}{r}.$$

79. — Nous avons dit précédemment (**67**) que la résistance électrique d'un conducteur est d'autant plus grande que sa longueur est plus grande, sa section plus petite et qu'il est confectionné avec un corps moins conducteur. Par conséquent, nous pouvons, en appliquant ce qui précède à des cas particuliers, dire que si deux ou plusieurs dérivations existent entre deux points C et D et si les conducteurs qui les constituent ont des longueurs identiques et sont formés du même corps, le courant qui passe dans chacun d'eux est d'autant plus grand que le conducteur est plus gros.

Si les conducteurs ont même section et sont de même nature, celui qui a la longueur la plus faible est traversé par le courant le plus intense.

Enfin, quand toutes les dérivations sont constituées par des conducteurs de mêmes dimensions, le courant le plus intense correspond à la dérivation formée avec le corps le plus conducteur.

Il est bien évident aussi que, lorsque toutes les dérivations ont des résistances égales, soit parce que les conducteurs qui les constituent ont mêmes dimensions et sont de même nature, soit parce que la plus grande longueur de l'un d'eux est compensée par une augmentation de section ou de conductibilité, l'intensité du courant est la même pour toutes les dérivations.

80. Courant principal. — L'établissement de dérivations entre les points C et D (*fig. 28*) a pour effet d'augmenter l'intensité du courant principal circulant en **DBAC**.

Établir entre C et D un nouveau conducteur revient en effet à offrir au courant un passage de section plus grande ; l'effet produit est le même que si on remplaçait le conducteur déjà existant par un conducteur plus gros et par suite de moindre résistance. Si l'on établit entre C et D des dérivations de plus en plus nombreuses, le courant principal augmente constamment et son intensité se rapproche de celle qu'on obtiendrait en réunissant les points C et D par un conducteur d'une section si grande que sa résistance pût être considérée comme nulle.

81. Résistance présentée par l'ensemble des dérivations entre deux points. — Étant donné un ensemble de dérivations entre deux points d'un circuit, on peut chercher quelle est la résistance du conducteur unique par lequel il faudrait remplacer toutes les dérivations, pour que le courant principal ait la même intensité que lorsque les dérivations existent.

Cette recherche peut du reste se faire expérimentalement en observant au galvanomètre le courant principal avec les dérivations, puis, les dérivations étant supprimées, faisant varier la longueur d'un conducteur unique constitué par un fil métallique, jusqu'à ce que la déviation du galvanomètre soit la même que précédemment. On peut dire alors que la résistance de ce conducteur unique est égale à celle présentée par l'ensemble des dérivations, puisque son effet sur l'intensité du courant est le même. On pourrait arriver ainsi à démontrer la loi suivante :

La résistance présentée par l'ensemble des dérivations établies entre deux mêmes points d'un circuit est égale à l'inverse de la somme des inverses des résistances de chaque dérivation séparée.

Si donc on désigne par R la résistance de l'ensemble, par r, r', r'' les résistances de chaque dérivation, on aura

$$R = \frac{1}{\frac{1}{r} + \frac{1}{r'} + \frac{1}{r''} + \ldots},$$

qu'on peut aussi écrire, plus simplement,

$$\frac{1}{R} = \frac{1}{r} + \frac{1}{r'} + \frac{1}{r''} + \ldots$$

82. — Si toutes les dérivations ont la même résistance r et si leur nombre est n, on a

$$R = \frac{r}{n}.$$

On voit bien ainsi qu'établir entre deux points des dérivations de plus en plus nombreuses revient à réunir les deux points du circuit par un conducteur de plus en plus gros ou de plus en plus court.

83. Relations entre le courant principal et les courants dérivés. — Lorsqu'une rivière se partage en deux ou plusieurs bras, séparés par des îles, le débit de la rivière, avant ou après les îles, est égal à la somme des débits des différents bras.

De la même manière, l'intensité du courant principal se bifurquant en C entre les courants dérivés (*fig. 28*) est égale à la somme des intensités de ces courants dérivés. Il est aisé d'ailleurs de le vérifier expérimentalement en mesurant ces intensités, comme nous le verrons plus loin. Ainsi donc en désignant par I l'intensité du courant principal, par i, i', i'', les intensités des diverses dérivations établies entre les mêmes points C et D, on a

$$I = i + i' + i'' + \ldots$$

Si toutes les dérivations présentent la même résistance, l'intensité de tous les courants dérivés est aussi la même ; s'il y a n dérivations, l'intensité I du courant principal vaut alors n fois l'intensité i d'un courant dérivé

$$I = n \times i.$$

On peut dire aussi que l'intensité d'un des courants dérivés est alors la n^e partie du courant principal,

$$i = \frac{I}{n}.$$

Dans le cas particulier de deux dérivations seulement, on a

$$I = i + i'.$$

En même temps nous avons vu qu'on a

$$\frac{i}{i'} = \frac{r'}{r}.$$

En combinant ces deux relations, il vient

$$i = \frac{Ir'}{r + r'},$$

et

$$i' = \frac{Ir}{r + r'}.$$

84. Shuntage des galvanomètres. — Dans certains cas, on peut être amené à employer des courants trop forts pour le galvanomètre dont on dispose ; la déviation produite serait alors trop grande et non mesurable.

Pour diminuer l'intensité du courant qui passe dans le galvanomètre g, on établit une dérivation ou *shunt* s entre ses deux bornes (*fig. 29*); si nous appelons s la résistance du shunt, g la résistance du galvanomètre, i l'intensité du courant dérivé passant dans le galvanomètre, I l'intensité du courant principal, nous aurons (**83**)

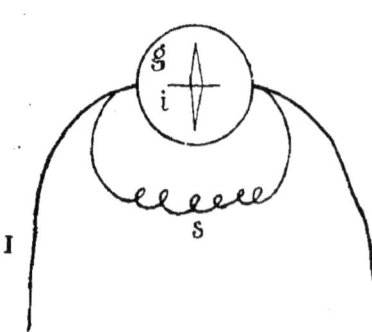

Fig. 29. — Shunts des galvanomètres.

$$i = I \times \frac{s}{g + s}.$$

Si donc nous voulons que l'intensité du courant qui passe dans le galvanomètre soit la n^e partie du courant principal, il faudra faire

$$\frac{s}{g+s} = \frac{1}{n},$$

d'où on tire

$$s = \frac{g}{n-1}.$$

On devra donc pour cela donner au shunt une résistance qui soit la $(n-1)^e$ partie de la résistance du galvanomètre.

Si, par exemple, on veut que le 10e seulement du courant passe dans le galvanomètre, on munira celui-ci d'un shunt dont la résistance soit 9 fois plus petite que la sienne.

§ 3. — **Mesures électriques.**

85. Généralités sur les mesures. — Pour mettre plus facilement en évidence les points importants relatifs aux mesures électriques, nous prendrons comme exemple des mesures qui vous sont déjà familières : les mesures de longueur.

Lorsque vous voulez simplement constater si la longueur d'un objet est plus grande que celle d'un autre voisin, ou si la longueur d'un même objet augmente ou diminue, il vous suffit d'appliquer sur l'objet une simple ficelle, ou une règle en bois non graduée, le bout du doigt posé sur la ficelle ou la règle servant au besoin de repère pour la comparaison des longueurs. C'est là le premier degré de la mesure.

Si vous voulez maintenant comparer la longueur d'un objet à celle d'un autre qui en est assez éloigné ou que vous ne posséderez que dans quelque temps, vous êtes déjà forcés de faire sur votre ficelle un nœud, ou sur la règle un trait, indiquant la longueur du premier objet, afin d'en conserver sûrement une trace, quand vous appliquerez la règle, plus loin ou plus tard, sur le second objet.

Il est bien clair alors que si vous devez faire ainsi de nombreuses comparaisons de longueur, vous serez obligés d'employer plusieurs ficelles ou règles, si vous voulez éviter de confondre les différents repères faits pour conserver le souvenir des longueurs successives essayées. Mais vous sortirez aisément d'embarras, tout en n'employant qu'une seule règle, à la condition de *graduer* celle-ci *à l'avance*, c'est-à-dire de tracer sur elle des traits également distants et numérotés. Alors vous savez comme moi qu'il vous suffira, pour comparer sûrement diverses longueurs, soit immédiatement et dans le même lieu, soit à des époques et dans des lieux différents, d'appliquer la règle sur les longueurs à comparer et de noter dans votre mémoire, ou mieux sur un bout de papier, le nombre de divisions de la règle comprises dans chacune des longueurs successivement essayées.

86. — Cette manière de faire exige, il est vrai, une règle graduée à l'avance, c'est-à-dire un *instrument de mesure*; mais vous pouvez ainsi, non seulement constater qu'une longueu est plus grande qu'une autre, mais encore connaître *combien de fois* cette longueur est plus grande que l'autre, c'est-à-dire trouver le *rapport* de la première longueur à la seconde. Ainsi, si la première longueur contient 50 divisions de la règle et la seconde 25 seulement, la plus grande longueur vaut 2 fois la plus petite. Elle vaut 3 fois 1/2 la plus petite, si elle contient 87 divisions 1/2 de la règle, la petite longueur contenant toujours 25 divisions.

D'une manière générale, le nombre des divisions *de la même règle* contenues dans les deux longueurs étant n et n', leur rapport est $\frac{n}{n'}$.

Vous atteignez ainsi le second degré de la mesure, qui est de trouver le rapport des longueurs.

87. — Chacun pourrait avoir ainsi une règle à soi, graduée selon son gré, c'est-à-dire dont les intervalles entre les traits successifs auraient été choisis quelconques, pourvu, bien entendu, qu'ils fussent tous égaux pour une même règle. Mais pour connaître le rapport de deux longueurs il faudra les avoir mesurées toutes les deux avec une même règle. Car dire qu'une longueur comprend 50 divisions d'une règle et qu'une autre longueur comprend 25 divisions d'une autre règle n'apprend rien au sujet de la comparaison de ces longueurs, si les divisions des deux règles ne sont pas identiques, à moins d'avoir comparé entre elles préalablement les deux divisions, ce qui est déjà une complication.

Vous comprenez les difficultés et les confusions qu'entraînerait pour la comparaison des longueurs l'usage d'instruments très divers que chacun aurait construits suivant sa fantaisie.

Toute difficulté disparaît, si chacun convient d'adopter comme instrument de mesure une règle ayant exactement même longueur et divisée en un même nombre de parties égales. Vous savez qu'en France et dans un grand nombre d'autres pays, l'instrument commun de mesure de longueur est le *mètre* divisé en 100 parties égales appelées *centimètres*, ou en 1000 parties appelées *millimètres*. On dit, sans confusion possible, qu'une longueur contient 3 mètres, ou 25 centimètres, ou 137 millimètres, et tout le monde conclut qu'une longueur de 25 centimètres mesurée à Paris est 2 fois plus petite qu'une longueur de 50 centimètres mesurée à Toulon. La longueur appelée mètre, ou ses divisions, centimètre et millimètre, sont des *unités de longueur*, parce qu'on énonce les longueurs mesurées en mètres, centimètres, millimètres.

Pour assurer l'uniformité de construction des mètres en usage, on les établit d'après un *mètre-étalon* déposé à l'Observatoire de Paris.

88. — Comme vous le voyez, actuellement les longueurs s'expriment en mètres, centimètres ou millimètres qui sont les *unités* de longueur ; la mesure se fait au moyen d'*instruments* appelés également mètres, qui sont des règles construites d'après un *étalon*.

Nous nous sommes un peu étendus sur les mesures de

longueur, que vous connaissez tous très bien et que vous pratiquez couramment, précisément pour bien faire comprendre, à propos de choses qui vous sont familières, les principes de toute mesure rationnelle. Nous allons maintenant les appliquer aux mesures électriques, qui perdront ainsi toute apparence mystérieuse.

89. Mesure de l'intensité d'un courant; ampère ou unité pratique d'intensité. — Les galvanomètres (**40**), qui servent à constater l'existence d'un courant électrique, servent aussi à mesurer ce courant. L'intensité du courant (**59**) étant d'autant plus grande que la déviation de l'aiguille du galvanomètre est elle-même plus grande, il sera possible et facile, avec un galvanomètre quelconque, de voir si un courant augmente ou diminue, s'il est plus intense aujourd'hui qu'hier, si son intensité est plus grande que celle d'un autre courant que l'on a fait passer dans le même galvanomètre soit avant, soit après le premier.

Mais si l'on veut avoir le *rapport* des intensités des courants, il faut que le galvanomètre soit convenablement *gradué*. De plus, pour rendre possible, ou tout au moins facile, la comparaison de courants observés par des personnes différentes, il faut, comme pour la mesure des longueurs, que les instruments de mesure, ici les galvanomètres, soient *gradués de la même manière* et que les *unités* adoptées pour exprimer l'intensité des courants soient les mêmes.

90. — Voici comment on a réalisé ces conditions. On a tout d'abord construit un galvanomètre particulier, de dimensions bien déterminées, que l'on a pris comme *galvanomètre étalon*.

Puis on a adopté comme *unité d'intensité* l'intensité du courant qui passant par ce galvanomètre y produit une déviation déterminée.

L'*unité pratique d'intensité* ainsi adoptée s'appelle l'*ampère*. Ainsi un courant d'intensité égale à 1 ampère est celui qui passant dans le galvanomètre-étalon, dont la construction a été soumise à certaines règles particulières de forme et de dimensions, y produit une déviation déterminée.

91. — Afin de mieux préciser le courant de 1 ampère d'intensité, on a cherché la grandeur des phénomènes électriques, autres que la déviation d'une aiguille aimantée, qu'il pouvait produire.

En particulier, on a étudié à ce point de vue les phénomènes de décomposition chimiques produits par les courants électriques. Dans la décomposition de l'eau par le passage du courant (**50**), des gaz se dégagent autour des conducteurs qui plongent dans cette eau et qui sont appelés *électrodes*. Autour de l'*électrode négative,* c'est-à-dire autour de la partie plongée dans l'eau du conducteur par où le courant sort du liquide, c'est du gaz *hydrogène* qui se dégage. En recueillant ce gaz, on a pu constater qu'un courant de 1 ampère passant pendant une seconde dans l'eau acidulée d'un voltamètre (**50**) dégage un poids d'hydrogène égal à 0,010384 milligramme.

Il est bien clair que les courants de 2, 3, 4... ampères produisent, en une seconde, des poids d'hydrogène 2, 3, 4... fois plus grands qu'un courant de 1 ampère.

Afin de donner une notion tangible de l'intensité d'un courant représenté par un certain nombre d'ampères, nous citerons quelques exemples. C'est ainsi que le courant qui passe dans une lampe à incandescence ordinaire en fonction a une intensité comprise, suivant le modèle, entre 0,5 ampère et 3 ampères ; les arcs voltaïques des projecteurs en usage à bord réclament des courants de 12 à 65 ampères. Les piles employées dans la marine peuvent donner dans certaines conditions des courants de 3 à 8 ampères ; les machines électriques en usage à bord des navires fournissent des courants qui, suivant la puissance de ces machines, peuvent atteindre 12, 45, 100, 150, 200, 400, 600 et même 900 ampères.

92. — Pour graduer uniformément les divers galvanomètres en usage, on peut opérer de la manière suivante : faire passer dans le galvanomètre particulier que l'on veut graduer, et dont la construction est d'ailleurs quelconque, un courant de 1 ampère et marquer le chiffre 1 à l'endroit où s'arrête l'index de l'aiguille déviée sous l'influence de ce courant ; puis faire passer successivement des courants de 2, 3 ampères, etc., et marquer les chiffres 2, 3, etc., aux endroits où s'arrête respectivement l'index du galvanomètre.

Il suffit ensuite, le galvanomètre étant ainsi gradué, d'y faire passer un courant quelconque à mesurer pour lire immédiatement à l'extrémité de l'index l'intensité du courant en ampères.

Un pareil instrument s'appelle généralement un *ampèremètre*

93. Ampèremètres. — La construction des galvanomètres destinés à être gradués en ampèremètres est faite de manière à donner à ces galvanomètres des qualités qui en font des instruments de mesure industriels.

Nous décrirons spécialement les ampèremètres en service dans la marine française.

94. Ampèremètre Deprez et Carpentier. — Cet appareil a l'apparence extérieure d'un manomètre, le galvanomètre étant renfermé dans une boîte cylindrique en laiton.

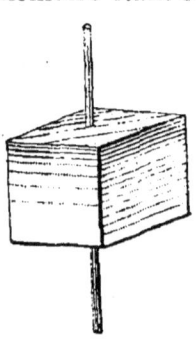

Fig. 30. — Palette en fer des ampèremètres Deprez et Carpentier.

L'aiguille du galvanomètre est un prisme losange en *fer doux*, aussi haut que large, constituant une sorte de palette, mobile autour d'un axe, maintenue par une chape à la partie inférieure et par un tourillon à la partie supérieure (*fig 30*). Cette palette peut se mouvoir entre les pôles d'un aimant en fer à cheval puissant NS, généralement dédoublé en deux, présentant en regard leurs pôles de même nom (*fig. 31*). L'aiguille de fer doux A ainsi aimantée par influence (**20**) s'oriente alors au repos dans la direction des pôles des aimants directeurs. Elle est entourée d'une *bobine* B ou *multiplicateur* (**40**), de résistance très faible, formée généralement d'un gros fil de cuivre, ou même d'une lame de cuivre L, ne faisant qu'un petit nombre de tours et dont les extrémités aboutissent à deux bornes isolées C et C', portées par l'enve-

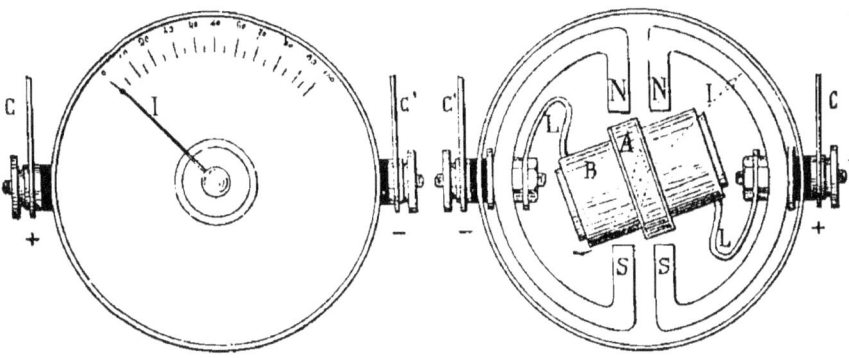

Fig. 31. — Ampèremètre Deprez et Carpentier ; vues extérieure et intérieure.

loppe extérieure de laiton et où se fixent les conducteurs du circuit. La bobine n'est pas ordinairement placée symétriquement par rapport aux pôles des aimants inducteurs.

Un index en aluminium I, soudé à l'axe de l'aiguille en fer, parcourt un arc de cercle portant une graduation et fermant la boîte de laiton.

95. — La graduation n'est faite que pour les déviations se produisant d'un seul côté, de sorte que, pour mesurer un courant, il faut prendre soin de le lancer dans l'appareil dans un sens tel que la déviation se fasse du côté gradué. Pour éviter toute hésitation à cet effet, on a marqué les bornes des signes + et —, et il faut fixer à la borne + le conducteur par où le courant arrive à l'ampèremètre (**44**). Si on s'est trompé d'ailleurs, il n'y a qu'à échanger entre eux les conducteurs fixés aux bornes.

96. — On peut même utiliser cette disposition pour trouver le sens inconnu d'un courant ; après avoir par tâtonnements fixé les conducteurs aux bornes de manière à obtenir la déviation dans le bon sens, on conclut que le courant arrive par celui des conducteurs qui est fixé à la borne marquée +.

97. — Les divisions de la graduation sont d'ailleurs inégales, cette graduation ayant été faite, comme nous l'avons indiqué précédemment, en faisant successivement passer dans l'appareil des courants d'intensité connue, 1, 2, 3, etc., ampères. Généralement les divisions sont plus grandes vers le milieu de la graduation ; cela tient à la position non symétrique de la bobine ; on a ainsi plus de précision dans les mesures des courants correspondant aux déviations moyennes, c'est-à-dire des courants pour lesquels l'ampèremètre a été spécialement construit.

98. — Plusieurs modèles d'ampèremètres peuvent, en effet, être établis sur le même type, suivant l'importance des courants à mesurer. Ainsi un modèle permet de mesurer les courants depuis 0 jusqu'à 100 ampères. D'autres modèles permettent de mesurer de 0 à 200 ou 300 ampères ; d'autres de 0 à 50, ou 25, ou 15 ampères ; d'autres encore de 0 à 3, ou seulement de 0 à 1 ampère. Dans tous ces modèles, l'étendue de la graduation est approximativement la même. Il en résulte donc que la grandeur de la déviation correspondant au même courant de 1 ampère est d'autant plus grande que l'ampèremètre est destiné à mesurer des courants moins intenses. Ainsi, dans un ampèremètre de 0 à 50 ampères, la déviation correspondant à 1 ampère est environ 2 fois plus grande que dans un ampèremètre de 0 à 100 ampères. Ce dernier est donc moins *sensible* que l'autre. Nous avons vu (**40**) que pour rendre un galvanomètre plus sensible, on augmente le nombre des tours de fils du multiplicateur ; ce n'est que par ce nombre des tours du fil que diffèrent, en effet, les divers modèles que nous venons d'énumérer.

Dans les divers emplois qu'on fait des ampèremètres, on

doit choisir un modèle tel que les courants que l'on aura le plus souvent à mesurer correspondent environ au milieu de la graduation. Ainsi lorsque les courants à mesurer sont voisins de 50 ampères, on prendra de préférence un ampèremètre de 0 à 100 ampères.

99. — Parfois, afin de pouvoir mesurer avec un ampèremètre des courants pour lesquels il n'a pas été construit, on fait usage de *shunts*, appelés aussi *réducteurs* (**84**). Un réducteur est une lame de cuivre enroulée généralement en spirale et enfermée dans une boîte en laiton, dont elle est d'ailleurs isolée, et qu'on met en dérivation entre les bornes de l'ampèremètre. Le courant venant de la source électrique ne passe pas alors tout entier dans l'ampèremètre, mais seulement une partie qui dépend du rapport entre la résistance du réducteur et celle de l'ampèremètre lui-même (**84**). Si, par exemple, on a donné au réducteur des dimensions telles que sa résistance soit égale à celle de la bobine de l'ampèremètre, le courant se partage également entre les deux ; ainsi un courant de 10 ampères étant produit par la source électrique, l'ampèremètre indique seulement 5 ampères. Il faudra alors évidemment, pour avoir le véritable courant produit par la source, multiplier par 2 les indications de l'ampèremètre.

On peut disposer le réducteur de manière que le courant passant dans l'ampèremètre soit le tiers, ou le quart du courant de la source, et il faut alors multiplier par 3, ou par 4, le courant indiqué par l'instrument.

100. — Lorsqu'on fait passer un courant dans un ampèremètre, l'index n'exécute qu'un petit nombre d'oscillations de faible étendue, avant de s'arrêter en un point de la graduation. Cette qualité importante doit toujours être réclamée de cette sorte d'instruments qui sont dits alors *apériodiques*.

101. Ampèremètre Sautter et Harlé. — L'ampèremètre Sautter et Harlé est construit suivant un principe complètement différent du précédent.

58 COURS ÉLÉMENTAIRE D'ÉLECTRICITÉ.

Au lieu d'avoir ici une aiguille aimantée mobile sous l'influence du courant passant dans une bobine ou multiplicateur fixe, on rend cette bobine mobile; l'aiguille aimantée devenue fixe peut alors être un aimant puissant et de l'action de cet aimant sur la bobine mobile, lorsqu'elle est traversée par un courant, résulte une déviation de cette bobine.

On voit, dans la figure 32, l'aimant NS fixe en fer à cheval. Une boule sphérique en fer F renforce le champ produit par cet aimant (**35** et **38**). La bobine mobile B est formée de quelques tours d'une mince lame de cuivre isolés les uns des autres par du papier.

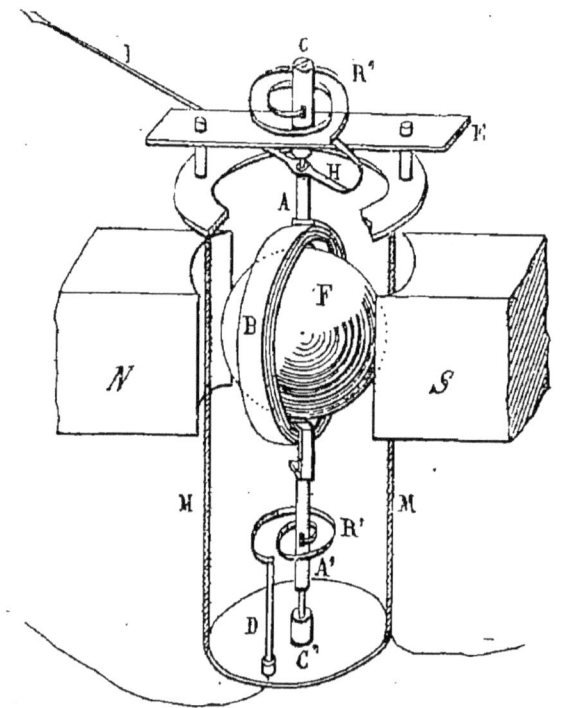

Fig. 32. — Ampèremètre Sautter et Harlé; détails de la bobine mobile.

Les extrémités intérieure et extérieure de la lame constituant l'enroulement de la bobine sont soudées à deux bouts d'axe A et A' pivotant dans les crapaudines C et C'. Deux ressorts R et R' en spirale ramènent l'axe AA', et par suite la bobine B, dans la position de repos. A cet effet, l'un de ces ressorts R' a son extrémité extérieure fixée à une colonnette métallique D isolée; par l'extrémité intérieure le ressort R' est relié mécaniquement et électriquement à l'axe A'.

L'autre ressort R est, au contraire, fixé par son extrémité intérieure à la crapaudine C et par l'extrémité extérieure, il est solidaire de l'axe A, grâce à l'intermédiaire de la pièce courbée H, laquelle est terminée par l'index I.

Enfin la crapaudine C est supportée par l'entretoise E, laquelle fait partie d'une monture métallique générale M.

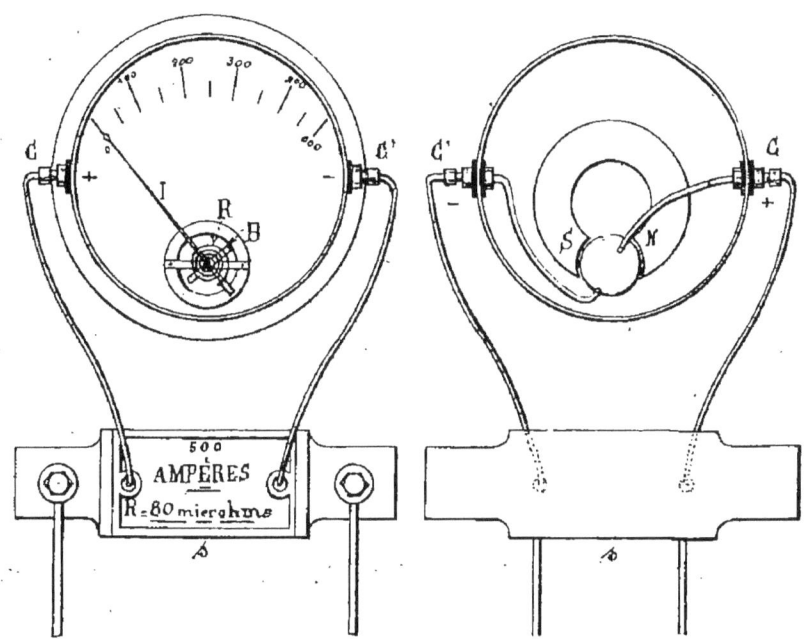

Fig. 33. — Ampèremètre Sautter et Harlé; vues extérieure et intérieure.

On a relié d'une part la colonnette isolée D, d'autre part la monture M aux deux bornes de l'ampèremètre. Si on fait passer un courant dans celui-ci, ce courant gagnera, par la colonnette D, le ressort R' et l'axe A', l'extrémité de la bobine B qu'il parcourra, pour sortir par l'axe A, la pièce H, le ressort R, l'entretoise E et la monture M. La bobine B déviera en entraînant l'index I. On s'arrange de manière que la déviation se fasse vers la droite en reliant à la borne marquée + le conducteur par lequel arrive le courant à l'ampèremètre; alors on voit que la déviation de la bobine B tend à augmenter la torsion des ressorts R et R', il en résultera une position d'équilibre pour la bobine et l'index.

Un pareil instrument ne peut pas être utilisé directement par les courants très intenses. La bobine B en effet étant mobile ne pourra jamais être formée de lames ayant une grande section et par suite lourdes.

Aussi, pour utiliser cet instrument à la mesure des forts courants est-on obligé toujours de le *shunter* (**84**), c'est-à-dire de le mettre en dérivation avec une résistance généralement très faible.

Dans la figure 33, on a représenté à gauche la vue extérieure de l'ampèremètre; on y voit la graduation G, parcourue par l'index I et le shunt S. Des deux bornes C et C' c'est celle de gauche qui est marquée +. C'est au moyen de petits bouts de conducteur d'assez faible section qu'on relie ces bornes aux extrémités du shunt S. Celui-ci est formé de lames de maillechort parallèles; la résistance est souvent plus faible que $\frac{1}{10.000}$ ohm. A droite, on a une vue de l'intérieur, après qu'on a enlevé le fond.

102. Ampèremètre Bréguet. — L'ampèremètre Bréguet est encore différent des précédents. La figure 34 montre, à gauche, l'aspect extérieur de l'instrument et, à droite, une vue de l'intérieur, le fond enlevé. On y voit l'index I parcourant une graduation G et les deux bornes isolées C et C' en forme de mâchoires pour serrer les extrémités des conducteurs.

La déviation ne se produit jamais que d'un seul côté, *quel que soit le sens du courant lancé dans l'ampèremètre.* C'est là un point d'infériorité de cet instrument par rapport aux précé-

MESURES ÉLECTRIQUES. 61

dents. Il ne peut, en effet, servir à trouver le sens d'un courant (**96**) et, si une erreur dans la disposition des conducteurs a été commise, on n'en est pas averti par la fausse déviation de l'index.

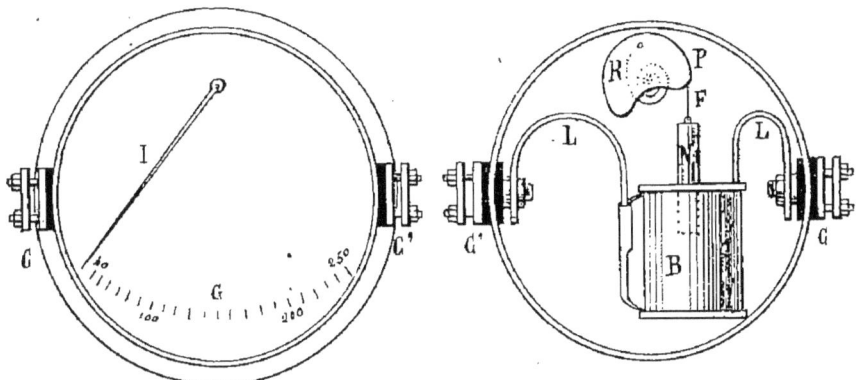

Fig. 34. — Ampèremètre Bréguet; vues extérieure et intérieure.

On voit, dans la vue intérieure, à droite, une bobine B, enroulée d'une lame de cuivre épaisse L, dont les deux extrémités sont reliées aux bornes C et C'.

D'autre part, un petit cylindre de fer N, ou *noyau*, est suspendu dans l'intérieur de cette bobine à un fil F, lequel s'enroule sur un petit rhéa P mobile. Sur l'axe de ce rhéa est calé l'index I, qu'on a représenté ici en pointillé. Un ressort en spirale R tend à faire tourner le rhéa de manière à ramener le noyau de fer N en haut, et l'index au zéro de la graduation.

Lorsqu'un courant passe dans l'ampèremètre d'une borne à l'autre, la bobine B attire le noyau N, malgré le ressort R qui se tend, et l'index est entraîné dans ce mouvement, jusqu'à ce qu'il y ait équilibre entre l'action de la bobine B et la tension du ressort. Comme l'action de la bobine augmente avec l'intensité du courant, on voit qu'on a pu aisément graduer un pareil instrument en ampères, par comparaison avec un autre galvanomètre, par exemple.

103. Manière de mesurer un courant avec un ampèremètre. — L'ampèremètre étant intercalé sur le conducteur parcouru par le courant à mesurer et pour cela le conducteur étant interrompu en un point et les deux bouts de cette interruption fixés aux bornes de l'ampèremètre, lire la déviation à l'extrémité de l'index.

Dans le cas d'un ampèremètre Deprez et Carpentier, tenir compte du réducteur, s'il y en a un.

104. — Constante d'un ampèremètre. — Il arrive souvent que par l'usage, ou l'effet du temps, la graduation de l'ampèremètre devient inexacte. Sans refaire cette graduation, on peut se contenter généralement de *multiplier* les indications de l'instrument par un nombre correctif, et on a ainsi l'intensité en ampères.

Ce nombre correctif est la *constante* de l'ampèremètre ; il doit être inscrit sur l'instrument et nous apprendrons plus tard à le déterminer.

105. — Recommandation importante. — Comme l'altération de la graduation d'un ampèremètre est due, presque toujours, à l'effet du voisinage plus ou moins prolongé de l'ampèremètre et d'aimants puissants, il importe d'éviter autant que possible ce voisinage ; en particulier, il faut s'abstenir d'approcher les ampèremètres des machines électriques en activité qui, comme nous le verrons, comprennent des aimants très puissants. Si l'on possède plusieurs ampèremètres, éviter aussi de les superposer, ou de les conserver trop près l'un de l'autre, dans les périodes où l'on n'en fait pas usage. Les ampèremètres Bréguet sont moins sensibles que les autres à l'influence des aimants extérieurs.

106. Mesure des quantités d'électricité ; coulomb ou unité pratique de quantité. — Au lieu de mesurer directement la quantité d'électricité fournie par un courant pendant un certain temps, nous la calculerons (**60**). On prend pour *unité pratique de quantité d'électricité*, la quantité d'électricité fournie par un courant de 1 ampère en 1 seconde et on l'appelle *coulomb*. Un courant de 10 ampères produira, en 1 seconde, 10 coulombs d'électricité et ce même courant de 10 ampères, en 5 secondes, donnera 50 coulombs. D'une manière générale, pour obtenir en coulombs la quantité d'électricité fournie par un courant, on multiplie l'intensité en ampères par le temps écoulé en secondes. Si on désigne par $Q^{coulombs}$ cette quantité d'électricité, $I^{ampères}$ étant l'intensité en ampères et $t^{secondes}$ le temps en secondes, on a donc

$$Q^{coulombs} = I^{ampères} \times t^{secondes}.$$

Ainsi un courant de 25 ampères fournit, en 150 secondes, une quantité d'électricité égale à 25 × 150, ou 3 750 coulombs.

107. — Un courant de 1 ampère fournit, en 1 heure, c'est-à-dire en 3 600 secondes, une quantité d'électricité égale à 1 × 3 600 ou 3 600 coulombs. Cette quantité d'électricité, égale à 3 600 coulombs, donnée par 1 ampère pendant 1 heure, s'appelle souvent *ampère-heure*.

Un *ampère-heure* vaut donc *3 600 coulombs*.

108. Ohm ou unité pratique de résistance; ohm-étalon. — Comme unité de résistance électrique (**65**), on a pris la résistance d'un conducteur constitué par une colonne de mercure pur à la température de 0° centigrade, ayant une longueur de 106,3 centimètres et une section de 1 millimètre carré. Cette unité de résistance s'appelle *ohm*.

Une pareille colonne de mercure enfermée dans un tube de verre constituera un *ohm-étalon*.

Pour donner une notion plus immédiate de la résistance égale à 1 ohm, nous pourrons dire que c'est aussi la résistance d'un fil de cuivre pur recuit de 1 millimètre de diamètre et d'une longueur égale à 46,9 mètres environ, à la température de 15 degrés centigrades. Pour un fil de fer, également de 1 millimètre de diamètre, il suffirait d'une longueur de 7,7 mètres pour avoir une résistance de 1 ohm.

109. Bobines et caisses de résistance. — La manipulation des tubes remplis de mercure semblables à l'étalon serait incommode à cause de leur fragilité. Ainsi, dans la pratique, on fait usage de bobines de fil métallique isolé, généralement du maillechort, enroulé sur des noyaux en bois. La longueur du fil et sa section sont choisies de telle sorte que la résistance du conducteur ainsi constitué est égale à celle de l'étalon de résistance, c'est-à-dire vaut 1 ohm.

La bobine est généralement renfermée dans une boîte sur le dessus de laquelle sont placées deux bornes A, B auxquelles sont reliées les extrémités du fil de la bobine (fig. 35).

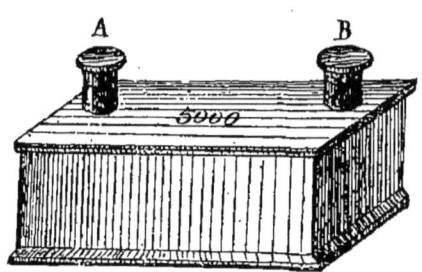

Fig. 35. — Bobine de résistance.

On peut alors construire des bobines dont la résistance soit double ou triple de celle de la première, en doublant ou triplant la longueur du fil, ou en donnant au fil une section deux ou trois fois plus faible (**66**).

On a ainsi des bobines ayant une résistance de 2 ohms, de 3 ohms, de 10 ohms, de 100 ohms, etc. On peut alors introduire dans un circuit électrique une résistance connue et de valeur variable.

Il suffit pour cela de couper le circuit en un point et de fixer les tronçons de ce circuit aux bornes de la bobine de résistance particulière que l'on veut mettre en circuit.

110. — Au lieu d'avoir isolément une série de bobines de résistances variables, on peut les avoir réunies dans une même caisse disposée de manière à permettre d'introduire dans un circuit l'une ou l'autre des bobines et même plusieurs d'entre elles à la fois.

La caisse de résistances étant introduite dans un circuit au moyen de deux bornes extrêmes AA auxquelles on fixe les deux tronçons de ce circuit (fig. 36), on place d'abord toutes les chevilles ou bouchons entre les plaques métalliques épaisses fixées sur le couvercle de la caisse, de manière que toutes ces plaques, réunies métalliquement entre elles par les chevilles, forment un tout continu d'une borne à l'autre. Quand on voudra ensuite introduire dans le circuit la résistance d'une des bobines de la caisse, on enlèvera la cheville

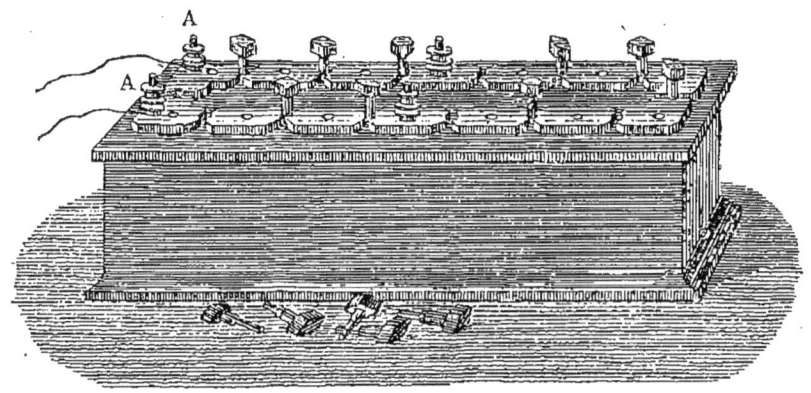

Fig. 36. — Caisse de résistances.

réunissant les deux plaques entre lesquelles est inscrite la valeur de cette résistance.

La figure 37 montre comment, les extrémités du fil de chaque bobine étant reliées à deux plaques consécutives, l'enlèvement de la cheville placée entre ces plaques permet au

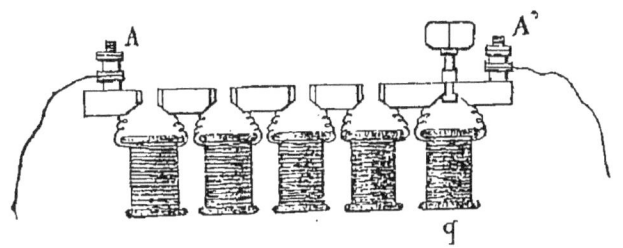

Fig. 37. — Caisse de résistances.

courant de passer dans la bobine correspondante et non plus seulement dans la masse métallique constituée par les plaques et la cheville qui les réunissait. Ainsi, dans la figure 37, le courant passe dans toutes les bobines de la caisse, sauf la bobine q.

La résistance de chaque bobine est inscrite à côté de l'intervalle qui sépare les deux masses métalliques communiquant avec elle.

Ordinairement les résistances des bobines successives ont des valeurs qui sont entre elles comme les nombres 1, 2, 2, 5, 10, etc., de manière qu'avec un nombre assez faible de bobines on puisse donner à la résistance introduite dans le circuit des valeurs ne différant entre elles que de 1 unité.

111. Rhéostats. — On donne le nom de *rhéostats* aux appareils permettant d'introduire dans un circuit une résistance variable, mais dont la valeur n'a pas besoin d'être connue ; on en fait usage dans un grand nombre d'applications et ils peuvent affecter des formes très diverses.

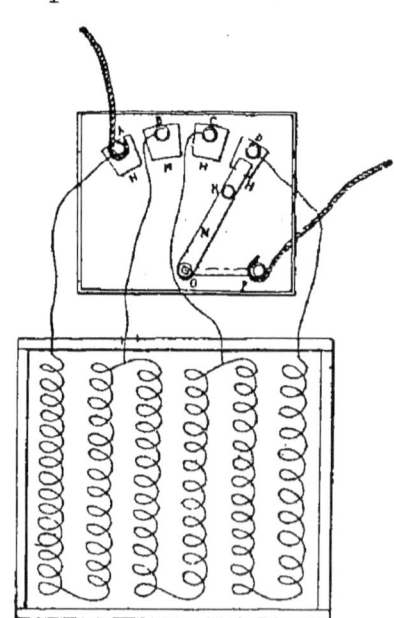

Fig. 38. — Rhéostat.

Voici une des dispositions que l'on peut adopter ; elle se recommande par la facilité de construction.

Un fil de fer ordinaire, ou d'un alliage de fer et de nickel, ou de maillechort, forme un certain nombre de spirales reliées les unes aux autres, sauf la première et la dernière, et placées parallèlement entre les côtés d'un cadre en bois (*fig. 38*). Ce cadre peut aussi être métallique, en fer ou fonte par exemple, mais à la condition que le fil en soit alors isolé, que ses points d'attache soient, par exemple, formés par de petits dés en porcelaine fixés sur le cadre.

Aux points de jonction des spirales entre elles, on a greffé des bouts de conducteur. Ces greffes et les extrémités libres des spirales extrêmes aboutissent aux bornes isolées A, B, C, D d'un *commutateur*. Les conducteurs du circuit dans lequel on veut introduire le rhéostat aboutissent l'un à la borne A, l'autre à la borne F reliée par l'axe O à la lame métallique à ressort M. Cette lame peut être amenée, au moyen du bouton R, sur les contacts H correspondant aux diverses bornes A, B, C, D.

On voit que dans la position indiquée par la figure 38, le courant arrivant de la source à la borne F passe par O, M, D, puis dans le rhéostat tout entier et retourne à la source par la borne A et le conducteur qui y est fixé.

Si on place la lame de contact M sur le contact correspondant à la borne C, le courant passe par F, O, M, C, puis dans quatre seulement des spirales du rhéostat, et regagne la source par A.

La lame M étant sur B, le courant ne passe plus que dans deux spirales et enfin toute la résistance du rhéostat est retirée du circuit lorsque la lame est sur le contact correspondant à la borne A, le courant allant directement de F en A par O et M, sans passer par le rhéostat.

Il est clair que le nombre des spirales, des greffes et des bornes du commutateur dépendra du nombre des valeurs qu'on voudra donner à la résistance introduite dans le circuit.

112. — Une autre forme de rhéostat assez commune est représentée par la figure 39. On voit que les spirales S formant la résistance du rhéostat sont placées entre les côtés d'un cadre C en fonte dont elles sont d'ailleurs maintenues isolées par les dés en porcelaine D qui leur servent de points d'attache. Comme dans la caisse de résistances de la figure 36, les extrémités de chaque spirale sont en relation avec deux masses consécutives de laiton M placées sur un côté du cadre, dont elles sont d'ailleurs isolées. On peut, en plaçant entre ces masses une cheville de laiton, supprimer du circuit la spirale correspondante, toujours comme dans une caisse de résistances (**110**). Les bornes A et A' servent de points d'attache aux extrémités du circuit où l'on veut intercaler le rhéostat.

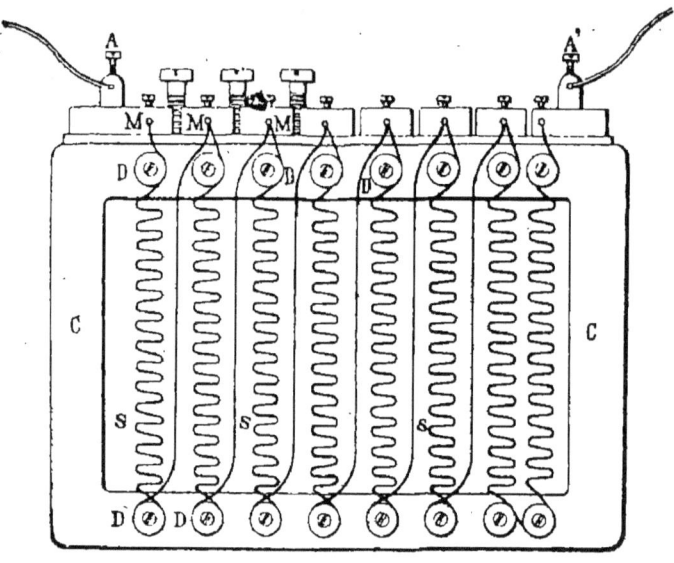

Fig. 39. — Rhéostat.

Dans d'autres modèles, les spirales sont placées dans une caisse cylindrique et les masses **M** forment des séries circulaires sur le dessus de cette caisse.

113. — Enfin, on peut aussi, comme disposition de fortune, employer un *rhéostat liquide,* constitué par une caisse en bois, ou une baille, remplie d'eau de mer, ou d'eau acidulée par de l'acide sulfurique. Deux plaques de cuivre, ou de plomb, plongent dans l'eau et sont reliées aux extrémités du circuit.

En plaçant les plaques à une distance plus ou moins grande l'une de l'autre, on intercale dans le circuit une longueur plus ou moins grande du conducteur liquide constitué par l'eau de la baille, et par conséquent une résistance plus ou moins grande.

114. — Quelle que soit la forme adoptée, la grosseur du fil sera toujours choisie de manière qu'il ne soit pas échauffé outre mesure par le passage du courant. Nous indiquerons plus loin les chiffres qu'il convient d'adopter.

115. Calcul de la résistance d'un conducteur. — La résistance d'un conducteur peut se mesurer comme nous le verrons plus loin (**136**) ; mais elle peut aussi se calculer, si on connaît les dimensions de ce conducteur. Ce calcul rentre ordinairement dans un des cas suivants :

116. — 1er Cas. — *Sachant qu'un mètre d'un certain conducteur a une résistance égale à α_2 ohms, calculer la résistance de l mètres de ce conducteur.*

La résistance R cherchée est alors en ohms,

$$R^{ohms} = \alpha_2^{ohms} \times l^{mètres}.$$

117. — 2e Cas. — *Calculer la résistance R d'un conducteur de longueur l centimètres et de section s centimètres carrés, sachant qu'un conducteur de même nature, mais dont la longueur est 1 centimètre et la section 1 centimètre carré, a une résistance de α ohms.*

Si le conducteur avait l centimètres de longueur et si sa section était 1 centimètre carré, sa résistance serait $\alpha \times l$ ohms (**66**). Puisque la section du conducteur est s centimètres carrés au lieu de 1 centimètre carré, la résistance sera

$$R^{ohms} = \frac{\alpha^{ohms} \times l^{centimètres}}{s^{centimètres\ carrés}}.$$

Pour les conducteurs en cuivre pur recuit, à la température de 0 degré centigrade, le nombre α qu'on appelle *résistance spécifique* (**67**), et qui est la résistance pour 1 centimètre de longueur et 1 centimètre carré de section, a pour valeur 0,000001579 ohm.

Nous donnons dans le tableau n° **120** la résistance spécifique des métaux purs et alliages usuels à la température de 0 degré centigrade. Dans ce tableau, les résistances spécifiques, au lieu d'être exprimées en ohms, sont exprimées en microhms, c'est-à-dire en *millionièmes d'ohm*; on évite ainsi des nombres comprenant un trop grand nombre de chiffres décimaux.

118. — 3ᵉ Cas. — *Calculer la résistance R d'un conducteur dont la longueur est l mètres et dont le diamètre est d millimètres, sachant qu'un conducteur de même nature de 1 mètre de longueur et de 1 millimètre de diamètre a une résistance de $α_1$ ohms.*

En raisonnant comme ci-dessus et se rappelant que la section est proportionnelle au carré du diamètre, on aura

$$R^{\text{ohms}} = \frac{α_1^{\text{ohms}} \times l^{\text{mètres}}}{(d^{\text{millim.}})^2}.$$

Pour le cuivre pur recuit, à la température de 0 degré centigrade, le nombre $α_1$, représentant la résistance d'une longueur de 1 mètre pour un diamètre de 1 millimètre, est égal à 0,02011 ohm.

Dans le tableau du n° **120**, on a inscrit les valeurs du nombre $α_1$, pour les métaux usuels, à la température de 0 degré centigrade.

119. Variation de la résistance des conducteurs métalliques avec leur pureté et leur température. — La résistance des conducteurs métalliques est plus grande, à dimensions égales, lorsque le métal qui les constitue contient des impuretés que lorsque ce métal est pur.

La résistance des conducteurs métalliques augmente quand leur température augmente.

Pour les conducteurs en cuivre, on tiendra compte, dans le calcul des résistances, de la température, en majorant la résistance de 0,4 p. 100 environ par degré centigrade d'élévation de température, ou en diminuant cette résistance de 0,4 p. 100 par degré d'abaissement de température.

Lorsque le cuivre qui constitue la matière des conducteurs n'est pas pur, on sait alors souvent que ce cuivre vaut, au point de vue de la conductibilité, 90 p. 100 ou 95 p. 100, par exemple, du cuivre pur. On en tiendra compte dans le calcul de la résistance en majorant celle calculée pour le cuivre pur de 10 p. 100 ou de 5 p. 100, suivant la proportionnalité des conductibilités indiquée.

Nous donnerons d'ailleurs plus loin des exemples de calcul.

120. Résistance des métaux purs et alliages usuels à la température de 0° C. en unités internationales.

NATURE des CONDUCTEURS.	RÉSISTANCE spécifique. En microhms-centimètre [1]. u.	RÉSISTANCE de 1 mètre de 1 millimètre de diamètre. En ohms. a_1.	COEFFICIENT d'augmentation de résistance en p. 100 par degré centigrade.
Argent recuit	1,487	0,01894	0,377
— écroui	1,615	0,02056	»
Cuivre recuit	1,579	0,02011	0,388
— écroui	1,616	0,02057	»
Or recuit	2,035	0,02590	0,365
— écroui	2,071	0,02637	»
Aluminium recuit	2,880	0,03668	0,39
Zinc comprimé	5,573	0,07084	0,365
Platine recuit	8,864	0,11101	0,217
Fer recuit	9,607	0,12233	0,680
Nickel recuit	12,319	0,15683	»
Étain comprimé	13,060	0,16630	0,365
Plomb comprimé	19,407	0,20706	0,387
Antimoine comprimé	35,101	0,44696	0,389
Bismuth comprimé	129,710	1,65105	0,354
Mercure	94,057	1,19760	0,072
Maillechort	20,698	0,2561	0,014
Alliage 2 Pt + 1 Ag	24,115	0,30688	0,031
— 2 Au + 1 Ag	10,744	0,13669	0,065
— 9 Pt + 1 Ir	21,568	0,27457	0,133
— 88 Pt + 12 Ir	32,191	0,3988	»
Alliage de platine-iridium employé pour la confection des amorces électriques	66,110	0,8192	»

1. Les résistances spécifiques sont exprimées en microhms-centimètre, c'est-à-dire en *millionièmes* d'ohm, pour 1 centimètre de longueur et 1 centimètre carré de section.

121. Résistance spécifique de quelques liquides.

NATURE DES LIQUIDES.	RÉSISTANCE spécifique à 14° C. Ohms.	RÉSISTANCE spécifique à 24° C. Ohms.
Dissolution de sulfate de cuivre (8 p. 100)	45,6	37,0
— — — (28 p. 100)	24,6	18,7
— saturée de sulfate de zinc	21,4	17,7
— d'acide sulfurique (densité = 1,10)	0,88	0,73
— — (densité = 1,70)	4,66	3,06
Acide azotique — (densité = 1,36)	1,45	1,22

122. Volt, ou unité pratique de différence de potentiel. — On appelle *volt* l'unité pratique de différence de potentiel (**61**). On a pris pour cette unité la grandeur de la différence de potentiel qu'il faut établir et maintenir entre les extrémités d'un conducteur ayant une résistance de 1 ohm pour que ce conducteur soit parcouru par un courant de 1 ampère.

Il résulte de la 2ᵉ loi de Ohm, que nous avons énoncée (**74**), que si la différence de potentiel est 10 fois plus grande, ou égale à 10 volts, le conducteur ayant toujours 1 ohm de résistance, l'intensité du courant sera de 10 ampères. Si, la différence de potentiel étant égale à 10 volts, la résistance du conducteur est portée à 2 ohms, l'intensité du courant ne sera plus que 5 ampères. D'une manière générale, si l'on veut, par la loi de Ohm, calculer l'intensité I *en ampères* du courant passant dans un conducteur présentant une résistance de R ohms, il faut diviser par R *exprimée en ohms* la différence D aux extrémités de ce conducteur *exprimée en volts*. On a ainsi

$$I_{\text{ampères}} = \frac{D^{\text{volts}}}{R^{\text{ohms}}}.$$

123. — Les forces électromotrices (**69**) qui établissent les différences de potentiel aux divers points d'un circuit s'expriment également en volts. La 1ʳᵉ et la 3ᵉ loi de Ohm (**72** et **75**) s'écriront donc, en mettant en évidence les unités qu'il convient d'employer pour évaluer les diverses grandeurs,

$$I_{\text{ampères}} = \frac{E^{\text{volts}}}{R^{\text{ohms}}},$$

$$I_{\text{ampères}} = \frac{D^{\text{volts}} \pm E^{\text{volts}}}{R^{\text{ohms}}}.$$

124. Calcul des différences de potentiel et des forces électromotrices. — Les lois de Ohm permettent, comme nous venons de le voir, de calculer l'intensité du courant passant dans un conducteur ou dans un circuit, si on connaît la différence de potentiel aux extrémités du conducteur ainsi que la résistance de ce dernier, ou la force électromotrice de la source et la résistance du circuit.

Mais l'intensité d'un courant peut se mesurer directement en ampères au moyen d'un ampèremètre (**103**) ; d'autre part, on peut constituer un conducteur ou un circuit dont la résistance soit égale à un nombre d'ohms connu ; il suffit pour cela, par exemple, de former ce conducteur ou ce circuit avec des bobines d'une caisse de résistances étalonnée (**110**) ou avec des conducteurs en cuivre dont la longueur et la section soient connues (**115**). Les formules de Ohm permettent alors de calculer la différence de potentiel aux extrémités du conducteur, ou la force électromotrice de la source.

On a, en effet, en écrivant ces formules d'une autre manière,

$$D^{volts} = I^{ampères} \times R^{ohms},$$

$$E^{volts} = I^{ampères} \times R^{ohms}.$$

Nous rappelons que, dans cette dernière formule, la résistance R est celle de tout le circuit et non pas seulement d'une portion de circuit comme dans la formule précédente.

Ainsi, la différence de potentiel aux extrémités d'un conducteur est, en volts, égale au produit de l'intensité, en ampères, du courant qui le parcourt par la résistance de ce conducteur exprimée en ohms. Nous avons dit que cette différence de potentiel s'appelait aussi *chute* ou *perte de potentiel* dans ce conducteur (**61**).

A bord des navires, on a, par exemple, des piles ayant une force électromotrice de 11 volts, des machines électriques ayant le plus souvent des forces électromotrices voisines de 78 ou 88 volts. La différence de potentiel que ces machines entretiennent aux extrémités des lampes à incandescence, pour qu'elles éclairent convenablement, est voisine de 70 ou 80 volts ;

l'arc voltaïque d'un projecteur n'exige entre ses bornes qu'une différence de potentiel de 45 à 50 volts ; enfin on peut voir, par les tableaux **545** à **547**, que la chute de potentiel prévue dans les conducteurs servant aux installations est au plus de quelques volts.

125. — Lorsque l'on a un conducteur AB faisant partie d'un circuit SAB (*fig. 27*), on pourra donc toujours faire en sorte que la différence de potentiel entre les extrémités A et B du conducteur soit égale à un nombre de volts connu. Il suffira pour cela de modifier la résistance du conducteur AB, ou l'intensité du courant qui le traverse et lue sur l'ampèremètre G, de manière que le produit de cette résistance par cette intensité soit égal au nombre de volts qu'on s'est proposé d'obtenir. Pour modifier l'intensité du courant, on peut d'ailleurs soit agir sur la source électrique S, soit sur la résistance des conducteurs SA, SB qui la relient au conducteur AB.

On peut ainsi donner à la différence de potentiel des valeurs de 1, 2, 3..... 10 volts.

126. — Considérons, comme autre application, un conducteur ABC parcouru par un courant (*fig. 40*). Désignons par r la résistance de la portion AB du conducteur, par r' la résistance de la portion BC.

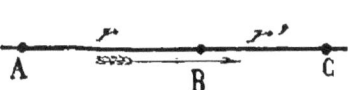

Fig. 40. — Chute de potentiel dans les conducteurs.

Appelons D la différence de potentiel entre A et B ; D' la différence de potentiel entre B et C ; D_1 la différence de potentiel entre A et C. On a, en appliquant le calcul précédent, I étant l'intensité du courant passant en ABC,

$$D = Ir,$$
$$D' = Ir',$$
$$D_1 = I(r + r') = Ir + Ir'.$$

Il en résulte que la différence de potentiel D_1 entre A et C est la somme des différences de potentiel D et D' entre A et B, B et C.

On en déduit aussi que la différence de potentiel D entre A et B est égale à la différence de potentiel D_1 entre A et C diminuée de la différence de potentiel D' entre B et C, c'est-à-dire de la chute de potentiel dans le conducteur BC de résistance r', ou du produit Ir' ; ce qui peut s'écrire

$$D = D_1 - Ir'.$$

Considérons maintenant le conducteur FABC (fig. 41).

En désignant par D la différence de potentiel entre A et B

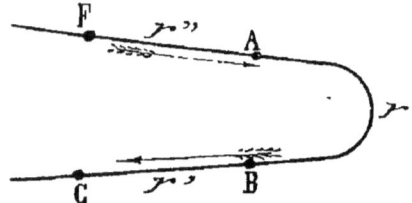

Fig. 41. — Chute de potentiel dans les conducteurs.

et par D_1 la différence de potentiel entre F et C, r' et r'' étant respectivement les résistances des portions BC et FA du conducteur, on aura pareillement

$$D = D_1 - Ir' - Ir''.$$

La différence de potentiel D entre deux points A et B d'un circuit est donc égale à la différence de potentiel D_1 entre deux points F et C diminuée de la chute de potentiel dans les diverses portions de conducteur qui relient les premiers points aux seconds.

Connaissant la différence de potentiel D_1, l'intensité I du courant et les résistances r' et r'', on pourra calculer D sans avoir besoin de connaître à l'avance la résistance du conducteur AB, comme dans le calcul direct exposé précédemment (**124**).

127. Voltmètres. — Supposons qu'une différence de potentiel D existe entre les extrémités A et B d'un conducteur (*fig. 42*). Relions en dérivation (**76**) un galvanomètre V entre les points A et B. Nous savons que le courant qui passe dans le galvanomètre V, aussi bien que celui qui passe dans le conducteur AB lui-même, est proportionnel à la différence de potentiel D (**77**).

La déviation du galvanomètre est donc d'autant plus grande que cette différence de potentiel D est plus grande.

Or, nous avons vu (**125**) que l'on pouvait, dans certaines

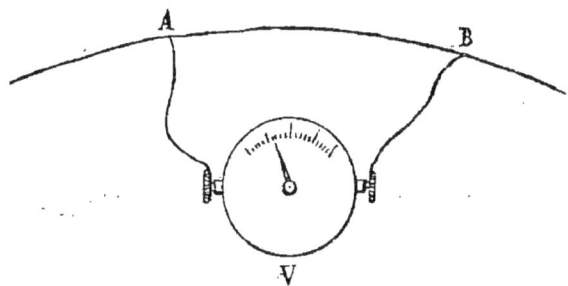

Fig. 42. — Mesure des différences de potentiel au moyen des galvanomètres.

conditions, donner à la différence de potentiel D des valeurs égales à 1, 2, 3,....., 10 volts. Si le galvanomètre V n'est pas encore gradué, on peut alors inscrire le chiffre 1 à l'endroit où s'arrête l'index quand la différence de potentiel D a été rendue égale à 1 volt. De même, on marquera et on indiquera par les chiffres 2, 3, ..., 10, etc., l'endroit où s'arrête l'index lorsque la différence de potentiel est 2, 3, ..., 10, etc., volts.

128. — Un galvanomètre ainsi gradué s'appelle un *voltmètre*. La forme d'un voltmètre peut d'ailleurs être quelconque, pourvu que la graduation soit effectuée comme il est indiqué ci-dessus. Toutefois, afin que *le courant dérivé dans le voltmètre* pour la mesure de la différence de potentiel soit très réduit, on donne au fil de la bobine une très grande longueur, en même temps qu'un diamètre très faible, de manière que sa résistance soit considérable ; cette résistance atteint souvent 2 000 ou 3 000 ohms.

Nous avons vu, au contraire, que la bobine d'un ampèremètre comprenait généralement un petit nombre de tours d'un gros fil de cuivre et présentait par suite une résistance assez faible (souvent moins de 0,001 ohm) pour être regardée comme négligeable, de sorte que *l'introduction d'un ampèremètre dans un circuit* ne réduit pas d'une manière appréciable l'intensité du courant qui y circule.

Dans la marine, les voltmètres les plus employés pour le service courant sont le voltmètre Deprez et Carpentier, le voltmètre Sautter et Harlé, le voltmètre Bréguet. En outre, il est délivré un *voltmètre étalon* du système Carpentier destiné à contrôler les précédents.

129. Voltmètre Deprez et Carpentier. — La construction du voltmètre Deprez et Carpentier est identique à celle de l'ampèremètre des mêmes constructeurs (**94**), sauf que la bobine comprend un très grand nombre de tours d'un fil très fin, de manière à donner à l'instrument une grande résistance, voisine de 2 000 ohms. Cette résistance est d'ailleurs inscrite sur l'instrument.

La figure 43 représente un pareil voltmètre.

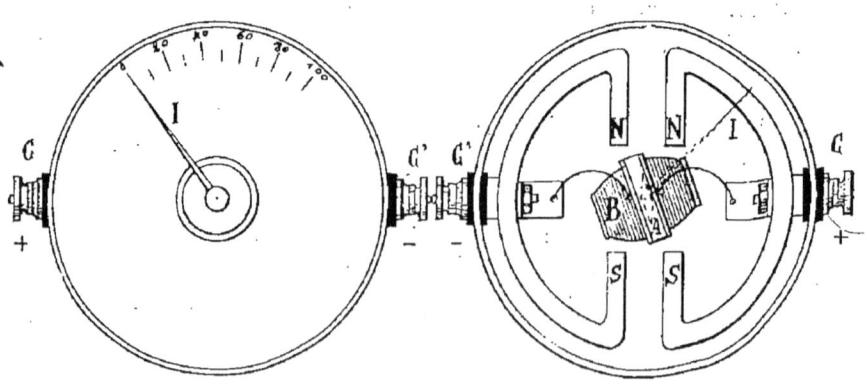

Fig. 43. — Voltmètre Deprez et Carpentier ; vues extérieure et intérieure.

Les modèles les plus employés sont ceux de 0 à 100 volts et de 0 à 5 volts.

130. Voltmètre Sautter et Harlé. — Le voltmètre Sautter et Harlé est également construit comme l'ampèremètre du même nom (**95**), sauf les différences suivantes. D'abord l'instrument n'est pas shunté comme l'ampèremètre; ensuite, pour augmenter la résistance du voltmètre, on a ajouté, à la suite de la bobine mobile, dans l'intérieur de la boîte en laiton renfermant l'instrument, des résistances additionnelles r.

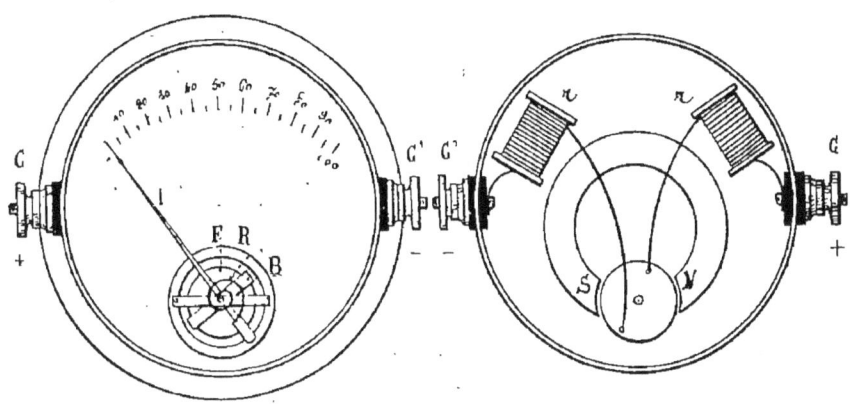

Fig. 44. — Voltmètre Sautter et Harlé; vues extérieure et intérieure.

La figure 44 représente à gauche une vue extérieure de ce voltmètre, à droite une vue de l'intérieur, le fond étant supposé enlevé.

131. Voltmètre Bréguet. — Le voltmètre Bréguet diffère quelque peu de l'ampèremètre du même constructeur (**96**).

La figure 45 représente une vue extérieure et une vue intérieure de l'instrument, cette dernière après avoir enlevé le fond mobile.

Deux bobines BB, composées d'un très grand nombre de tours d'un fil très fin, aimantent, lorsqu'elles sont parcourues par un courant, les noyaux en fer F qui forment alors deux pôles N et S (**190**).

Une palette en fer doux A, analogue à celle des ampèremètres et voltmètres Deprez et Carpentier (**94**), tend, sous l'influence des pôles NS, à se placer horizontalement. Mais un ressort R tend au contraire à lui donner une position inclinée.

Une des extrémités du fil des bobines BB est reliée aux bornes C et C' du voltmètre ; les autres extrémités viennent aboutir à un interrupteur D dont le bouton est placé extérieurement. Lorsqu'on appuie sur ce bouton, le fil des bobines BB relie sans interruption les bornes C et C'. Si les bornes C et C' sont alors en communication avec deux points présentant une différence de potentiel, un courant parcourt les bobines BB, crée les pôles N et S ; la palette de fer A se place dans une position d'équilibre d'autant plus rapprochée de l'horizontale que la différence de potentiel mesurée par le voltmètre est plus grande.

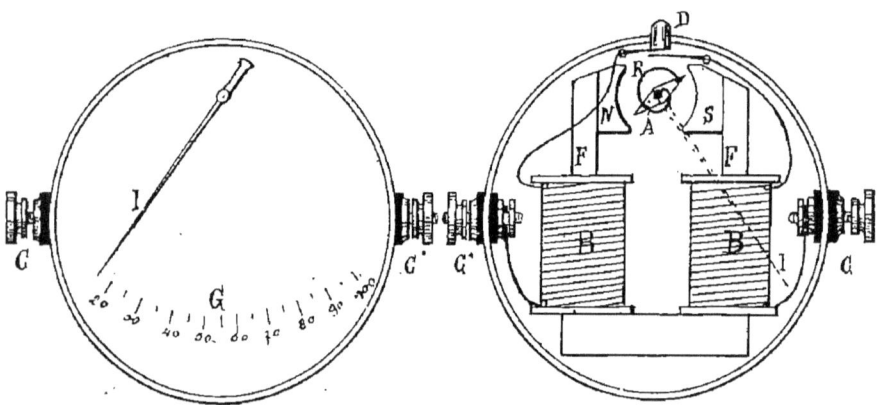

Fig. 45. — Voltmètre Bréguet ; vues extérieure et intérieure.

Ce voltmètre Bréguet dévie toujours dans le même sens, quel que soit le sens du courant ; c'est là un défaut. En revanche, comme il ne renferme pas d'aimant permanent, il est moins sensible que les autres à l'influence des aimants puissants extérieurs.

132. Voltmètre-étalon Carpentier. — Le voltmètre-étalon employé dans la marine ressemble, d'une manière générale, au voltmètre Sautter et Harlé que nous avons décrit plus haut (**130**). La partie gauche de la figure 46 représente une vue de la face supérieure ; on a enlevé une partie du cercle gradué servant de couvercle. On y voit l'aimant en fer à cheval NS, la bobine mobile B avec son index I parcourant la graduation G et le ressort R en spirale, maintenant l'index au zéro. Ce ressort est fixé par un bout à la tige v métallique communiquant électriquement avec la monture de la crapaudine supérieure non figurée ici.

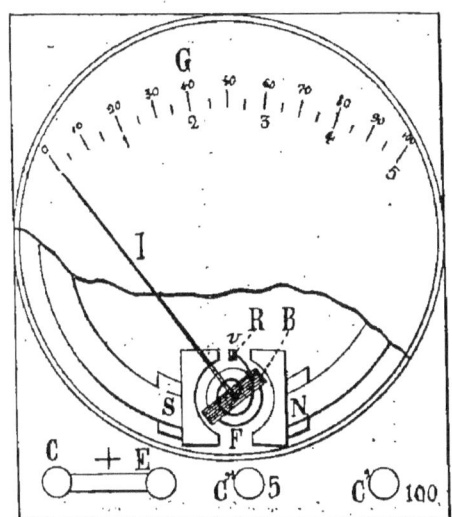 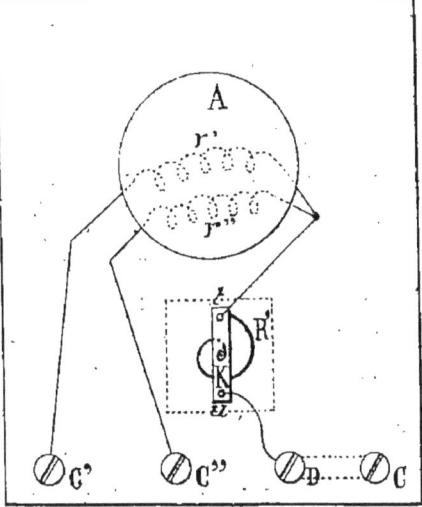

Fig. 46. — Voltmètre-étalon de la marine ; vue supérieure et vue de la face postérieure.

Ce voltmètre peut servir, soit pour mesurer les différences de potentiel de 0 à 100 volts, soit les différences de potentiel de 0 à 5 volts seulement. A cet effet, il existe 3 bornes C, C', C". On fait arriver le courant par les bornes C et C' pour mesurer jusqu'à 100 volts et par les bornes C et C" pour mesurer jusqu'à 5 volts. Dans le premier cas on lit la graduation supérieure et dans le second la graduation inférieure. Dans tous les cas, il y a lieu d'appuyer sur le bouton E servant d'interrupteur. La borne C est marquée $+$ et c'est là qu'il faut fixer le conducteur venant du pôle positif de la source pour que la déviation se fasse dans le sens convenable.

A droite de la figure, on a représenté une vue de la face postérieure montrant les communications entre les bornes C, C', C" et les organes intérieurs de l'instrument. Le courant entrant par la borne C gagne la vis D, lorsqu'on appuie sur le bouton de l'interrupteur E. De là, le courant arrive par une vis u à la crapaudine inférieure K reliée par la monture générale à la crapaudine supérieure et à la tige v. Par le ressort R, le courant gagne l'extrémité supérieure de la bobine mobile B, parcourt cette bobine et sort par l'extrémité inférieure fixée au ressort inférieur R'; par ce ressort et l'intermédiaire d'une tige isolée t, le courant gagne la résistance r' et arrive enfin à la borne C', ou prend la résistance r'' pour arriver à la borne C". Ces deux résistances r' et r'' sont enroulées sur une bobine en bois A et constituent les résistances additionnelles donnant au voltmètre une résistance suffisante. La résistance r' vaut environ 10000 ohms et la résistance r'' environ 500 ohms. C'est la différence de ces résistances intercalées dans le circuit qui donne à l'instrument une sensibilité différente, suivant qu'on se sert des bornes C et C', ou C et C". L'instrument, très soigné, est renfermé dans une boîte en bois.

133. Mesure d'une différence de potentiel avec un voltmètre. — Lorsqu'on possède un voltmètre gradué, comme il a été dit, pour mesurer, avec cet instrument, la différence de potentiel entre deux points B et C d'un circuit, il suffit de relier en *dérivation* aux deux points B et C les deux bornes du voltmètre au moyen de deux bouts de conducteur auxiliaires et de lire, à l'extrémité de l'index, la déviation de l'instrument; cette déviation représente directement en volts la différence de potentiel cherchée, si l'instrument est bien gradué.

Nous rappelons que l'ampèremètre doit, au contraire, pour mesurer l'intensité d'un courant, être *intercalé sur le circuit* parcouru par ce courant.

134. — Coefficient d'un voltmètre. — La graduation d'un voltmètre peut, avec l'usage, devenir inexacte.

On peut alors corriger les indications en les multipliant par un facteur appelé *coefficient* du voltmètre. Nous apprendrons à déterminer ce coefficient ; il doit être inscrit sur l'instrument.

135. Mesure de la résistance d'un conducteur parcouru par un courant, au moyen d'un ampèremètre et d'un voltmètre. — La 2ᵉ loi de Ohm (**74**) applicable à un conducteur parcouru par un courant, sur lequel n'est intercalée aucune force électromotrice, s'écrit

$$I = \frac{D}{R}.$$

Elle permet de calculer l'intensité I du courant quand on connaît la différence de potentiel D et la résistance R du conducteur. Nous avons vu plus haut (**124**) que cette même loi permet encore de calculer la différence de potentiel D entre les extrémités du conducteur, si on a mesuré l'intensité du courant, et si la résistance R est connue.

En troisième lieu, cette formule permettra de déterminer la résistance R, si on a mesuré l'intensité I et la différence de potentiel D ; on a en effet

$$R = \frac{D}{I}.$$

Cette résistance sera exprimée en ohms, si on a mesuré D en volts et I en ampères.

136. — Soit donc un conducteur BC parcouru par un courant (*fig. 47*). Nous avons pris soin d'intercaler sur ce conducteur un

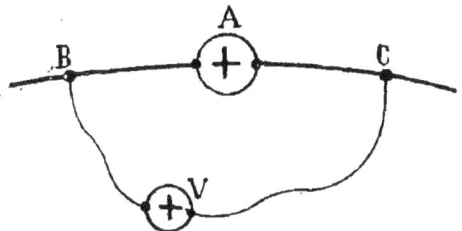

Fig. 47. — Mesure de la résistance d'un conducteur au moyen d'un voltmètre et d'un ampèremètre.

ampèremètre A qui nous donnera l'intensité I du courant en ampères. Si, d'autre part, nous mettons en dérivation un voltmètre V (**133**), ce dernier nous donnera la différence de potentiel D en volts. Il suffit alors de diviser D par I pour avoir la résistance en ohms.

137. — REMARQUE. — L'ampèremètre A a une résistance généralement très faible et son intercalation sur le conducteur ne modifie pas sensiblement la résistance de ce conducteur, ni l'intensité du courant (**94**). D'ailleurs, lorsque le voltmètre a une grande résistance, ce qui est le cas général (**128**), l'ampèremètre peut aussi être placé en A' (*fig. 48*) sur un conducteur quelconque du circuit dont BC fait partie. A cause de la grande résistance du voltmètre, le courant dérivé qui y passe est assez faible pour que pratiquement l'intensité mesurée ainsi en dehors du conducteur BC puisse être considérée comme égale à celle qu'indiquait l'ampèremètre A placé sur le conducteur BC comme dans la figure 47.

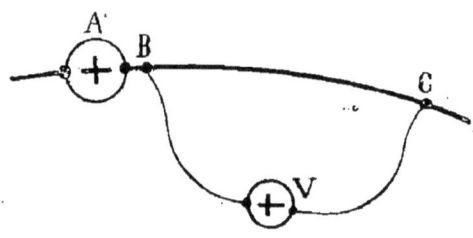

Fig. 48. — Mesure de la résistance d'un conducteur au moyen d'un voltmètre et d'un ampèremètre.

138. Étalonnage des instruments de mesure. — Nous avons vu que les instruments de mesure les plus employés dans la pratique et particulièrement à bord des navires sont le voltmètre et l'ampèremètre. Nous avons dit aussi (**104** et **134**) que la graduation de ces instruments peut, avec l'usage, devenir inexacte. Il faut donc parfois vérifier cette graduation et déterminer le *coefficient* pour le voltmètre et la *constante* pour l'ampèremètre, par lesquels il faut multiplier la déviation de l'index pour avoir en volts les différences de potentiel et en ampères les intensités. Le point de départ de cette vérification est la possession d'un voltmètre-étalon (**132**). Ce voltmètre est construit avec beaucoup de soin ; il ne doit servir qu'aux opérations de contrôle des instruments employés en service courant ; à moins d'accident, sa graduation demeure exacte.

139. — 1° DÉTERMINATION DU COEFFICIENT D'UN VOLTMÈTRE ORDINAIRE AU MOYEN DU VOLTMÈTRE-ÉTALON ; VÉRIFICATION DE LA GRADUATION. — Au moyen du voltmètre-étalon on mesure exactement la valeur, en volts, d'une différence de potentiel, soit celle existant entre les pôles d'une pile, soit celle entretenue entre deux points d'un conducteur par une source électrique quelconque, une machine électrique par exemple, et on compare cette valeur en volts de la différence de potentiel à la mesure faite aussi avec le voltmètre à étalonner. Il est nécessaire de faire simultanément les deux mesures. A cet effet, les deux voltmètres seront mis, en même temps, en déviation entre les deux points B et C par exemple (*fig. 49*), qui seront les deux pôles d'une pile, ou deux points en communication avec les bornes d'une machine électrique.

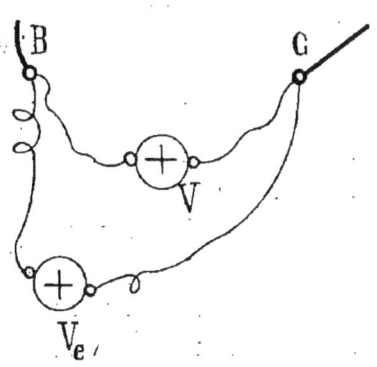

Fig. 49. — Étalonnage d'un voltmètre avec un voltmètre-étalon.

Lire alors *simultanément* la déviation δ du voltmètre ordinaire et la déviation δ_E du voltmètre-étalon. Diviser la déviation δ_E par la déviation δ ; le quotient donne le coefficient V du voltmètre ordinaire.

En effet, le coefficient V étant le nombre par lequel il faut multiplier la déviation δ du voltmètre pour obtenir la différence de potentiel en volts et la déviation δ_E du voltmètre-étalon représentant directement, en volts, cette différence de potentiel, on a

$$V\delta = \delta_E,$$

ou

$$V = \frac{\delta_E}{\delta}.$$

Ainsi lorsque le voltmètre-étalon donne 78,5 et le voltmètre ordinaire 82, le coefficient de ce dernier est

$$V = \frac{78,5}{82} = 0,957,$$

ou, en nombre ronds,

$$V = 0,96.$$

Pour vérifier la graduation du voltmètre, on recommence la comparaison, en faisant varier la source électrique de manière à obtenir des déviations différentes pour le voltmètre. On y arrive aisément, soit en faisant varier le nombre des éléments de la pile, soit en faisant varier la vitesse de la machine électrique; dans ce dernier cas on profitera du moment où on met en marche la machine électrique.

Si le coefficient trouvé pour différents points de la graduation est le même, c'est que cette graduation est bonne. Si les coefficients diffèrent notablement, c'est que la graduation est mal faite. Il faut alors ne faire usage du voltmètre que pour les points de la graduation où le coefficient a été déterminé; il est préférable d'employer un autre voltmètre.

140. — 2° DÉTERMINATION DE LA CONSTANTE D'UN AMPÈRE-MÈTRE, A L'AIDE D'UN VOLTMÈTRE ET D'UNE RÉSISTANCE CONNUE. — Lorsqu'on a ainsi déterminé le coefficient d'un voltmètre, on pourra déterminer la constante d'un ampère-mètre, si l'on possède une résistance dont la valeur soit connue en ohms. Voici comment il convient d'opérer.

Former un circuit comprenant l'ampèremètre A (*fig. 50*) et la résistance R dont on connaît la valeur en ohms.

Relier ce circuit par ses extrémités B et C aux deux pôles d'une source électrique, une batterie d'accumulateurs ou une machine électrique par exemple, soit directement, soit, comme nous le verrons, par l'intermédiaire d'un *tableau de distribution*. La résistance R doit être telle que la déviation de l'ampèremètre ne soit ni trop grande, ni trop petite; cette résistance doit aussi être choisie de manière que les conducteurs qui la constituent ne soient pa trop échauffés par le courant et peut-être ainsi détériorés.

Mettre en dérivation, aux extrémités de la résistance connue, un voltmètre étalonné préalablement.

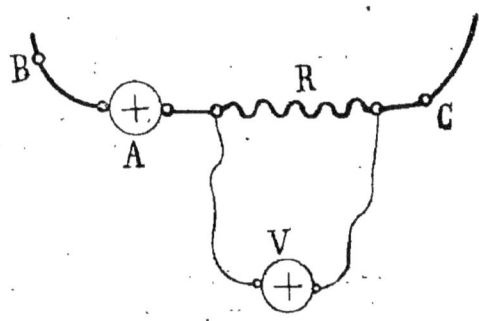

Fig. 50. — Détermination de la constante d'un ampèremètre.

Lire *simultanément* la déviation δ_v du voltmètre et la déviation δ_A de l'ampèremètre. En appelant V le coefficient du voltmètre, la différence de potentiel aux extrémités de la résistance est $V\delta_v$. L'intensité du courant passant dans le circuit est alors (**135**).

$$I = \frac{V\delta_v}{R},$$

en désignant par R la valeur, en ohms, de la résistance connue.

D'autre part, l'intensité indiquée par l'ampèremètre est aussi

$$I = K\delta_A,$$

en désignant par K la constante de l'ampèremètre. On peut donc écrire

$$K\delta_A = \frac{V\delta_v}{R},$$

d'où

$$K = \frac{V\delta_v}{R\delta_A}.$$

141. — EXEMPLE. — Supposons qu'avec une résistance R égale à 1,12 ohm on ait obtenu une déviation du voltmètre δ_V égale à 48 et une déviation de l'ampèremètre δ_A égale à 44 ; le coefficient V du voltmètre étant 0,91, on aura pour la constante K de l'ampèremètre :

$$K = \frac{0,91 \times 48}{1,12 \times 44} = 0,88.$$

142. — REMARQUE. — On peut opérer pour diverses valeurs de la déviation de l'ampèremètre en modifiant la valeur de la résistance R, aux extrémités de laquelle on met le voltmètre en dérivation, ou en ajoutant en outre dans le circuit une autre résistance auxiliaire variable.

Si la constante trouvée est approximativement la même, quelle que soit la déviation pour laquelle on a opéré, c'est que la graduation de l'ampèremètre est bien faite, et la constante unique sera appliquée dans tous les cas.

Si on trouve des constantes différentes pour les divers points de la graduation, on se servira de ces constantes particulières pour chaque point particulier de la graduation ; ou bien alors la graduation devra être refaite.

§ 4. — Problèmes divers sur les grandeurs électriques et les formules qui les relient.

143. — PROBLÈME I. — *L'intensité d'un courant est égale à 15 ampères ; quelle est la quantité d'électricité en coulombs fournie par ce courant pendant 26 minutes ?*

En appliquant la formule (**106**)

$$Q^{coulombs} = I^{ampères} \times t^{secondes},$$

il vient ici, puisque 26 minutes valent 60×26 secondes,

$$Q = 15 \times 60 \times 26 = 23\,400 \text{ coulombs}.$$

PROBLÈMES DIVERS SUR LES GRANDEURS ÉLECTRIQUES. 89

144. — PROBLÈME II. — *Quelle est, en ampères-heure, la quantité d'électricité fournie par un courant de 12 ampères pendant 4 heures ?*

Cette quantité est (**107**)

$$Q = 12 \times 4 = 48 \text{ ampères-heure.}$$

145. — PROBLÈME III. — *Calculer la résistance d'un conducteur de 226 mètres, sachant que la résistance de 1 mètre de ce conducteur est égale à 0,00306 ohm.*

La résistance cherchée est (**116**)

$$R = 0,00306 \times 226 = 0,69 \text{ ohm.}$$

146. — PROBLÈME IV. — *Quelle est la résistance d'un conducteur cylindrique en cuivre pur, à la température de 15° C., d'une longueur de 156 mètres et d'une section de 2,5 millimètres carrés, si la résistance spécifique du cuivre pur à cette température est égale à 0,00000167 ohm ?*

Le n° **117** donne la définition de la résistance spécifique α d'un conducteur et la formule qu'il convient d'employer pour calculer la résistance, c'est-à-dire

$$R^{\text{ohms}} = \frac{\alpha^{\text{ohms}} \times l^{\text{centimètres}}}{s^{\text{centimètres carrés}}}.$$

En remplaçant la résistance spécifique α, la longueur l et la section s par leurs valeurs exprimées en fonction des unités indiquées, il vient ici

$$R = \frac{0,00000167 \times 15\,600}{0,025} = 1,042 \text{ ohm.}$$

147. — PROBLÈME V. — *Calculer la résistance d'un conducteur cylindrique en cuivre pur à la température de 15° C., ayant 428 mètres de longueur et 2 millimètres de diamètre, sachant qu'un conducteur de même matière, à la même température, de*

1 mètre de longueur et de 1 millimètre de diamètre, a *une résistance de 0,0213 ohm*.

En désignant, comme nous l'avons fait au n° **118**, par α_1 la résistance du conducteur de 1 mètre et de 1 millimètre, nous avons

$$R^{\text{ohms}} = \frac{\alpha_1^{\text{ohms}} \times l^{\text{mètres}}}{(d^{\text{millim.}})^2},$$

l et *d* étant la longueur et le diamètre du conducteur dont nous cherchons la résistance R.

En remplaçant les lettres par leurs valeurs actuelles, nous trouvons

$$R = \frac{0,0213 \times 428}{(2)^2} = 2,279 \text{ ohms.}$$

148. — Problème VI. — *Que deviendrait la résistance du conducteur précédent, si sa température était égale à 35° C. et si le cuivre employé pour sa confection avait une conductibilité égale à 93 p. 100 de celle du cuivre pur ?*

En appliquant la règle donnée plus haut (**119**), nous voyons qu'il faut majorer la résistance de $0,4 \times 20$, ou 8 p. 100, pour tenir compte de l'augmentation de la température, et qu'il faut encore majorer cette résistance de 7 p. 100 pour tenir compte de la diminution de conductibilité ; soit en tout une majoration de 15 p. 100. La résistance R' du conducteur est donc maintenant

$$R' = R \times 1,15 = 2,279 \times 1,15 = 2,621 \text{ ohms.}$$

149. — Problème VII. — *Un conducteur a une résistance de 17 ohms ; la différence de potentiel entre ses extrémités a une valeur de 135 volts ; quelle est l'intensité du courant qui parcourt ce conducteur ?*

En appliquant la 2ᵉ formule de Ohm (**74**), avec les unités indiquées au n° **122**, on a

$$I = \frac{135}{17} = 7,94 \text{ ampères.}$$

PROBLÈMES DIVERS SUR LES GRANDEURS ÉLECTRIQUES. 91

150. — PROBLÈME VIII. — *La force électromotrice de la source électrique alimentant un circuit est égale à 60 volts ; la résistance totale de ce circuit est égale à 23,5 ohms ; quelle est l'intensité du courant passant dans le circuit ?*

En faisant usage de la 1re loi de Ohm (**72**) et des unités indiquées au n° **123**, on a

$$I = \frac{60}{23,5} = 2,55 \text{ ampères.}$$

151. — PROBLÈME IX. — *Un conducteur présente une résistance de 160 ohms ; l'intensité du courant qui le parcourt est égale à 0,5 ampère ; quelle est la différence de potentiel entre les extrémités du conducteur ?*

En faisant usage de la formule indiquée au n° **124**, il vient

$$D = 0,5 \times 160 = 80 \text{ volts.}$$

152. — PROBLÈME X. — *Un circuit est parcouru par un courant de 23 ampères ; entre deux points F et C de ce circuit existe une différence de potentiel de 80 volts. Quelle est la différence de potentiel entre deux autres points A et B du circuit, sachant que ces points A et B sont séparés des premiers par des conducteurs de résistances respectivement égales à 0,17 et 0,32 ohm ?*

Nous nous reporterons, pour la solution de ce problème, au n° **126** et à la figure 41.

La chute de potentiel dans le conducteur F A de résistance égale à 0,17 ohm et parcouru par une intensité de 23 ampères est $0,17 \times 23 = 3,91$ volts. Pareillement, la chute de potentiel dans le conducteur CB de résistance égale à 0,32 ohm et parcouru par le même courant est $0,32 \times 23 = 7,36$ volts.

La différence de potentiel D entre les points A et B est égale à la différence de potentiel entre les points F et C, c'est-à-dire à 80 volts, moins les chutes de potentiel précédemment calculées. On a donc

$$D = 80 - 3,91 - 7,36 = 68,73 \text{ volts.}$$

153. — Problème XI. — *On a mesuré avec un **ampère-mètre** l'intensité du courant circulant dans un conducteur et on l'a trouvée égale à 45 ampères.*

En même temps, un voltmètre en dérivation aux extrémités de ce conducteur indique que la différence de potentiel entre ces extrémités est égale à 43 volts. Quelle est la résistance du conducteur ?

Nous avons vu (**135**) que cette résistance est

$$R = \frac{43}{45} = 0,95 \text{ ohm.}$$

CHAPITRE IV

PHÉNOMÈNES CALORIFIQUES DU COURANT ÉLECTRIQUE

154. Échauffement des conducteurs par les courants. — Les courants électriques, qu'ils soient continus ou alternatifs, échauffent toujours les conducteurs qu'ils traversent. Mais cet échauffement peut parfois être très faible et difficilement appréciable ; il peut au contraire, dans d'autres cas, être assez grand pour que les conducteurs rougissent et entrent en fusion. Pour bien mettre en évidence l'échauffement des conducteurs par les courants et les degrés qu'il comporte, nous allons faire quelques expériences.

155. — 1° Je prendrai tout d'abord ce fil fin de platine dont je relie les deux extrémités, par des bouts de fil de cuivre, à une source électrique, une pile par exemple. J'ai soin toutefois d'intercaler dans le circuit une caisse de résistances dans laquelle j'ai tout d'abord débouché une résistance importante (**110**). Si maintenant je ferme le circuit au moyen de l'interrupteur placé sur l'un des conducteurs allant au fil de platine, le fil ne présente pas de traces apparentes d'échauffement. Sa température est cependant déjà plus grande que lorsque le courant est interrompu ; mais l'augmentation est très faible.

Si je diminue la résistance du circuit en bouchant des résistances dans la caisse, l'échauffement du fil de platine commence à devenir sensible à la main ; si je continue à diminuer la résistance du circuit, ce qui a pour effet d'augmenter l'intensité du courant passant dans le fil, vous pouvez maintenant voir ce fil légèrement incandescent. Lorsque l'intensité est encore augmentée, vous le voyez devenir blanc, de rouge qu'il était ; puis, pour un courant plus grand encore, il fond et l'expérience est ainsi terminée.

156. — 2° Voici maintenant une chaîne formée de bouts de fil fin de platine placés l'un au bout de l'autre ; ces bouts sont de deux diamètres différents et on a placé alternativement un bout du plus faible diamètre et un bout du diamètre le plus gros. Lorsque cette chaîne est mise en communication avec une source électrique, vous voyez que les divers bouts de fil de platine rougissent inégalement, bien que le même courant circule dans tous. Ce sont les plus fins qui rougissent le plus. En diminuant convenablement l'intensité du courant, au moyen de la caisse de résistances que j'ai eu soin d'intercaler dans le circuit, je puis même faire en sorte que les fils les plus fins seuls rougissent.

Vous remarquerez de plus que, malgré la différence de longueur donnée intentionnellement aux divers bouts de même diamètre, le degré d'incandescence est le même pour tous les bouts de même grosseur.

157. — 3° Pour notre troisième expérience, je prendrai une autre chaîne formée cette fois de bouts de fil fin de platine et de bouts de fil fin de cuivre de même diamètre, le platine étant alterné avec le cuivre. Lorsque le circuit est fermé, vous voyez les fils de platine rougir seuls, bien que les fils de cuivre aient même diamètre et que le même courant passe dans tout le circuit.

Les fils de platine rougiront, *à fortiori*, seuls, si la chaîne est formée de fils de platine et de cuivre alternés, ces derniers ayant un diamètre plus grand que les premiers.

158. — 4° Je relie les extrémités d'un fil fin de platine à une source électrique ; vous voyez le fil rougir, si la source a été choisie convenablement. Je remplace maintenant le premier fil de platine par un autre de même diamètre mais plus long, la source électrique restant la même, ainsi que le reste du circuit. Ce fil plus long rougit moins que le précédent; cela tient à ce que sa résistance plus grande a diminué l'intensité du courant.

159. — 5° Entre les extrémités A et B de deux conducteurs en cuivre reliés à une source électrique, j'ai établi *en dérivation* deux fils de platine de même diamètre, mais l'un plus long que l'autre. Vous voyez que lorsque le circuit est fermé, le fil le plus long rougit moins, parce que le courant dérivé qui y passe a une intensité plus faible que dans le fil plus court, la résistance de ce dernier étant plus petite (**79**).

160. Circonstances dont dépend l'échauffement des conducteurs. — Des expériences diverses que nous venons de faire nous pouvons dégager de la manière suivante les diverses influences dont dépendent les effets calorifiques produits par les courants.

161. — 1° L'échauffement d'un même conducteur est d'autant plus grand que l'intensité du courant est elle-même plus grande.

162. — 2° Les différentes parties d'un même conducteur cylindrique homogène étant parcourues par le même courant sont à la même température.

163. — 3° De deux conducteurs de même nature, mais de diamètres différents, parcourus par le même courant, c'est le conducteur de plus faible diamètre qui prend la température la plus élevée.

164. — 4° De deux conducteurs de même diamètre, mais de natures différentes, parcourus par le même courant, c'est le conducteur de plus faible conductibilité qui prend la températuer la plus élevée.

165. — Il résulte de ce qui précède que si dans un circuit un contact électrique imparfait existe entre deux conducteurs, soit parce que ces conducteurs ne se touchent que par un petit nombre de points, soit parce qu'une mince couche de substance moins conductrice, telle que de l'oxyde par exemple, est interposée entre eux, ce contact imparfait pourra être le siège d'un échauffement considérable, en raison de la diminution de la section offerte au passage du courant ou de la plus faible conductibilité de la substance interposée.

166. — 5° Lorsqu'un fil long et un fil plus court, de même diamètre et de même nature, sont parcourus par le même courant, leur température est la même.

Si, au contraire, les deux fils ci-dessus désignés se remplacent successivement dans le même circuit, ou sont en même temps en dérivation entre deux mêmes points d'un circuit, c'est le plus court qui s'échauffe le plus, c'est-à-dire celui qui a la plus faible résistance, celui qui, par suite, est parcouru par le courant le plus intense.

167. Loi de Joule. — Les phénomènes calorifiques développés par les courants dans les conducteurs sont soumis à une loi numérique appelée *loi de Joule* et qui s'énonce ainsi :

Quand un courant traverse un conducteur, la quantité de chaleur développée dans ce conducteur par le courant est proportionnelle :

1° A la résistance électrique du conducteur ;

2° Au carré de l'intensité du courant ;

3° A la durée du passage du courant.

Si donc on représente par W la quantité de chaleur développée, pendant le temps t, dans un conducteur de résistance R, par un courant d'intensité I, on a

$$W = R \times I^2 \times t.$$

168. — Si l'on tient compte que l'intensité I du courant dans le conducteur est reliée à la différence de potentiel D aux extrémités par la relation connue (**74**)

$$D = IR,$$

en remplaçant le produit IR par D dans l'expression de la chaleur développée précédemment écrite, on obtient la relation couramment employée

$$W = DIt.$$

169. — Comme d'ailleurs le produit de l'intensité du courant I par le temps t est égal à la quantité d'électricité Q (**106**), on a aussi

$$W = DQ.$$

170. Travail éectrique dans un conducteur ; joue, ou unité pratique de travail. — La chaleur développée dans un conducteur par le passage d'un courant est équivalente à une certaine quantité de travail ; comme ce travail est dû au courant électrique, on l'appelle *travail électrique*. Le travail électrique, qui se manifeste dans le cas présent sous forme de chaleur, pourra aussi parfois engendrer du travail mécanique, comme lorsque le courant actionne un moteur électrique. Nous avons donné plus haut l'expression de la quantité de chaleur développée dans un conducteur par un courant ; c'est naturellement aussi l'expression du travail électrique correspondant.

Ainsi le travail électrique dans un conducteur est égal au produit de la différence de potentiel aux extrémités par l'intensité du courant et par le temps écoulé ; en désignant toujours par W le travail, on a donc

$$W = DIt.$$

On peut dire aussi :

Le travail électrique dans un conducteur est égal au produit de la différence de potentiel aux extrémités par la quantité d'électricité qui a passé dans le conducteur ; d'où

$$W = DQ.$$

ÉLECTRICITÉ ÉLÉMENTAIRE.

Ces deux formules sont d'ailleurs générales et restent vraies, même si le travail électrique se manifeste autrement que sous forme d'échauffement des conducteurs.

171. — Dans les calculs électriques où intervient le travail, on prend, dans le but de faciliter ces calculs, comme unité de travail, non pas le *kilogrammètre*, mais une unité appelée *joule*.

Un *joule* est le travail engendré, en une seconde, dans un conducteur présentant à ses extrémités une différence de potentiel égale à 1 volt et parcouru par un courant de 1 ampère. Il résulte de cette définition du joule qu'un courant de 1 ampères, avec 1 volt de différence de potentiel, produira un travail de 1 joules en 1 seconde; si la différence de potentiel est portée à D volts et le temps à t secondes, le travail développé deviendra D I t joules. Si donc, dans l'expression du travail électrique, on exprime la différence de potentiel en volts, l'intensité en ampères, le temps en secondes, la quantité d'électricité en coulombs, le travail est exprimé en joules, comme le montrent les formules suivantes, où les unités sont indiquées,

$$W^{\text{joules}} = D^{\text{volts}} \times I^{\text{ampères}} \times t^{\text{secondes}},$$
$$W^{\text{joules}} = D^{\text{volts}} \times Q^{\text{coulombs}}.$$

172. — Comme le travail est encore souvent, au moins dans les applications où n'intervient pas l'électricité, exprimé en kilogrammètres, il est utile de connaître le rapport existant entre le joule et le kilogrammètre, afin de pouvoir, le cas échéant, transformer en kilogrammètres un travail exprimé en joules, ou l'inverse. Il résulte du choix des unités adoptées pour exprimer les grandeurs électriques, et par conséquent pour exprimer le travail électrique, que

1 kilogrammètre vaut 9,81 joules,

ou, inversement,

1 joule vaut $\dfrac{1}{9,81}$ kilogrammètre.

173. — Il en résulte qu'un travail étant exprimé en joules, on obtiendra sa valeur en kilogrammètres en divisant par 9,81.

Au contraire, pour avoir un travail en joules, on multipliera par 9,81 la valeur de ce travail en kilogrammètres.

C'est ainsi qu'on passe des expressions précédentes, où le travail est exprimé en joules, aux expressions suivantes, où ce travail est donné en kilogrammètres,

$$W^{\text{kilogrammètres}} = \frac{D^{\text{volts}} \times I^{\text{ampères}} \times t^{\text{secondes}}}{9,81},$$

ou

$$W^{\text{kilogrammètres}} = \frac{D^{\text{volts}} \times Q^{\text{coulombs}}}{9,81}.$$

174. Puissance électrique développée dans un conducteur ; watt ou unité pratique de puissance. — La puissance d'une source d'énergie est le travail effectué par seconde. L'expression de la puissance électrique P correspondant à un travail W développé dans un conducteur pendant le temps t est donc

$$P = \frac{W}{t},$$

ou, en remplaçant le travail W par sa valeur,

$$P = DI.$$

La puissance électrique dans un conducteur est donc égale au produit de la différence de potentiel aux extrémités de ce conducteur par l'intensité du courant qui le parcourt.

175. — L'unité pratique de puissance électrique est le *watt* ; c'est la puissance produisant un *travail de 1 joule par seconde*.

Il résulte de là que la puissance développée dans un conducteur est donnée directement en watts, par la formule précédente, si on exprime en volts la différence de potentiel et en ampères l'intensité du courant. En mettant en évidence ces unités employées, la formule est donc

$$P^{\text{watts}} = D^{\text{volts}} \times I^{\text{ampères}}.$$

176. — Cherchons le rapport du *watt* au *cheval-vapeur*.

Nous avons dit que 1 kilogrammètre vaut 9,81 joules. Une puissance de 1 kilogrammètre par seconde vaut donc 9,81 joules par seconde, ou 9,81 watts.

Le cheval-vapeur, qui est une puissance de 75 kilogrammètres par seconde, vaut donc 9,81 × 75 ou 736 watts.

Par conséquent :

1 cheval-vapeur vaut 736 watts,

et, inversement,

1 watt vaut $\dfrac{1}{736}$ de cheval-vapeur.

177. — Pour avoir en chevaux-vapeur la valeur d'une puissance, on divise par 736 sa valeur en watts.

Pour avoir en watts la valeur d'une puissance, on multiplie par 736 sa valeur en chevaux-vapeur.

Ainsi la formule de la puissance électrique dans un conducteur peut s'écrire

$$P^{\text{chevaux-vapeur}} = \frac{D^{\text{volts}} \times I^{\text{ampères}}}{736}.$$

178. Problèmes relatifs au travail et à la puissance électriques dans un conducteur. — Nous donnerons ici quelques exemples de calcul de travail et de puissances électriques dans un conducteur.

179. — Problème I. — *Calculer en joules le travail électrique effectué en 1 heure par un courant de 45 ampères, dans un conducteur présentant aux extrémités une différence de potentiel de 43 volts. Exprimer aussi ce travail en kilogrammètres.*

Le travail en joules effectué pendant 1 heure ou 3 600 secondes est (**171**)

$$W = 43 \times 45 \times 3\,600 = 6\,966\,000 \text{ joules.}$$

PHÉNOMÈNES CALORIFIQUES DU COURANT ÉLECTRIQUE. 101

Le travail en kilogrammètres est (**173**)

$$W = \frac{43 \times 45 \times 3\,600}{9,81} = 710\,091 \text{ kilogrammètres.}$$

180. — PROBLÈME II. — *La différence de potentiel aux extrémités d'un conducteur étant égale à 65 volts, quelle a dû être l'intensité du courant passant dans ce conducteur pour que le travail électrique dans ce conducteur fût en 3 minutes égal à 2 385 kilogrammètres ?*

Le travail de 2 385 kilogrammètres vaut 23 397 joules (**172**). Or la formule donnant le travail en joules (**171**) permet de tirer la valeur de l'intensité du courant en fonction de ce travail, on a ainsi

$$I^{\text{ampères}} = \frac{W^{\text{joules}}}{D^{\text{volts}} \times t^{\text{secondes}}}.$$

En remplaçant les lettres par leurs valeurs, on tire

$$I = \frac{23\,397}{65 \times 60 \times 3} = 3 \text{ ampères.}$$

181. — PROBLÈME III. — *Quelle est en watts la puissance électrique développée dans un conducteur parcouru par un courant de 0,05 ampère, si la différence de potentiel aux extrémités du conducteur est de 78 volts ?*

En appliquant directement la formule du n° **175**, on a

$$P = 78 \times 0,5 = 39 \text{ watts.}$$

182. — PROBLÈME IV. — *Quelle est en chevaux-vapeur la puissance développée dans un conducteur parcouru par un courant de 200 ampères, si la différence de potentiel aux extrémités du conducteur est égale à 80 volts ?*

La formule du n° **177** donne immédiatement

$$P = \frac{80 \times 200}{736} = 21,73 \text{ chevaux-vapeur.}$$

183. — PROBLÈME V. — *Quelle doit être la différence de potentiel maintenue aux extrémités d'un conducteur parcouru par un courant de 5 ampères pour que la puissance électrique développée dans ce conducteur soit égale à 1 cheval-vapeur ?*

Une puissance de 1 cheval-vapeur vaut 736 watts (**176**). On tire d'ailleurs de la formule du n° **175**

$$D^{\text{volts}} = \frac{P^{\text{watts}}}{I^{\text{ampères}}}.$$

En remplaçant les lettres par leurs valeurs, on a

$$D = \frac{736}{5} = 147,2 \text{ volts}.$$

CHAPITRE V

AIMANTATION PAR LES COURANTS; ÉLECTRO-AIMANTS

184. Hélice magnétisante. — Enroulons autour d'un tube de verre, de bois, de cuivre, un fil de cuivre isolé de manière à en faire une hélice dont nous mettrons les deux bouts en communication avec une source électrique, un interrupteur (**55**) permettant d'ailleurs d'interrompre ou de fermer à volonté le circuit, c'est-à-dire de faire passer ou d'interrompre le courant dans l'hélice (*fig. 51*).

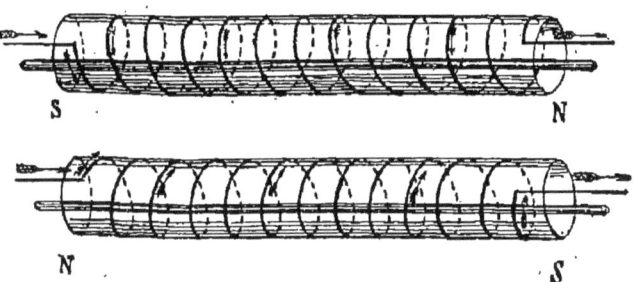

Fig. 51. — Hélice magnétisante.

Le courant étant tout d'abord interrompu, plaçons dans le tube portant l'hélice un barreau de fer doux; nous avons constaté préalablement, par un essai sur de la limaille de fer, que ce barreau n'est pas aimanté. Lançons maintenant le courant dans l'hélice, le barreau de fer doux devient instantanément un aimant attirant énergiquement la limaille ou des morceaux de fer.

Le courant étant interrompu dans l'hélice, le magnétisme du barreau cesse.

L'hélice parcourue par un courant est appelée *hélice magnétisante*.

185. — Plaçons maintenant dans l'hélice, pendant que le courant est interrompu, une aiguille d'acier trempé non aimantée, une aiguille à tricoter par exemple, et fermons ensuite le circuit. L'aiguille d'acier est aimantée par le passage du courant et lorsque celui-ci est interrompu, l'aiguille d'acier conserve une aimantation permanente. C'est là un des procédés les plus employés pour obtenir des aimants artificiels (**4**).

186. Différence entre l'aimantation du fer et celle de l'acier trempé. — Le fer et l'acier trempé s'aimantent, quand on les introduit dans une hélice parcourue par un courant; mais il y a une différence essentielle dans la manière dont les choses se passent.

L'aimantation du fer doux est instantanée, mais elle cesse immédiatement avec le courant. L'aimantation de l'acier trempé exige, au contraire, le passage du courant pendant un certain temps, toujours très court il est vrai; mais cette aimantation persiste après la rupture du courant. De plus, l'aimantation développée dans un barreau de fer doux est incomparablement plus grande que celle communiquée à un barreau d'acier trempé de mêmes dimensions placé dans la même hélice parcourue par le même courant.

187. Règles pour trouver les pôles. — Lorsqu'un barreau de fer ou d'acier est soumis à l'action d'une hélice magnétisante, on peut déterminer le nom des pôles expérimentalement en les faisant agir sur une aiguille aimantée mobile dont les pôles sont marqués et appliquant la loi d'action des pôles les uns sur les autres (**12**). Mais on peut aussi trouver à l'avance le nom de ces pôles au moyen de la règle d'Ampère (**43**) :

Le pôle nord du barreau se forme à la gauche du courant.

La gauche du courant est toujours la gauche d'un petit bonhomme traversé par le courant des pieds à la tête et regardant le barreau à aimanter.

AIMANTATION PAR LES COURANTS; ÉLECTRO-AIMANTS. 105

On peut aussi appliquer la règle suivante :

Si on regarde les extrémités de l'hélice magnétisante, le pôle nord du barreau se forme du côté où le courant a le sens inverse du mouvement des aiguilles d'une montre.

Dans la figure 51 les lettres N et S désignent les pôles nord et sud du barreau aimanté.

188. Points conséquents. — Nous avons supposé, dans ce qui précède, que le fil de l'hélice magnétisante était enroulé dans le même sens d'un bout à l'autre. Il se forme alors seulement deux pôles aux extrémités du barreau et ces deux pôles sont de noms contraires.

Supposons maintenant que nous changions le sens de l'enroulement en certains points, nous produirons dans le barreau aimanté des *points conséquents*, c'est-à-dire que le barreau présentera des pôles non seulement à ses extrémités, mais encore aux points où l'enroulement de l'hélice change de sens.

Les pôles ainsi formés suivent du reste toujours les règles que nous avons données plus haut (**187**).

Pour appliquer la dernière règle que nous avons donnée, il suffit de supposer l'hélice coupée par des plans passant par les points conséquents et de regarder les bouts de ces sections.

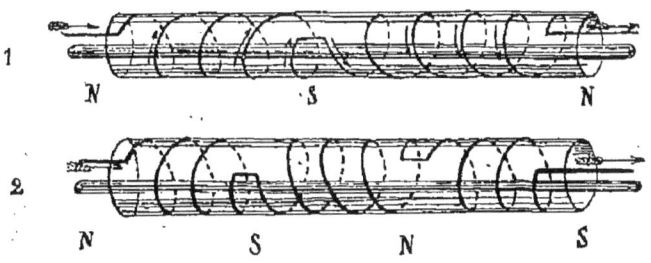

Fig. 52. — Points conséquents.

La figure 52 représente des hélices à points conséquents. Dans le n° 1, on voit qu'il doit y avoir un pôle nord à l'extrémité de gauche, un pôle nord à l'extrémité de droite et au milieu deux pôles sud juxtaposés de façon à former un pôle sud unique résultant.

Le n° 2 présente 4 pôles alternativement de noms contraires, les deux pôles intermédiaires étant toujours considérés comme formés par la réunion de pôles de même nom développés par les portions de l'hélice de chaque côté des points conséquents.

Le barreau aimanté produit par l'hélice n° 1 peut être considéré comme le résultat de la juxtaposition par leurs pôles sud de deux barreaux présentant chacun deux pôles distincts.

Le barreau aimanté de l'hélice n° 2 serait alors le résultat de la juxtaposition de 3 barreaux à deux pôles, chacun étant réuni à son voisin par un pôle de même nom.

189. Électro-aimants. — Un barreau de fer doux placé dans une hélice magnétisante constitue un *électro-aimant*. Nous avons déjà vu qu'un électro-aimant s'aimante instantanément, lors de la fermeture du courant; on dit alors qu'il est *excité*; il perd aussi instantanément son aimantation, quand on ouvre le circuit.

190. Forme et construction des électro-aimants.
— Le barreau de fer des électro-aimants s'appelle *noyau* et l'hélice magnétisante comprenant un nombre plus ou moins grand de spires forme la ou les *bobines*.

 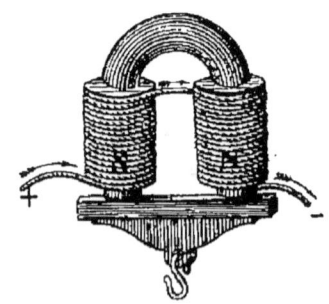

Fig. 53. — Électro-aimant droit.   Fig. 54. — Électro-aimant en fer à cheval.

L'électro-aimant droit (*fig. 53*) a un noyau et une bobine. L'électro-aimant en fer à cheval (*fig. 54*) peut avoir un

AIMANTATION PAR LES COURANTS; ÉLECTRO-AIMANTS. 107

noyau recourbé d'une seule pièce et deux bobines reliées l'une à l'autre. Il peut aussi être constitué par deux électro-aimants droits dont les noyaux sont reliés à une extrémité par une pièce de fer C nommée *culasse* (*fig. 57*).

Si le courant doit parcourir successivement les bobines d'un électro-aimant en fer à cheval et si l'on désire obtenir des pôles différents aux deux extrémités, l'enroulement et la liaison des deux bobines doivent être faits comme l'indique la figure 55. On voit que l'enroulement d'une des bobines serait le prolongement de l'enroulement de l'autre, si on supposait les deux branches de l'électro-aimant redressées de manière que le noyau fût droit.

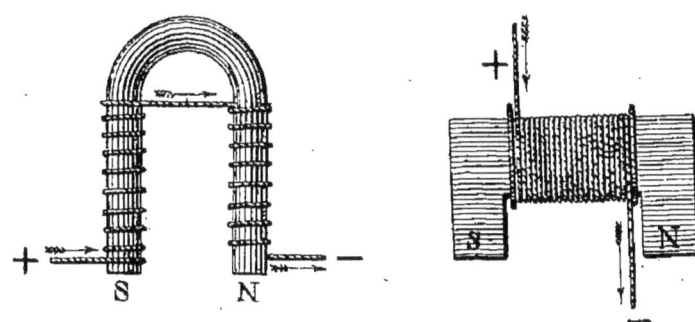

Fig. 55. — Enroulement des bobines d'un électro-aimant.

Fig. 56. — Électro-aimant en fer à cheval à une seule bobine.

Nous devons ajouter qu'il n'y a aucune nécessité, pour un électro-aimant en fer à cheval, d'avoir deux bobines et que ces bobines soient placées aux extrémités; un pareil électro-aimant peut tout aussi bien n'avoir qu'une seule bobine placée au milieu de son noyau, comme l'indique la figure 56.

Les bobines des électro-aimants peuvent être enroulées à l'avance sur des carcasses en carton, en bois, en ébonite. Des carcasses métalliques, comme de cuivre ou de laiton, peuvent même être employées, à la condition toutefois qu'on prenne quelques précautions pour isoler de ces carcasses métalliques le fil de la bobine, par exemple en interposant du papier ou de la toile. Ces carcasses enroulées sont ensuite enfilées sur les noyaux de fer.

Mais on peut aussi enrouler directement le fil sur les noyaux des électro-aimants en interposant toutefois pour l'isolement une bande de toile ou de papier imprégnée de bitume de Judée.

191. Armatures. — Quand l'électro-aimant est en fer à cheval, il est souvent accompagné d'une *armature* A (*fig. 57*), pièce de fer doux appliquée contre ses deux pôles. Si l'électro-aimant est employé à soulever un poids, ce poids est fixé à l'armature; l'électro-aimant, agissant par ses deux pôles sur l'armature, produit un effet bien plus considérable.

192. Magnétisme rémanent. — Nous avons dit que lorsqu'on supprime le courant dans l'hélice magnétisante d'un électro-aimant, le barreau de fer doux perd immédiatement son magnétisme. Si l'on emploie un électro-aimant en fer à cheval muni d'une armature, on constate cependant que celle-ci ne se détache pas immédiatement après la rupture du courant, mais reste indéfiniment adhérente. Si on la détache alors, par arrachement, le magnétisme disparaît dans l'électro-aimant et l'armature ne peut plus être portée. Ce phénomène porte le nom de *magnétisme rémanent*. Il présente de graves inconvénients dans un grand nombre d'applications.

193. — Ainsi, très souvent, l'armature A d'un électro-aimant en fer à cheval E est maintenue écartée du noyau par un ressort dit *antagoniste* R (*fig. 57*), lorsque l'électro-aimant n'est pas excité; l'armature est attirée par le noyau, lorsque le courant est lancé dans la bobine; si ce courant est interrompu, l'armature doit être ramenée en arrière par le ressort antagoniste.

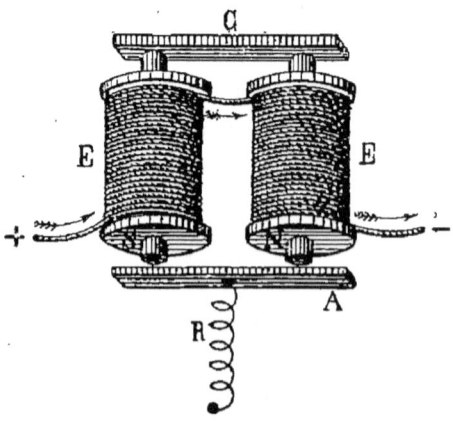

Fig. 57. — Armature et ressort antagoniste.

Ce double mouvement alternatif, dans un sens ou dans l'autre, contient le principe d'applications nombreuses. Mais le magnétisme rémanent empêcherait le mouvement en arrière de l'armature, si on ne prenait soin d'empêcher l'armature de venir au contact du noyau au moment de l'attraction, soit par l'interposition d'une lame de bois, de carton ou de cuivre, soit en limitant par un butoir la course de l'armature. On a reconnu, en effet, que ce phénomène du magnétisme rémanent ne se produit que si le noyau de l'électro-aimant et l'armature forment un circuit magnétique sans interruption, au moment de l'excitation.

194. — Il est aussi bien entendu que, si le fer formant le noyau de l'électro-aimant n'est pas parfaitement pur et doux, il ne reviendra pas immédiatement à l'état neutre après la suppression du courant, et pourra conserver du *magnétisme résiduel* ou *permanent,* pendant plus ou moins longtemps ; le magnétisme résiduel peut s'observer d'ailleurs aussi bien avec des électro-aimants droits qu'avec des électro-aimants en fer à cheval, avec ou sans armature.

195. Puissance des électro-aimants. — Une hélice magnétisante comprenant une vingtaine de spires enroulées autour d'un noyau de fer de 1 cm de diamètre et parcourue par un courant de 1 ampère suffit pour faire de ce noyau un aimant d'une puissance déjà considérable comparativement à celle des aimants permanents en acier trempé dont on fait habituellement usage pour vérifier les phénomènes d'attraction magnétiques que nous avons étudiés au commencement de ce livre.

Mais dans un grand nombre d'applications, on a besoin d'électro-aimants très puissants, soit pour obtenir des phénomènes d'attraction extraordinaires, soit, le plus souvent, pour créer un champ magnétique très intense (**28**). Nous allons donc examiner quels sont les moyens dont on dispose pour y parvenir.

196. — Prenons un électro-aimant et excitons-le, en y faisant passer un courant dont nous mesurerons l'intensité I au moyen d'un ampèremètre intercalé sur l'un des conducteurs amenant le courant à la bobine. Nous pourrons apprécier, au moins grossièrement, la puissance de cet électro-aimant en lui faisant porter des masses de fer, ou encore en étudiant son champ magnétique par la figuration des fantômes magnétiques au moyen de limaille de fer (**33**). Le poids des masses de fer portées, la netteté et le resserrement des lignes de force dessinées par la limaille nous donneront une idée de la puissance de l'électro-aimant.

Si maintenant, sans rien changer à l'électro-aimant, nous augmentons l'intensité du courant passant dans la bobine, par exemple en diminuant la résistance d'une caisse de résistances, ou d'un rhéostat préalablement intercalé dans le circuit, nous pouvons vérifier, par les moyens indiqués ci-dessus, que l'électro-aimant est plus puissant qu'auparavant, que le champ magnétique qu'il crée est, en particulier, plus intense.

La puissance d'un électro-aimant augmente donc avec l'intensité du courant qui parcourt sa bobine.

197. — Nous pouvons maintenant remplacer la bobine de notre électro-aimant par une autre comprenant un plus grand nombre de spires, le noyau de fer restant le même, et, toujours en agissant sur le rhéostat, donner à l'intensité du courant la même valeur I que lorsque la bobine avait moins de spires de fil ; nous vérifions encore que cette augmentation du nombre des spires de la bobine a augmenté la puissance de l'électro-aimant.

La puissance d'un électro-aimant augmente donc, pour une même intensité du courant qui l'excite, avec le nombre des tours du fil de la bobine magnétisante.

198. — Enfin, en faisant usage d'une même bobine, toujours traversée par le même courant, et en plaçant dans cette

AIMANTATION PAR LES COURANTS; ÉLECTRO-AIMANTS. 111

bobine des noyaux de divers diamètres, ou faits de métaux plus ou moins magnétiques, nous pouvons vérifier que la puissance de l'électro-aimant augmente avec le diamètre du noyau et avec la perméabilité du métal, le fer très doux étant le métal le meilleur (**36**).

199. — Un électro-aimant puissant aura donc un noyau de fer très doux de grand diamètre, un grand nombre de tours de fil sur sa bobine et il sera excité par un courant intense.

200. — En variant les expériences que nous pouvons faire avec notre électro-aimant, dont nous pouvons changer à volonté la bobine et dans lequel nous pouvons lancer un courant variable à volonté, nous reconnaissons encore que si l'électro-aimant a une certaine puissance lorsque la bobine a n tours de fil et le courant excitateur une intensité I, cet électro-aimant a encore la même puissance lorsque le nombre de tours de fil de la bobine est réduit à $\frac{n}{2}$, pourvu que l'intensité du courant soit doublée et portée à 2 I.

D'une manière générale, un même noyau de fer prend la même aimantation lorsque le produit n I du nombre des tours de fil de la bobine par l'intensité du courant a la même valeur. Ce produit n I, qui caractérise ainsi la puissance d'un électro-aimant dont le noyau a des dimensions fixes, s'appelle le *nombre d'ampère-tours* de l'électro-aimant.

Nous disons donc :

Un électro-aimant a une puissance déterminée quand le nombre d'ampère-tours est lui-même déterminé. Lorsque le nombre d'ampère-tours augmente, la puissance de l'électro-aimant augmente, soit que le nombre des tours de la bobine augmente, soit que l'intensité du courant excitateur augmente, soit que l'augmentation porte à la fois sur les deux facteurs.

201. — Il est clair que, quel que soit le nombre d'ampère-tours d'un électro-aimant, on augmentera toujours l'intensité du champ magnétique qu'il produit en un endroit déterminé par les moyens que nous avons indiqués autrefois (**34**) ; ainsi on aura un champ intense entre les deux pôles d'un électro-aimant en fer à cheval, et d'autant plus que les pôles seront plus rapprochés. L'intercalation entre les pôles de masses de fer de grande section donnera le même résultat que le rapprochement des pôles.

C'est ainsi que nous aurons un champ très intense entre les extrémités P et Q des noyaux de fer de l'électro-aimant AB et l'anneau de fer GH (*fig. 58*). On voit que pour permettre d'obtenir entre les divers points de l'anneau et les divers points des extrémités du noyau de l'électro-aimant une faible distance, on a façonné ces extrémités de manière à suivre la forme de l'anneau ; mieux encore, on a boulonné sur les extrémités du noyau deux masses P et Q en fer façonnées à part, ce qui permet, après leur enlèvement, de placer ou de sortir commodément les bobines placées sur les noyaux A B. Les masses P et Q s'appellent *masses polaires*.

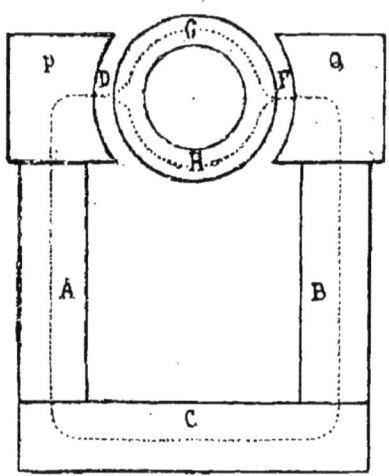

Fig. 58. — Accroissement du champ magnétique d'un électro-aimant par la réduction des entrefers.

Les espaces D et F existant entre le fer des masses polaires et le fer de l'anneau s'appellent *entrefers*. D'après ce que nous avons dit, ces entrefers doivent être aussi réduits que possible, si l'on veut que le champ magnétique y soit très intense.

Nous avons représenté sur la figure 58, en pointillé, le trajet moyen des lignes de force. On voit que, partant du pôle P de l'électro-aimant A, elles passent dans l'entrefer D, se divisent en deux faisceaux pour passer dans les deux moitiés de l'anneau G H, traversent l'entrefer F, gagnent le pôle Q de l'électro-aimant B, puis longent le noyau B, la culasse C et le noyau A. On voit que le trajet des lignes de force se fait presque complètement dans un milieu magnétique ; on dit qu'elles forment un *circuit magnétique* presque fermé. C'est là une condition qu'on s'efforce de remplir dans la construction des machines électriques.

CHAPITRE VI

PILES ÉLECTRIQUES

202. Couple voltaïque. — Dans ce vase V, qui contient de l'eau acidulée par de l'acide sulfurique, je plonge ces deux lames métalliques, l'une de zinc Z, l'autre de cuivre C (*fig. 59*). Ces deux lames sont inégalement attaquées par l'eau acidulée, et c'est la lame de zinc qui est la plus attaquée; vous savez d'ailleurs que le zinc est, d'une manière générale, un des métaux les plus facilement attaquables par les acides.

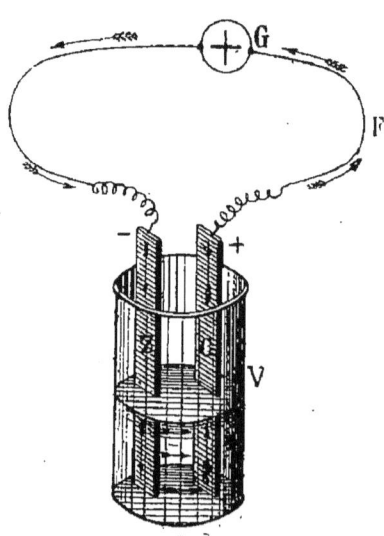

Fig. 59. — Couple voltaïque.

Je prends soin d'éviter tout contact entre les lames à l'intérieur du liquide et je les réunis à l'extérieur par un conducteur F, un fil de cuivre, par exemple : ce conducteur extérieur est parcouru par un courant. Rien de plus aisé que de le constater, en intercalant, comme je le fais, sur le trajet du conducteur réunissant les deux lames, le fil de la bobine d'un galvanomètre G (**40**), au moyen des deux bornes dont il est muni. Vous le voyez, l'aiguille du galvanomètre est déviée de la position que je lui avais donnée tout d'abord, parallèlement au fil du multiplicateur. C'est là, vous vous en souvenez (**39**), le signe auquel on reconnaît le passage d'un courant dans un conducteur.

203. — D'ailleurs, la déviation de l'aiguille du galvanomètre est permanente et toujours de même sens, indiquant ainsi que le courant est *continu* (**58**). Nous pourrions, de plus, vérifier assez aisément, en tenant compte du sens de la déviation de l'aiguille aimantée et en appliquant la règle d'Ampère donnée plus haut (**43**), que le courant va, *dans le fil extérieur* qui réunit les deux lames plongées dans le liquide, de la lame de cuivre à la lame de zinc, c'est-à-dire de la lame la moins attaquée à la lame la plus attaquée. Le courant circule donc dans l'intérieur de l'élément de la lame de zinc à la lame de cuivre.

Il en résulte (**61**) qu'une différence de potentiel est établie entre les deux lames et que la lame de cuivre a le potentiel le plus élevé.

204. — Cet ensemble de deux lames plongées dans un liquide qui les attaque inégalement constitue donc une *source électrique* capable d'entretenir un courant continu dans un conducteur extérieur qui les réunit et qui complète avec elles et le liquide un circuit électrique (**54**).

Cette source électrique porte le nom de *couple voltaïque*, ou *élément de pile*. Elle a d'ailleurs une force électromotrice (**69**) que nous apprendrons plus tard à déterminer. *Cette force électromotrice dépend de la nature des lames et du liquide où elles sont plongées.*

205. — **Définitions générales relatives à un élément de pile.** — Un élément de pile se compose essentiellement de deux lames conductrices plongées dans un liquide qui attaque l'une plus fortement que l'autre.

La lame la moins attaquée et qui a le potentiel le plus élevé constitue la *lame polaire positive* de l'élément ; l'extrémité de cette lame, située hors du liquide et généralement munie d'une borne où on peut fixer le conducteur extérieur de communication, s'appelle le *pôle positif* de l'élément. On la désigne par la lettre P ou le signe +. La lame la plus attaquée s'appelle la *lame polaire négative* et son extrémité le *pôle négatif* ; on la désigne par la lettre N ou le signe —. Souvent, pour abréger, les lames polaires elles-mêmes sont désignées sous le nom de *pôles*.

Dans la plupart des éléments, le pôle négatif est formé par du zinc ; le pôle positif sera du cuivre, du platine, ou même du charbon de cornue, corps qui, quoique non métallique, est assez bon conducteur.

Le conducteur extérieur servant à relier les deux pôles s'appelle le *conducteur interpolaire*. Ce conducteur peut être constitué par plusieurs conducteurs différents réunis entre eux.

Le courant va donc, dans le conducteur interpolaire, du pôle positif au pôle négatif. Le circuit électrique parcouru par le courant (**54**) et qu'on appelle aussi quelquefois le *circuit voltaïque* comprend ici : le conducteur interpolaire, les lames polaires et le liquide de l'élément. Le conducteur interpolaire constitue le *circuit extérieur,* les lames polaires et le liquide forment le *circuit intérieur*.

206. Cause du courant produit par un élément de pile. — Reprenons notre élément de pile formé par une lame de zinc et une lame de cuivre plongées dans de l'eau acidulée par de l'acide sulfurique ; nous prenons soin d'employer une lame de *zinc pur*. Dans ces conditions, vous voyez que tant que les lames ne sont pas réunies à l'extérieur par un conducteur, ou, en employant les expressions consacrées par l'usage, tant que le *circuit extérieur* est *ouvert,* aucune bulle de gaz ne se dégage, ni sur le zinc, ni sur le cuivre. Vous pouvez laisser ainsi les lames dans le liquide pendant longtemps et vous constaterez que ni l'une ni l'autre ne sont sensiblement rongées. Par conséquent, l'action chimique du liquide sur les lames est insensible lorsque, le circuit étant ouvert, l'élément ne produit pas de courant.

Si maintenant nous fermons le circuit extérieur réunissant les deux lames, ce qui permet au courant de circuler et de faire dévier l'aiguille d'un galvanomètre intercalé sur le circuit, vous voyez aussitôt des bulles de gaz se dégager en abondance autour de la lame de cuivre. Ce gaz est de l'hydrogène.

Au bout d'un certain temps, vous pourrez constater que la lame de zinc a été rongée par l'eau acidulée ; les bulles de gaz que vous voyez sur le cuivre sont le résultat de cette attaque chimique du zinc ; le cuivre lui-même ne subit d'ailleurs aucune érosion, aucune attaque chimique. Si le circuit reste fermé assez longtemps, la lame de zinc pourra disparaître entièrement.

Ouvre-t-on le circuit extérieur, tout dégagement d'hydrogène, toute attaque du zinc cesse aussitôt.

Ainsi, lorsqu'il n'y a pas courant électrique, il n'y a pas d'attaque du zinc par le liquide, et lorsque le courant passe, le zinc est attaqué et disparaît peu à peu. Pour obtenir un courant et pouvoir utiliser les divers phénomènes qui l'accompagnent (**45**), il faut donc dépenser du zinc, qui est brûlé par le liquide, comme il faut aussi brûler du charbon dans le foyer d'une chaudière à vapeur pour produire, avec cette vapeur, les effets mécaniques que vous connaissez.

Aussi, de même que vous pouvez dire que la *cause matérielle* de la production de la vapeur dans la chaudière est la combustion du charbon, de même vous pourrez dire aussi que la *cause matérielle* du courant électrique est l'attaque chimique du zinc par le liquide.

207. Zinc amalgamé. — Au lieu d'employer, pour constituer notre élément de pile, une lame de cuivre et une lame de zinc pur, prenons maintenant une lame de cuivre et une lame de zinc ordinaire du commerce qui contient toujours des impuretés.

Lorsque les lames sont plongées dans l'eau acidulée, alors même que le circuit extérieur est ouvert, vous voyez cette fois que des bulles de gaz hydrogène se dégagent en abondance *sur le zinc*. Lorsque le circuit extérieur est fermé et que le courant passe, les bulles de gaz continuent à se dégager sur le zinc et, en même temps, de l'hydrogène se dégage, comme tout à l'heure, sur le cuivre. Toutes ces bulles de gaz hydrogène d'ailleurs, qu'elles se dégagent sur le cuivre ou sur le zinc, proviennent de l'attaque du zinc par le liquide, et si nous laissons le circuit fermé pendant un certain temps, nous pouvons constater que le zinc est plus fortement rongé qu'il ne l'était, pendant le même temps, lorsqu'il était pur.

Ainsi, avec du zinc impur, on consomme du zinc, même lorsque le circuit est ouvert et que le courant ne passe pas; et, lorsque le circuit est fermé et qu'on obtient un courant, la consommation de zinc est plus grande que dans le cas du zinc pur. Il y aurait donc lieu d'employer toujours le zinc pur pour constituer un élément de pile, si ce zinc pur ne coûtait assez cher.

Mais on peut obtenir la même réduction de consommation qu'avec le zinc pur, en employant du zinc ordinaire dont on a *amalgamé* la surface, c'est-à-dire dont on a recouvert la surface d'une couche de mercure. Nous verrons plus tard comment se fait l'amalgamation d'une lame de zinc.

208. Polarisation d'un couple voltaïque. — Constituons un couple avec une lame de zinc pur ou amalgamé et une lame de cuivre plongées dans de l'eau acidulée et formons encore le circuit extérieur de fils de cuivre comprenant un galvanomètre. Si nous fermons ce circuit extérieur, le galvanomètre dévie et sa déviation est permanente. Toutefois la valeur de cette déviation n'est pas constante, et elle diminue graduellement, surtout pendant les premiers instants de la fermeture, ce qui indique un affaiblissement correspondant du courant.

Il y a là une cause perturbatrice qu'il n'est pas difficile de trouver : c'est la formation autour de la lame de cuivre positive d'une couche d'hydrogène.

Le gaz hydrogène, comme l'air et tous les autres gaz, est

assez peu conducteur pour qu'on le classe parmi les isolants (**53**).

La lame de cuivre n'est plus, dès lors, en contact électrique avec le liquide que par un très petit nombre de points, ce qui accroît la résistance du circuit et suffirait à expliquer la réduction du courant.

Nous verrons, d'ailleurs, plus tard, que la couche d'hydrogène de la lame positive tend aussi à produire une force électromotrice de sens contraire à celle du couple voltaïque.

Cette diminution dans l'intensité du courant produit par un couple voltaïque, au bout d'un certain temps de fermeture du circuit, porte le nom de *polarisation du couple*.

Vient-on à balayer la surface de la lame de cuivre pour en chasser l'hydrogène, le courant reprend de sa vigueur pour diminuer de nouveau quand la couche se reforme.

209. — Tous les efforts doivent donc tendre à empêcher la formation de la couche d'hydrogène, à *dépolariser* l'élément.

On y parvient plus ou moins complètement :

1° En donnant de grandes dimensions à la lame polaire positive, ce qui retarde la formation d'une couche d'hydrogène la recouvrant entièrement ;

2° En enlevant l'hydrogène formé par des balayages mécaniques ;

3° En entourant la lame polaire positive de substances chimiques capables d'absorber l'hydrogène en se combinant avec lui. Nous donnerons des exemples de cette dépolarisation chimique en décrivant quelques éléments de pile.

Quand un couple est bien dépolarisé, sa force électromotrice peut être considérée comme constante.

210. — Un effet utile de l'hydrogène c'est de protéger la lame positive contre toute attaque du liquide. Ainsi une lame de cuivre qui, plongée seule dans de l'eau acidulée, serait légèrement attaquée, est protégée absolument contre toute attaque, si on forme un couple voltaïque avec elle et une lame de zinc qui lui est reliée. Vous savez qu'on fait souvent des applications de cette remarque pour protéger, contre l'attaque par l'eau de mer, le doublage en cuivre des navires, au moyen de plaques de zinc fixées en certains endroits sur ce doublage. Le fer est également protégé contre l'attaque des liquides par un morceau de zinc qui lui est relié.

211. Piles; divers modes d'association des éléments des piles. — On appelle *pile électrique,* la liaison ou association, par des conducteurs, d'un certain nombre d'*éléments*.

L'association des éléments composant une pile peut se faire de trois manières différentes.

Pour représenter un élément, nous emploierons le signe conventionnel de la figure 60, dans lequel la ligne épaisse représente la lame négative, le zinc, destiné à se dissoudre dans le liquide, et la ligne fine plus grande, la lame positive dont la surface doit être aussi grande que possible pour retarder la polarisation (**209**). Une pile composée de plusieurs éléments sera représentée par un signe analogue, dans lequel le nombre des lignes de chaque espèce est égal au nombre des éléments associés.

Fig. 60. — Représentation graphique d'un élément de pile.

212. — 1° ASSOCIATION EN TENSION. — Dans l'*association en tension,* le pôle négatif du premier élément est réuni au

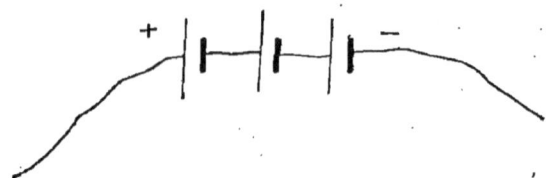

Fig. 61. — Association des éléments d'une pile en tension.

pôle positif du second, et ainsi de suite, le pôle positif du premier élément et le pôle négatif du dernier restant libres et constituant les *pôles de la pile* (*fig. 61*). C'est à ces pôles qu'on fixe les extrémités du circuit extérieur dans lequel on veut faire passer un courant.

Avec ce mode d'association, les éléments sont placés à la suite les uns des autres dans le même circuit, de manière que chacun produit un courant de même sens que les autres. Les forces électromotrices des divers éléments s'ajoutent donc.

213. — 2° ASSOCIATION EN QUANTITÉ. — Dans l'*association en quantité*, les pôles positifs des divers éléments sont reliés entre eux, ainsi que les pôles négatifs. L'ensemble des élé-

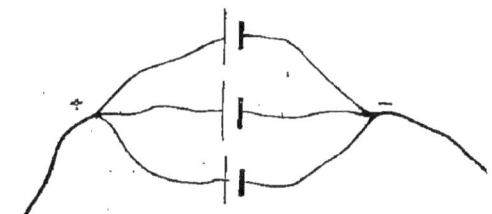

Fig. 62. — Association en quantité des éléments d'une pile.

ments ne forme plus alors qu'un seul élément plus grand, ayant comme surface de lames polaires la somme des surfaces des lames polaires des divers éléments (*fig. 62*).

L'ensemble des pôles positifs des éléments réunis et l'ensemble des pôles négatifs constituent le *pôle positif* et le *pôle négatif de la pile*; on y fixe les extrémités du circuit extérieur.

214. — 3° ASSOCIATION MIXTE. — L'*association mixte* consiste à former avec les éléments un certain nombre de piles partielles en tension et à associer ces dernières en quantité par la réunion de tous les pôles positifs de ces piles et de tous leurs pôles négatifs, comme le montre la figure 63.

Dans ce mode d'association, les forces électromotrices des éléments associés en tension dans chaque pile partielle s'ajoutent.

De plus, puisque les piles partielles sont associées en quantité, elles doivent être considérées comme formées d'éléments plus grands ayant comme surface de lames polaires la somme

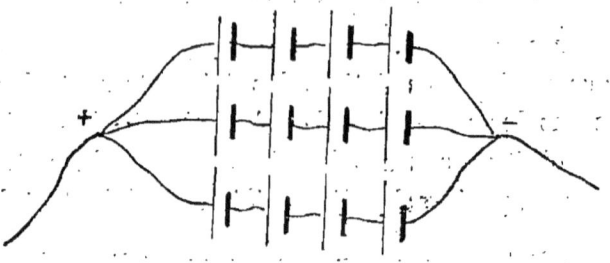

Fig. 63. — Association mixte des éléments d'une pile.

des surfaces d'autant d'éléments qu'il y a de piles partielles reliées en quantité.

215. — REMARQUE. — Quel que soit le mode d'association adopté, il ne faut jamais associer que des éléments identiques, si l'on ne veut pas s'exposer à des mécomptes, comme, par exemple, la destruction rapide des éléments les plus faibles, ou la production dans le circuit extérieur d'un courant plus faible que si on se fût contenté d'associer les éléments les plus puissants.

216. Calcul de l'intensité du courant produit par une pile dans un circuit extérieur déterminé. — L'association des éléments en piles a pour but d'obtenir dans le circuit extérieur un courant plus intense que celui qu'on peut obtenir en employant un seul élément. Il est donc essentiel de se rendre compte, dans chaque cas particulier, de l'accroissement d'intensité obtenu.

Nous avons vu que l'intensité I du courant produit par une source électrique dans un circuit est donnée par la première formule de Ohm (**72**)

$$I = \frac{E}{R},$$

dans laquelle E représente la force électromotrice de la source et R la *résistance totale* du circuit.

217. — Or, lorsque la source est une pile, le circuit comprend, en outre des conducteurs du *circuit extérieur*, les conducteurs formant les éléments de la pile elle-même, tels que les lames polaires, les liquides et les fils servant à relier les éléments entre eux. Ces conducteurs, qui constituent le circuit intérieur (**205**), présentent une certaine résistance électrique, comme ceux du circuit extérieur ; cette résistance s'appelle la *résistance intérieure* de la pile.

Bien que les lames polaires et surtout les liquides des éléments d'une pile ne constituent pas, en général, des conducteurs cylindriques et homogènes, et qu'on ne puisse pas, par suite, leur appliquer entièrement les calculs que nous avons indiqués autrefois pour ces derniers (**115**), il n'en reste pas moins vrai que, comme pour tous les conducteurs, la résistance est d'autant plus faible que la longueur est plus faible, que la section et la conductibilité sont plus grandes (**67**).

Si l'on parcourt un circuit voltaïque (*fig. 59*), en allant d'une lame polaire à l'autre, on voit que la longueur moyenne du conducteur liquide interposé entre ces lames est d'autant plus faible que la distance des lames est plus faible.

D'autre part, le courant allant d'une lame à l'autre, à peu près perpendiculairement à ces lames, la section moyenne du liquide offerte au passage du courant est d'autant plus grande que la *surface plongée* des lames est plus grande.

Comme la résistance des lames polaires elles-mêmes est généralement très faible, en raison de leur faible longueur, de leur grande section et de leur grande conductibilité ; que, par suite, cette résistance est, en général, négligeable par rapport à celle des liquides, il en résulte que la résistance intérieure d'un élément de pile est d'autant plus faible que les lames polaires sont plus rapprochées et que leur surface plongée est plus grande. Si même on considère deux éléments construits avec des lames polaires et des liquides de même nature, dans lesquels la distance entre les lames soit la même, mais tels que la surface plongée des lames soit pour l'un d'eux 2, 3 fois plus grande que pour l'autre, on peut affirmer que la résistance intérieure de cet élément plus grand est 2, 3 fois plus faible que celle du plus petit.

Nous pouvons maintenant appliquer la formule de Ohm à une pile que nous supposerons successivement réduite à un seul élément, puis composée d'un certain nombre n d'éléments associés en tension, en quantité, ou d'une manière mixte.

218. — 1° LA PILE COMPREND UN SEUL ÉLÉMENT. — Si nous désignons par e la force électromotrice de l'élément, par I l'intensité du courant, R étant la résistance du circuit extérieur et r la résistance intérieure d'un élément, on a immédiatement

$$I = \frac{e}{R + r}.$$

Pour un élément donné de force électromotrice e et de résistance intérieure r déterminées, l'intensité I du courant est d'autant plus grande que la résistance R du circuit extérieur est plus faible. Le courant maximum I_m que cet élément est capable de produire est obtenu lorsque la résistance R est nulle. On a alors

$$I_m = \frac{e}{r}.$$

La résistance des conducteurs réunissant les pôles d'un élément n'est jamais nulle d'une manière absolue, puisque des conducteurs présentent toujours une certaine résistance ; mais si ces conducteurs sont formés de corps très conducteurs, de faible longueur et de grande section, leur résistance peut être assez faible pour être négligeable devant la résistance intérieure de l'élément. Dans ce cas, où la résistance extérieure est pratiquement nulle, on dit que l'élément est fermé en *court-circuit*. On ferme en particulier un élément de pile en *court-circuit* en réunissant ses deux pôles par l'intermédiaire de deux conducteurs en cuivre gros et courts aboutissant aux bornes d'un ampèremètre, cet instrument ayant en général, comme vous savez (**94**), une très faible résistance.

219. — Ainsi, voici un élément de pile dont la force électromotrice est égale à 2,06 volts ; sa résistance intérieure est 0,23 ohm ; je le ferme en court-circuit au moyen de ces deux bouts de conducteurs, dont la résistance calculée, comme nous l'avons vu (**115**), se trouverait égale à 0,002 ohm, et de cet ampèremètre dont la résistance n'est que 0,001 ohm.

L'intensité du courant obtenu est alors

$$I = \frac{2,06}{0,002 + 0,001 + 0,23} = 8,88 \text{ ampères.}$$

En ne tenant pas compte de la résistance de l'ampèremètre et des bouts de conducteurs qui le relient aux pôles de l'élément, on aurait

$$I = \frac{0,26}{0,23} = 8,95 \text{ ampères.}$$

L'intensité obtenue dans le premier cas est pratiquement identique à celle trouvée dans le second.

220. — L'intensité de 8,95 obtenue en court-circuit ne peut être dépassée avec cet élément de pile. Lorsqu'on donne à la résistance extérieure R des valeurs croissantes depuis 0 jusqu'à une valeur très grande, l'intensité obtenue décroît depuis l'intensité maximum 8,95 ampères, jusqu'à une valeur très faible, d'autant plus faible que R est plus grande.

221. — 2° ÉLÉMENTS ASSOCIÉS EN TENSION. — Comme nous l'avons indiqué (**212**), les forces électromotrices des éléments s'ajoutent et si n est le nombre des éléments en tension, e étant toujours la force électromotrice d'un élément, la force électromotrice de la pile sera ne. D'autre part, les n éléments étant à la suite les uns des autres dans le circuit, leurs résistances intérieures s'ajoutent également ; si donc r est la résistance intérieure d'un élément, nr sera la résistance intérieure de la pile.

L'intensité du courant produit dans un circuit extérieur de résistance R sera donc

$$I = \frac{ne}{R + nr}.$$

222. — Pour un nombre fixe n d'éléments, de force électromotrice e et de résistance intérieure déterminées, l'intensité du courant est d'autant plus grande que la résistance R du circuit extérieur est plus faible ; le courant maximum I_m qu'on peut obtenir avec cette pile est celui correspondant à une résistance R nulle, c'est-à-dire celui qu'on obtient lorsque la pile est fermée en court-circuit. Or, cette intensité maximum est

$$I_m = \frac{ne}{nr},$$

ou

$$I_m = \frac{e}{r}.$$

Quel que soit le nombre des éléments en tension, on a donc le même courant maximum, en court-circuit, que lorsqu'un seul élément est employé.

223. — Si maintenant nous supposons fixe la résistance R du circuit extérieur et si nous faisons varier le nombre n des éléments de la pile, nous voyons que, dans tous les cas, l'intensité du courant augmente avec le nombre des éléments ; cette augmentation est très rapide, lorsque la résistance R est considérable ; l'intensité augmente, au contraire, faiblement, quand on accroît considérablement le nombre des éléments, si la résistance R est petite ; si cette résistance est très faible, l'accroissement de l'intensité correspondant à une augmentation importante du nombre des éléments de la pile est assez réduite pour qu'on puisse considérer cette intensité comme pratiquement constante.

224. — Comme exemple, prenons une pile composée d'éléments en tension, dont la force électromotrice e et la résistance intérieure r soient

$$e = 2,06 \text{ volts,}$$
$$r = 0,25 \text{ ohm.}$$

L'intensité du courant est alors pour n éléments

$$I = \frac{2,06 \times n}{R + 0,25 \times n}.$$

Pour $R = 0$, l'intensité est maximum et égale à

$$I_m = \frac{2,06}{0,25} = 8,24 \text{ ampères,}$$

quel que soit le nombre n des éléments de la pile.

Si $R = 0,1$ ohm, l'intensité du courant est égale à 5,88 ampères pour 1 élément; 6,86 pour 2 éléments; 7,65 pour 5; 7,92 pour 10; 8,07 pour 20.

Si $R = 20$ ohms, on obtient 0,10 ampère pour 1 élément; 0,20 pour 2; 0,48 pour 5; 0,91 pour 10; 1,65 pour 20.

225. — 3° Éléments associés en quantité. — Tous les éléments étant réunis de manière à ne former qu'un seul élément dont la surface polaire est égale à la somme des surfaces polaires des divers éléments associés (**213**), la force électromotrice de la pile est celle d'un élément e; la résistance intérieure de la pile est égale à la résistance intérieure r d'un élément divisée par le nombre n des éléments semblables associés (**217**).

$$I' = \frac{e}{R + \dfrac{r}{n}}.$$

Lorsque la résistance extérieure R est nulle, ou tout au

moins négligeable, l'intensité obtenue ainsi en court-circuit est

$$I'_m = \frac{e}{\dfrac{r}{n}} = \frac{ne}{r}.$$

Cette intensité, qui est l'intensité maximum que l'on puisse obtenir avec la pile de n éléments en quantité, est n fois plus grande que celle qu'on obtient, également en court-circuit, avec un élément, ou que celle qu'on a avec n éléments en tension.

Lorsque la résistance R a une valeur moyenne, l'intensité plus faible que l'intensité maximum de court-circuit augmente encore avec le nombre des éléments associés, mais sans être proportionnelle à ce nombre.

Lorsque la résistance extérieure de R est très grande, l'intensité n'augmente plus que très faiblement quand on augmente le nombre des éléments en quantité, même dans une proportion considérable.

226. — Remarque. — Il faut remarquer que lorsque n éléments semblables sont associés en quantité, l'intensité du courant I' passant dans le circuit extérieur est la somme des intensités passant dans chaque élément, puisque tous les éléments sont en dérivation (**83**). On a donc, en désignant par i' le courant fourni par chaque élément,

$$I' = ni'$$

ou

$$i' = \frac{I'}{n}.$$

227. — Comparaison des associations en tension et en quantité. — Supposons qu'on dispose d'un nombre fixe n d'éléments de pile et que le circuit extérieur ait également une valeur R déterminée, nous pouvons nous demander s'il vaut mieux, pour obtenir un courant intense, associer les éléments en tension ou en quantité.

Il résulte de ce qui précède que lorsque la valeur fixe de R est grande, il faut associer les éléments en tension et qu'il faut, au contraire, choisir l'association en quantité lorsque la valeur de R est faible.

Ces expressions de valeur grande et de valeur faible doivent être entendues dans le sens de valeur grande et valeur faible *relativement* à la valeur de la résistance r d'un élément.

Nous allons d'ailleurs comparer entre elles d'une manière exacte l'intensité du courant I obtenu avec n éléments de pile semblables associés en tension sur un circuit extérieur de résistance R et l'intensité I' obtenue en associant en quantité ces n éléments avec le même circuit extérieur.

On a :

$$I = \frac{ne}{R + nr},$$

$$I' = \frac{e}{R + \frac{r}{n}} = \frac{ne}{nR + r}.$$

Le numérateur des fractions représentant I et I' étant identique, nous n'avons qu'à comparer les dénominateurs. Par conséquent I sera plus grand que I' lorsque $nR + r$ sera plus grand que $R + nr$. Or,

$$nR + r > R + nr$$

donne

$$(n-1)R > (n-1)r,$$

ou

$$R > r.$$

Par conséquent, l'association en tension est préférable lorsque la résistance extérieure est plus grande que la résistance intérieure d'un élément de la pile.

228. — Ainsi, par exemple, si nous disposons de 30 éléments ayant chacun une force électromotrice de 2,06 volts et une résistance intérieure de 0,25 ohm, nous obtiendrons sur une résistance extérieure de 20 ohms :

Avec l'association en tension,

$$I = \frac{2,06 \times 30}{20 + 0,25 \times 30} = 2,25 \text{ ampères};$$

Avec l'association en quantité,

$$I' = \frac{2,06}{20 + \frac{0,25}{30}} = 0,12 \text{ ampère}.$$

Au contraire, si la résistance extérieure est égale à 0,1 ohm, on obtient :

Avec l'association en tension,

$$I = \frac{2,06 \times 30}{0,1 + 0,25 \times 30} = 8,13 \text{ ampères};$$

Avec l'association en quantité,

$$I' = \frac{2,06}{0,1 + \frac{0,25}{30}} = 19,02 \text{ ampères}.$$

229. — 4° ASSOCIATION MIXTE. — Supposons que nous disposions de n éléments de pile, que nous formions avec ces éléments des piles partielles comprenant chacune t éléments en tension et que le nombre des piles ainsi obtenues soit égal à q.

Les éléments associés en tension dans chaque pile partielle sont semblables et toutes les piles partielles comprennent le même nombre d'éléments ; c'est dans ces conditions seulement que cette association mixte doit être pratiquée. Le produit tq est donc égal au nombre n d'éléments.

La force électromotrice d'un élément étant représentée par e et sa résistance intérieure par r, la force électromotrice d'une pile partielle de t éléments en tension est $t \times e$ et sa résistance intérieure $t \times r$ (**221**).

Lorsqu'on associe en quantité les q piles partielles, on ne fait qu'augmenter la surface des lames polaires, et la multiplier ici par q. La force électromotrice de la pile mixte restera donc $t \times e$; mais sa résistance intérieure sera rendue q fois plus petite que celle d'une pile partielle et deviendra $\dfrac{t \times r}{q}$.

L'intensité du courant obtenu dans le circuit extérieur de résistance R est donc

$$I = \frac{te}{R + \dfrac{tr}{q}}.$$

Le courant i passant dans chaque pile partielle est égal au courant I divisé par le nombre q des piles partielles associées en quantité (**226**).

230. — Ainsi, lorsqu'on dispose de 30 éléments ayant chacun une force électromotrice e de 2,06 volts et une résistance intérieure r de 0,25 ohm, la résistance R étant elle-même égale à 0,1 ohm, on peut former des piles partielles de 5 éléments en tension et obtenir ainsi 6 piles partielles que l'on associe en quantité. L'intensité du courant est alors

$$I = \frac{2{,}06 \times 5}{0{,}1 + \dfrac{0{,}25 \times 5}{6}} = 33{,}4 \text{ ampères.}$$

231. — Le but qu'on se propose en général d'atteindre en choisissant l'association mixte, plus compliquée que les associations en tension ou en quantité, est d'obtenir, pour un nombre déterminé d'éléments et une résistance extérieure également fixe, un courant plus grand que si on avait employé l'un des autres modes d'association.

Nous avons vu que lorsque la résistance extérieure R est très grande par rapport à la résistance intérieure d'un élément, l'association en tension est tout indiquée.

Il faut, sans hésitation aussi, choisir l'association en quantité lorsque la résistance R est très faible par rapport à la résistance intérieure d'un élément. Mais, lorsque R n'a des valeurs ni très grandes ni très petites, on aura intérêt à ne pas adopter d'une manière complète ni l'association en tension, ni l'association en quantité, mais bien à choisir l'association mixte, qui est un moyen parti. Par le calcul du n° **230**, nous avons d'ailleurs vu que l'intensité du courant obtenu avec l'association mixte est, pour le même nombre d'éléments et la même résistance extérieure, bien plus grande que celle obtenue avec l'association en quantité (**228**), bien que celle-ci soit déjà plus grande que l'intensité correspondant à l'association en tension.

232. — Nous allons chercher le maximum du courant avec l'association mixte,

$$I = \frac{te}{R + \frac{tr}{q}},$$

que nous pouvons écrire

$$I = \frac{e}{\frac{R}{t} + \frac{r}{q}}.$$

Le maximum de I a lieu en même temps que le minimum du dénominateur

$$\frac{R}{t} + \frac{r}{q}.$$

Or ce dernier est une somme de deux termes dont le produit est constant, puisque ce produit est $\dfrac{R\,r}{t\,q}$ et que $t\,q$ est le nombre n des éléments de la pile.

Le minimum a donc lieu quand les deux termes sont égaux, c'est-à-dire lorsqu'on a

$$\frac{R}{t} = \frac{r}{q},$$

ou

$$R = \frac{tr}{q}.$$

Comme règle pratique, étant donné un nombre n d'éléments de pile semblables, chacun de résistance intérieure r, si l'on veut obtenir, dans un circuit extérieur de résistance R le courant le plus intense que la pile soit capable de produire dans ces conditions, il faudra former q piles partielles de t éléments en tension chacune, et associer ces q piles en quantité, de telle sorte que la résistance $\dfrac{t \times r}{q}$ de la pile mixte ainsi formée soit aussi voisine que possible de la résistance R du circuit extérieur.

233. — Pour trouver les nombres t et q qu'il convient d'adopter, le moyen le plus simple est d'essayer, en faisant le calcul $\dfrac{t\,r}{q}$, les diverses combinaisons qu'on peut obtenir, en se rappelant que le produit $t \times q$ doit être égal au nombre total n des éléments employés et que t et q sont, bien entendu, des nombres entiers.

Ainsi, avec 30 éléments de résistance intérieure égale à 0,25 ohm, on peut faire les combinaisons suivantes:

NOMBRE d'éléments en tension d'une pile partielle. t.	NOMBRE des piles partielles. q.	RÉSISTANCE intérieure de la pile mixte. $\dfrac{tr}{q}$ ohms.
1	30	0,0083
2	15	0,033
3	10	0,075
5	6	0,208
6	5	0,30
10	3	0,83
15	2	1,87
30	1	7,50

On voit aussitôt que, si la résistance extérieure est égale à 0,1 ohm, il y a lieu, *si toutefois le but poursuivi est bien d'obtenir le courant le plus grand possible*, d'adopter comme association mixte celle pour laquelle le nombre des piles partielles est 10, avec 3 éléments en tension dans chaque pile partielle, parce que la résistance intérieure de cette pile est alors 0,075 ohm, plus voisine de 0,1 ohm que la résistance correspondant aux autres combinaisons.

234. Différence de potentiel entre les deux pôles d'une pile. — Si nous réunissons les deux pôles d'une pile aux extrémités d'un circuit extérieur de résistance R, r étant la résistance intérieure de la pile et E sa force électromotrice, l'intensité I du courant produit sera (**72**)

$$I = \frac{E}{R + r}.$$

D'autre part, la différence de potentiel entre les pôles de la pile étant D, l'intensité du courant passant dans le conducteur extérieur et dans tout le circuit est aussi (**74**)

$$I = \frac{D}{R}.$$

On en déduit
$$E = IR + Ir,$$
$$D = IR$$

et

$$E = D + Ir.$$

La force électromotrice d'une pile *fermée sur un circuit extérieur* n'est donc jamais égale à la différence de potentiel entre ses bornes ; elle est toujours plus grande que cette dernière. Pour avoir la force électromotrice E, il faut ajouter à la différence de potentiel D le produit Ir de l'intensité du courant par la résistance intérieure de la pile, c'est-à-dire la chute de potentiel dans l'intérieur de la pile.

235. — On peut encore tirer des équations précédentes, en remplaçant dans l'expression de D l'intensité I par sa valeur en fonction de E,

$$D = E \times \frac{R}{R + r}.$$

Il en résulte que la différence de potentiel D aux bornes d'une pile est, par exemple, la moitié de la force électromotrice E, si la résistance extérieure R est la moitié de la résistance totale $R + r$, ou est égale à la résistance intérieure r.

La différence de potentiel D est très faible si la résistance R est elle-même très petite.

Au contraire, si la résistance extérieure R est très grande par rapport à la résistance intérieure r, la différence de potentiel D est très voisine de la force électromotrice et peut pratiquement être confondue avec elle.

236. Mesure de la force électromotrice d'une pile. — Pour mesurer la force électromotrice d'une pile, on peut donner au circuit extérieur une résistance très grande par rapport à la résistance intérieure de la pile et mesurer la différence de potentiel aux bornes, qui peut alors être confondue avec la force électromotrice (**235**). La différence de potentiel se mesure alors avec un voltmètre, comme nous l'avons indiqué (**138**).

Le circuit extérieur de grande résistance peut être constitué uniquement par un voltmètre V de grande résistance, dont les deux bornes sont reliées directement aux deux pôles de la pile, sans qu'aucun autre circuit relie ces deux pôles (*fig. 64*). La lecture de la déviation, corrigée, s'il y a lieu, du coefficient (**134**), donne en volts la force électromotrice.

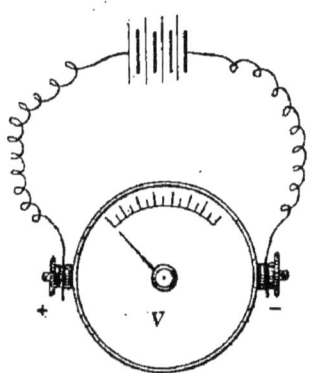   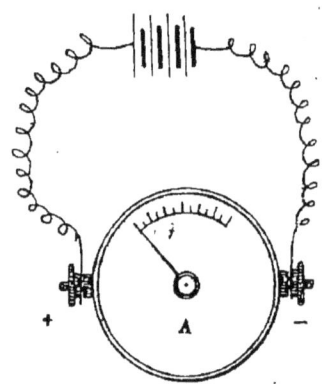

Fig. 64. — Mesure de la force électromotrice d'une pile, au moyen d'un voltmètre.   Fig. 65. — Mesure de l'intensité, en court-circuit, d'une pile, au moyen d'un ampèremètre.

237. Mesure de la résistance intérieure d'une pile. — Lorsqu'une pile est fermée en court-circuit sur un ampèremètre A (*fig. 65*) de faible résistance, auquel elle est reliée par des conducteurs *gros et courts*, également d'une faible résistance, l'intensité I_m du courant obtenu est (**218**)

$$I_m = \frac{E}{r}.$$

La résistance intérieure r est donc

$$r = \frac{E}{I_m}.$$

Pour avoir la résistance intérieure d'une pile on peut donc :

1° Mesurer comme précédemment avec un voltmètre (**236**) et, comme l'indique la figure 64, la force électromotrice E de la pile ;

2° Mesurer l'intensité maximum I_m en court-circuit, au moyen d'un ampèremètre (*fig. 65*) ;

3° Diviser E par I_m.

238. — On peut aussi déduire du n° **223**

$$r = \frac{E - D}{I}.$$

La pile étant donc fermée sur un circuit et produisant le courant I, mesuré au moyen d'un ampèremètre intercalé sur ce circuit, il suffit donc, pour avoir *r*, de mesurer la différence de potentiel D aux bornes avec un voltmètre, puis, *après avoir ouvert le circuit sur lequel la pile est fermée*, de mesurer comme précédemment (**236**) la force électromotrice E avec le voltmètre.

TABLEAU.

239. — Tableau des forces électromotrices des couples usuels.

NOM DU COUPLE.	NATURE de la lame polaire négative.	NATURE DU LIQUIDE baignant la lame polaire négative.	NATURE de la lame polaire positive.	NATURE DU DÉPOLARISANT.	FORCE électromotrice en volts.
Daniell	Zinc.	Solution demi-saturée de sulfate de zinc.	Cuivre.	Solution saturée de sulfate de cuivre.	1,07
Grove	Zinc amalgamé.	Eau acidulée.	Platine.	Acide azotique concentré.	1,96
Bunsen	Zinc amalgamé.	Eau acidulée.	Charbon de cornue.	Acide azotique concentré.	1,90
Poggendorff	Zinc amalgamé.	Eau acidulée.	Charbon de cornue.	Bichromate de potasse 100 g. Eau ...... 1 000 g. Acide sulfurique . 50 g.	2,02
Pile vigilante	Zinc amalgamé.	Eau saturée de sel marin.	Charbon de cornue.	Bichromate de potasse. Eau. Acide sulfurique.	2,08
Marié-Davy	Zinc.	Eau acidulée.	Charbon de cornue.	Sulfate de mercure.	1,52
Skrivanow	Zinc.	Solution de potasse caustique.	Lame d'argent.	Chlorure d'argent solide.	1,45
Sullivan	Zinc amalgamé.	Eau 20 volumes. Acide sulfurique 1 volume.	Charbon de cornue.	Acide chromique . 380 gr. Eau ...... 750 gr. Acide sulfurique . 400 gr.	»
Leclanché	Zinc amalgamé.	Solution de chlorhydrate d'ammoniaque.	Charbon de cornue.	Agglomérés de bioxyde de manganèse.	1,43
De Lalande et Chaperon.	Zinc.	Solution de potasse caustique à 30 p. 100.	Lame de fer.	Bioxyde de cuivre.	0,85
Upward	Zinc.	Solution de chlorure de zinc.	Charbon de cornue.	Chlore gazeux.	2,0

CHAPITRE VII

PRODUCTION DES COURANTS ÉLECTRIQUES PAR LE PHÉNOMÈNE DE L'INDUCTION

240. Courants d'induction. — Considérons un aimant N S (*fig. 66*). Nous avons vu (*fig. 12*) que les lignes de force du champ magnétique d'un pareil aimant partent d'un des pôles pour rejoindre l'autre et s'épanouissent en éventail

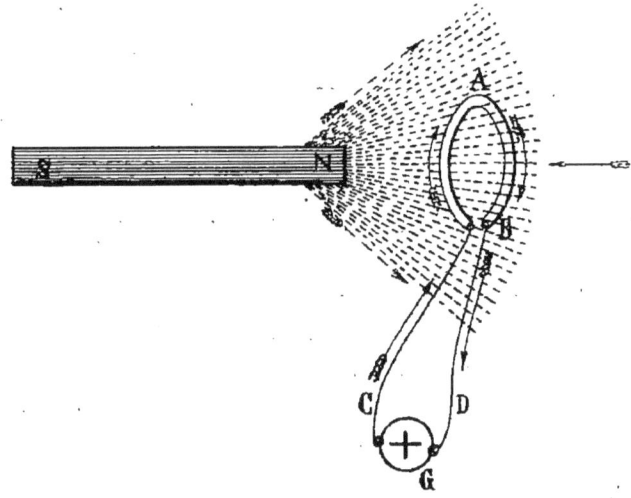

Fig. 66. — Courants d'induction par mouvement de translation d'une boucle.

aux pôles, ainsi d'ailleurs que nous l'avons aussi représenté dans la figure 66. Nous rappellerons aussi que le champ magnétique est plus intense aux points où les lignes de force sont plus rapprochées l'une de l'autre (**33**). Considérons, d'autre part, un conducteur A B, formant une sorte de boucle dont les deux extrémités sont d'ailleurs réunies par d'autres conducteurs, tels que C et D. Si nous approchons la boucle du pôle N de l'aimant, en la faisant mouvoir parallèlement à elle-même dans le sens de la flèche, nous voyons que les lignes de force embrassées par la boucle deviendront de plus en plus nombreuses à mesure que nous serons plus près du pôle, parce que ces lignes de force sont de plus en plus serrées. L'ensemble des lignes de force traversant la boucle A B est appelé le *flux de force* passant dans cette boucle ; pour exprimer cette idée que les lignes de force traversant la boucle sont rendues plus nombreuses par le mouvement indiqué par la flèche, nous dirons que le *flux de force passant dans la boucle augmente*. Le flux de force passant dans la boucle diminue, au contraire, si nous lui communiquons un mouvement de sens contraire à la flèche, c'est-à-dire si nous l'éloignons du pôle de l'aimant.

Or, si nous avons pris soin d'intercaler sur les conducteurs C D reliant les extrémités de la boucle A B un galvanomètre G (*fig. 66*), nous pouvons observer que l'aiguille du galvanomètre est déviée de sa position d'équilibre, quand nous rapprochons la boucle du pôle de l'aimant, c'est-à-dire, pour parler comme tout à l'heure, *quand le flux de force traversant la boucle augmente*. Un courant électrique (**39**) parcourt donc alors le circuit formé par la boucle, les conducteurs C et D et la bobine du galvanomètre G. Le courant ainsi obtenu s'appelle *courant d'induction* ou *courant induit*. La boucle dans laquelle le flux de force a augmenté prend le nom d'*induit* ; l'aimant qui crée le flux de force traversant la boucle est l'*inducteur*.

241. — En approchant la boucle du pôle de l'aimant, en augmentant le flux de force qui la traverse, nous avons obtenu une déviation du galvanomètre ; mais cette déviation n'est pas permanente et, le mouvement de rapprochement une fois terminé, l'aiguille revient à sa position d'équilibre primitive. Ainsi, aucun courant ne traverse plus le circuit de la boucle lorsqu'elle est maintenue immobile près de l'aimant. La cause du courant induit a été l'augmentation du flux de force dans la boucle et le courant a cessé quand le flux n'a plus varié.

242. — Éloignons maintenant la boucle AB du pôle de l'aimant ; le flux de force qui la traverse diminue et en même temps nous observons de nouveau une déviation du galvanomètre ; l'aiguille du galvanomètre revient d'ailleurs au repos aussitôt que nous sommes arrivés en dehors des limites du champ sensible de l'aimant (**33**).

Nous constatons, de plus, que la déviation du galvanomètre s'est produite, cette fois, en sens inverse de la première. Nous avons donc encore un courant induit de peu de durée, et ce courant induit, obtenu par diminution du flux de force, traversant la boucle, est de sens contraire à celui obtenu par augmentation du flux.

243. — Ainsi, on obtient un courant induit dans une boucle *faisant partie d'un circuit fermé*, toutes les fois que le flux de force embrassé par cette boucle éprouve une variation, soit qu'il diminue, soit qu'il augmente.

Dans le cas particulier que nous venons de considérer, nous avons supposé que la boucle s'approchait ou s'éloignait du pôle d'un aimant. Mais, d'une manière générale, le flux passant dans une boucle augmente quand elle passe d'un endroit où le champ magnétique est faible à un autre endroit où ce champ magnétique est plus intense, puisque lorsqu'un champ est plus intense, les lignes de force sont aussi plus serrées (**33**).

244. — Le champ magnétique inducteur peut être dû à plusieurs aimants ; ces aimants peuvent être remplacés par des électro-aimants ; toujours un courant induit se manifestera lorsque le flux de force passant dans la boucle variera.

245. — Il n'est même pas nécessaire que la boucle induite se déplace dans le champ magnétique en se transportant d'un endroit à un autre. Une rotation sur place de la boucle suffit souvent pour y amener les variations du flux de force nécessaires à la production du courant induit. Ainsi, considérons un champ magnétique produit par un pôle d'aimant N et un autre pôle S; les lignes de force de ce champ sont représen-

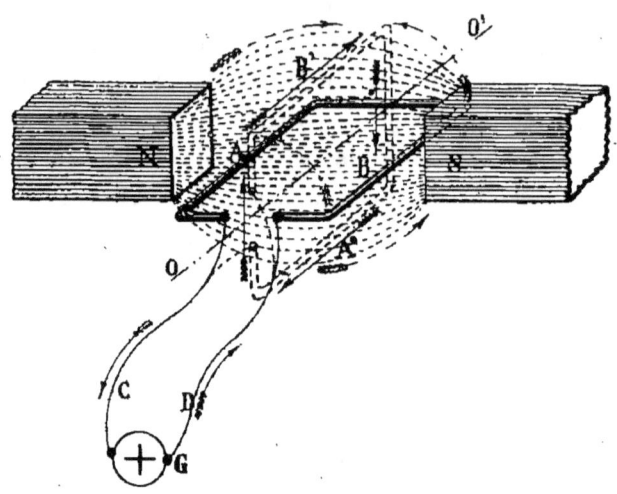

Fig. 67. — Courants d'induction par rotation d'une boucle autour d'un axe.

tées en pointillé (*fig. 67*). Une boucle AB, faisant partie du circuit fermé CGD, peut tourner autour d'un axe OO' placé dans le plan de cette boucle et perpendiculaire à la direction moyenne des lignes de force.

Quand le plan de la boucle occupe la position AB parallèle aux lignes de force, aucune de celles-ci ne la traverse et le flux de force est nul. Dans la position A'B', presque toutes les lignes de force du champ passant dans la boucle, le flux a sa plus grande valeur.

Si donc la boucle tourne autour de OO', dans le sens de la flèche, et passe de la position AB à la position A'B', le flux de force qui la traverse, d'abord nul en AB, augmente peu à peu et devient très grand pour A'B'; un courant induit circule dans le galvanomètre G. Si la boucle continue son mouvement, à partir de A'B', le flux diminue et un nouveau courant induit de sens contraire parcourt le galvanomètre. La rotation continue de la boucle donnerait donc lieu à des courants induits successivement de sens contraires, c'est-à-dire à des courants alternatifs (**58**).

246. — Le circuit induit peut rester absolument immobile ; des courants induits pourront encore s'y produire, si le champ magnétique inducteur se déplace, ou se déforme, de manière que le flux de force traversant la boucle induite soit modifié.

247. — Enfin, le circuit induit et l'inducteur peuvent rester tous les deux immobiles ; des courants induits prendront néanmoins naissance, si le champ magnétique éprouve des variations dans son intensité amenant des variations du flux de force dans la boucle. Ainsi, par exemple, plaçons en un point quelconque du champ magnétique d'un électro-aimant une boucle faisant partie d'un circuit fermé. Pour une certaine valeur du courant excitateur de l'électro-aimant, le champ magnétique a une certaine valeur en chaque point et en particulier là où est la boucle. Le flux de force passant dans celle-ci a donc lui-même une certaine valeur. Si nous augmentons l'intensité du courant excitateur, l'intensité du champ augmente en tous les points (**196**) ; le flux de force augmente donc dans la boucle et un courant induit s'y développe.

248. Loi de la boucle. — Il est souvent très utile de pouvoir déterminer à l'avance avec certitude le sens du courant induit qui passera dans un circuit lorsque le flux de force traversant une boucle faisant partie de ce circuit variera. On y arrive en appliquant la loi dite *de la boucle*. Une convention préalable est toutefois nécessaire pour appliquer cette loi.

Nous avons vu que les lignes de force d'un champ créé par des pôles d'aimant (*fig. 12*) vont d'un pôle à l'autre. On convient de prendre comme direction des lignes de force, à l'extérieur de l'aimant, la direction *du pôle nord au pôle sud.*

Voici maintenant l'énoncé de la loi de la boucle :

Lorsqu'un conducteur en forme de boucle, faisant partie d'un circuit fermé, est placé dans un champ magnétique et qu'on produit telle modification dans ce système qui fait varier le flux de force traversant la boucle, celle-ci est parcourue par un courant induit. Si le flux augmente, le courant induit parcourt la boucle dans le sens des aiguilles d'une montre, étant admis qu'on regarde la boucle du point vers lequel sont dirigées les lignes de force. Si le flux diminue, le courant induit aura le sens inverse des aiguilles d'une montre.

249. — Dans les figures 66 et 67, nous avons indiqué par des flèches le sens conventionnel des lignes de force, les lettres N et S désignant les pôles nord et sud. Dans la figure 66, la boucle s'approchant du pôle N, le flux augmente ; donc courant induit dans le sens des aiguilles d'une montre, si on regarde la boucle du point vers lequel se dirigent les lignes de force, c'est-à-dire ici en se plaçant à droite de la figure ; c'est ce sens du courant induit qu'indique la flèche.

Dans la figure 67, quand la boucle passe de la position AB à la position A'B' en tournant dans le sens de la flèche, le flux augmente ; donc courant dans le sens des aiguilles d'une montre, si on regarde du pôle S vers lequel se dirigent les lignes de force.

250. — Comme application de la loi de la boucle, nous supposerons encore qu'une boucle AB soit animée d'un mouvement de rotation autour d'un axe OO' perpendiculaire à son plan et parallèle lui-même aux lignes de force d'un champ magnétique engendré par deux pôles N et S (*fig. 68*). La boucle AB coupe donc toujours les lignes de force à angle droit et les variations du flux qui la traverse proviennent de ce qu'elle occupe successivement des positions où le champ

COURANTS D'INDUCTION. 145

magnétique est plus ou moins intense. Ainsi, si nous supposons que la boucle soit d'abord, comme le représente la figure 68, placée entre les deux pôles N S, le flux qui la traverse est le plus grand possible; ce flux diminue lorsque la

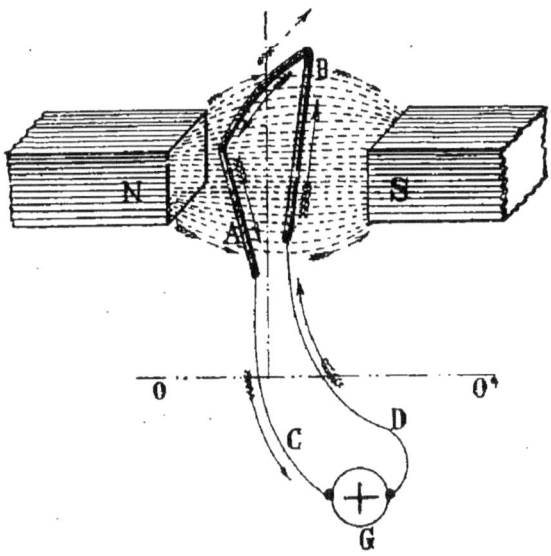

Fig. 68. — Courants d'induction par rotation d'une boucle autour d'un axe.

boucle tourne dans le sens de la flèche pointillée de manière à venir occuper une position en dehors de l'espace situé entre les pôles; un courant y prend alors naissance dans le sens de la flèche pleine.

251. Loi de Lenz. — Si l'on déplace à la main dans un champ magnétique une boucle *dont le circuit est ouvert,* aucun courant induit n'y prend naissance et l'effort qu'il faut développer pour produire le mouvement est, en général, très faible. Si on vient à fermer le circuit de la boucle, de manière que des courants induits puissent la parcourir, le déplacement précédent dans le champ magnétique inducteur exige un effort notablement plus grand.

Comme nous l'avons vu pour le cas particulier de la déviation d'une aiguille aimantée, les courants sont capables, en agissant sur des aimants, de produire des effets mécaniques (**39**).

En vertu de la loi de Lenz :

Le courant développé dans un induit par son mouvement dans un champ magnétique inducteur, tend, par son action mécanique sur cet inducteur, à imprimer un mouvement de sens contraire à celui qui a produit l'induction.

252. — Les courants induits *s'opposent* donc au mouvement qui les produit. Pour faire mouvoir dans un champ magnétique un induit dont le circuit est fermé, il faut donc dépenser du travail mécanique afin de vaincre cette résistance au mouvement.

253. Courants de Foucault. — Dans un champ magnétique puissant engendré par un fort électro-aimant en fer à cheval, si nous déplaçons une masse de cuivre tenue à la main, nous éprouvons quelque difficulté à produire le mouvement, comme si nous faisions mouvoir la masse de cuivre dans de l'eau ou même dans un liquide visqueux. Cela vient de ce que la masse métallique forme des boucles dont le circuit est fermé, comme celle de la figure 66, et que ce circuit ayant une très faible résistance, les courants induits qui s'y développent acquièrent une intensité considérable. On éprouve alors d'une manière sensible la résistance que ces courants opposent au mouvement en vertu de la loi de Lenz (**251**).

Les courants induits dans les masses *métalliques continues* s'appellent *courants de Foucault*. Comme tous les courants, ils échauffent la masse conductrice dans laquelle ils circulent.

254. — Si la masse métallique est découpée en menus morceaux isolés l'un de l'autre, les courants de Foucault ne peuvent s'y développer.

255. — On met en évidence aisément les courants de Foucault et la résistance au mouvement qu'ils développent en disposant l'expérience suivante :

On suspend au bout d'un fil, entre les deux pôles d'un électro-aimant puissant en fer à cheval, un bloc de cuivre. Si l'électro-aimant n'est pas excité, le bloc abandonné à lui-même tourne librement, sous l'influence de la torsion du fil. Vient-on à exciter l'électro-aimant, le bloc est instantanément immobilisé ; il reprend son mouvement de rotation lorsque le courant excitateur de l'électro-aimant est de nouveau interrompu.

256. Force électromotrice et intensité des courants induits. — Reprenons l'expérience du n° **245** illustrée par la figure 67.

En employant des pôles d'aimants N et S toujours les mêmes et placés à la même distance l'un de l'autre, c'est-à-dire sans rien changer au champ magnétique, si nous faisons mouvoir la boucle de AB en A'B', en répétant plusieurs fois l'expérience avec des vitesses différentes, nous pourrons constater que l'intensité du courant induit développé dans la boucle augmente quand la vitesse de déplacement augmente. Quelle que soit la vitesse, d'ailleurs, puisque rien n'a été modifié dans le champ magnétique ou dans la boucle, la variation du flux de force traversant la boucle a été la même dans tous les cas ; ce flux passe de la valeur 0, pour la position AB, à la valeur qu'il prend quand la boucle est dans la position A'B', cette valeur du flux traversant la boucle A'B' est la plus grande qu'il puisse atteindre dans les conditions fixes du champ que nous avons supposées. Si nous désignons par Φ cette valeur, la variation du flux a toujours été $\Phi - 0$, ou Φ.

Ainsi, *pour une même variation du flux*, l'intensité du courant induit augmente avec la vitesse de déplacement de la boucle.

257. — En second lieu, supposons maintenant que les

pôles N et S soient des pôles d'électro-aimants. Nous avons dit qu'en augmentant l'intensité du courant excitateur des électro-aimants on augmente l'intensité du champ en tous les points et en particulier à l'endroit où est la boucle (**196**).

Or, en augmentant l'intensité du champ, c'est-à-dire en développant des lignes de force plus serrées, on augmente ainsi le flux de force Φ qui traverse la boucle dans la position A'B', c'est-à-dire qu'on augmente en même temps la variation du flux correspondant à un déplacement de la boucle de AB en A'B'.

Si on donne ainsi successivement au courant excitateur des électro-aimants diverses valeurs, et par conséquent diverses valeurs au flux Φ, et si on déplace chaque fois la boucle de AB en A'B' *avec la même vitesse,* l'expérience apprend que l'intensité du courant induit est d'autant plus grande que le flux Φ a été rendu plus grand, c'est-à-dire que la variation du flux elle-même a été plus grande.

258. — De la même manière, si, conservant toujours les mêmes pôles, on emploie différentes boucles embrassant des surfaces différentes, il est clair que la boucle la plus petite placée dans la position A'B' sera traversée par moins de lignes de force que la plus grande, c'est-à-dire sera traversée par un flux de force plus faible.

En déplaçant successivement toutes les boucles de AB en A'B', *avec la même vitesse,* on peut voir encore que l'intensité la plus grande du courant induit développé doit correspondre, toutes choses égales d'ailleurs, à la boucle embrassant la plus grande surface. Ici encore, pour cette boucle, la variation du flux est plus grande pour la même vitesse.

259. — Enfin, conservant les mêmes pôles d'aimant NS et la même vitesse de rotation, on remplace la boucle simple AB par une autre formant plusieurs spires superposées, chaque spire subit la même induction que la boucle simple et les effets de toutes les spires s'ajoutant, l'effet total d'induction doit être plus grand, toutes choses égales d'ailleurs.

260. — D'autre part, répétons l'expérience du n° **245** en employant toujours les mêmes pôles d'aimant NS et la même boucle AB, celle-ci se déplaçant toujours de AB en A'B' avec la même vitesse, mais en ayant soin de changer à chaque fois la résistance de la partie CGD du circuit, grâce à l'intercalation de bobines de résistances ou d'un rhéostat ; nous pourrons encore vérifier que l'intensité du courant induit est d'autant plus faible que la résistance totale du circuit est plus grande. La résistance totale du circuit comprend non seulement la résistance de la partie CGD qui constitue le *circuit extérieur,* mais encore celle de la boucle induite AB elle-même.

261. — On peut donc dire que l'intensité I du courant induit est :

1° Proportionnelle à la vitesse V de déplacement de la boucle ;

2° Proportionnelle à l'intensité H du champ magnétique inducteur dans lequel elle se meut ;

3° Proportionnelle au nombre de spires N qu'elle forme ;

4° Proportionnelle à la surface S embrassée par chacune des spires ;

5° Inversement proportionnelle à la résistance totale R du circuit parcouru par le courant.

L'intensité du courant induit peut donc s'écrire

$$I = \frac{NVHS}{R}.$$

En mettant en évidence la résistance r de la boucle induite et la résistance R du circuit extérieur, on aura

$$I = \frac{NVHS}{R + r}.$$

L'intensité du courant induit peut donc se mettre sous la forme

$$I = \frac{E}{R + r},$$

et la force électromotrice d'induction E est

$$E = NVHS,$$

c'est-à-dire qu'elle est proportionnelle à la vitesse de déplacement V, au champ inducteur H, au nombre N de spires du fil de l'induit, à la surface S de chaque spire.

262. Effets des courants induits. — Les effets des courants induits sont les mêmes que ceux des courants produits par les autres sources électriques, par les piles en particulier (**45**). Ils dévient l'aiguille des galvanomètres, échauffent les conducteurs, aimantent le fer et l'acier, produisent des décompositions chimiques, donnent des étincelles et des commotions et peuvent enfin développer des effets mécaniques en agissant sur des aimants ou d'autres courants.

263. Extra-courants. — La rupture d'un circuit parcouru par un courant provoque, dans ce circuit, la formation d'un courant induit appelé *extra-courant de rupture,* qui est *de même sens* que le courant primitif. Cet extra-courant est surtout important quand le circuit comprend un électro-aimant. On obtient alors à la rupture du circuit une forte étincelle et une commotion très sensible, si on tient avec les mains les bouts du circuit entre lesquels on produit la rupture.

Lorsque l'électro-aimant est très puissant et que le courant qui parcourait le circuit est très intense, l'étincelle due à l'extra-courant de rupture peut détériorer les points entre lesquels la rupture se produit; elle peut même en amener la fusion. La commotion qu'on peut ressentir peut alors être *dangereuse*. Il faut donc absolument éviter de toucher avec les mains les points d'un circuit contenant des électro-aimants puissants, au moment où l'on produit une rupture dans ce circuit. Autant que possible la rupture d'un pareil circuit ne se fera qu'après avoir diminué préalablement l'intensité du courant qui le parcourt.

La fermeture d'un circuit parcouru par un courant donne aussi naissance à un *extra-courant de fermeture,* mais *de sens contraire* au courant primitif.

Les extra-courants de rupture ou de fermeture s'appellent aussi courants de *self-induction*.

CHAPITRE VIII

MACHINES ÉLECTRIQUES

§ 1. — Généralités sur les machines électriques.

264. Constitution générale d'une machine électrique. — Une machine électrique est un appareil destiné à produire des courants électriques d'induction par le mouvement relatif d'un *induit* et d'un champ magnétique engendré par un *inducteur* (**240**).

Dans la plupart des machines électriques, l'induit est animé d'un mouvement de rotation dans le champ magnétique fixe de l'inducteur.

265. Induit. — L'*induit* d'une machine électrique est ordinairement formé d'un certain nombre d'hélices ou bobines conductrices reliées entre elles et symétriquement placées par rapport à l'axe de rotation.

Le fil des bobines doit être soigneusement isolé et d'autant mieux que la force électromotrice de la machine est plus grande.

La force électromotrice des courants induits produits par la machine est d'autant plus grande que le nombre des spires des bobines et la surface embrassée par chacune d'elles sont plus grands (**261**).

Mais, d'autre part, l'intensité du courant induit diminue quand la résistance du circuit induit augmente, et celle-ci croît avec la longueur du fil des bobines induites, c'est-à-dire avec le nombre des spires.

Si la résistance de la portion du circuit extérieure à la machine est grande, on augmentera le courant induit en augmentant le nombre des spires et par suite la force électromotrice d'induction. Si, au contraire, la résistance extérieure est faible, il vaudra mieux employer une machine dont l'induit a peu de spires et, par suite, une faible résistance.

Ces considérations sont d'ailleurs analogues à celles que nous avons détaillées à propos de l'association des piles (**227**).

266. — Dans tous les cas, il faudra diminuer la résistance de l'induit en employant pour confectionner le fil de ses bobines le métal le plus conducteur possible, du cuivre pur. On devra aussi réduire à leur longueur minimum les conducteurs servant aux communications entre les bobines et leur donner une grande section.

Une bonne ventilation de l'induit préviendra son échauffement et, par suite, l'accroissement de sa résistance (**119**).

267. — La vitesse de rotation de l'induit est encore un des éléments importants de la puissance d'une machine électrique, la force électromotrice étant d'autant plus grande que la vitesse est plus grande (**261**). Cette vitesse a pour limite la résistance mécanique des pièces de la machine. On dépassera rarement une vitesse circonférentielle de 20 à 25 mètres par seconde.

A bord des navires, cette limite est même très réduite, parce qu'il est plus difficile de donner aux machines une base absolument rigide. On se contentera, en général, de vitesses circonférentielles de 7 à 8 mètres par seconde.

268. Noyaux en fer des bobines induites. — Le plus souvent, les bobines induites sont enroulées autour de noyaux en fer doux, qui renforcent le champ magnétique inducteur (**201**).

Les nécessités de la construction obligent à rendre ces noyaux de fer mobiles en même temps que les bobines induites. Si ces noyaux étaient pleins, des *courants de Foucault* s'y développeraient (**253**). Ces courants seraient inutiles, puisqu'on ne les recueille pas; ils échaufferaient les noyaux et toute la machine, ce qui nuirait à la conservation de l'isolant des fils; enfin ils absorberaient une partie de la puissance mécanique employée pour faire tourner la machine. On a donc tout intérêt à éviter les courants de Foucault, en employant, pour confectionner les noyaux des bobines induites, du fer divisé en fils isolés l'un de l'autre par une couche de vernis ou d'oxyde, ou en lames séparées par du papier.

Dans certaines machines, l'induit n'a pas de noyaux de fer (machines Desroziers).

269. Machines à courants alternatifs; machines à courants redressés; machines à courants continus. — L'induit étant animé d'un mouvement de rotation, le déplacement des bobines induites par rapport au champ magnétique inducteur est, dans la plupart des machines, alternativement de sens contraire; les courants qui s'y développent ne conservent donc pas le même sens pendant une révolution complète. La machine elle-même pourra donc envoyer *dans le circuit extérieur* des *courants alternatifs*, c'est-à-dire alternativement de sens contraire.

Les courants alternatifs ne sont guère encore utilisés directement que pour la *lumière électrique*. Pour la plupart des autres applications et souvent aussi pour la lumière électrique elle-même, il faut *redresser* les courants induits au sortir des bobines, c'est-à-dire les recueillir de façon qu'ils se succèdent toujours dans le même sens *dans le circuit extérieur*, où on les utilise.

Si le nombre des bobines est faible, le courant résultant fourni par la machine, tout en ayant toujours le même sens dans le circuit extérieur, a une intensité périodiquement variable depuis un maximum jusqu'à un minimum : la machine est dite alors à *courants redressés*.

Si le nombre des bobines est considérable, la machine

produit un courant résultant formé par la superposition d'un nombre considérable de courants redressés; si, de plus, on dispose une partie de ces bobines de manière qu'elles produisent leur courant minimum quand les autres produisent leur courant maximum, l'intensité du courant résultant pourra être alors sensiblement constante : la machine est dite alors *à courants continus*.

270. Commutateur; collecteur; balais. — Le redresseur de courant s'appelle *commutateur*, quand le nombre des bobines est faible; il s'appelle *collecteur*, quand les bobines sont nombreuses. Nous décrirons plus loin un commutateur et un collecteur (**295**).

La communication des bobines induites avec le circuit extérieur se fait sur le commutateur ou collecteur, par l'intermédiaire de frotteurs ou *balais* appuyant sur ce dernier.

271. — Les balais sont des faisceaux de fils de cuivre ou de laiton dressés, juxtaposés, soudés ensemble à une des extrémités et maintenus dans une gaine spéciale.

On prend quelquefois pour balais des lames de laiton fendues longitudinalement, ou des lames flexibles formées de toile métallique fine, en cuivre ou laiton, repliée sur elle-même un certain nombre de fois.

On fait aussi usage de frotteurs en charbon dur artificiel, tel que celui employé pour la lumière électrique.

272. Inducteur. — Le champ magnétique inducteur peut être engendré par des aimants permanents ou des électro-aimants. Dans le premier cas, la machine est appelée *magnéto-électrique*, dans le second *dynamo-électrique*; souvent on dit simplement une *magnéto* ou une *dynamo*.

Quel que soit l'inducteur, si l'on veut avoir une machine puissante, on devra rendre intense le champ magnétique dans lequel se meut l'induit (**261**).

Si l'inducteur est formé d'aimants permanents, on leur

donnera une plus grande puissance en leur donnant la forme *feuilletée*, c'est-à-dire en les composant de lames d'acier aimantées séparément et superposées.

273. — Si on a des électro-aimants, pour augmenter la valeur du champ magnétique au point où se meuvent les bobines induites, on donnera d'abord aux noyaux des électro-aimants une grande section et une faible longueur et on les confectionnera en très bon fer doux, dont la perméabilité magnétique soit grande (**199**). Puis on excitera ces électro-aimants par un nombre d'ampères-tours considérable (**200**).

274. — Enfin, on rapprochera les pôles inducteurs et on placera entre eux des masses de fer de manière qu'il n'existe entre ces pôles que des entrefers très faibles (**201**).

Les masses de fer placées entre les pôles inducteurs sont les noyaux de fer des bobines induites (**268**). Les pôles inducteurs sont armés de *masses polaires* en fer qui épousent de très près la forme des noyaux des bobines induites, de sorte que les fils des bobines se déplacent dans les petits entrefers situés entre les masses polaires des inducteurs et les noyaux de fer des bobines.

275. — La liaison des noyaux des électro-aimants, des masses polaires et des culasses doit être faite avec soin, fer sur fer, de manière qu'il y ait la plus grande continuité possible dans les corps magnétiques existant dans la machine ; on dit souvent que l'on doit chercher à rendre aussi continu que possible le *circuit magnétique* constitué par les pièces magnétiques de la machine.

276. — Une bonne machine dynamo-électrique présente, en général, des électro-aimants inducteurs robustes, de forme ramassée et dont la masse est considérable par rapport à l'induit.

277. — Nous ajouterons que les machines dynamo-électriques, à puissance égale, ont des dimensions beaucoup moins grandes que les machines magnéto-électriques, les électro-aimants pouvant donner des champs magnétiques beaucoup plus intenses que les aimants permanents.

278. — Machines électriques à excitatrice séparée ; machines auto-excitatrices. — Lorsque l'inducteur est formé d'électro-aimants, on peut les exciter de différentes manières :

1° Ou bien le courant qui passe dans les bobines des électro-aimants est produit par une source auxiliaire indépendante et la dynamo est dite alors à *excitatrice séparée*. Les dynamos à courants alternatifs devront être à excitatrice séparée ;

2° La dynamo peut alimenter elle-même ses électro-aimants : elle est dite alors *auto-excitatrice* ; c'est le cas le plus général pour les dynamos à courants continus.

279. Amorcement des dynamos auto-excitatrices. — Dans les machines auto-excitatrices, on voit bien comment, la dynamo étant en fonctionnement régulier, le courant qu'elle produit peut entretenir les électro-aimants ; la rotation de l'induit dans le champ magnétique créé par ces derniers engendre de nouveaux courants qui continuent l'excitation des inducteurs.

Mais quand la dynamo est arrêtée et qu'on veut la faire fonctionner de nouveau, on peut se demander comment se produit le premier courant induit, c'est-à-dire comment la machine *s'amorce*.

Nous donnons ici l'explication généralement admise.

Les noyaux des électro-aimants conservent toujours un peu de magnétisme résiduel. L'induit étant mis en mouvement, il s'y produit un faible courant qui, traversant le fil des électro-aimants, les excite et augmente l'intensité du champ magnétique.

Ce champ magnétique plus fort produit, à son tour, un courant induit plus énergique qui, de nouveau, renforce le champ magnétique, et ainsi de suite, jusqu'à ce que le champ magnétique prenne sa valeur limite qui dépend de la vitesse de rotation et de la résistance du circuit extérieur de la dynamo.

Le faible magnétisme qui détermine l'amorcement provient, soit d'un fonctionnement antérieur, soit même de l'aimantation sous l'influence de la terre (**22**).

280. Divers modes d'excitation des dynamos auto-excitatrices. — La dynamo étant auto-excitatrice, on peut faire passer dans les inducteurs la totalité du courant induit ; on dit alors que la dynamo est *excitée en série* ou qu'elle est une *série-dynamo*.

Les inducteurs peuvent aussi être parcourus seulement par une dérivation du courant induit ; la dynamo est dite *excitée en dérivation* ou *shunt-dynamo*.

Enfin les inducteurs peuvent être excités à la fois par le courant induit total et une dérivation de ce courant : la dynamo est dite *à excitation compound* ou *compound-dynamo*.

281. — Excitation en série. — La figure 69 montre schématiquement le mode d'excitation en série. L'induit A tourne entre les masses polaires des électro-aimants inducteurs B. Les deux extrémités de l'induit communiquent au moyen du collecteur C avec les balais F et F'. Les *bornes* de la machine sont en D et D'. On voit que les deux bornes sont reliées l'une avec une des extrémités du fil des inducteurs, l'autre avec un des balais F, le second balai F' étant réuni à la seconde extrémité du fil inducteur.

Le circuit extérieur étant fixé aux bornes D et D', on voit que le courant induit recueilli par le balai F', par exemple, parcourt successivement tous les électro-aimants, arrive à la borne D', passe dans le circuit extérieur et retourne à l'induit par la borne D et le balai F. Les électro-aimants sont donc excités par un courant de même intensité que celui qui est utilisé dans le circuit extérieur.

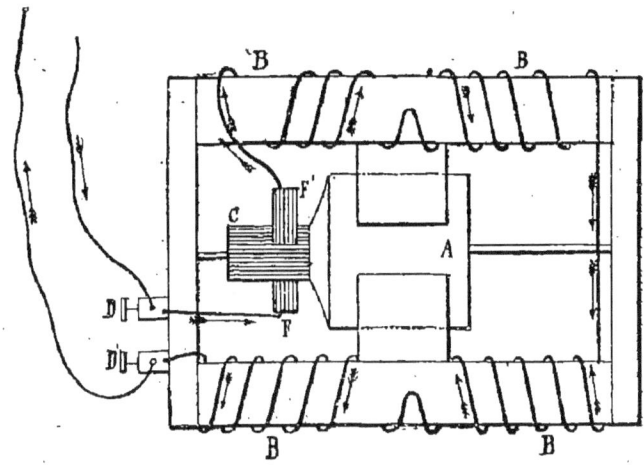

Fig. 69. — Excitation des dynamos en série.

L'ensemble des électro-aimants, le circuit extérieur et l'induit sont donc placés à la suite les uns des autres dans le même circuit.

282. — Il n'est d'ailleurs ni nécessaire, ni utile que les fils de tous les électro-aimants soient placés exactement à la suite les uns des autres. Le courant peut très bien passer d'abord dans le fil de deux ou trois électro-aimants, puis dans le circuit extérieur, puis dans un quatrième électro-aimant ; puisque le courant est le même partout, la place dans le circuit est indifférente.

283. — La dynamo est encore excitée en série même si les divers électro-aimants ne sont pas placés séparément à la suite les uns des autres dans le circuit, mais sont reliés les uns aux autres d'une manière quelconque, pourvu que leur ensemble soit toujours intercalé dans le même circuit que les conducteurs extérieurs et l'induit.

Ainsi dans la figure 70, le courant venant de l'induit par

un balai, passe dans le circuit extérieur, puis dans l'ensemble des électro-aimants, puis retourne à l'induit par le second balai.

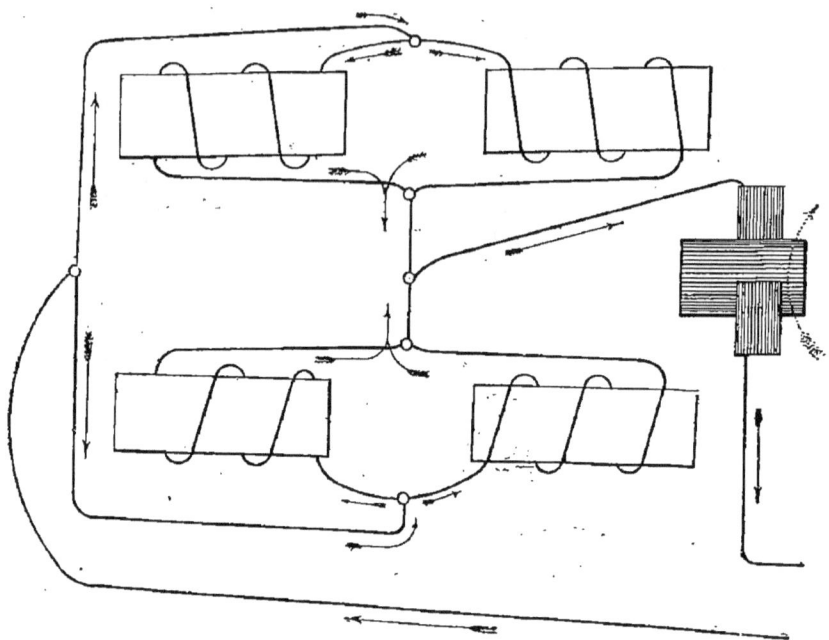

Fig. 70. — Excitation en série, avec inducteurs couplés en quantité.

Le courant se bifurque d'ailleurs entre les 4 électro-aimants ; mais, avant l'entrée dans les électro-aimants comme après la sortie, le courant est le même que dans le circuit extérieur.

Les divers électro-aimants sont ici en dérivation *les uns par rapport aux autres,* mais l'ensemble reste en tension, ou en série, avec l'induit et le circuit extérieur.

284. — Puisque, dans l'excitation en série, le fil des électro-aimants inducteurs est intercalé dans le circuit induit, pour ne pas trop accroître la résistance de ce circuit, ce qui diminuerait l'intensité du courant de la dynamo (**261**), on enroule les inducteurs avec un fil de cuivre très conducteur et de diamètre relativement grand. Comme d'ailleurs le courant excitateur est le courant extérieur lui-même, le nombre des tours du fil sur les noyaux n'a pas besoin d'être considérable ; le fil des électro-aimants en série sera donc gros et fera un nombre de tours restreint.

285. — Excitation en dérivation. — La figure 71 représente une dynamo dont les inducteurs sont excités en dérivation. On voit que les deux extrémités du fil enroulé sur

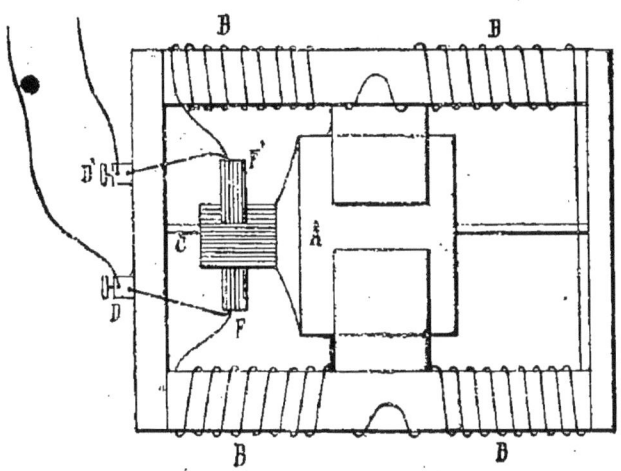

Fig. 71. — Excitation en dérivation.

les électro-aimants inducteurs sont toutes les deux reliées aux balais F et F'. Les deux bornes de la dynamo D et D', c'est-à-dire les extrémités du circuit extérieur, sont également reliées aux balais, de sorte que le courant produit par l'induit se partage entre les électro-aimants inducteurs et le circuit extérieur.

286. — Avec cette excitation en dérivation, la partie du courant dérivée dans les inducteurs n'est pas utilisée dans le circuit extérieur ; il faut donc rendre cette portion du courant assez petite en donnant au fil enroulé sur les électro-aimants inducteurs une résistance considérable. Mais alors le courant excitateur étant faible, il faut enrouler sur les noyaux un grand nombre de tours de fil. Avec un fil de bon cuivre fin et long, faisant un grand nombre de tours, on satisfera à ces deux exigences.

287. — Excitation compound. — L'excitation compound est une excitation mixte faite : 1° par une spirale de *gros fil* placée en série avec le circuit extérieur ; 2° par une spirale

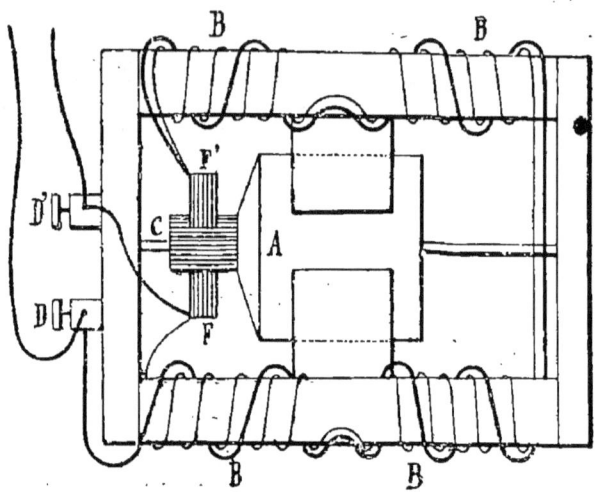

Fig. 72. — Excitation compound.

de *fil fin* placée en dérivation sur les balais. La figure 72 représente schématiquement cet enroulement.

Souvent le gros fil est superposé au fil fin sur les électro-aimants ; quelquefois le gros fil et le fil fin sont placés côte à côte sur un même électro-aimant ; parfois aussi certains électro-aimants sont uniquement bobinés de gros fil et d'autres de fil fin.

§ 2. — Machine Gramme.

288. Anneau Gramme. — La pièce caractéristique des machines électriques du type Gramme, ou dérivées de ce type, est l'induit qu'on désigne sous le nom d'*anneau Gramme*.

Le noyau de cet induit est constitué par du fil de fer doux

recuit enroulé circulairement, de façon à former un anneau cylindrique. Le fil de fer est verni, ou tout au moins oxydé, de manière que les différents tours soient isolés l'un de l'autre.

Aujourd'hui, on forme le noyau de fer d'un grand nombre d'anneaux Gramme en empilant l'une sur l'autre un certain nombre de couronnes découpées dans de la tôle de fer mince et prenant soin de les séparer l'une de l'autre par une couronne de papier collée sur l'un des côtés des couronnes de fer.

Autour du noyau de fer et perpendiculairement, sont enroulées les bobines induites en fil de cuivre isolé au coton.

La figure 73 représente un anneau Gramme complet et la figure 74 une portion de cet anneau. On voit, dans cette dernière figure, le noyau de fer A et les bobines B.

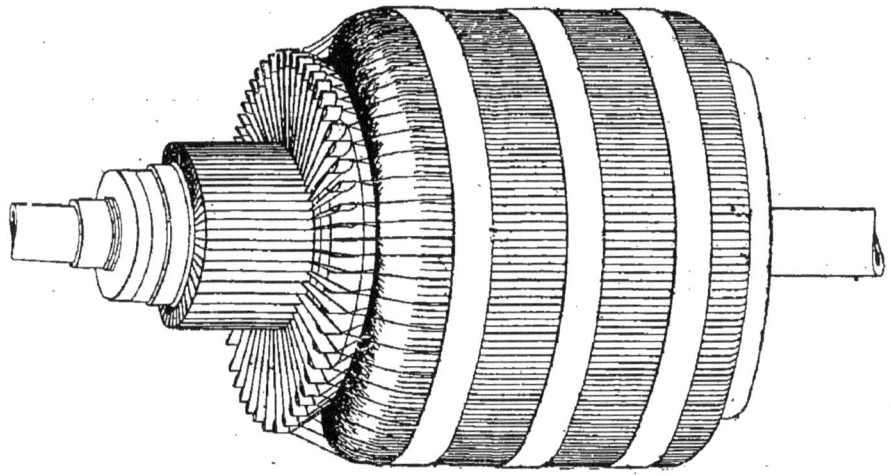

Fig. 73. — Anneau Gramme.

L'enroulement des diverses bobines, ou *sections*, de l'anneau est toujours fait dans le même sens.

Le fil d'entrée de chaque bobine est relié au fil de sortie de la bobine précédente ; la réunion se fait en engageant les extrémités des deux fils dans le bout recourbé en forme de pince d'une lame de cuivre radiale R (*fig. 74*) et soudant à l'étain les deux fils entre eux et à cette lame. Toutes les sections ainsi reliées forment donc un circuit continu, enroulé dans le même sens, autour du noyau de fer.

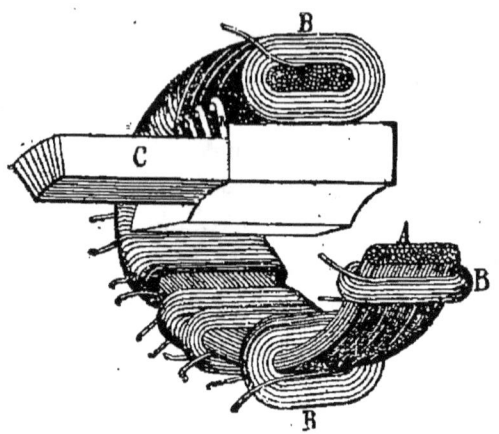

Fig. 74. — Portion d'anneau Gramme.

Quand toutes les sections sont enroulées, et avant leur réunion par les lames radiales, on enfonce à l'intérieur de l'anneau cylindrique un noyau en bois monté lui-même sur l'arbre de rotation en acier.

Dans les grandes machines construites actuellement, ce noyau en bois est remplacé par une monture métallique. Il en résulte une plus grande solidité et une ventilation de l'anneau très efficace pour combattre son échauffement (**266**).

L'anneau est consolidé à sa partie extérieure par des ligatures en fil de laiton, dont les différents brins sont soudés entre eux.

289. Collecteur. — Le collecteur d'un anneau Gramme est formé de lames de cuivre C placées l'une contre l'autre parallèlement à l'axe de rotation (*fig.* 73 et 74) de façon à former autour de cet arbre un cylindre. Ces lames parallèles à l'arbre sont soudées, en équerre, aux lames radiales R dont nous avons précédemment parlé et sur lesquelles se fait la jonction de deux bobines consécutives de l'anneau.

Les différentes lames du collecteur doivent être soigneusement isolées l'une de l'autre et de l'arbre. A cet effet, chacune d'elles est enveloppée de carton d'amiante, ou de carton bitumé, avant sa juxtaposition aux autres.

Dans quelques grandes machines, les diverses lames du collecteur sont maintenues écartées l'une de l'autre sans interposition d'un isolant solide ; c'est la couche d'air qui les sépare alors qui en joue le rôle.

Nous indiquerons, dans une autre partie, comment le collecteur est monté sur l'arbre de rotation de manière qu'il soit isolé électriquement de cet arbre et que cependant il lui soit relié mécaniquement et subisse l'entraînement sans avarie.

290. Inducteur. — Les premières machines Gramme étaient magnéto-électriques et avaient pour inducteur un aimant permanent feuilleté en fer à cheval (**272**). L'aimant peut être vertical et ses deux pôles N et S sont armés de *masses polaires* en fer qui embrassent l'anneau induit (*fig. 75*), de manière à se rapprocher le plus possible du fer de l'anneau (**274**).

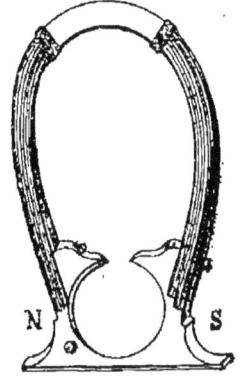

Fig. 75. — Inducteur formé d'aimants permanents.

Dans les machines industrielles, l'inducteur est toujours constitué par des électro-aimants.

Comme dans l'inducteur de la figure 75, le but final à atteindre est de former de part et d'autre de l'anneau, et diamétralement, deux pôles de noms contraires N et S munis de masses polaires en fer pour embrasser l'induit. Ces pôles peuvent être ceux d'un électro-aimant en fer à cheval simple à deux bobines (*fig. 58*) ou même à une seule bobine (*fig. 56*).

291. — Un nombre plus ou moins grand d'électro-aimants peuvent aussi concourir à la formation des pôles. C'est ainsi que dans l'inducteur représenté figure 76, quatre électro-aimants sont réunis deux à deux par leurs pôles de même nom NN et SS sur les masses polaires. Le pôle N formé sur la masse polaire supérieure est d'ailleurs de nom contraire au pôle S de la masse polaire inférieure.

On peut considérer l'ensemble des deux électro-aimants supérieurs ou inférieurs comme un électro-aimant unique présentant un point conséquent en son milieu (**188**). Dans la figure 69, nous avons d'ailleurs indiqué comment devaient être enroulés les divers électro-aimants pour présenter ainsi des pôles de même nom à leurs points de jonction sur la masse polaire et montré le changement de sens de l'enroulement à cet endroit.

Comme, d'ailleurs, dans l'inducteur de la figure 76, des

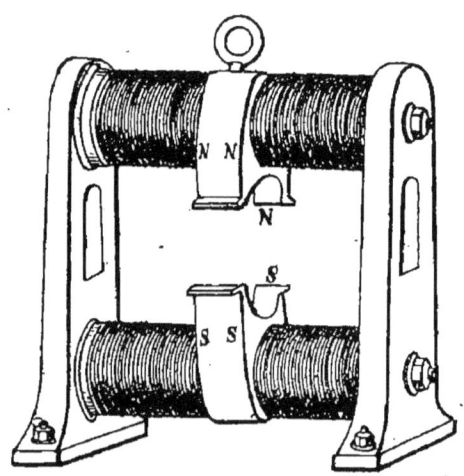

Fig. 76. — Inducteur d'une machine dynamo-électrique.

flasques en fonte relient les extrémités des électro-aimants qui ne sont pas fixées aux masses polaires, on peut aussi regarder cet inducteur comme formé par la réunion de deux électro-aimants en fer à cheval par leurs pôles de même nom, chacun de ces électro-aimants en fer à cheval étant constitué par un électro-aimant supérieur, une des flasques servant de culasse (**190**), et un électro-aimant inférieur. La figure 77 indique schématiquement cette disposition, les électro-aimants A, B, C, D étant supposés réduits à leurs noyaux,

F désignant les flasques en fonte. Les flèches indiquent le circuit parcouru par les lignes de force soit dans les parties magnétiques, soit d'un pôle inducteur à l'autre, à travers l'induit et les entrefers.

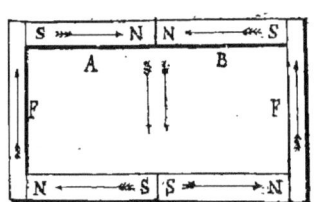

Fig. 77. — Inducteur schématique à quatre électro-aimants.

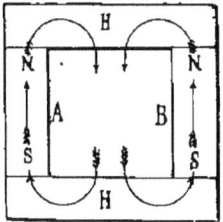

Fig. 78. — Inducteur schématique à deux électro-aimants.

292. — Les deux pôles inducteurs de noms contraires placés diamétralement de chaque côté de l'anneau peuvent encore être obtenus en réunissant par leurs pôles de mêmes noms deux électro-aimants droits A et B (*fig. 78*) au moyen de masses polaires H. Un pôle N unique résultant se forme alors sur la masse polaire supérieure et un pôle S sur la masse polaire inférieure.

293. — Quelle que soit la forme de l'inducteur, la dynamo sera moins pesante et moins encombrante pour la même puissance, si l'on emploie pour confectionner les noyaux des électro-aimants et les masses polaires de bon fer doux et non de la fonte. On emploie souvent aujourd'hui un acier doux dont les qualités magnétiques sont presque égales à celles du fer doux.

294. Fonctionnement de la machine Gramme.
— Considérons, dans le champ magnétique créé par deux pôles N et S (*fig. 79*), un anneau de fer sur lequel se trouve enroulée une spire D. Ainsi que nous l'avons vu (**38**), l'anneau de fer a pour effet de renforcer le champ magnétique et de dériver à travers lui la presque totalité des lignes de force. Les lignes de force émanant du pôle nord N gagnent l'anneau en traversant l'entrefer qui les sépare, puis se partagent en

deux parties qui suivent les deux moitiés de l'anneau et se réunissent pour atteindre le pôle sud S en traversant le second entrefer. C'est ce que représente la figure 79, où la direction des lignes de force est aussi indiquée par des flèches.

Supposons que la spire et l'anneau avec, pour plus de commodité, tourne autour de l'axe O perpendiculaire au plan du tableau, dans le sens de la flèche. Dans la position D', la spire n'est traversée par aucune ligne de force puisque son plan leur est parallèle ; dans la position D, au contraire, elle

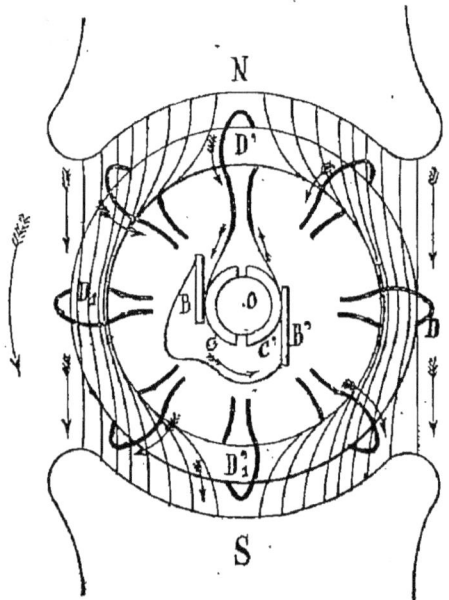

Fig. 79. — Fonctionnement de la machine Gramme.

embrasse toutes les lignes de force qui passent dans une moitié de l'anneau, c'est-à-dire la moitié des lignes de force émanant du pôle N et passant dans l'entrefer.

Si la spire tourne de D vers D', le flux de force qui la traverse diminue donc et, si elle fait partie d'un circuit fermé, elle sera parcourue par un courant en sens inverse des aiguilles d'une montre si on regarde la spire du pôle S vers lequel les lignes de force sont dirigées (**248**).

De D' en D_1, le flux de force augmente dans la spire. Le sens du courant induit sera donc le sens des aiguilles d'une montre, la spire étant toujours vue du pôle S. Comme la spire s'est retournée en passant devant le pôle N et qu'on voit maintenant une autre face, le sens du courant auquel conduit la règle est le même en réalité qu'auparavant. Arrivée en D_1, si la spire continue à tourner, le flux de force qu'elle embrasse diminue; le courant induit développé change de sens; il reste inversé quand la spire, passant devant le pôle S, continue son chemin jusqu'à sa première position D.

Ainsi la spire est parcourue par un courant toujours de même sens quand elle passe de la position D à la position D_1. Le courant est de sens contraire quand elle passe de la position D_1 à la position D, c'est-à-dire quand elle refait en sens inverse le chemin primitivement effectué.

Le plan passant par les positions D et D_1 pour lesquelles le flux de force dans la spire est maximum, est le *plan de commutation*, c'est-à-dire le plan où le courant change de sens.

295. — Si les extrémités de la spire étaient directement reliées à un circuit extérieur, celui-ci serait, comme la spire elle-même, parcouru par des courants alternatifs changeant de sens 2 fois par tour.

Mais relions les deux extrémités de la spire aux deux moitiés C et C', isolées l'une de l'autre, d'un tube de cuivre fendu, entraînées avec la spire autour de l'axe O; les extrémités du circuit extérieur sont réunies à deux balais fixes B et B' qui appuient sur C et C' en des points situés dans le plan de commutation; on voit alors que la spire allant de D en D_1, le courant induit circule de C' à C dans la spire (*fig. 79*), et par conséquent de B à B' dans le circuit extérieur. La spire allant ensuite de D_1 en D, le courant inversé circule dans la spire de C en C'; mais comme les deux moitiés du tube ont pris dans leur rotation la place l'une de l'autre, les balais restant immobiles, c'est maintenant la moitié C qui communique avec le balai B' et C' avec B. Le courant va donc encore de B à B' dans le circuit extérieur. Il conserve donc le même sens dans ce circuit extérieur pendant toute la révolution de la spire, tandis qu'il change de sens dans celle-ci.

Ces deux demi-viroles isolées montées sur l'arbre de rotation constituent donc un redresseur de courant ou un *commutateur* (**270**). La fente qui sépare les demi-viroles doit se trouver en face de la spire.

296. — La spire considérée peut être remplacée par une bobine composée de plusieurs spires, sans que rien soit changé dans notre raisonnement : le courant induit engendré aura seulement une force électromotrice plus grande, les actions des différentes spires s'ajoutant (**261**). Mais si une machine ne contenait que cette seule bobine, le courant engendré dans le circuit extérieur quoique pouvant avoir toujours le même sens, grâce au commutateur, ne serait pas constant. En effet, il passe par un minimum pour les positions D et D_1 de la bobine, puisque le courant change alors de sens dans la bobine et que cette inversion exige le passage par une valeur nulle. Le courant induit atteint son maximum pour les positions D' et D'_1.

Une telle machine Gramme à une seule bobine serait une machine à courants redressés (**269**). Si l'on veut en faire une machine à courants continus, il faut distribuer le long de l'anneau plusieurs bobines, de manière que quand l'une passe par la position du minimum d'induction, les autres soient dans la position du maximum et dans les positions intermédiaires. Si le nombre des bobines est assez grand, les différentes bobines se remplaçant à chaque instant, la position de l'ensemble des bobines par rapport au champ magnétique reste toujours à peu près la même ; si toutes ces bobines sont réunies entre elles de manière que les courants qu'elles produisent se superposent, le courant total résultant est à peu près constant.

297. — Examinons maintenant comment la jonction des

différentes bobines d'un anneau Gramme, par l'intermédiaire des lames du collecteur, permet de les faire concourir à la production du courant résultant dans le circuit extérieur et, en même temps, d'obtenir un courant toujours de même sens à l'extérieur.

La figure 80 représente schématiquement un anneau

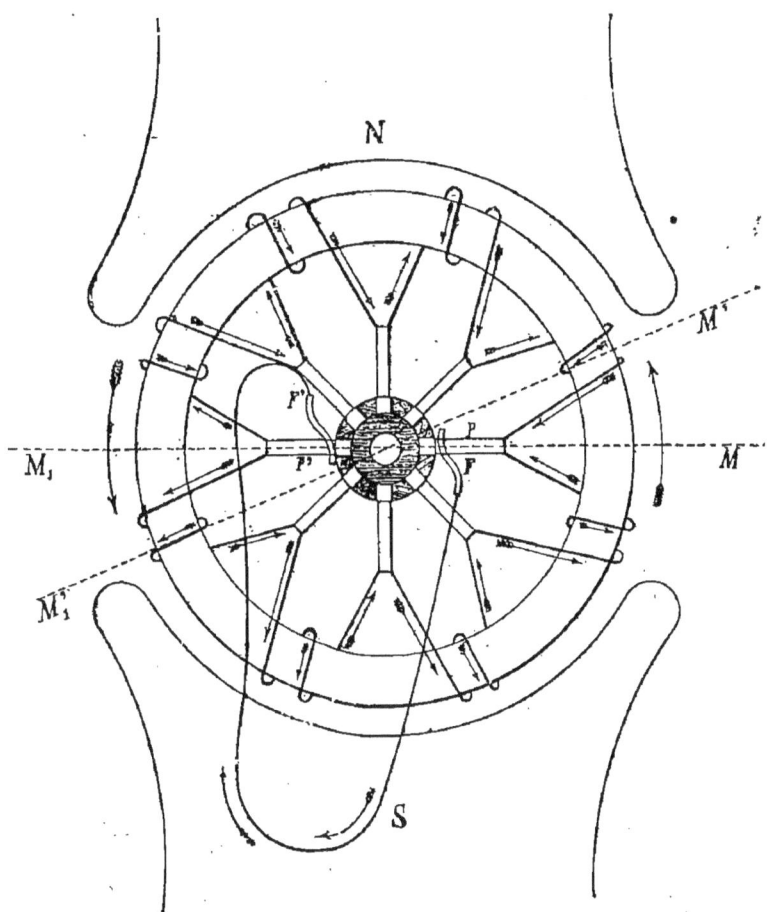

Fig. 80. — Jonctions des bobines d'un anneau Gramme.

Gramme avec collecteur, comprenant 8 bobines réduites à deux spires. L'anneau tourne dans le sens de la flèche dans le champ créé par les pôles N et S.

En appliquant les résultats trouvés pour une seule spire,

on voit que toutes les bobines placées au-dessus du plan de commutation MM_1 sont parcourues par un courant de même sens, que, par suite, leurs forces électromotrices s'ajoutent. Toutes les bobines situées au-dessous du plan de commutation sont également parcourues par un courant de même sens ; mais ce courant est de sens contraire à celui des bobines supérieures. Ces deux courants contraires viennent se faire opposition sur les lames du collecteur P et P' et comme ils sont égaux, à cause de la distribution symétrique des bobines, ils se détruiraient si on ne leur offrait une issue commune à l'extérieur.

C'est le cas de deux piles égales réunies en quantité par leurs pôles de mêmes noms (*fig. 81*). Le courant est nul dans

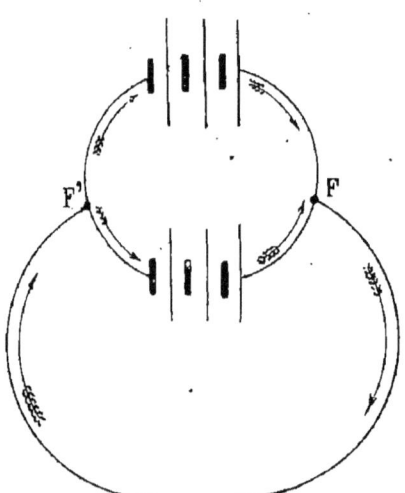

Fig. 81. — Figure schématique montrant la réunion en quantité des deux moitiés d'un anneau Gramme.

le circuit de ces deux piles, puisque leurs forces électromotrices sont égales et de sens contraires ; mais si on vient à fixer en F et F' les extrémités d'un circuit extérieur, les courants fournis par les deux piles se réunissent pour parcourir ensemble le circuit extérieur dans le sens des flèches.

Si donc, dans l'anneau Gramme, deux balais F et F', en relation avec le circuit extérieur (*fig. 80*), appuient sur les lames du collecteur placées dans le plan de commutation, les courants circulant dans les deux moitiés de l'anneau se réunissent pour passer ensemble à l'extérieur et toujours dans le même sens.

298. Changement du plan de commutation amené par le fonctionnement de la machine. — D'après ce qui précède, c'est dans le plan MM_1 perpendiculaire à la ligne des pôles inducteurs NS que devraient se trouver les points de contact des balais et du collecteur.

Mais lorsqu'une machine Gramme est en fonction et que, son circuit extérieur étant fermé, un courant circule dans ce circuit extérieur et dans les bobines de l'anneau, on constate qu'en général, si les points de contact des balais et du collecteur restent dans le plan de commutation théorique MM_1 (*fig. 80*), des étincelles nombreuses et assez fortes se manifestent en ces points de contact ; ces étincelles entraîneraient la destruction rapide des balais et, ce qui est plus grave, du collecteur.

On constate expérimentalement que si on déplace les balais de manière que leurs points de contact avec le collecteur se trouvent non plus dans le plan MM_1, mais dans un plan $M'M'_1$ *en avance* sur ce dernier, *dans le sens du mouvement de rotation*, les étincelles sont moins fortes ; par tâtonnement, on peut ainsi trouver un plan de contact des balais où les étincelles sont réduites à un minimum et même disparaissent entièrement dans les bonnes machines.

En d'autres termes, les balais ne doivent pas être *calés* dans le plan de commutation théorique, mais leur *plan de calage* doit être en avance dans le sens du mouvement, si l'on veut réduire les étincelles au minimum.

299. — Cette modification du plan de calage des balais est due à ce que le courant passant dans les bobines de l'anneau en aimante le noyau de fer et modifie en conséquence la distribution des lignes de force du champ magnétique que nous avions supposées dues uniquement aux pôles inducteurs N et S.

La figure 82 comparée à la figure 79 montre la torsion des lignes de force sous l'influence de l'aimantation du fer de l'anneau. On voit ainsi que la position du maximum du flux de force embrassé par une boucle autour de l'anneau est reportée dans le plan $M_1 M'_1$, en avant du plan primitif du maximum MM', dans le sens du mouvement.

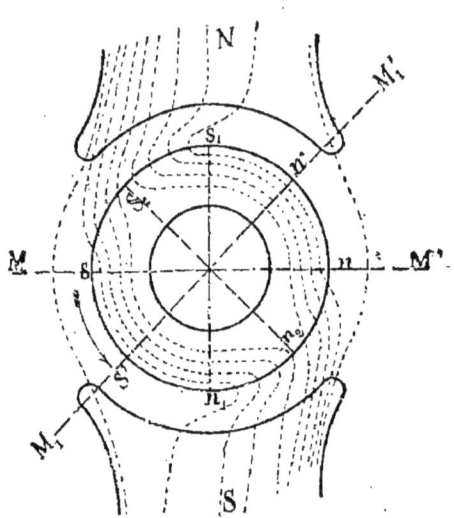

Fig. 82. — Torsion des lignes de force et décalage des balais.

Cette aimantation du noyau de fer de l'anneau augmente avec le courant passant dans les bobines de l'induit, c'est-à-dire aussi avec le courant extérieur. Par suite, le plan de calage des balais doit être avancé de plus en plus à mesure que le courant produit par la machine augmente. Dans une bonne machine, l'*angle de calage*, c'est-à-dire l'angle que fait avec le plan de calage théorique le plan où l'on doit caler les balais pour obtenir le minimum d'étincelles, ne doit jamais prendre des valeurs trop grandes, même pour le courant le plus intense produit par la machine.

§ 3. — **Grandeurs intéressant les machines électriques.**

DYNAMOS EXCITÉES EN SÉRIE

300. Relations entre les diverses grandeurs électriques d'une dynamo excitée en série. — Supposons que la dynamo fonctionne et qu'à un moment donné, nous désignions par :

r_a, la résistance de l'induit ;
r_g, la résistance des inducteurs ;
R, la résistance du circuit extérieur ;
D, la différence de potentiel aux bornes ;
Δ, la différence de potentiel aux balais ;
E, la force électromotrice de la machine ;
I, l'intensité du courant.

Le circuit total parcouru par le courant se compose du circuit extérieur de résistance R et de la dynamo dont la résistance intérieure est la somme $r_a + r_g$ de la résistance de l'induit r_a et de la résistance des inducteurs r_g. L'intensité du courant est donc, en vertu de la loi de Ohm (**72**),

$$(1) \qquad I = \frac{E}{R + r_a + r_g}.$$

En ne considérant que le conducteur extérieur à partir des bornes, on a aussi (**74**)

$$(2) \qquad I = \frac{D}{R}.$$

Enfin, en prenant le circuit à partir des balais, on a un conducteur comprenant le circuit extérieur et les électro-aimants inducteurs, et présentant aux extrémités, c'est-à-dire aux balais, une différence de potentiel Δ (*fig. 69*). On a donc (**74**)

$$(3) \qquad I = \frac{\Delta}{R + r_g}.$$

En remplaçant dans l'équation (1) l'intensité I par sa valeur tirée de (2), il vient

(4) $$E = D + I(r_a + r_g).$$

La force électromotrice est donc égale à la différence de potentiel aux bornes augmentée du produit $I(r_a + r_g)$ de l'intensité du courant par la résistance intérieure de la machine. Ce produit c'est la *chute de potentiel* dans l'induit et l'inducteur (**124**). Cette formule est d'ailleurs tout à fait semblable à celle que nous avons déjà obtenue pour une pile (**234**).

De la même manière, en combinant les équations (2) et (3) on a

(5) $$\Delta = D + I\, r_g.$$

Pour avoir la différence de potentiel *aux balais*, il faut ajouter à la différence de potentiel *aux bornes* le produit $I\, r_g$, c'est-à-dire la chute de potentiel dans les inducteurs intercalés entre les balais et les bornes. Cette formule est d'ailleurs une application directe de celle que nous avons établie autrefois (**126**).

301. — Un ampèremètre placé dans le circuit extérieur permet de mesurer le courant I (**103**); un voltmètre établi en dérivation aux bornes de la dynamo donne la différence de potentiel D (**133**); on peut alors, si on connaît les résistances r_a et r_g, calculer E, Δ et R.

Comme exemple, nous prendrons une dynamo excitée en série donnant à une vitesse de 650 tours par minute un courant d'une intensité de 45 ampères et une différence de potentiel aux bornes de 56 volts; la résistance r_a de l'induit est 0,225 ohm, la résistance r_g de l'inducteur est 0,60 ohm.

On tire des équations (4) et (5)

$$E = 56 + 45 \times (0{,}225 + 0{,}60) = 93{,}12 \text{ volts},$$

et

$$\Delta = 56 + 45 \times 0{,}60 = 83 \text{ volts}.$$

De l'équation (2) on peut aussi déduire la valeur de la résistance extérieure R sur laquelle la dynamo fonctionne en ce moment.

$$R = \frac{D}{I} = \frac{56}{45} = 1,24 \text{ ohm}.$$

302. Résistance de l'induit et de l'inducteur. — Le constructeur donne généralement les résistances r_a et r_g de l'induit et de l'inducteur nécessaires pour effectuer les calculs précédents. Il faut remarquer toutefois que, si l'on voulait calculer la résistance de l'induit, il ne faudrait pas le faire en prenant le diamètre du fil des bobines et la longueur totale du fil enroulé sur ces bobines, puis appliquant l'une des formules données plus haut (**115**) en supposant que les spires de toutes les bobines sont placées bout à bout.

Considérons en effet un anneau Gramme à deux pôles tel que celui dont nous nous sommes occupé (**297**). Nous avons vu que l'anneau est partagé en deux moitiés; dans chacune d'elles les bobines sont en tension et ces deux moitiés sont réunies en quantité entre les deux balais (*fig. 81*).

La résistance de l'anneau d'une machine Gramme à deux pôles doit donc se calculer comme celle d'une pile à association mixte (**229**).

S'il y a N bobines en tout sur l'anneau, $\frac{N}{2}$ seulement sont en tension sur une moitié; si r est la résistance d'une bobine, $\frac{N}{2} \times r$ sera la résistance d'une moitié de l'anneau; comme les deux moitiés sont en dérivation, ou en quantité, la résistance de l'ensemble est réduite de moitié; on a donc

$$r_a = \frac{N}{4} \times r.$$

La résistance des N bobines placées bout à bout étant Nr, la résistance de l'anneau est ainsi 4 fois plus faible.

303. — Pareillement, pour l'évaluation de la résistance de l'inducteur il faut tenir compte de ce que les divers électro-aimants peuvent être couplés entre eux d'une manière quelconque (**283**).

Lorsque les divers électro-aimants sont en tension dans le circuit (*fig. 69*), leurs résistances s'ajoutent; s'ils sont au nombre de **4** et si la résistance de chacun d'eux est r, la résistance de l'inducteur est

$$r_g = 4r.$$

Mais si, comme dans la figure 70, les 4 électro-aimants sont en dérivation l'un sur l'autre, la résistance de l'ensemble est 4 fois plus petite que celle de l'un d'eux (**81**); on a donc alors

$$r_g = \frac{r}{4}.$$

C'est d'ailleurs pour diminuer la résistance de l'inducteur que l'on couple ainsi en quantité les électro-aimants.

304. Fonctionnement d'une dynamo en série sur un circuit extérieur de résistance variable. — Quand une pile est bien dépolarisée, sa force électromotrice peut être considérée comme constante, de sorte qu'on peut aisément, en appliquant la loi de Ohm, *prévoir* quelle sera l'intensité du courant produit par cette pile dans un circuit extérieur de résistance donnée. Il n'en est pas de même pour une machine électrique en général et pour une dynamo excitée en série en particulier.

Nous avons vu, en effet, que la force électromotrice d'induction est proportionnelle à l'intensité du champ magnétique inducteur et à la vitesse de rotation (**261**).

Par conséquent, tout d'abord, une dynamo a autant de forces électromotrices qu'elle peut prendre de vitesses de rotation, c'est-à-dire une infinité. Il importe donc, dans le fonctionnement d'une dynamo, de toujours préciser la vitesse de rotation.

En second lieu, comme le courant produit est d'autant plus faible, toutes choses égales d'ailleurs, que la résistance du circuit extérieur est plus grande, l'excitation des inducteurs et la force électromotrice de la dynamo dépendent encore, pour une même vitesse de rotation, de la résistance extérieure.

Il n'est donc pas possible de dire qu'une dynamo a une force électromotrice E fixe, même en précisant la vitesse, et de calculer à l'avance l'intensité du courant qu'on peut obtenir dans un circuit extérieur donné. On ne peut qu'observer directement cette intensité du courant et en déduire, au contraire, la force électromotrice, si on a mesuré en outre la différence de potentiel aux bornes (**300**).

Il est donc indispensable, pour connaître le fonctionnement d'une dynamo, de la faire tourner *à une vitesse constante,* sur un circuit extérieur dont on fait varier la résistance et d'observer les variations de l'intensité du courant et de la différence de potentiel aux bornes, au moyen d'un ampèremètre intercalé sur le circuit et d'un voltmètre mis en dérivation aux bornes.

305. — Pour une dynamo excitée en série, le courant a une valeur pratiquement nulle lorsque la résistance du circuit extérieur est *très grande,* la différence de potentiel et la force électromotrice sont aussi pratiquement nulles, comme l'indiquent les formules (2) et (4) [**300**]. On dit alors que la dynamo n'est pas *amorcée.*

Si, conservant toujours la même vitesse de rotation, on diminue la résistance du circuit extérieur, l'intensité du courant augmente constamment à partir d'une valeur pratiquement nulle ; cette intensité atteindrait sa plus grande valeur, si on réduisait à une valeur très faible la résistance du circuit extérieur, comme, par exemple, en réunissant les deux bornes de la dynamo par un conducteur en cuivre assez court.

Mais il faut bien se garder de jamais mettre ainsi une dynamo en série en court-circuit, car la valeur prise par l'intensité du courant serait presque toujours suffisante pour amener des avaries graves dans la dynamo. On ne doit jamais diminuer assez la résistance du circuit extérieur pour que l'ampèremètre indique une intensité supérieure à une certaine valeur donnée par le constructeur comme étant l'intensité que la dynamo ne doit pas dépasser en fonctionnement normal.

306. — En diminuant la résistance du circuit extérieur, on voit, si on consulte le voltmètre, que la différence de potentiel aux bornes, très faible au début, augmente d'abord, puis passe par un maximum et diminue ensuite si on continue à réduire la résistance extérieure, tandis que l'intensité du courant augmente toujours, comme nous venons de le voir. Le fonctionnement de la machine ne doit être considéré comme tout à fait bon et stable que si on opère sur une résistance extérieure telle que la différence de potentiel décroisse quand la résistance diminue; l'intensité varie alors en sens inverse de la différence de potentiel.

Quant à la force électromotrice, elle éprouve des variations à peu près analogues à celles de la différence de potentiel.

307. — Voici, par exemple, quelques chiffres relevés sur une dynamo type CT (1 600 becs), excitée en série, tournant à la vitesse constante de 650 tours; les inducteurs ont comme résistance 0,57 ohm et l'induit 0,23 ohm.

RÉSISTANCE extérieure R.	INTENSITÉ du courant I.	DIFFÉRENCE de potentiel aux bornes D.
Ohms.	Ampères.	Volts.
10	0,15	6,5
4,16	6	25
3,61	10,8	39
2,92	21	61,5
2,60	25	65
1,88	33,5	63

RÉSISTANCE extérieure R.	INTENSITÉ du courant I.	DIFFÉRENCE de potentiel aux bornes D.
Ohms.	Ampères.	Volts.
1,34	42,5	57
1,09	48,5	53
0,88	53,5	47,5
0,57	65	37,5
0,45	70	31,5

308. — REMARQUE IMPORTANTE. — Nous avons vu qu'en vertu de la loi de Lenz (**251**) le courant induit développe un effort résistant opposé au mouvement. Plus le courant est intense, plus naturellement est grand cet effort résistant.

Lorsque la dynamo est mise en mouvement par une machine à vapeur, pour obtenir la même vitesse de rotation avec un courant intense qu'avec un courant faible, il faudra augmenter la pression de la vapeur au cylindre, à mesure que l'intensité du courant produit augmente. Pour cela, sans changer la pression à la chaudière, on augmente l'ouverture de la *valve d'arrivée de vapeur* placée sur la machine.

Si l'ouverture de la valve n'est pas augmentée en même temps que l'intensité du courant, la vitesse primitive ne peut se maintenir et diminue; la vitesse augmente, au contraire, lorsque le courant produit par la dynamo diminue et qu'on ne diminue pas en même temps l'ouverture de la valve d'arrivée de vapeur. Quand la diminution du courant est brusque, l'augmentation de vitesse est aussi brusque et importante : on dit que la machine à vapeur *s'emballe*.

309. — Pour corriger ces variations de vitesse amenées par les variations du courant produit par la dynamo, on munit le plus souvent la machine à vapeur d'un régulateur de vitesse, chargé d'étrangler plus ou moins l'arrivée de la vapeur au tiroir. Il est toujours disposé de telle sorte que, si le courant vient à diminuer, par exemple, l'accélération de la vitesse qui en résulte immédiatement soit aussitôt combattue par un accroissement de l'étranglement de la vapeur.

Il ne faut pas oublier que le courant est diminué brusquement par une augmentation brusque de la résistance extérieure ; c'est donc quand celle-ci augmente que la machine à vapeur a une tendance à s'emballer.

310. — Il faut aussi conclure de ce qui précède que, pour la même vitesse de rotation, la machine consomme d'autant plus de vapeur que le courant produit est plus intense et qu'il faut alors surveiller d'autant mieux la chauffe à la chaudière.

311. Caractéristiques. — Il est commode, pour bien voir comment varient les grandeurs intéressant le fonctionnement d'une machine électrique de construire des courbes en prenant les valeurs d'une de ces grandeurs comme abscisses et les valeurs correspondantes d'une autre grandeur comme ordonnées. Ces courbes prennent le nom de *caractéristiques* de la machine. C'est ainsi que dans la figure 83, la courbe AD a été construite en prenant comme abscisses les valeurs de l'intensité du courant produit par une machine du type CT et données par le tableau du n° **307**, tandis que les ordonnées sont les valeurs correspondantes de la différence de potentiel données par le même tableau. Cette caractéristique particulière s'appelle *caractéristique externe*.

Si on considère un point A de la courbe AD, l'ordonnée AP représente la différence de potentiel aux bornes et l'abscisse OP l'intensité du courant. Or, on voit par l'équation (2) **(300)** que la résistance extérieure R, sur laquelle la dynamo fonctionne, est égale au quotient D/I de la différence de potentiel par l'intensité du courant. Par conséquent, cette résistance extérieure est représentée par le quotient de l'ordonnée AP par l'abscisse OP, c'est-à-dire par la tangente de l'angle AOP. On peut ainsi étudier les variations de l'intensité et de la différence de potentiel aux bornes avec la résistance extérieure en faisant tourner la droite OA autour de l'origine et remarquant qu'une résistance extérieure plus grande correspond à une inclinaison plus grande de cette droite sur l'axe des abscisses OP.

Dans la figure 83 on a représenté également la courbe ca-

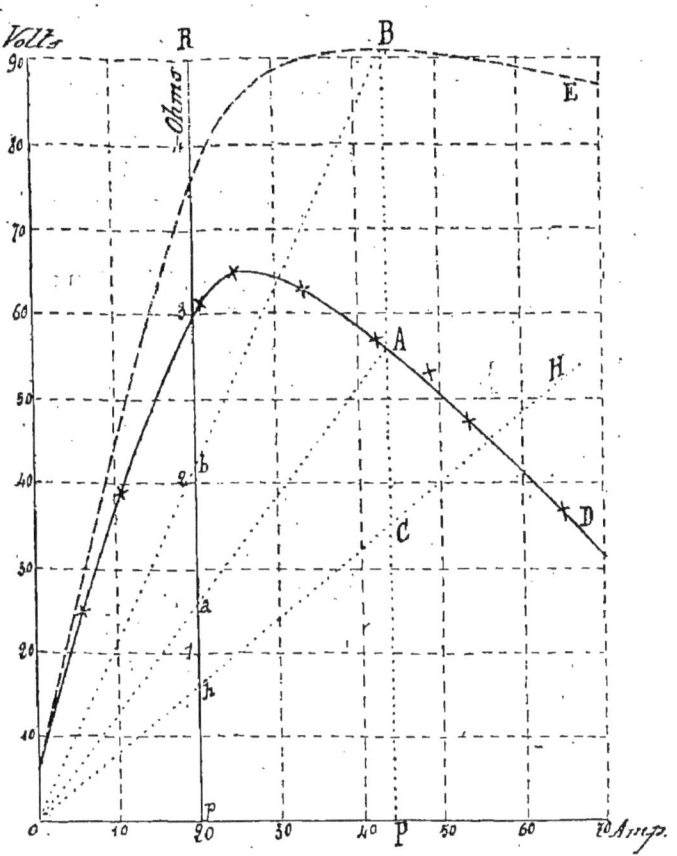

Fig. 83. — Caractéristique d'une dynamo CT excitée en série.

ractéristique BE donnant les forces électromotrices en fonction de l'intensité. Nous avons vu qu'on obtient la valeur BP de la force électromotrice en ajoutant à la valeur AP de la différence de potentiel aux bornes une longueur AB représentant le produit de l'intensité OP par la somme des résistances de l'induit et de l'inducteur (**300**).

DYNAMOS EXCITÉES EN DÉRIVATION

312. Relations entre les grandeurs électriques principales d'une dynamo excitée en dérivation. — Supposons qu'une dynamo excitée en dérivation tourne à une certaine vitesse et qu'à un moment donné nous désignions par :

E, la force électromotrice de la dynamo ;
D, la différence de potentiel aux bornes ou aux balais ;
r_a, la résistance de l'induit ;
r_d, la résistance des inducteurs en dérivation ;
R, la résistance du circuit extérieur ;
i_e, l'intensité du courant extérieur ;
i_d, l'intensité du courant dérivé dans les inducteurs ;
I, l'intensité totale du courant développé par l'induit.

Tout d'abord, nous devons remarquer que les bornes et les balais doivent être reliés par des conducteurs en cuivre, gros et courts, de résistance négligeable, de telle sorte que les bornes et les balais peuvent être confondus.

A partir des bornes ou des balais, le courant I produit par l'induit se partage entre le courant extérieur i et le courant i_d. On a donc (**83**).

(1) $$I = i_e + i_d.$$

Si nous considérons le circuit extérieur, à partir des bornes, où la différence de potentiel est D, nous aurons en appliquant la loi de Ohm (**74**)

(2) $$i_e = \frac{D}{R}.$$

En considérant maintenant le circuit dérivé formé par les inducteurs, on a aussi

(3) $$i_d = \frac{D}{r_d}.$$

MACHINES ÉLECTRIQUES. 185

D'autre part, en désignant par ρ la résistance présentée par l'ensemble des deux dérivations, à partir des bornes ou balais, constituées par les inducteurs et le circuit extérieur, on a (**72**)

(4) $$I = \frac{E}{r_a + \rho}.$$

Or, nous savons qu'on a (**81**)

(5) $$\rho = \frac{1}{\frac{1}{R} + \frac{1}{r_d}}.$$

Les équations (2) et (3) donnent

$$\frac{1}{R} = \frac{i_e}{D},$$

$$\frac{1}{r_d} = \frac{i_d}{D}.$$

En substituant dans (5), il vient

$$\rho = \frac{D}{i_e + i_d} = \frac{D}{I}.$$

L'équation (4) devient alors

$$I = \frac{E}{r_a + \frac{D}{I}},$$

ou

(6) $$E = D + I r_a.$$

La force électromotrice d'une dynamo en dérivation est donc égale à la différence de potentiel aux bornes ou aux balais augmentée du produit de la résistance de l'induit par l'intensité du courant total produit par cet induit, c'est-à-dire augmentée de la chute de potentiel dans l'induit.

Les inducteurs ne sont plus ici, en effet, intercalés entre les bornes et l'induit comme dans la dynamo en série.

On voit que, pour calculer les diverses grandeurs, il suffira d'avoir mesuré, avec un ampèremètre intercalé sur le circuit extérieur, l'intensité extérieure i_e, et, avec un voltmètre en dérivation aux bornes, la différence de potentiel D, pourvu que l'on connaisse aussi les résistances r_a et r_d de l'induit et des inducteurs. La résistance du circuit extérieur n'a pas besoin d'être connue et peut se calculer comme les autres grandeurs.

313. — Par exemple, supposons que les données de construction ou les observations du fonctionnement sur un certain circuit extérieur, pour une dynamo en dérivation, soient

$$r_a = 0,038 \text{ ohm};$$
$$r_d = 8,5 \text{ ohms};$$
$$i_e = 150 \text{ ampères};$$
$$D = 70 \text{ volts}.$$

Nous en déduirons :

Courant inducteur i_d (équation 3) :

$$i_d = \frac{70}{8,5} = 8,23 \text{ ampères.}$$

Courant total I (équation 1) :

$$I = 150 + 8,23 = 158,23 \text{ ampères.}$$

Force électromotrice E (équation 6) :

$$E = 70 + 158,23 \times 0,038 = 76 \text{ volts.}$$

Résistance extérieure R (équation 2) :

$$R = \frac{70}{150} = 0,47 \text{ ohm.}$$

314. Fonctionnement d'une dynamo excitée en

dérivation sur un circuit extérieur de résistance variable. — Sans répéter ce que nous avons dit pour la dynamo excitée en série et qui reste vrai pour une dynamo en dérivation, nous dirons seulement que l'expérience étant faite comme nous l'avons indiqué (**304**) avec la vitesse maintenue constante, on observe que :

1° Si le circuit extérieur a une résistance *très faible*, la dynamo ne s'amorce pas.

C'est l'inverse de ce qui a lieu pour une dynamo en série.

La conséquence est qu'on peut impunément mettre en court-circuit une dynamo en dérivation.

2° Lorsque la résistance extérieure est augmentée suffisamment, la dynamo s'amorce, mais son fonctionnement n'est *stable* que lorsque cette valeur de la résistance a été accrue suffisamment à partir de l'amorcement.

3° La dynamo étant amorcée et le fonctionnement étant stable, si la résistance extérieure est augmentée, l'intensité du courant extérieur diminue et la différence de potentiel aux bornes augmente ; inversement, à une diminution de la résistance extérieure correspondent une augmentation du courant extérieur et, en même temps, une diminution de la différence de potentiel aux bornes ; l'intensité du courant extérieur et la différence de potentiel varient donc en sens inverse, comme dans le cas d'une dynamo en série (**306**).

4° La machine à vapeur qui actionne une dynamo a encore une tendance à s'emballer (**308**) lorsque le courant extérieur et, par suite, le courant induit total est diminué par une augmentation convenable de la résistance du circuit extérieur. Il faut combattre cet emballement par un étranglement de la vapeur, à son arrivée au tiroir.

Dans la figure 84 nous avons représenté la caractéristique externe d'une dynamo excitée en dérivation. Pour un point A de la courbe D, l'ordonnée AP représente encore la différence de potentiel aux bornes ; l'abscisse OP représente l'*intensité extérieure* i_e.

La résistance extérieure est encore représentée par la tangente de l'angle AOP ; on peut ainsi étudier sur cette courbe les variations de la différence de potentiel et du courant extérieur à mesure que croît la résistance extérieure, c'est-à-dire que s'ouvre l'angle AOP.

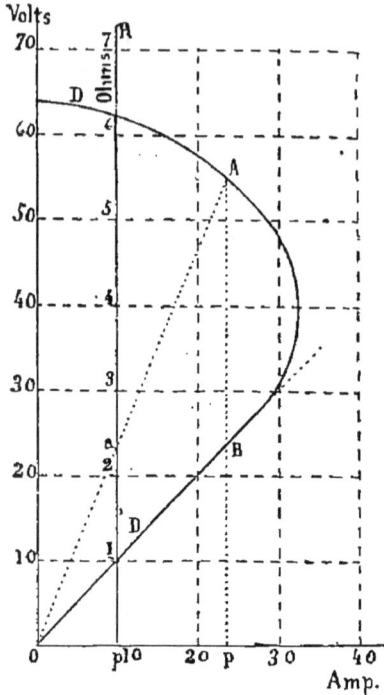

Fig. 84. — Caractéristique externe d'une dynamo excitée en dérivation.

DYNAMOS A EXCITATION COMPOUND

315. Relations entre les grandeurs électriques principales d'une dynamo à excitation compound.

Désignons par :

E, la force électromotrice de la dynamo ;

D, la différence de potentiel aux bornes ;

Δ, la différence de potentiel aux balais ;

r_a, la résistance de l'induit ;

r_g, la résistance des inducteurs gros fil, en série avec le circuit extérieur ;

r_d, la résistance des inducteurs fil fin, n edérivation entre les balais ;

R, la résistance du circuit extérieur à partir des bornes ;

i_e, l'intensité du courant extérieur ;

i_d, l'intensité du courant passant dans les inducteurs en dérivation ;

I, l'intensité totale du courant développé par l'induit.

Le courant total I se partage encore entre le courant inducteur i_d et le courant extérieur i_e, celui-ci passant aussi dans le fil des inducteurs gros fil (**287**). On a donc

(1) $$I = i_e + i_d.$$

Le circuit extérieur à partir des bornes donne (**74**)

$$(2) \qquad i_e = \frac{D}{R}.$$

Le circuit à partir des balais comprend le circuit extérieur de résistance R et les inducteurs gros fil de résistance r_g. On a donc

$$(3) \qquad i_e = \frac{\Delta}{r_g + R}.$$

Le circuit dérivé des inducteurs fil fin, à partir des balais, donne

$$(4) \qquad i_d = \frac{\Delta}{r_d}.$$

En remplaçant dans (3) la valeur de i_e tirée de (2), il vient

$$(5) \qquad \Delta = D + i_e r_g,$$

c'est-à-dire que la différence de potentiel aux balais est égale à la différence de potentiel aux bornes, augmentée de la chute de potentiel dans les inducteurs gros fil, ce qu'on eût pu écrire tout de suite, comme nous l'avons vu (**123**), étant donné que les inducteurs gros fil séparent seuls les bornes des balais (*fig.* 72) et que le courant passant dans le gros fil des inducteurs est le courant extérieur i_e.

Enfin, on peut encore écrire, comme dans la dynamo en dérivation

$$(6) \qquad E = \Delta + I r_a.$$

c'est-à-dire que la force électromotrice est égale à la différence de potentiel aux balais augmentée de la chute de potentiel dans l'induit.

On voit encore que si on connaît les résistances r_a, r_g, r_d et si on mesure au moyen d'un ampèremètre et d'un voltmètre l'intensité i_e du courant extérieur et la différence de potentiel aux bornes D, on pourra aisément calculer les autres grandeurs.

316. — Comme exemple, nous prendrons une dynamo à excitation compound dont voici les données de construction et de fonctionnement :

$$r_a = 0,017 \text{ ohm};$$
$$r_g = 0,027 \text{ ohm};$$
$$r_d = 9,2 \text{ ohms};$$
$$D = 70 \text{ volts};$$
$$i_e = 200 \text{ ampères}.$$

Nous calculons successivement :
Différence de potentiel aux balais (équation 5) :

$$\Delta = 70 + 200 \times 0,027 = 75,4 \text{ volts}.$$

Intensité du courant dérivé dans l'inducteur fil fin (équation 4) :

$$i_d = \frac{75,4}{9,2} = 8,19 \text{ ampères}.$$

Courant total produit par l'induit (équation 1) :

$$I = 200 + 8,19 = 208,19 \text{ ampères}.$$

Force électromotrice (équation 6) :

$$E = 75,4 + 208,19 \times 0,017 = 78,9 \text{ volts}.$$

Résistance du circuit extérieur (équation 2) :

$$R = \frac{D}{i_e} = \frac{70}{200} = 0,35 \text{ ohm}.$$

317. Fonctionnement d'une dynamo à excitation compound sur un circuit extérieur de résistance variable. — Dans la plupart des cas, on ne donne aux électro-aimants inducteurs d'une dynamo le double enroulement de fil fin et de gros fil, ce qui est assurément une complication, que pour assurer à cette dynamo quelque propriété de fonctionnement particulière. Ce qu'on cherche le plus souvent c'est à construire une dynamo qui, pour une vitesse de rotation constante, donne une différence de potentiel constante aux bornes, malgré les variations de la résistance du circuit extérieur et celles de l'intensité du courant qui en résultent.

Supposons qu'on ait d'abord une dynamo excitée en dérivation. Nous avons vu que, lorsque l'intensité du courant extérieur augmente, la différence de potentiel diminue (**314**). Pour que la différence de potentiel restât constante, il faudrait lui ajouter une quantité d'autant plus grande que l'intensité du courant extérieur serait elle-même plus grande. Si on superpose à l'enroulement des électro-aimants en dérivation, un enroulement de gros fil parcouru par le courant extérieur, cet enroulement ajoutera son excitation à l'enroulement de fil fin, augmentera le champ inducteur et, par suite, la force électromotrice et la différence de potentiel aux bornes. Or, puisque l'enroulement de gros fil est traversé par le courant extérieur, la différence de potentiel est ainsi d'autant plus relevée que l'intensité du courant extérieur est plus grande. Si donc on a judicieusement proportionné l'enroulement correcteur de gros fil, il pourra se faire que la différence de potentiel conserve une valeur sensiblement constante. Si même on a exagéré l'enroulement de gros fil superposé au fil fin, il produit une surélévation de la différence de potentiel plus grande qu'il ne faudrait pour la maintenir constante et alors cette différence de potentiel croît légèrement quand l'intensité du courant extérieur augmente : on dit alors que la dynamo est *hypercompoundée*.

Lorsque la différence de potentiel est rigoureusement cons-

192 COURS ÉLÉMENTAIRE D'ÉLECTRICITÉ.

tante, la dynamo est dite *autorégulatrice* de la différence de potentiel aux bornes.

Dans la figure 85 est représentée la caractéristique externe d'une dynamo à excitation compound sensiblement autorégulatrice de la différence de potentiel aux bornes.

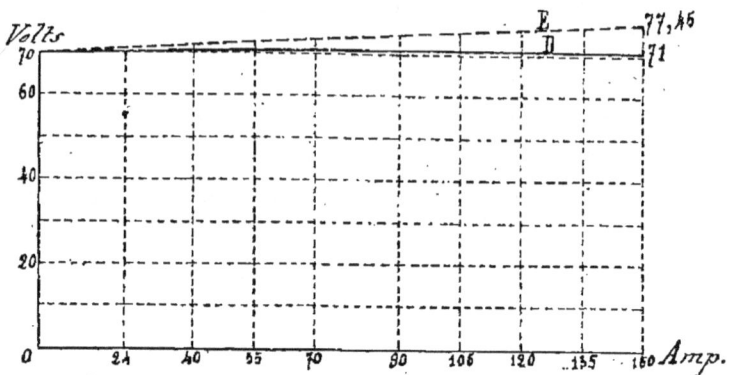

Fig. 85. — Caractéristique d'une dynamo à excitation compound.

318. — Il ne faut pas oublier que nous avons toujours supposé la vitesse de rotation constante. Si donc une dynamo à enroulement compound a été établie pour être autorégulatrice de la différence de potentiel aux bornes à une certaine vitesse constante V, la différence de potentiel ne conservera réellement sa même valeur, malgré les variations de l'intensité et de la résistance extérieures, que si la vitesse est maintenue constamment égale à V.

319. — Comme remarque importante, nous ajouterons que, pour une dynamo compound comme pour les autres, la machine à vapeur qui la commande augmentera sa vitesse, si on diminue le courant produit ; il y aura même *emballement*, si la diminution est brusque et importante.

La raison est exactement la même que pour les dynamos en série (**308**).

Lorsque le courant est, au contraire, augmenté par une réduction de la résistance extérieure, la vitesse diminue.

Pour empêcher ces variations de vitesse, il faudra que l'arrivée de vapeur soit étranglée plus ou moins à la main, ou par un régulateur convenable.

320. — La différence de potentiel étant sensiblement constante, l'intensité du courant extérieur est à peu près inversement proportionnelle à la résistance extérieure. Il suit de là que l'intensité extérieure, ainsi que l'intensité totale passant dans l'induit, prendraient des valeurs exagérées si la résistance extérieure avait une valeur trop faible.

Il importe donc *de ne jamais mettre en court-circuit* une dynamo compound.

321. — Si la différence de potentiel aux bornes est maintenue constante, malgré les variations du courant extérieur, il n'en résulte pas que la force électromotrice le soit aussi, ainsi qu'on peut s'en convaincre en regardant les équations (5) et (6) dans lesquelles on suppose D constante et i_e variable. On voit, en effet, par (5) que Δ augmente à mesure que i_e augmente et par (6) que E augmente *à fortiori*. La figure 85 montre d'ailleurs cet accroissement de la force électromotrice.

CHAPITRE IX

MOTEURS ÉLECTRIQUES

322. Réversibilité des machines électriques. — Nous avons vu que les courants électriques permettent de communiquer des mouvements à des pièces mobiles, telles qu'une aiguille aimantée, ou encore l'armature d'un électro-aimant maintenue écartée à l'état de repos par un ressort antagoniste (*fig. 57*). Des dispositifs nombreux ont été et peuvent être encore imaginés pour obtenir ainsi des mouvements mécaniques au moyen de courants électriques et les appareils réalisés constituent de véritables *moteurs électriques*. Mais lorsqu'on veut produire un travail mécanique un peu important, on utilise comme moteurs électriques des machines électriques semblables à celles que nous avons étudiées plus haut comme sources de courants (**264**).

Voici, par exemple, une machine électrique du type Gramme ; je relie ses deux bornes par des conducteurs aux deux pôles d'une pile assez puissante, en prenant soin d'intercaler un interrupteur sur l'un des conducteurs. Vous voyez qu'aussitôt l'interrupteur fermé, l'induit de la machine se met à tourner sous l'influence du courant qui le traverse et qui est produit par la pile. Si j'ouvre le circuit en manœuvrant l'interrupteur, le mouvement s'arrête. Cette machine Gramme constitue donc un *moteur électrique,* capable d'entretenir un mouvement de rotation, sous l'influence d'un courant venant d'une source extérieure ; et ce mouvement je puis le provoquer et le faire cesser à volonté, en même temps que le courant lui-même.

323. — Toute machine électrique à courant continu magnéto-électrique ou dynamo-électrique, quel que soit son mode d'excitation, peut être ainsi employée comme moteur électrique.

Autrement dit, toutes les machines électriques sont *réversibles*, c'est-à-dire que si on leur communique un mouvement de rotation au moyen d'une dépense de travail mécanique (**308**), elles produisent un courant électrique dans un circuit extérieur communiquant avec leurs bornes ; que si, au contraire, on fait passer à travers elles un courant provenant d'une source étrangère quelconque, elles prennent un mouvement de rotation qui peut être utilisé pour produire un travail mécanique.

Dans le premier cas, on dépense du travail mécanique pour obtenir un courant ; dans le second, on dépense du courant pour engendrer un travail mécanique.

Le courant qui fait tourner la machine servant de moteur électrique peut être emprunté à une autre machine et non pas seulement à une pile. On peut, par exemple, réunir les bornes de deux machines Gramme par deux conducteurs et, si l'une d'elles est mise en mouvement par un moteur à vapeur ou toute autre force mécanique, l'autre se met également à tourner.

Pour éviter la confusion entre les machines électriques servant de moteurs et les machines sources d'électricité, nous appellerons les premières : *machines réceptrices*, ou *réceptrices*, ou *moteurs électriques*, ou *électromoteurs* ; les dernières : *machines génératrices*, ou *génératrices*, ou *sources électriques*.

Les dénominations d'*induit* et d'*inducteur* resteront applicables aux parties correspondantes des réceptrices.

324. Fonctionnement d'un moteur électrique.

— Il est facile de se rendre compte du mouvement d'une machine réceptrice. Considérons, par exemple, une machine Gramme à 8 bobines représentée schématiquement par la figure 86, qui est semblable à la figure 80.

Les pôles inducteurs N et S sont produits et entretenus d'une manière quelconque, aimants permanents ou électro-aimants excités par le courant venant d'une source électrique.

Le courant venant de la source électrique C arrive dans les bobines de l'anneau, par les balais F et F' frottant sur les

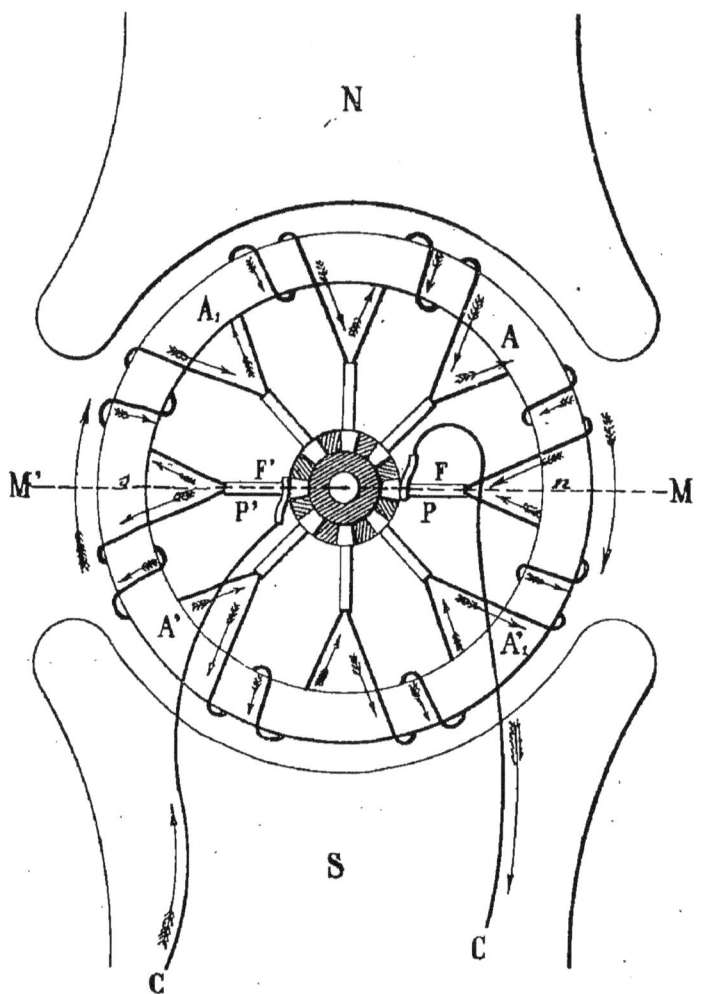

Fig. 86. — Fonctionnement d'un moteur électrique.

lames du collecteur, dans le sens des flèches ; ce courant se partage alors entre les deux moitiés de l'anneau en dérivation entre les lames P et P' et parcourt les bobines également dans le sens des flèches.

MOTEURS ÉLECTRIQUES. 197

Le courant des bobines aimante l'anneau de fer AA'. Supposons, par la pensée, l'anneau de fer coupé en deux parties par le plan MM' passant par les points de contact des balais et examinons quels seront les pôles créés, en appliquant la loi que nous avons donnée autrefois (**187**).

Nous voyons que la partie supérieure présentera, à l'extrémité désignée par la lettre A, un pôle nord n, puisque le courant y a le sens inverse des aiguilles d'une montre, et à l'extrémité désignée par la lettre A_1 un pôle sud s. De même la partie inférieure présentera à l'extrémité désignée par la lettre A_1' un pôle nord n, et à l'extrémité désignée par la lettre A' un pôle sud s. Les deux moitiés de l'anneau présentent donc en regard des pôles de même nom. Autrement dit, il se forme vis-à-vis du balai F un double pôle nord, ou un *point conséquent* n, et un double pôle sud s vis-à-vis du balai F'.

325. — Nous venons de dire qu'il y a en n et s formation de points conséquents (**188**) bien que nous n'ayons indiqué comme moyen de les obtenir dans les électro-aimants que le changement d'enroulement du fil et que cet enroulement est ici toujours de même sens. C'est que, dans le cas présent, l'enroulement étant le même, il est vrai, le courant circule néanmoins en sens inverse dans les deux moitiés, à partir des balais.

326. — Or, le pôle nord n ainsi développé dans l'anneau va être attiré par le pôle sud inducteur S et repoussé par le pôle nord N; de même le pôle s sera attiré par N et repoussé par S. L'anneau va donc tourner dans le sens de la flèche.

327. — On verrait aisément que la rotation changerait de sens, si on supposait dans les bobines de l'induit un courant inverse de celui figuré, puisque l'aimantation de l'anneau changerait ainsi de sens.

La rotation serait encore inversée si, conservant le même

sens pour le courant dans l'induit, on intervertissait les pôles inducteurs N et S.

Mais la rotation conserverait le sens figuré par la flèche de la figure 86, si on changeait le sens du courant dans l'induit et si, en même temps, on intervertissait les pôles inducteurs.

Pour changer le sens de la rotation, il faut donc ou changer seulement le sens du courant dans l'induit, ou seulement intervertir le champ magnétique inducteur.

328. — Si on compare la figure 86 avec la figure 80 relative au fonctionnement d'une machine Gramme génératrice, nous voyons que *le champ magnétique inducteur étant, dans les deux cas, disposé de la même manière,* pour un même courant dans l'induit, le mouvement pris par la réceptrice (*fig. 86*) est inverse de celui qu'on a supposé communiqué à la génératrice (*fig. 80*).

La loi de Lenz relative aux courants d'induction (**251**) permettait de prévoir ce résultat. Elle indique, en effet, que le courant induit développé dans la génératrice de la figure 80 tend à imprimer un mouvement de sens contraire à celui qu'on produit mécaniquement pour obtenir l'induction. Tout courant de même sens que celui-là, quelle que soit son origine, produira donc ce mouvement inverse.

329. Divers modes d'excitation des moteurs électriques — Si l'on emploie comme moteurs des machines dynamo-électriques, elles peuvent avoir leurs électro-aimants excités en *série*, en *dérivation*, d'une manière mixte ou *compound*, comme lorsqu'elles servent de génératrices (**280**).

Quelquefois aussi les bobines inductrices font partie d'un circuit spécial alimenté par une source également spéciale et le moteur est à *excitation séparée*.

330. — Il n'est pas sans intérêt de rechercher quel sera le sens de la rotation d'une machine électrique construite pour être utilisée comme génératrice, si on l'emploie comme moteur.

1° Supposons d'abord que la machine soit excitée en série et qu'en la faisant tourner dans un certain sens, *comme génératrice*, elle produise un courant de sens également déterminé. Si la machine étant au repos on y lance maintenant un courant de même sens que le précédent, et provenant d'une source électrique, la machine prendra comme moteur un mouvement de sens inverse à celui qu'elle avait comme génératrice, en vertu de la loi de Lenz (**328**). Les balais étant disposés de manière à ce que l'induit en tournant *tire* sur eux, lorsque la machine sert de génératrice, l'induit va maintenant tourner *à contre-balais* et les rebrousser.

Si on change le sens du courant lancé dans la machine, la rotation ne change pas et se fait toujours *à contre-balais*, parce que le champ magnétique inducteur est inversé en même temps que le courant dans l'induit (**328**).

331. — Par conséquent, une dynamo excitée en série étant construite pour servir de génératrice, elle tournera toujours à contre-balais si elle sert de réceptrice, quel que soit le sens du courant qu'on y fait arriver de l'extérieur. Lorsqu'on veut se servir d'une telle dynamo, on doit donc prendre la précaution préalable d'intervertir entre elles les communications des balais avec les inducteurs et le circuit extérieur, de manière que le courant arrivant de l'extérieur ait, par exemple, le même sens dans l'induit que celui que la dynamo produit comme génératrice, mais que les pôles inducteurs soient inversés. Dans ces conditions, l'induit *tirera* sur les balais lorsque la dynamo servira de réceptrice.

332. — 2° Considérons maintenant une dynamo excitée en dérivation construite pour fonctionner comme génératrice et supposons qu'en tournant dans un certain sens, pour lequel les balais sont convenablement disposés, elle donne un courant de sens déterminé. Si, la dynamo étant maintenant immobile, on y lance un courant provenant d'une source étrangère extérieure, de telle sorte que ce courant circule dans les fils extérieurs aboutissant aux bornes de la dynamo, ainsi que dans les bobines de l'induit, dans le même sens que précédemment, la dynamo prendra un mouvement de même sens que celui qu'on lui avait donné comme génératrice et les balais seront encore bien placés, au moins au point de vue du rebroussement.

Ce fait, facile à vérifier, n'est pas en contradiction avec ce que nous avons dit plus haut (**328**), qu'une réceptrice tourne, pour le même courant dans l'induit, en sens inverse d'une génératrice identique. Nous avons eu soin de faire observer, en effet, que, dans les deux figures 86 et 80 servant à cette

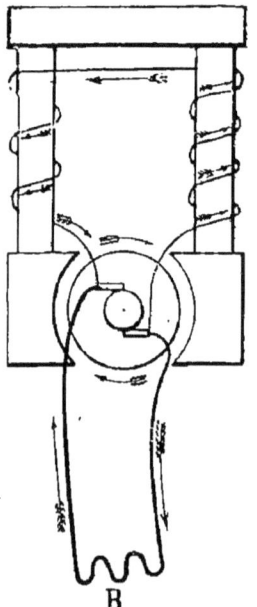
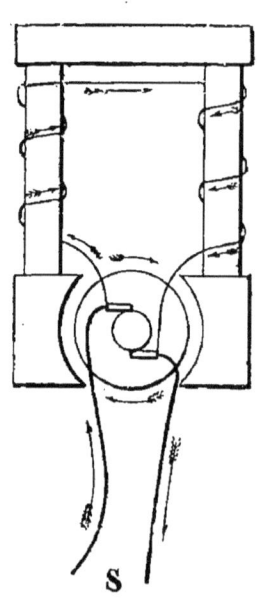

Fig. 87. — Dynamo en dérivation fonctionnant comme génératrice.

Fig. 88. — Dynamo en dérivation fonctionnant comme réceptrice.

vérification de la loi de Lenz, les champs magnétiques inducteurs *sont disposés de la même manière*.

Or, les figures 87 et 88 montrent que le même courant

passant dans l'induit et le circuit extérieur d'une dynamo en dérivation, les électro-aimants inducteurs sont parcourus par des courants de sens contraire, suivant que la machine est génératrice ou réceptrice, c'est-à-dire suivant que le courant produit dans l'induit passe dans le circuit extérieur R et les inducteurs en dérivation (*fig. 87*), ou que, produit par la source extérieure S (*fig. 88*), il passe dans l'induit et les inducteurs en dérivation. Le champ magnétique étant ainsi inversé, il n'y a pas lieu de s'étonner que le mouvement, qui aurait sans cela été inversé, reste le même.

Si on change le sens du courant lancé par la source extérieure dans la dynamo réceptrice, le sens de la rotation ne change pas parce que le courant est à la fois inversé dans l'induit et l'inducteur (**327**).

Pour inverser le sens de la rotation, il faut seulement changer le sens du courant dans l'induit ou dans l'inducteur.

333. — 3° Si nous prenons une dynamo à excitation *compound,* nous savons que les deux excitations de gros fil et de fil fin ont été établies de manière à ajouter leurs effets, c'est-à-dire de manière que le courant circule dans le même sens dans les spires de fil fin et dans celles de gros fil, lorsque la dynamo sert de génératrice.

Si maintenant nous employons la dynamo compound comme *réceptrice,* en y faisant arriver d'une source extérieure un courant de même sens que celui qu'elle produit comme génératrice, nous venons de voir (**332**) que le courant d'excitation dans le fil fin est l'inverse de ce qu'il était pour la dynamo génératrice, le courant dans le gros fil étant le même que pour la dynamo génératrice, les deux excitations, au lieu de s'ajouter, se contrarient.

Suivant que l'une ou l'autre sera plus forte, la dynamo compound, employée comme réceptrice, tournera dans le même sens que lorsqu'elle était employée comme génératrice, ou en sens inverse.

Aussi, lorsqu'une dynamo doit être employée comme moteur, on n'enroule pas généralement les deux fils gros et fin dans le même sens, comme lorsque cette dynamo est employée en génératrice. Mais le sens de l'enroulement du fil fin, par exemple, est changé de manière que le courant d'excitation qui y passe ajoute son action à celle du courant passant dans le gros fil. De cette façon, l'excitation des inducteurs est augmentée au lieu d'être diminuée, comme elle le serait si le compoundage était fait de la même manière que pour une dynamo génératrice.

334. Calage des balais dans les électromoteurs.
— Nous avons supposé, pour expliquer le fonctionnement d'un électromoteur type Gramme, que les balais appuyaient sur le collecteur en des points placés diamétralement et dans le plan MM' perpendiculaire à la ligne des pôles inducteurs NS (*fig. 86*).

C'est ce plan qui est le *plan de calage théorique* des balais d'un moteur de ce type. En réalité, si les balais restent calés dans ce plan, on constate, le plus souvent, que des étincelles assez fortes se produisent à leur portage sur le collecteur ; il faut caler les balais *en arrière* du plan MM', par rapport au sens de la rotation, si on veut supprimer, ou réduire au minimum, les étincelles. On voit que le calage des balais se fait pour une réceptrice en sens inverse du calage pour une génératrice (**298**).

Comme pour les génératrices, l'angle de calage varie avec l'intensité du courant passant dans l'induit. On doit, pour certaines applications, rechercher les moteurs dont l'*angle de calage* soit faible, c'est-à-dire pour lesquels il faut peu déplacer les balais en arrière du plan de calage théorique.

335. Force contre-électromotrice des moteurs électriques.
— Relions les deux bornes de ce moteur électrique aux deux pôles d'une pile de force électromotrice à peu près constante ; nous avons pris soin, comme vous voyez, d'intercaler sur l'un des conducteurs un fil de fer de diamètre

assez faible et un ampèremètre; d'ailleurs, le circuit ainsi constitué peut être ouvert ou fermé, au moyen d'un interrupteur convenable. D'autre part, nous avons installé sur l'axe du moteur un frein qui permet, suivant qu'il est plus ou moins serré, d'empêcher complètement toute rotation, ou de laisser tourner le moteur à une vitesse plus ou moins grande.

Serrons le frein à bloc pour immobiliser le moteur, et fermons le circuit au moyen de l'interrupteur; comme vous le voyez, le fil de fer rougit et l'ampèremètre indique une intensité assez grande. Desserrons le frein, le moteur se met à tourner, et aussitôt l'incandescence du fil de fer diminue, en même temps que l'intensité indiquée à l'ampèremètre.

Si nous immobilisons de nouveau le moteur au moyen du frein, l'incandescence du fil et l'intensité du courant reprennent leur première valeur.

336. — Cette expérience nous montre d'abord clairement que nous pouvons utiliser le courant de la pile, soit pour produire beaucoup de chaleur dans le fil, soit pour produire moins de chaleur, mais en même temps le travail mécanique correspondant à la rotation du moteur. Quand le moteur tourne, une partie de la chaleur développée dans le fil de fer est remplacée par le travail mécanique du moteur; c'est là un exemple frappant de *transformation* de chaleur en travail mécanique.

337. — En second lieu, la diminution de l'intensité du courant obtenue pendant la rotation du moteur et constatée soit par l'incandescence moins grande du fil de fer, soit par la réduction de la déviation de l'ampèremètre, n'est pas due à un changement dans la résistance du circuit, puisqu'on n'a pas touché à ce dernier. Elle ne provient pas davantage d'un affaiblissement de la force électromotrice de la source électrique; nous avons eu soin, en effet, de choisir une pile constante et, de plus, lorsque le moteur est arrêté, l'intensité reprend toute sa valeur primitive. Cette diminution de l'intensité du courant est bien due à la rotation du moteur et elle s'explique d'ailleurs aisément.

En effet, lorsque l'induit du moteur tourne entre les pôles inducteurs, il s'y développe un courant d'induction comme dans tout induit mobile dans un champ magnétique. Or, le sens du courant d'induction ainsi produit est précisément l'inverse de celui du courant qui fait tourner le moteur, puisqu'en vertu de la loi de Lenz (**251**) ce courant induit produirait un mouvement inverse.

Le courant d'induction développé dans l'induit du moteur par sa rotation étant de sens contraire à celui qu'on y lance, celui-ci doit diminuer.

338. — Le moteur en tournant développe donc une *force contre-électromotrice* (**73**), qu'il faut retrancher de la force électromotrice de la source pour le calcul de l'intensité du courant.

339. — 1° Supposons, par exemple, que la source électrique soit une pile de force électromotrice E et de résistance intérieure r, que le moteur soit excité en série avec des résistances r_a et r_g pour l'induit et l'inducteur, et que des conducteurs de résistance R relient la pile au moteur. Si la force contre-électromotrice développée est e, l'intensité du courant i passant dans le circuit est (**73**)

$$i = \frac{E - e}{r + R + r_a + r_g}.$$

Lorsque le moteur ne tourne pas et ne développe pas de force contre-électromotrice, l'intensité I, plus grande, est alors

$$I = \frac{E}{r + R + r_a + r_g}.$$

Si le moteur est magnéto-électrique, ou s'il est à excitation séparée, les deux formules précédentes restent exactes, sauf que la résistance r_g des inducteurs doit être supprimée.

Les formules précédentes ne seraient pas applicables à un moteur excité en dérivation.

340. — 2° Si nous considérons maintenant le circuit à partir des bornes du moteur électrique, en désignant par D la différence de potentiel aux bornes et par e la force contre-électromotrice, nous aurons, pour un moteur excité en série, *en marche* (**75**)

$$i = \frac{D - e}{r_a + r_g};$$

si le moteur est immobilisé, l'intensité devient

$$I = \frac{D}{r_a + r_g}.$$

Ces formules sont applicables aux moteurs magnéto-électriques, ou à excitation séparée, en supprimant la résistance r_g des inducteurs.

341. — 3° Lorsqu'on a affaire à un électromoteur excité en dérivation, le courant i arrivant de la source se partage aux bornes entre le courant i_d passant dans les inducteurs et le courant i_a passant dans l'induit (*fig. 88*). On a d'abord, puisque l'inducteur et l'induit constituent alors des dérivations (**83**),

$$i = i_a + i_d.$$

En appliquant la 2ᵉ loi de Ohm (**74**) au circuit inducteur, qui ne comprend pas de force contre-électromotrice, et en désignant par r_d sa résistance, on a

$$i_d = \frac{D}{r_d}.$$

En appliquant la 3ᵉ loi de Ohm (**75**) au circuit de l'induit, qui comprend la force contre-électromotrice e et dont la résistance est r_a, on a

$$i_a = \frac{D - e}{r_a}.$$

Si le moteur est immobilisé, le courant dans l'induit devient

$$I_a = \frac{D}{r_a},$$

en supposant toutefois que la différence de potentiel aux bornes reste constante.

342. Étude générale du fonctionnement des moteurs électriques. — Supposons qu'une source électrique quelconque soit reliée aux bornes d'un moteur électrique et qu'un ampèremètre intercalé sur l'un des conducteurs serve à mesurer l'intensité du courant entrant dans le moteur; de plus, un frein appliqué sur l'arbre du moteur peut être serré plus ou moins énergiquement.

D'une façon générale, puisque le mouvement de l'induit du moteur a été expliqué par les effets d'attraction entre les pôles inducteurs et les pôles développés dans le noyau de l'induit par le courant passant dans ses bobines (**324**), nous pouvons dire que la tendance au mouvement du moteur est d'autant plus grande que les pôles ou le champ magnétique inducteurs sont plus puissants et que le courant dans l'induit a lui-même une intensité plus grande. Pour parler d'une façon plus précise, l'effort qui fait mouvoir le moteur, ou *l'effort moteur*, est d'autant plus grand que le champ magnétique inducteur et le courant dans l'induit sont plus intenses.

Pour que le moteur puisse tourner, pour qu'il puisse *démarrer*, il faut que *l'effort moteur* soit plus grand que *l'effort résistant* opposé à la rotation et qui est produit par les appareils à faire mouvoir, ou les frottements divers.

343. — A un moment donné, si le moteur tourne uniformément à une certaine vitesse, c'est que l'effort moteur est égal à l'effort résistant. Si on augmente l'effort moteur, ou si on diminue l'effort résistant, la vitesse augmentera ; la vitesse diminuera au contraire, si on diminue l'effort moteur, ou si on augmente l'effort résistant.

Nous supposerons ici qu'on fait varier l'effort résistant opposé à la rotation du moteur en faisant varier le serrage du frein sur son arbre.

Nous distinguerons quatre cas, suivant le mode d'excitation du moteur.

344. — 1° MOTEUR EXCITÉ EN SÉRIE. — Supposons d'abord que nous ayons serré le plus possible le frein appliqué au moteur de manière à le caler complètement et à l'empêcher de tourner. Lançons-y alors le courant de la source qui est ici une pile. Comme vous le voyez, l'ampèremètre indique une intensité assez grande (**335**), le moteur ne *démarrant* pas. L'intensité atteint alors sa valeur maximum, si toutefois on suppose la source constante.

La force contre-électromotrice est nulle, puisque le moteur ne tourne pas. En appelant D la différence de potentiel aux bornes du moteur, r_a et r_g les résistances de l'induit et de l'inducteur, l'intensité maximum I est

$$I = \frac{D}{r_a + r_g}.$$

L'excitation des inducteurs et le courant dans l'induit acquièrent tous deux aussi leur maximum ; l'*effort moteur* est donc le plus grand possible au moment où l'induit est immobile. C'est un avantage fort appréciable dans tous les cas où il y a lieu de donner, lors du *démarrage,* un fort coup de collier.

345. — D'un autre côté, si la différence de potentiel D maintenue aux bornes du moteur est suffisamment grande, l'intensité I passant dans le moteur ainsi immobilisé peut être assez forte pour échauffer considérablement les fils et détériorer leurs isolants. Même lorsque le moteur n'est pas complètement calé, que l'effort résistant qui lui est opposé permet sa mise en marche, il est immobile au moment où on y lance le courant, et il reste immobile pendant un temps plus ou moins long et qui dépend de sa masse et de celle des appareils qu'il entraîne ; l'intensité du courant prend encore son maximum pendant cette période d'immobilisation précédant la mise en marche et peut toujours produire des avaries. Aussi, toutes les fois que le moteur et les appareils qu'il entraîne n'ont pas une *inertie* très faible et que le moteur ne démarre pas très vite, il faut introduire dans le circuit une résistance au moyen d'un rhéostat (**111**), lorsque le moteur est immobile, et n'enlever cette résistance qu'après que le moteur s'est mis en marche. Cette résistance porte le nom de *résistance de démarrage*.

346. — Desserrons maintenant le frein, de manière à diminuer l'effort résistant opposé à la rotation, le moteur finit par se mettre en marche, et si nous cessons de toucher au frein, il prend une certaine *vitesse de régime* qu'il conserve indéfiniment, si la source électrique est constante, ou mieux si la différence de potentiel D aux bornes du moteur est maintenue constante.

Vous pouvez constater que l'intensité du courant indiquée par l'ampèremètre est maintenant plus faible que lorsque le moteur est immobilisé, ce que vous saviez déjà (**335**) et qui tient à la force contre-électromotrice e développée dans l'induit du moteur tournant ; l'intensité i est alors, en effet (**340**),

$$i = \frac{D - e}{r_a + r_g}.$$

Diminuons encore l'effort résistant appliqué au moteur en desserrant le frein, nous voyons que la vitesse augmente de plus en plus ; en même temps l'intensité du courant diminue constamment.

Ainsi, lorsque l'effort résistant diminue, la vitesse augmente et l'intensité diminue.

347. — Si nous supprimons tout frein, le moteur se met à tourner extrêmement vite ; le courant est très réduit, il est vrai, mais nous stoppons le moteur néanmoins en ouvrant le circuit, parce que cette vitesse très grande dépasse celle compatible avec la solidité des organes. C'est encore un fait général que cette vitesse très grande prise par les moteurs excités en série, lorsqu'on supprime tout effort résistant. Il faut bien se garder, dans la pratique, de faire ainsi tourner *à vide* un moteur en série, car il *s'emballe* et il peut résulter des avaries de cette vitesse exagérée.

348. — Donnons de nouveau au frein un certain serrage, pas assez grand toutefois pour empêcher le moteur de démarrer. Fermons le circuit ; le moteur se met en marche et prend une *vitesse de régime* V modérée. Notons l'intensité i correspondante du courant. Augmentons le nombre des éléments en tension de la pile qui sert de source ; comme vous le voyez, le voltmètre mis en dérivation aux bornes du moteur indique une différence de potentiel plus grande qu'auparavant, le moteur tourne *plus vite* ; mais l'intensité du courant conserve la valeur i primitive, au moins approximativement.

Plus nous augmentons la force électromotrice de la source ou la différence de potentiel aux bornes du moteur, plus la vitesse augmente, sans que l'intensité cesse d'être égale à i.

Si nous diminuons la force électromotrice de la source, la vitesse diminue progressivement, mais l'intensité conserve sa valeur i.

349. — Essayons maintenant un autre mode d'action. Voici un rhéostat intercalé sur l'un des conducteurs allant à la source. Toute la résistance de ce rhéostat est, pour le moment, hors du circuit. Introduisons une partie de la résistance, ce qui, comme vous le voyez au voltmètre, fait baisser la différence de potentiel aux bornes du moteur. La vitesse du moteur diminue, mais l'intensité reste constante et toujours approximativement égale à sa valeur primitive i. La vitesse augmente sans modification de l'intensité, si nous supprimons maintenant la résistance du rhéostat précédemment introduite dans le circuit.

350. — Ainsi l'intensité du courant ne dépend que de l'effort résistant opposé au moteur ; elle augmente ou diminue avec cet effort.

Opposer à un moteur un effort résistant trop considérable, c'est condamner ce moteur à fonctionner avec une intensité de courant trop grande.

Tous les faits qui précèdent peuvent s'expliquer aisément si l'on songe que la force contre-électromotrice du moteur augmente avec la vitesse.

351. — Par exemple, supposons le serrage du frein réglé de façon que le moteur puisse démarrer et tourne régulièrement à une certaine vitesse V avec une intensité de courant i. En ce moment, il y a égalité entre l'effort moteur et l'effort résistant.

Diminuons l'effort résistant en diminuant le serrage du frein, l'effort moteur l'emportant, la vitesse augmente. Mais à mesure que cette vitesse augmente, la force contre-électromotrice augmente et l'intensité du courant diminue. Or, celle-ci diminuant, l'effort moteur diminue et finit par redevenir égal à l'effort résistant que nous avions tout d'abord diminué. Quand l'effort moteur est égal de nouveau à l'effort résistant, la vitesse cesse d'augmenter et le moteur tourne régulièrement à une vitesse V' plus grande que V avec une intensité i' plus petite que i.

352. — De même, supposons que le moteur tourne uniformément à la vitesse V avec une intensité i, l'effort résistant opposé au moteur ayant une certaine valeur correspondant ici à un certain serrage du frein, et que nous ne modifierons pas. Il y a encore maintenant égalité entre l'effort moteur et l'effort résistant. L'intensité du courant est en ce moment

$$i = \frac{D - e}{r_a + r_g}.$$

Nous pouvons diminuer la différence de potentiel D aux bornes du moteur en agissant sur la source électrique, ou en introduisant dans le circuit une portion plus ou moins grande de la résistance d'un rhéostat. L'intensité du courant passant dans l'induit du moteur et dans les inducteurs commence *momentanément* par diminuer; l'effort moteur prend une valeur plus faible que précédemment (**342**) et inférieure, par suite, à l'effort résistant. La vitesse du moteur diminue donc; mais cette diminution de la vitesse entraîne une réduction correspondante de la force contre-électromotrice; l'intensité du courant qui avait momentanément diminué, augmente alors jusqu'à ce que l'effort moteur soit de nouveau égal à l'effort résistant, c'est-à-dire jusqu'à ce que l'intensité ait repris sa valeur i primitive. A partir de ce moment, le moteur continue à tourner uniformément à sa vitesse réduite V', l'intensité du courant étant toujours i, celle-ci n'ayant éprouvé qu'une variation de très courte durée.

353. — 2° MOTEUR A EXCITATION SÉPARÉE. — Lorsque le moteur est à excitation séparée, l'excitation des inducteurs peut alors être maintenue constante et indépendante de la vitesse et de l'effort résistant appliqué au moteur.

Tout ce que nous avons dit du fonctionnement d'un moteur en série reste vrai.

Si on ne touche pas à la source produisant le courant passant dans l'induit, ou à la résistance du circuit, la vitesse prise par le moteur est d'autant plus grande et le courant passant dans l'induit est d'autant plus faible que l'effort résistant appliqué au moteur est plus faible.

Seulement ici la vitesse ne prend pas de valeurs dangereuses, même si on réduit au minimum l'effort résistant opposé au moteur. C'est là un avantage des moteurs à excitation séparée.

354. — L'intensité du courant prenant au démarrage, pendant que le moteur est encore immobile, des valeurs d'autant plus grandes que le circuit ne comprend plus ici la résistance des inducteurs, il y a lieu, plus que jamais, d'employer un *rhéostat de démarrage*.

355. — La vitesse prise par le moteur sous un certain effort résistant diminue, si on diminue la différence de potentiel aux bornes, soit en agissant sur la force électromotrice de la source, soit en introduisant une résistance dans le circuit ; l'intensité du courant dans l'induit conserve à peu près exactement la même valeur. La vitesse augmente, si on fait la manœuvre inverse.

356. — Une circonstance particulière à l'excitation séparée est qu'on peut agir séparément sur l'excitation des inducteurs. L'expérience apprend que si l'on augmente le courant excitateur des inducteurs, sans changer l'effort résistant, le courant dans l'induit diminue. Cela s'explique aisément, si l'on songe que la force contre-électromotrice augmente avec le champ magnétique inducteur, l'intensité étant donnée par la relation connue

$$i_a = \frac{D - e}{r_a}.$$

En général, cette augmentation du courant excitateur des inducteurs a aussi pour effet de diminuer la vitesse de rotation.

357. — Si on diminue considérablement le courant inducteur, ce qui diminue e, le courant dans l'induit augmente considérablement ; lorsque le courant inducteur devient nul, le courant dans l'induit prend la valeur qu'il a, lorsque le moteur est immobilisé et si la résistance de démarrage n'est pas alors dans le circuit, des avaries peuvent résulter de cette exagération du courant i_a. En règle générale, il ne faut donc jamais lancer le courant dans l'induit, lorsque le courant inducteur n'a pas déjà sa valeur normale. Il faut surtout éviter de lancer le courant dans l'induit, lorsque les inducteurs ne sont pas du tout excités. On s'assurera donc auparavant de l'excitation des inducteurs, à l'aide d'un morceau de fer.

358. — 3° Moteur excité en dérivation. — Le cas d'un moteur excité en dérivation rentre dans le précédent, si l'on a soin de disposer le circuit dérivé inducteur et la source électrique, alimentant le moteur de manière que l'excitation

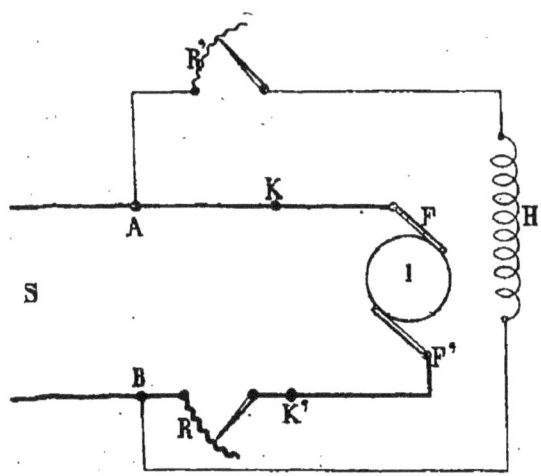

Fig. 89. — Disposition des circuits d'un électromoteur excité en dérivation.

des inducteurs reste constante, quelles que soient les variations de la vitesse du moteur et de l'effort résistant qui lui est opposé. C'est d'ailleurs dans ces conditions qu'il faut se placer pour obtenir du moteur un fonctionnement sûr et régulier. Voici les dispositions à adopter. Si on désigne par I l'induit d'un moteur (*fig. 89*), F et F' étant les balais, K et K' les bornes, il faut employer une source S qui maintienne entre deux points A et B une différence de potentiel constante. Le circuit dérivé des électro-aimants inducteurs H est pris directement entre les points A et B. Les bornes K et K' sont également reliées aux points A et B et c'est entre ces points A et B et les bornes K et K' qu'il faut intercaler le rhéostat R servant pour le démarrage ou permettant d'introduire, *dans le circuit de l'induit seulement,* une résistance plus ou moins grande, de façon à diminuer la vitesse correspondant à un effort résistant déterminé.

Dans ces conditions, le moteur excité en dérivation fonctionne exactement comme un moteur à excitation séparée.

359. — Il ne faut jamais intercaler de rhéostat entre la source S et les points A et B, c'est-à-dire sur la partie des conducteurs communs à l'induit et à l'inducteur.

360. — Dans les moteurs en dérivation on peut régler l'intensité du courant inducteur et donner à volonté plusieurs valeurs à cette intensité par l'introduction d'une portion plus ou moins grande de la résistance d'un rhéostat R' dit *rhéostat d'excitation* sur le circuit dérivé inducteur. Il importe de tenir compte de l'observation faite plus haut pour les moteurs à excitation séparée (**357**) et de s'assurer, avant de lancer le courant dans l'induit, que les inducteurs sont excités.

361. — 4° Moteur a excitation compound. — Un moteur à excitation compound doit être considéré comme un moteur excité en dérivation dont on augmente l'excitation des inducteurs en ajoutant à l'effet du fil fin en dérivation celle d'un certain nombre de tours de gros fil en série. Nous avons vu qu'au démarrage l'excitation des inducteurs d'un moteur en série était considérable et permettait d'obtenir un grand effort moteur (**344**). Au contraire, malgré les meilleures dispositions, l'excitation des moteurs en dérivation diminue presque toujours un peu, lors du démarrage, parce que la source électrique fournissant alors un courant considérable à l'induit a une tendance à donner aux bornes une différence de potentiel plus faible que dans la marche normale. En particulier, si la source est une dynamo, sa vitesse diminue toujours un peu au moment où on ferme le circuit du moteur (**319**); de plus, la chute de potentiel dans les conducteurs est augmentée par l'exagération du courant passant dans l'induit du moteur au moment du démarrage.

Dans un moteur à excitation compound, le courant considérable qui passe au démarrage dans le gros fil compense par son effet la diminution de l'effet du fil fin. Le démarrage une fois effectué, l'action du gros fil est la plupart du temps inutile ou même nuisible; aussi le gros fil des inducteurs constitue, le plus souvent, une des sections de la résistance du rhéostat de démarrage et on le retire du circuit, lorsque le moteur s'est mis en marche.

362. Manœuvre des moteurs électriques. — Manœuvrer un moteur électrique, c'est le mettre en marche, donner à sa vitesse une valeur variable à volonté, le stopper, changer le sens de la marche, suivant les besoins des applications.

363. — Mise en marche. — Avant de fermer le circuit amenant le courant au moteur, il faut introduire dans ce circuit la résistance d'un *rhéostat de démarrage*. Si le moteur est excité en dérivation, nous avons dit (*fig. 89*) que le rhéostat de démarrage doit être intercalé sur le circuit de l'induit seulement et que le circuit inducteur doit être préalablement fermé.

On lance alors le courant dans le moteur; la résistance du rhéostat de démarrage est ensuite progressivement diminuée jusqu'à ce que le moteur prenne une vitesse convenable.

364. — Variation de la vitesse. — On augmente la vitesse en augmentant la différence de potentiel aux bornes du moteur, soit en augmentant la force électromotrice de la source, soit en diminuant la résistance d'un rhéostat intercalé sur le circuit. Le rhéostat de démarrage peut être utilisé à cet effet et il prend alors le nom de *rhéostat de réglage*. On diminue la vitesse par la manœuvre inverse.

365. — Arrêt du moteur. — Pour stopper le moteur, on introduit successivement dans le circuit les portions de la résistance du rhéostat qui avaient été supprimées pour le démarrage, on ouvre alors le circuit.

Si le moteur est excité en dérivation, on ouvre d'abord le circuit induit, puis le circuit inducteur.

366. — Mise en court-circuit. — Lorsqu'on veut arrêter brusquement le moteur, on met l'induit *en court-circuit*, c'est-à-dire qu'on réunit les balais par un conducteur de faible résistance, tout en laissant les inducteurs excités. En même temps, le courant venant de la source est supprimé dans l'induit. Si celui-ci est en mouvement, par suite de l'impulsion précédemment communiquée, des courants d'induction très intenses s'y développent qui, en vertu de la loi de Lenz (**251**), s'opposent au mouvement et l'arrêtent, puisque aucune force ne l'entretient plus. Dans ces conditions, la rotation de l'induit s'arrête, comme s'arrête le mouvement d'une masse de cuivre continue dans le champ magnétique d'un électro-aimant (**255**). Cette mise en court-circuit de l'induit s'obtient, pour les électromoteurs en série, comme l'indique la figure 90. Un commutateur représenté en C, à la partie inférieure de la figure, comprend un secteur de contact D et une série de plots de contact S, M, N, P, Q. Une lame de contact L mobile autour de O permet d'établir la communication entre D et un quelconque des plots.

Entre les plots M, N, P, Q sont intercalées les diverses sections R du rhéostat de démarrage ou de réglage (**364**).

On voit que si la manette est sur M, comme le représente la figure, le courant venant de la source par A passe, par la borne K, dans l'inducteur H, et par les balais F et F' dans

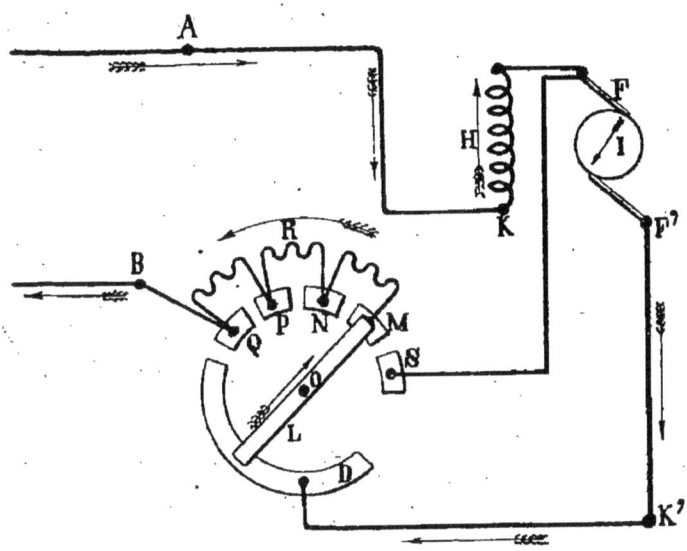

Fig. 90. — Mise en court-circuit de l'induit d'un électromoteur en série, pour l'arrêt instantané.

l'induit I, puis, par la borne K', au secteur D du commutateur, par la lame L et toutes les sections du rhéostat R, puis retourne à la source par B.

Si on tourne la lame L vers la gauche, on diminue la résistance introduite dans le circuit et on augmente la vitesse.

Lorsque, au contraire, on tourne la lame L de manière qu'elle porte à la fois sur les plots M et S, les balais F et F' sont en court-circuit par D, L, S, et le courant passe directement par A, K, H, F, S, M, B sans passer dans l'induit. Le moteur s'arrête brusquement.

Quand la lame L est sur S seulement, le circuit est rompu.

367. — La figure 91 est relative à un moteur excité en dérivation. Les inducteurs H en dérivation entre les points A et B, où la source maintient une différence de potentiel constante, sont excités par un courant qu'on peut faire varier à volonté en introduisant dans ce circuit dérivé une portion plus ou moins grande du rhéostat d'excitation R'.

Le circuit de l'induit A, F, I, F', B comprend un commutateur C analogue à celui que nous venons de décrire (**366**) et qui sert à introduire dans le circuit de l'induit une frac-

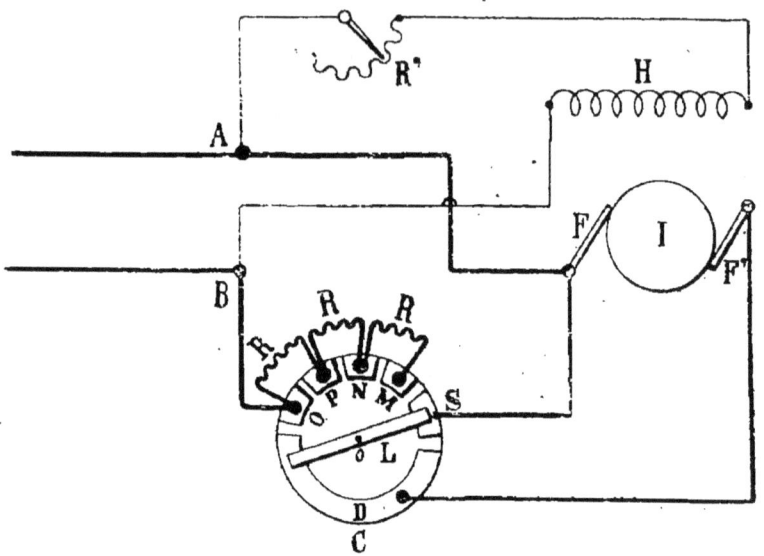

Fig. 91. — Mise en court-circuit de l'induit d'un électromoteur en dérivation, pour l'arrêt instantané.

tion plus ou moins grande de la résistance R du rhéostat de démarrage ou de réglage, comme il a été indiqué plus haut.

Si la lame L est portée sur le plot de contact S, le courant cesse de passer dans l'induit et en même temps les deux balais F et F' étant reliés par S, L, D, l'induit est en court-circuit et s'arrête instantanément.

368. — INVERSION DU SENS DE LA ROTATION. — Pour inverser le sens du mouvement d'un moteur, il faut inverser le sens du courant seulement dans l'induit, ou seulement dans l'inducteur (**327**). Généralement, c'est dans l'induit qu'on inverse le courant.

Lorsque l'angle de calage des balais est important (**334**), il faut inverser ce calage en même temps que le sens de la rotation. Si, de plus, les balais sont en fils métalliques, il faut modifier leur portage de façon qu'après l'inversion du mouvement ils ne soient pas rebroussés par le collecteur. On y arrive en déplaçant les balais, comme le montre la figure schématique 92. Si nous représentons par des traits pleins la position des balais B et B', C étant le collecteur, quand l'induit du moteur tourne dans le sens de la flèche pleine, avec un courant également indiqué par des flèches pleines, on voit

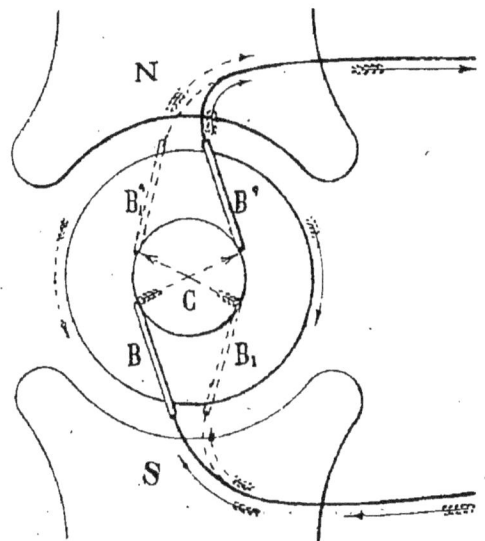

Fig. 92. — Inversion du courant dans l'induit d'un électromoteur.

qu'en plaçant les balais dans la position pointillée, le balai B venant en B_1 et B' en B'_1, on inverse le courant dans l'induit et le sens du calage, c'est-à-dire le sens de la rotation.

369. — Pour faciliter cette manœuvre des balais, on en emploie deux paires qui appuient à tour de rôle sur le collecteur. La figure 93 représente un *inverseur de marche* établi sur ce principe. Les deux balais B et B_1 qui doivent se remplacer sont fixés à un porte-balais commun qui peut tourner autour d'un axe et communique avec l'un des conducteurs amenant le courant. Il en est de même pour les deux autres balais B' et B'$_1$. Un levier L permet, par l'intermédiaire d'une

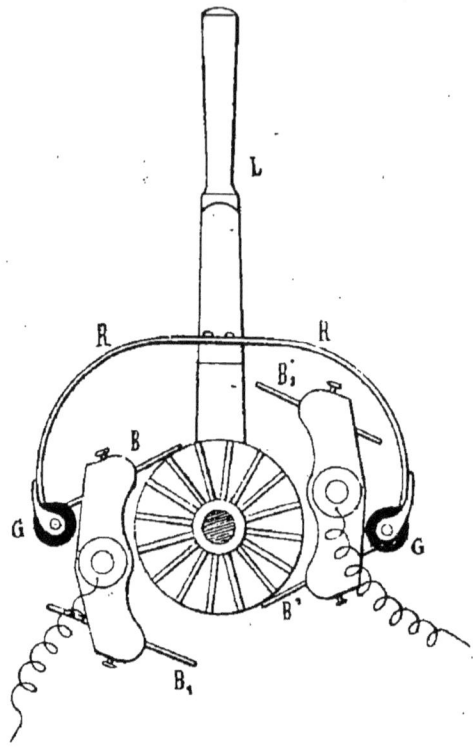

Fig. 93. — Inverseur de marche pour électromoteur.

lame à ressort R et de galets G, de faire appuyer sur le collecteur soit les balais B et B', soit les balais B$_1$ et B'$_1$.

370. — Lorsque l'angle de calage des balais est assez faible pour être considéré comme négligeable, que, de plus, on fait usage de balais en charbon, on peut inverser le courant dans l'induit, au moyen d'un commutateur spécial, sans toucher aux balais. Tout au plus rectifie-t-on leur calage une fois le changement de marche effectué.

Cette dernière façon d'opérer est infiniment supérieure à la première et doit être employée de préférence.

Le commutateur permettant d'inverser le courant s'appelle

commutateur-inverseur, ou simplement *inverseur*. Dans la figure 94 on a représenté un pareil commutateur-inverseur, destiné à changer le sens de la marche d'un moteur excité en dérivation.

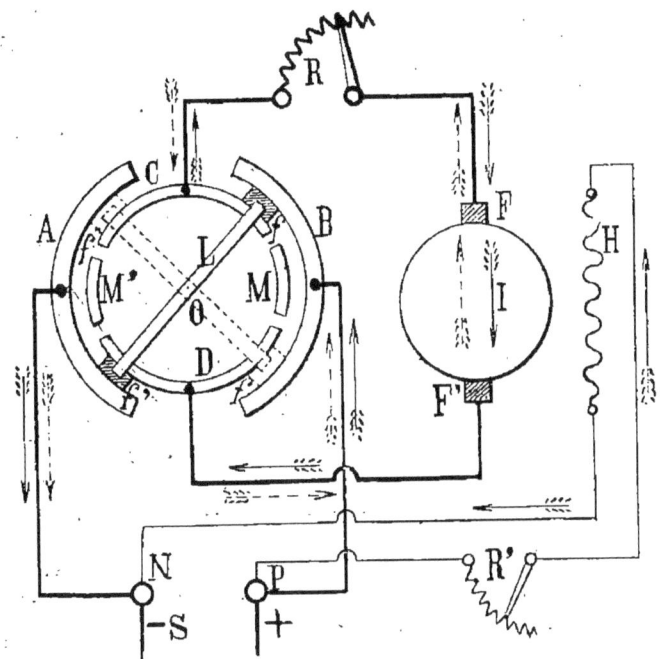

Fig. 94. — Inverseur de courant pour le changement de marche d'un moteur.

Cet inverseur se compose essentiellement de deux secteurs de contact A et B en communication permanente avec les deux bornes P et N reliées aux pôles positif et négatif de la source électrique S. Deux autres secteurs de contact C et D, à 90° des premiers, sont reliés aux balais en charbon F et F' de l'induit I du moteur électrique.

D'autre part, un levier de contact L porte à ses extrémités deux frotteurs f et f', généralement en charbon ; ces frotteurs sont isolés du levier L. Ce dernier peut tourner autour de l'axe O et occuper, soit la position figurée en traits pleins, soit la position pointillée. Dans les deux cas, les frotteurs f et f' établissent la communication électrique entre les secteurs A et B d'une part et les secteurs C et D, d'autre part.

Mais le courant traversant l'induit du moteur change de sens d'une position à l'autre.

Ainsi, pour la position du levier figurée en traits pleins, le courant suivant les flèches pleines, passe par le trajet : borne positive P de la source, secteur B, frotteur *f*, secteur C, balai F du moteur, balai F' du moteur, secteur D, frotteur *f'*, secteur A, borne négative N de la source.

Pour la position du levier représentée en pointillé, le courant, suivant les flèches pointillées, passe par le trajet : borne positive P, secteur B, frotteur *f*, secteur D, balai F' du moteur, balai F du moteur, secteur C, frotteur *f'*, secteur A, borne négative N. Le courant a donc changé de sens dans l'induit.

Lorsque le levier L est dans la position horizontale, les frotteurs peuvent porter sur des touches isolées M et M'; le circuit de l'induit est alors interrompu. Quelquefois les choses sont disposées de manière que dans la position de repos du levier L, les deux balais F et F' soient directement en communication ; l'induit est alors en court-circuit.

Nous avons représenté, dans la figure 94, le circuit spécial pour l'excitation de l'inducteur H, toujours parcouru par un courant de même sens, ainsi que les rhéostats R et R' du circuit de l'induit et de l'inducteur. Le courant dans l'inducteur étant faible par rapport à celui de l'induit, le circuit de l'inducteur est ordinairement, dans les figures, représenté en traits plus fins.

Quelquefois, un même appareil, appelé alors *inverseur-rhéostat,* comprend l'inverseur du courant dans l'induit du moteur et le rhéostat de démarrage R. Nous en verrons plus loin un exemple.

CHAPITRE X

ACCUMULATEURS ÉLECTRIQUES

371. Courants secondaires. — Voici un vase en verre V contenant de l'eau acidulée par de l'acide sulfurique. Deux fils de platine E, E' traversent le fond du vase et sont reliés à deux bornes C et C' placées sur la planchette servant de support (*fig. 95*). Je recouvre les deux fils de platine avec deux éprouvettes A et B, préalablement remplies également d'eau acidulée. Cet appareil est ce que l'on appelle un *voltamètre à eau acidulée*.

Si maintenant je viens à relier les bornes C et C' aux deux pôles d'une pile et si le circuit ainsi constitué est fermé au moyen d'un interrupteur, l'eau est décomposée par le courant; des bulles de gaz se dégagent autour des deux fils de platine appelés *élec-*

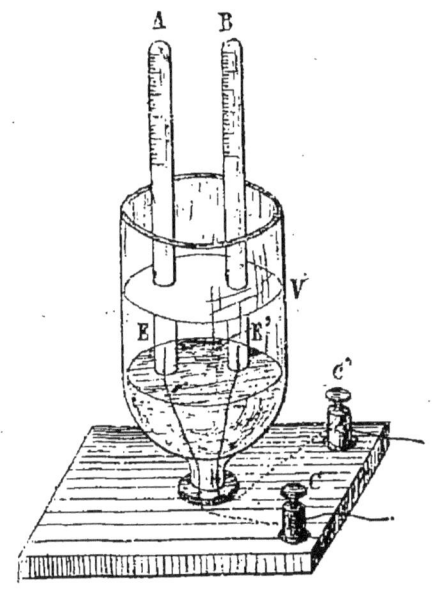

Fig. 95. — Voltamètre à eau acidulée.

trodes et se rassemblent au sommet des éprouvettes (**50**). Nous avons dit déjà que le gaz dégagé autour de l'électrode en communication avec le pôle positif de la pile, ou *électrode positive*, est de l'*oxygène*, que le gaz dégagé autour de l'électrode négative est de l'*hydrogène* (**91**). Au bout d'un certain temps, nous avons dans les éprouvettes un certain volume de gaz, le gaz hydrogène occupant, comme vous le voyez, un volume double de l'autre.

J'enlève alors des bornes C et C' du voltamètre les fils venant de la pile et je relie rapidement ces mêmes bornes C et C' aux bornes d'un galvanomètre suffisamment sensible ; vous pouvez constater une déviation de l'aiguille de ce galvanomètre.

Ainsi donc un courant électrique parcourt un circuit reliant les deux bornes d'un voltamètre dans lequel on a préalablement fait passer le courant d'une source étrangère, une pile par exemple. Ce courant produit par le voltamètre est appelé *courant de polarisation,* ou *courant secondaire* ; le courant qui avait traversé le voltamètre en venant de la pile est le *courant primaire.*

372. — Le courant secondaire est peu intense et il est assez fugitif, quand il est obtenu dans les conditions que nous venons d'indiquer.

Mais voici un autre voltamètre composé simplement d'un vase en verre rempli d'eau acidulée et de deux lames ou *électrodes de plomb* plongeant dans ce liquide. Ces deux lames sont toutes deux actuellement d'un gris sale comme tout morceau de plomb exposé à l'air. Je relie ces deux lames aux pôles d'une pile de manière à faire passer dans le voltamètre un courant primaire ; j'ai soin d'ailleurs de repérer la lame mise en communication avec le pôle positif de la pile, c'est-à-dire celle qui sert d'*électrode positive.* Au bout de quelques instants, j'interromps le courant primaire et je retire des lames les fils venant de la pile. Si vous examinez maintenant les lames de plomb, vous voyez qu'elles ont changé d'aspect ; l'une, celle qui servait d'électrode positive, est recouverte d'une couche de matière brune ; l'autre, l'électrode négative, est, au contraire, d'un gris blanc, comme si elle avait été décapée.

Les deux lames étant dans l'eau acidulée, sans communication avec la pile, si je les relie aux bornes d'un galvanomètre, j'obtiens encore un courant secondaire, mais bien plus intense et plus durable que lorsque j'employais comme électrodes des fils de platine.

373. — Si d'ailleurs on a repéré les bornes du galvanomètre que l'on emploie, de manière que le sens de la déviation fasse connaître le sens du courant qui le traverse (**44**), on peut constater que le courant secondaire fait dévier le galvanomètre comme si ce courant partait de l'électrode positive, c'est-à-dire celle que l'on avait reliée au pôle positif de la pile produisant le courant primaire.

374. — Ces faits peuvent être aisément expliqués.

Quand on emploie le voltamètre à eau acidulée avec électrodes en plomb, l'eau est décomposée par le courant primaire en oxygène qui se dégage autour de l'électrode positive, et en hydrogène autour de l'électrode négative. Le plomb est un corps très oxydable ; aussi l'oxygène dégagé l'oxyde-t-il ; la couche brune observée précédemment est de l'*oxyde puce* de plomb. Au contraire, l'hydrogène débarrasse la lame négative des oxydes que l'exposition à l'air de cette lame y avait précédemment créés ; cette lame négative est ainsi nettoyée, décapée à sa surface qui n'offre plus que du plomb *pur*, dit *plomb réduit*.

Mais alors, si on interrompt le courant primaire, on a dans l'eau acidulée une lame de plomb pur, corps très oxydable, et une lame de plomb déjà oxydée, qui ne peut plus l'être et même sert de dépolarisant (**209**). Ce sont bien là les deux lames différemment attaquables par le liquide qui constituent un couple voltaïque (**205**), la lame de plomb pur remplaçant la lame de zinc des couples ordinaires. Aussi ne faut-il pas s'étonner que ce voltamètre, devenu maintenant un véritable élément de pile, produise un courant et fasse dévier l'aiguille d'un galvanomètre. Le courant va d'ailleurs toujours de la lame la moins oxydable, c'est-à-dire celle qui a servi d'électrode positive, à la lame la plus oxydable en plomb pur, c'est-à-dire l'électrode négative.

Il est clair que pendant que le courant secondaire circule, la lame négative est peu à peu attaquée et oxydée; la lame positive perdant au contraire son oxyde, les deux lames sont, au bout d'un certain temps, semblables comme auparavant et le courant secondaire cesse.

375. — Dans le voltamètre à lames de platine, l'électrode positive se recouvre d'une couche d'oxygène et la lame négative d'une couche d'hydrogène. Le courant primaire cessant, on a encore un couple dans lequel l'hydrogène, corps combustible, oxydable, est le pôle négatif, tandis que l'oxygène forme le dépolarisant positif. Le courant doit encore aller de la lame recouverte d'oxygène, ou ayant servi d'électrode positive, à la lame ayant servi d'électrode négative, conformément d'ailleurs à ce que l'on observe réellement.

376. — Mais l'hydrogène et l'oxygène à l'état gazeux n'existant qu'en petite quantité à la surface des lames, disparaissent rapidement et le courant secondaire est fugitif.

Avec des lames de plomb, au contraire, le plomb réduit formé sur la lame négative et l'oxyde de plomb de la lame positive sont à l'état solide et peuvent être emmagasinés en plus grande quantité, de manière à produire un courant secondaire plus durable.

377. — Un voltamètre à lames de plomb, capable de se transformer en un élément de pile par le passage d'un courant primaire, s'appelle *accumulateur électrique* au plomb.

On dit qu'on *charge* l'accumulateur pendant le passage du courant primaire, qui produit du plomb pur sur la lame négative et de l'oxyde de plomb sur la lame positive.

L'accumulateur *se décharge* lorsqu'il fournit un courant secondaire dans un circuit extérieur et que le plomb pur et l'oxyde de plomb disparaissent.

378. Force contre-électromotrice de polarisation. — On peut voir aisément que le courant secondaire fourni par un voltamètre est de sens contraire au courant primaire. Considérons, en effet, un voltamètre V dont les lames O et H sont reliées aux pôles positif et négatif d'une pile P (*fig. 96*).

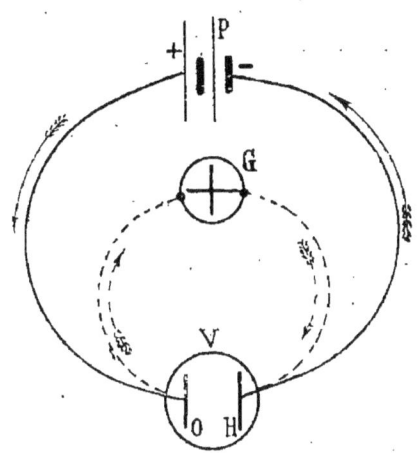

Fig. 96. — Polarisation d'un voltamètre.

Le courant primaire *entre* donc dans le voltamètre *par la lame O et sort par la lame H* en suivant les flèches pleines. Nous savons d'ailleurs que l'oxygène se dégage sur l'électrode positive O et l'hydrogène sur l'électrode négative H. Si maintenant nous rompons les communications du voltamètre avec la pile primaire P et si nous relions les lames O et H au galvanomètre G, communications indiquées en pointillé sur la figure, nous savons que le courant secondaire *sort par la lame O* et *rentre* dans le voltamètre *par la lame H*. Le courant secondaire est donc de sens contraire au courant primaire.

379. — Le courant secondaire tend à se produire pendant que le courant primaire fourni par la pile passe dans le voltamètre. Si nous indiquons par la flèche pleine le sens du courant primaire de la pile P (*fig. 97*), le sens du courant secondaire que tend à produire le voltamètre V est indiqué par la flèche pointillée.

Le voltamètre développe donc pendant le passage du courant primaire une force électromotrice opposée à celle de la pile, c'est-à-dire une force contre-électromotrice.

Désignons par E la force électro-

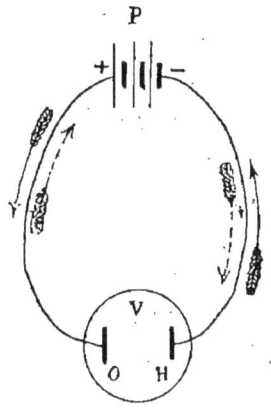

Fig. 97. — Polarisation d'un voltamètre.

motrice de la pile, par e la force contre-électromotrice du voltamètre, dite *force contre-électromotrice de polarisation*; r, R, v, représentant les résistances de la pile, des conducteurs et du voltamètre, l'intensité i du courant est

$$i = \frac{E - e}{r + R + v}.$$

De même, si D désigne la différence de potentiel aux bornes du voltamètre, on a

$$i = \frac{D - e}{v}.$$

Il est évident que le courant primaire ne peut être lancé par la pile dans le voltamètre que si la force électromotrice E et même la différence de potentiel D établie entre les bornes du voltamètre sont plus grandes que la force contre-électromotrice de polarisation e.

380. Formation des accumulateurs au plomb.

— Si l'on constitue un accumulateur au moyen de deux lames de plomb ordinaires et qu'on charge l'accumulateur, on constate que, même avec un courant de charge de faible intensité, de l'hydrogène et de l'oxygène se dégagent au bout de très peu de temps sur les lames, montrant que la charge de l'accumulateur est, dans l'état actuel, aussi complète que possible. Il y a donc eu peu d'oxyde de plomb formé sur la lame positive et peu de plomb réduit sur la lame négative. Le courant secondaire de décharge durera donc peu de temps, même s'il est faible.

Cela tient à ce que la surface seule des lames a subi l'action des gaz oxygène et hydrogène, les couches sous-jacentes étant imperméables.

Pour se servir utilement des accumulateurs, il faudra accroître les quantités d'oxyde de plomb et de plomb réduit susceptibles d'être produites par le courant de charge et pour cela donner de la perméabilité aux lames de plomb. C'est ce qu'on appelle *former* l'accumulateur.

La formation d'un accumulateur au plomb s'obtient en chargeant et déchargeant successivement l'accumulateur, en ayant soin de changer le sens du courant de charge à chaque fois.

Cette formation dure très longtemps ; quelquefois plusieurs années sont nécessaires pour qu'elle soit complète.

381. Accumulateurs à oxyde de plomb. — La durée de la formation d'un accumulateur sera, on le conçoit, considérablement réduite, si on applique à l'avance sur les lames une couche perméable des substances que l'on veut y former. Généralement on met sur les deux lames une couche de minium, qui est un oxyde de plomb, et le passage du courant primaire transforme le minium de la lame positive en oxyde puce de plomb, tandis que le minium de la lame négative est réduit à l'état de plomb pur, pulvérulent, très oxydable.

La litharge, ou un sel quelconque de plomb, peuvent aussi être employés pour garnir les lames. Les couches de substances appliquées sur les lames constituent la *matière active*.

Pour retenir contre les lames de l'accumulateur les couches artificielles de matières qu'on y applique, on emploie divers artifices, qui suffisent à différencier les types particuliers d'accumulateurs.

382. — C'est ainsi qu'assez souvent les lames sont remplacées par des grillages dans les alvéoles desquels on comprime la matière active. Celle-ci forme alors des sortes de *pastilles* serties dans le grillage. Un grillage garni constitue une *plaque* d'accumulateur.

383. — Quand les plaques sont formées, on reconnaît les plaques positives à la couleur brune de l'oxyde puce de plomb en lequel leur matière active a été transformée. Les plaques négatives ont la couleur gris clair du plomb non oxydé.

384. — Pour diminuer la résistance intérieure d'un accumulateur (**217**), on donne une grande surface à la plaque positive et à la plaque négative et on les sépare par une distance faible.

Pour accroître la surface sans exagérer les dimensions, on compose la plaque positive de plusieurs plaques de dimensions moyennes réunies entre elles ; de même, la plaque négative est formée de plusieurs plaques réunies ; les plaques élémentaires négatives sont intercalées entre les plaques positives, de manière qu'un très petit intervalle sépare chaque plaque négative des plaques positives voisines.

385. Force électromotrice et résistance intérieure d'un accumulateur au plomb. — La force contre-électromotrice de polarisation d'un accumulateur au plomb est, au commencement de la charge, voisine de 2 volts. A la fin de la charge, elle atteint de 2,4 à 2,5 volts.

386. — La force électromotrice au commencement de la décharge est voisine de 2 volts ; elle tombe progressivement jusqu'à 1,8 volt, puis diminue ensuite plus rapidement, si on continue la décharge ; mais, en fonctionnement normal, il faut arrêter la décharge lorsque la force électromotrice est tombée à 1,8 volt.

387. — La résistance intérieure d'un accumulateur est généralement très faible ; elle varie le plus souvent de 0,01 à 0,001 ohm et même moins.

Aussi, pratiquement, peut-on confondre la différence de potentiel aux bornes avec la force électromotrice, la résistance du circuit dont fait partie l'accumulateur étant alors généralement grande par rapport à cette résistance intérieure si faible (**235**).

La force électromotrice, soit pendant la charge, soit pendant la décharge, se mesurera donc pratiquement au moyen d'un voltmètre en dérivation aux bornes.

388. Batteries d'accumulateurs. — Les accumulateurs étant de véritables éléments de pile, on peut, comme ces derniers, les associer en tension, en quantité, ou d'une façon mixte en suivant d'ailleurs les mêmes règles (**211**). On forme ainsi des *batteries* d'accumulateurs.

Par conséquent, pendant la décharge, si n accumulateurs sont en tension, la force électromotrice variera de $2 \times n$ à $1,8 \times n$ volts.

Pendant la charge, la force contre-électromotrice opposée à la source fournissant le courant primaire pourra atteindre $2,4 \times n$ à $2,5 \times n$ volts, n étant toujours le nombre des accumulateurs en tension. Il faudra avoir égard à cette considération lorsqu'il s'agira de mettre en charge une batterie d'accumulateurs.

389. — Ainsi, par exemple, si on dispose d'une source électrique pouvant établir et maintenir entre deux points une différence de potentiel de 80 volts, et que, d'autre part, on ait 44 accumulateurs, on ne pourra mettre les 44 accumulateurs en tension, pour la charge ; car la force contre-électromotrice est tout de suite égale à 2×44 ou 88 volts et monterait à $2,5 \times 44$ ou 110 volts, à la fin. Le courant ne pourrait donc passer de la source primaire dans les accumulateurs (**379**). Mais on pourra partager les 44 accumulateurs en deux batteries de 22 accumulateurs en tension chacune et associer ces batteries en quantité. La force contre-électromotrice n'est plus alors au maximum que $2,5 \times 22$ ou 55 volts et la charge pourra s'effectuer jusqu'au bout.

390. — Pour la décharge, rien n'empêchera ensuite de mettre tous les accumulateurs en tension et d'obtenir ainsi une force électromotrice allant de 2×44 ou 88 jusqu'à $1,8 \times 44$ ou 79 volts.

391. Courant de charge des accumulateurs. — Plus est grande l'intensité du courant de charge des accumulateurs, plus il semble que cette charge sera vite complète. Mais un courant de charge trop grand fait tomber les pastilles de leurs alvéoles ; ce courant de charge ne doit pas dépasser une certaine limite que chaque constructeur indique pour le type d'accumulateur qu'il construit.

A défaut d'autre indication, on peut calculer le courant de charge à raison de 0,75 ampère par kilogramme de plaques.

392. Débit. — En raison de leur faible résistance intérieure, les accumulateurs peuvent donner des courants de décharge énormes, quand on donne au circuit extérieur de décharge une faible résistance. Mais les accumulateurs seraient vite détruits par la chute de leurs pastilles et la déformation ou *gondolement* de leurs plaques, si on leur faisait produire des courants trop intenses. En particulier, il faut éviter avec le plus grand soin de mettre des accumulateurs *en court-circuit*, comme nous l'avons indiqué pour les piles ordinaires (**218**).

Chaque constructeur indique un courant de décharge ou *débit* qui ne doit pas être dépassé pour le type particulier dont on fait usage.

Il est rare que le *débit maximum* ainsi indiqué dépasse 2 ou 3 ampères par kilogramme de plaques. Souvent il est inférieur à 1,5 ampère par kilogramme de plaques.

393. — Il ne faut pas oublier que lorsque q accumulateurs sont associés en quantité, si le courant passant dans le circuit extérieur est I, le courant produit par chaque accumulateur est $\frac{I}{q}$ (**226**). Par conséquent, avec des accumulateurs de 15 kilogr. de plaques et pouvant débiter au maximum 2 ampères par kilogramme, soit 30 ampères, on peut néanmoins fournir dans un circuit extérieur un courant de 300 ampères, à la condition de mettre 10 accumulateurs en quantité.

394. Capacité d'un accumulateur. — On appelle

capacité d'un accumulateur la quantité d'électricité qu'il est capable de fournir par sa décharge, étant entendu qu'on arrête celle-ci lorsque la force électromotrice est tombée à 1,8 volt.

Si on a noté la durée t de la décharge, l'intensité du courant de décharge ou débit étant I, on aura pour la capacité (**106**) :

$$Q = I \times t.$$

Si le temps est donné en secondes et l'intensité en ampères, la capacité est ainsi obtenue en coulombs :

$$Q^{\text{coulombs}} = I^{\text{ampères}} \times t^{\text{secondes}}.$$

Si le temps est donné en heures et l'intensité en ampères, la capacité est obtenue en ampères-heure (**107**) :

$$Q^{\text{ampères-heure}} = I^{\text{ampères}} \times t^{\text{heures}}.$$

La capacité d'un accumulateur est indiquée par le constructeur. Elle dépasse rarement 10 ampères-heure par kilogramme de plaques.

395. — Cette dernière formule permet de résoudre un grand nombre de problèmes relatifs à la durée de la décharge. Nous en donnerons un exemple.

Supposons qu'un certain type d'accumulateurs ait une capacité de 300 ampères-heure. Si le débit est 10 ampères, la décharge aura une durée

$$t = \frac{300}{10} = 30 \text{ heures.}$$

Si le débit est 50 ampères, la durée de la décharge est

$$t = \frac{300}{50} = 6 \text{ heures.}$$

CHAPITRE XI

LUMIÈRE ÉLECTRIQUE PAR ARC VOLTAÏQUE

396. Arc voltaïque. — Lorsque deux conducteurs reliés aux pôles d'une pile sont d'abord mis en contact puis séparés brusquement, on obtient entre leurs extrémités une étincelle lumineuse (**48**), le courant cessant d'ailleurs de passer après l'étincelle.

Lorsque la source électrique, une machine par exemple, est suffisamment puissante et qu'on sépare les conducteurs, après leur mise en contact, non plus brusquement, mais lentement, en ne dépassant pas un écart assez petit, on constate cette fois la production, non plus seulement d'une étincelle, mais d'un flux lumineux continu, d'un conducteur à l'autre. Un ampèremètre intercalé dans le circuit montre de plus que le courant n'est pas interrompu, mais continue à circuler comme lorsque les conducteurs étaient directement en contact.

Ce phénomène porte le nom d'*arc voltaïque* ; il est surtout brillant quand les conducteurs entre lesquels on le produit sont deux morceaux de charbon de cornue, ou deux cylindres d'un charbon artificiel spécial.

397. Taille des charbons entre lesquels jaillit un arc voltaïque ; température des charbons. — Lorsqu'on a, ainsi que nous venons de le dire, établi un arc voltaïque entre deux cylindres de charbon de diamètres pas trop différents avec une source électrique à courants continus, si on examine les charbons après que l'arc a été maintenu pendant un certain temps, on constate que le charbon relié au pôle positif de la source et par lequel le courant arrivait, a son extrémité creusée en forme de cratère, que le charbon négatif, au contraire, a son extrémité taillée en *pointe*, plus ou moins accusée.

398. — Pendant que l'arc était établi, on a pu aussi constater que la température de l'arc était excessive et que les extrémités des deux charbons étaient incandescentes. Un examen plus approfondi fait voir d'ailleurs que le charbon positif est incandescent sur une plus grande partie de sa longueur que le charbon négatif; la température la plus élevée correspond au fond du cratère positif.

399. Lumière d'un arc voltaïque. — La grande quantité de lumière produite par un arc voltaïque provient surtout des charbons incandescents. Puisque le fond du cratère positif est à une température plus élevée que le reste, c'est cette partie qui produira le plus de lumière. Aussi, dans les applications de l'arc voltaïque à l'éclairage, on prend soin de diriger le cratère positif vers les objets à éclairer.

400. — Si on veut éclairer des objets situés dans une salle, on suspend les arcs voltaïques au plafond, le charbon positif à la partie supérieure, son cratère dirigé vers le bas.

401. — A bord des navires on veut, la plupart du temps, obtenir un faisceau lumineux à peu près horizontal. Au lieu de mettre les arcs des charbons dans le prolongement l'un de l'autre, on les déplace légèrement l'un par rapport à l'autre comme l'indique la figure 98. Le charbon positif placé à la partie supérieure prend alors une taille biaise (*fig. 99*) qui découvre le fond du cratère. De plus, on incline l'ensemble des deux charbons de façon à pouvoir diriger le cratère du côté où on veut envoyer la lumière. Dans le cas où on utilise un miroir réfléchissant, c'est vers le miroir qu'on dirige le cratère ainsi découvert.

402. — Dans ces derniers temps, on a réussi à faire fonctionner convenablement des arcs voltaïques avec des charbons complètement horizontaux. On oriente alors aisément le fond du cratère de manière à envoyer un faisceau lumineux horizontal dans la direction désirée.

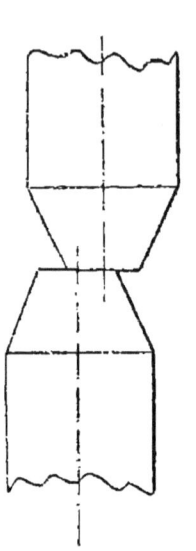 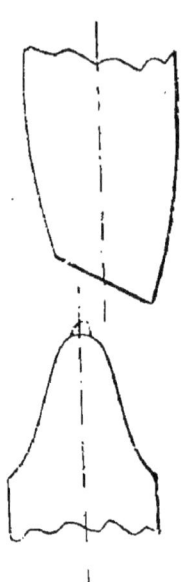

Fig. 98. — Déplacement latéral des axes des charbons.   Fig. 99. — Taille biaise du charbon positif.

403. Divers états d'un arc voltaïque. — Allumons un arc voltaïque et dans ce but mettons les deux charbons en contact; ils rougissent d'abord légèrement au point de contact (**165**); écartons les charbons d'une très petite quantité, nous obtenons l'arc voltaïque. Mais cet arc très court est agité, bruyant; des flammes assez longues et mobiles enveloppent les extrémités des charbons. Un pareil arc est dit *sifflant*; il est peu éclairant et son agitation rend difficile l'observation des objets qu'il éclaire.

404. — Si nous écartons davantage les charbons, il arrive un moment où l'arc cesse de siffler; il n'est plus agité et les flammes ont disparu presque complètement. L'arc est dit *fixe* et la lumière qu'il produit est bien plus considérable que précédemment.

405. — Si nous continuons à écarter les charbons, l'arc devient moins bon, les flammes et l'agitation réapparaissent et diminuent encore notablement la lumière produite : l'arc est alors *flambant*.

406. — Enfin les charbons étant de nouveau écartés, pour un certain écart maximum, l'arc s'éteint.

407. — L'arc fixe donnant plus de lumière, c'est lui qu'on devra toujours chercher à obtenir ; nous venons de voir qu'il correspond à un certain écart des charbons.

408. Réglage des arcs voltaïques. — Nous avons dit comment les charbons étant au contact, si on les écarte, l'arc voltaïque s'établit. Si on laisse les choses à cet état, les deux charbons portés à l'incandescence dans l'air vont se consumer peu à peu et leur écart va augmenter.

L'arc passera successivement par tous les états que nous venons d'indiquer (**403**), arc sifflant, arc fixe, arc flambant, et finira par se rompre pour une certaine longueur maximum.

Un arc voltaïque abandonné à lui-même pourra donc bien devenir fixe ; mais il devient ensuite bien vite mauvais et se rompt rapidement.

Régler un arc voltaïque consistera à le rendre fixe et à le maintenir tel en agissant convenablement sur l'écart des charbons.

409. — Nous savons qu'il y a un écart des charbons l pour lequel l'arc cesse d'être sifflant et devient fixe. D'autre part, l'arc devient flambant pour une autre longueur l_1 donnée à l'arc. L'arc ne sera satisfaisant que pour une longueur intermédiaire entre la *limite inférieure* l et la *limite supérieure* l_1.

Plus l'arc a une longueur voisine de la limite inférieure l pour laquelle il devient sifflant, plus l'arc est fixe et éclairant ; mais aussi plus grande sera la probabilité que l'arc devienne sifflant, pour la moindre diminution dans sa longueur provoquée par le rapprochement volontaire ou accidentel des charbons, ou par un boursouflement des extrémités.

On choisira donc une longueur l' intermédiaire entre l et l_1 et qui ne soit pas trop voisine de l. L'arc correspondant à la longueur l' sera l'*arc normal* qu'il faudra s'efforcer d'obtenir et de maintenir.

Il serait, on le conçoit, difficile de mesurer les distances entre les charbons l et l_1 correspondant à l'arc sifflant et à l'arc flambant et par suite de choisir l'écart normal l' auquel on veut maintenir les charbons.

410. — On tourne la difficulté de la manière suivante :

Supposons qu'on forme un arc voltaïque en ayant soin d'intercaler un ampèremètre sur l'un des conducteurs reliant les charbons à la source et d'établir un voltmètre en dérivation entre ces charbons.

L'ampèremètre permet de mesurer l'intensité du courant passant dans l'arc et le voltmètre la différence de potentiel entre les charbons (**133**).

411. — Or, si on emploie toujours la même source électrique et les mêmes charbons et si on écarte progressivement les charbons pour obtenir les divers états de l'arc (**403**), on voit que l'intensité du courant diminue et que la différence de potentiel augmente à mesure que l'écart des charbons devient plus grand ; de plus, l'arc cesse toujours d'être sifflant pour la même intensité i du courant et la même différence de potentiel D entre les charbons ; l'arc devient flambant toujours pour le même courant i_1 et la même différence de potentiel D_1.

412. — Au lieu donc de choisir et de maintenir un écart l'

intermédiaire entre l et l_1, on choisit une intensité i' intermédiaire entre i et i_1 ou une différence de potentiel D' intermédiaire entre D et D_1.

L'intensité i' et la différence de potentiel D' sont l'intensité et la différence de potentiel *normales* pour la source électrique et les charbons employés.

Régler l'arc voltaïque consistera donc à manœuvrer les charbons de manière à obtenir et à maintenir constante soit l'intensité i', soit la différence de potentiel D'.

413. — Dans chaque cas particulier, pour chaque source et chaque espèce de charbons employés, il faudra déterminer les limites i et i_1 de l'intensité du courant, ou les limites D et D_1 de la différence de potentiel correspondant à l'arc sifflant et à l'arc flambant et choisir ainsi en connaissance de cause l'intensité i' et la différence de potentiel D' correspondant à l'arc normal qu'on veut maintenir.

414. — Plus l'intervalle entre i et i_1 ou bien entre D et D_1 sera grand, plus facile sera le réglage de l'arc, puisqu'on risquera moins, pour une petite erreur de manœuvre, de tomber dans l'arc sifflant ou dans l'arc flambant.

Si cet intervalle est grand, on dit que l'arc a une *grande stabilité*.

415. Réglage d'un arc voltaïque à la main. — Pour régler un arc voltaïque à la main, on établira, par exemple, un voltmètre en dérivation entre les charbons.

Les charbons étant mis au contact, puis écartés pour allumer l'arc, on déterminera la différence de potentiel D au-dessous de laquelle il ne faut pas descendre sous peine d'avoir l'arc sifflant ; puis la différence de potentiel D_1 qu'il ne faut pas dépasser pour ne pas avoir d'arc flambant.

On choisit ensuite une différence de potentiel D' intermédiaire correspondant à l'arc normal. On obtient cette différence de potentiel en agissant convenablement sur les charbons et en se rappelant que la différence de potentiel diminue à mesure qu'on rapproche les charbons, qu'elle augmente si on les écarte (**411**).

La différence de potentiel D′ et l'arc normal correspondant étant obtenus, il n'y a plus qu'à rapprocher de temps en temps les charbons à mesure que l'augmentation de la différence de potentiel lue sur le voltmètre montre que les charbons s'écartent par l'usure, de manière à ramener cette différence de potentiel à sa valeur D′.

Nous reviendrons d'ailleurs, dans la troisième partie, sur la manière d'opérer pour régler un arc voltaïque à la main.

416. Régulateurs automatiques. — Le maintien des charbons à l'écart correspondant à l'arc normal peut être confié à des organes automatiques appelés *lampes* ou *régulateurs à arc voltaïque*. La plupart des régulateurs utilisent pour le réglage des électro-aimants ; on les désigne sous le nom général de *régulateurs électro-magnétiques*.

On les divise en 3 classes, suivant le rôle et la disposition de ces électro-aimants : *régulateurs en série* ou *d'intensité*, *régulateurs en dérivation* ou *de différence de potentiel*, *régulateurs différentiels*.

417. Régulateurs en série ou d'intensité. — Sup-

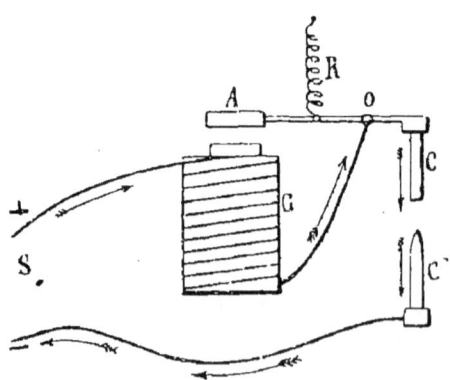

Fig. 100. — Disposition schématique d'un régulateur en série.

posons qu'un électro-aimant à gros fil soit intercalé sur l'un

LUMIÈRE ÉLECTRIQUE PAR ARC VOLTAÏQUE.

des conducteurs joignant les charbons à la source électrique ; le courant s'affaiblira et augmentera dans cet électro-aimant en même temps que dans l'arc. Or nous avons vu (**411**) que l'intensité du courant diminue quand l'écart des charbons augmente, et que l'intensité du courant augmente si l'écart des charbons diminue.

L'électro-aimant G attire une armature A, rappelée d'autre part par un ressort antagoniste R (*fig. 100*). L'armature peut osciller autour de l'axe O et son prolongement porte un des charbons entre lesquels jaillit l'arc voltaïque.

418. — Supposons qu'il y ait équilibre entre l'attraction de l'électro-aimant sur l'armature et la tension du ressort antagoniste pour l'intensité i' correspondant à l'arc normal (**412**).

Lorsque l'écart des charbons augmente par suite de leur usure, l'intensité du courant diminue, l'électro-aimant diminue de puissance (**196**) et le ressort l'emporte ; les charbons se rapprochent alors jusqu'à ce que l'intensité reprenne la valeur i'.

Si, au contraire, les charbons ont un écart plus petit que l'écart normal, l'intensité est plus grande que i', l'électro-aimant l'emporte et les charbons s'écartent jusqu'à ce que l'intensité redevienne encore égale à i'.

On le voit, l'électro-aimant régulateur agit de manière à maintenir à l'intensité du courant une valeur constante et égale à i'. Cet électro-aimant remplace l'ampèremètre dont nous avons parlé plus haut (**410**).

419. — Il est clair qu'il faudra avoir soin de *régler* la tension du ressort antagoniste de façon que l'équilibre ait bien lieu pour l'intensité normale i'. Le réglage de ce ressort se fera aisément, si l'on songe qu'une tension plus grande augmente l'intensité d'équilibre et qu'en diminuant la tension on obtient l'équilibre pour une intensité plus faible.

420. Régulateurs en dérivation ou de différence de potentiel. — Supposons que l'électro-aimant régulateur F soit placé, non plus sur le même circuit que l'arc voltaïque, mais sur une dérivation établie entre les deux char-

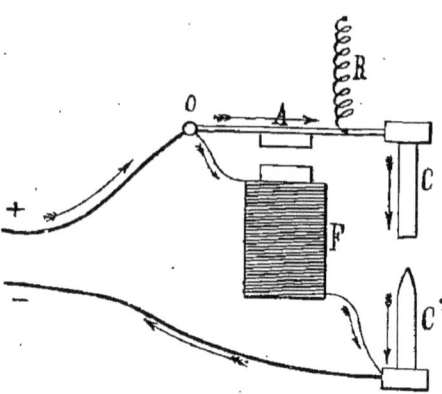

Fig. 101. — Disposition schématique d'un régulateur en dérivation.

bons (*fig. 101*). Il sera alors enroulé de fil fin et long de façon à présenter une grande résistance et à ne détourner qu'une faible fraction du courant fourni par la source électrique ; le grand nombre des tours du fil sur la bobine compensera la réduction du courant excitateur (**200**).

Dans ce cas, l'intensité du courant traversant la bobine de l'électro-aimant est proportionnelle à la différence de potentiel entre les charbons (**74**).

Une armature A peut se mouvoir autour de l'axe O. Elle est rappelée par le ressort antagoniste R et porte un des charbons, par exemple.

On règle la tension du ressort de manière qu'il y ait équilibre pour la différence de potentiel normale D'. Quand l'arc s'allonge au delà de l'écart normal, la différence de potentiel est plus grande que D' (**411**), l'électro-aimant l'emporte et les charbons se rapprochent jusqu'à ce que la différence de potentiel ait repris sa valeur normale.

Quand les charbons ont, au contraire, un écart plus petit que l'écart normal, la différence de potentiel est plus petite que D'; le ressort l'emporte et les charbons s'écartent jusqu'à ce que la différence de potentiel soit redevenue D'.

L'effet du régulateur sera donc de maintenir constante la différence de potentiel entre les charbons. L'électro-aimant F remplace le voltmètre qui, dans le réglage à la main (**415**), indiquait s'il fallait rapprocher ou écarter les charbons.

421. — Plus la tension du ressort R est grande, plus grande sera la différence de potentiel maintenue entre les charbons ; on diminue cette différence de potentiel en diminuant la tension du ressort. Il y a donc là un réglage à effectuer et qui dépend de la différence de potentiel D' admise comme normale.

422. Régulateurs différentiels. — Le principe des régulateurs différentiels consiste à remplacer le ressort antagoniste R de l'électro-aimant en dérivation des régulateurs de

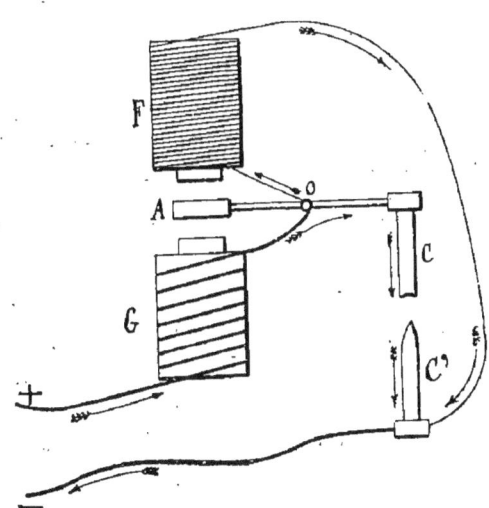

Fig. 102. — Disposition schématique d'un régulateur différentiel.

différence de potentiel (*fig. 101*) par un électro-aimant en série agissant sur l'armature en sens inverse du premier.

La figure 102 représente un schéma de cette disposition,

F étant l'électro-aimant de fil fin en dérivation et G l'électro-aimant de gros fil en série.

On voit que si les actions antagonistes des deux électro-aimants se font équilibre pour l'arc normal, c'est-à-dire quand l'intensité est i' et la différence de potentiel D', un allongement de l'arc ayant pour effet d'augmenter D' et de diminuer i', l'action de l'électro-aimant F devient plus grande, celle de G plus faible ; l'armature est donc attirée par F et les charbons se rapprochent. L'inverse a lieu, si les charbons ont un écart plus faible que l'écart normal.

423. Grandeurs caractéristiques des arcs voltaïques employés dans la marine. — Un arc voltaïque est caractérisé :

1° Par les charbons employés ;

2° Par l'intensité et la différence de potentiel normales ;

3° Par l'intensité lumineuse qu'il développe.

Nous donnons ci-après le tableau des arcs voltaïques employés dans la marine :

INTENSITÉ LUMINEUSE en becs carcels.	DIAMÈTRE des charbons en millimètres.		INTENSITÉ du courant en ampères.	DIFFÉRENCE de potentiel en volts.
200 (canots à vapeur)	positif négatif	11 9	12	40
1600 (cuirassés) lampe inclinée	positif négatif	21 21	45	43
1600 (cuirassés) lampe horizontale	positif négatif	30 16	42	45
3000 (cuirassés) lampe inclinée	positif négatif	21 21	65	45
3000 (cuirassés) lampe horizontale	positif négatif	30 16	60	47
4000 (défense des côtes) lampe inclinée	positif négatif	30 27	90	48
4000 (défense des côtes) lampe horizontale	positif négatif	35 19	85	50

CHAPITRE XII

LUMIÈRE ÉLECTRIQUE PAR INCANDESCENCE

424. Lampes à incandescence. — Une lampe à incandescence est essentiellement constituée par un filament de charbon F renfermé dans une enveloppe de verre G dans laquelle on a fait le vide, ou remplacé l'air par un gaz non susceptible de brûler le charbon (*fig. 103, a*).

Ce filament de charbon est porté à l'incandescence par le passage d'un courant électrique (**154**).

Dans les lampes ordinairement employées dans la marine, les extrémités du filament de charbon F sont soudées à deux fils de platine P (*fig. 103, a*). Ces fils traversent la base du globe ou ampoule G et sont soudés, l'un à une virole de laiton filetée V qui enveloppe un bouchon de plâtre B formant la base de la lampe, l'autre à un disque en laiton D porté par la partie inférieure du bouchon de plâtre.

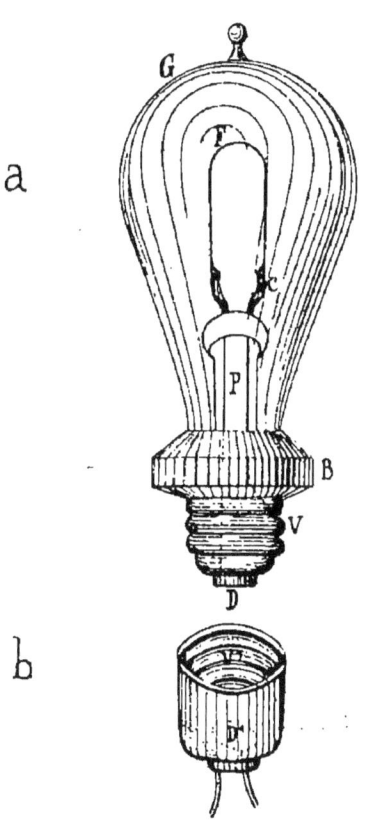

Fig. 103. — Lampe à incandescence.

425. — Pour faire passer dans le filament le courant d'une source extérieure, on peut visser la lampe dans un support représenté en b (*fig. 103*). Il est formé d'un massif en bois creusé intérieurement d'un logement cylindrique. Le fond de ce trou porte un disque de laiton D' et les parois sont garnies par une lame de laiton filetée V' formant écrou, chacune de ces parties étant en communication avec un des conducteurs venant de la source électrique. Si on visse la base de la lampe dans le support jusqu'à ce que les disques de laiton soient en contact, on voit que le filament de la lampe est introduit dans le circuit par D' D P F P V V'. Ce genre de support est solide mais en même temps rigide.

426. — A bord, on adopte de préférence un système de support ou *douille* qui est une modification du précédent et qu'on appelle la *douille Pieper*.

Les deux fils venant de la source sont fixés, l'un g sous la tête de la vis f, l'autre h à une vis i (*fig. 104*). Autour du support a' en ébonite est vissé un ressort en spirale b'. Dans ce ressort formant écrou on visse la base filetée de la lampe L jusqu'à ce que le disque de contact m porté par cette lampe vienne s'appuyer sur la tête de la vis f. Comme les fils de platine k et l, faisant suite au filament de charbon, sont soudés l'un à la douille filetée extérieure de la base de la lampe, l'autre au disque m, il s'ensuit que ces deux fils sont maintenant en communication avec le ressort b' et la vis f.

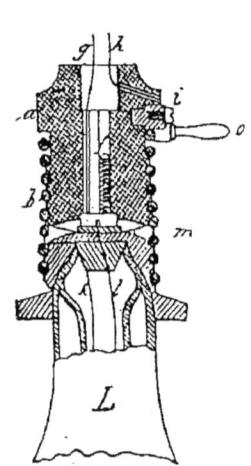

Fig. 104. — Douille Pieper.

Pour fermer complètement le circuit, il suffit donc d'établir une communication entre le ressort b' et la vis i. A cet effet, le ressort b' porte un téton de contact n qu'on peut amener au moyen de la manette o, en contact avec i. Le support ainsi établi peut donc servir d'interrupteur pour la lampe ou de conjoncteur. La figure 105 montre le contact établi et la lampe introduite dans le circuit; la figure 106 représente au

Fig. 105. — Douille Pieper, lampe allumée.

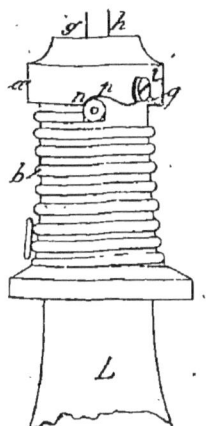

Fig. 106. — Douille Pieper, lampe éteinte.

contraire la communication interrompue entre n et i. Des encoches p et q, pratiquées dans le support en ébonite, maintiennent la manette o dans ses deux positions.

427. — Souvent on supprime l'interrupteur de la douille et le ressort b' est alors en communication permanente avec la vis i. Un interrupteur spécial, en dehors de la lampe, permet alors d'allumer ou d'éteindre celle-ci à volonté.

428. Degré d'incandescence ou éclat normal des lampes. — Lorsqu'on augmente progressivement l'intensité du courant qui parcourt le filament de charbon d'une lampe à incandescence, la température du filament s'élève graduellement (**161**) et on le voit devenir rouge sombre, rouge-cerise, jaune-rouge, jaune doré, blanc, blanc éblouissant, blanc bleuâtre. Le filament se détruit dans un très court espace de temps, quand il est parvenu à ce dernier degré d'incandescence.

429. — L'intensité lumineuse augmente très rapidement à mesure que la température du filament s'élève et la lumière est produite plus économiquement. Mais la *durée* du filament, c'est-à-dire le temps pendant lequel il pourra supporter sans se détruire un courant d'intensité déterminée, diminue quand l'intensité du courant et par conséquent la température augmentent. Ce qu'on gagne en lumière on le perd en durée.

430. — On choisira donc pour la lampe à incandescence un degré d'incandescence moyen (jaune doré ordinairement) qu'on appellera *éclat normal de la lampe* et pour lequel on a une quantité de lumière considérable sans trop sacrifier la durée.

431. Constantes électriques normales d'une lampe à incandescence. — Les *constantes électriques* d'une lampe à incandescence sont :

1º La différence de potentiel D' entre les extrémités du filament, c'est-à-dire aux bornes de la lampe ;

2º L'intensité i du courant traversant le filament ;

3º La résistance R du filament.

On a toujours entre les constantes électriques la relation (**74**)

$$i = \frac{D'}{R}.$$

Nous avons vu (**428**) que l'éclat de la lampe augmente à mesure que l'intensité i est augmentée. En vertu de la relation ci-dessus, lorsque l'intensité i augmente, la différence du potentiel D' augmente aussi.

432. — On peut faire passer dans une lampe à incandescence un courant quelconque et établir par suite entre les extrémités des filaments une différence de potentiel également quelconque. Mais si on veut que le filament soit porté à l'*éclat normal*, il faut donner au courant i et à la différence de potentiel D' des valeurs convenables qui sont alors les *constantes normales* de la lampe.

433. — Les constantes électriques normales des lampes à incandescence, ou tout au moins l'une de ces constantes (ordinairement la différence de potentiel), doivent être *mesurées* à l'usine de fabrication et inscrites sur la lampe ; on dit alors que la lampe est *étalonnée*.

434. — Étant donnée une lampe à incandescence dont on connaît les constantes normales, pour donner à cette lampe l'éclat normal, il suffira de faire varier l'intensité du courant circulant dans le filament, ou la différence de potentiel entre ses extrémités, jusqu'à ce que ces grandeurs soient celles qui ont été déterminées comme étant les constantes normales. On remplace ainsi l'observation de la couleur de la lampe par une mesure électrique, ce qui est plus commode et plus exact.

435. — Si, par exemple, nous possédons une lampe à incandescence portant l'indication 78 volts, cela veut dire qu'il faudra établir une différence de potentiel de 78 volts entre les extrémités du filament pour lui donner l'éclat normal.

A cet effet, nous mettrons un voltmètre en dérivation aux bornes de la lampe ; celle-ci étant en communication avec une source électrique, nous ferons varier la force électromotrice de la source, ou la résistance d'un rhéostat intercalé sur le circuit, jusqu'à ce que la différence de potentiel observée au voltmètre soit justement 78 volts.

436. — Il est clair qu'en augmentant la force électromotrice de la source on augmente la différence de potentiel ; on l'augmente aussi en diminuant la résistance intercalée dans le circuit, puisqu'on diminue la chute de potentiel dans cette résistance (**126**).

437. — L'éclat et l'intensité lumineuse d'une lampe à incandescence varient très sensiblement quand on fait varier de

1 à 2 p. 100 seulement la différence de potentiel maintenue aux bornes.

Il importe donc de donner bien exactement aux lampes la différence de potentiel normale qui leur convient.

438. Durée des lampes à incandescence. — Nous avons dit que lorsque l'éclat d'une lampe à incandescence est porté jusqu'au blanc bleuâtre, le filament est détruit presque instantanément. Pour un éclat moindre, le filament a une durée plus grande, mais néanmoins il est détruit toujours au bout d'un temps plus ou moins long. Voici quelques chiffres *approximatifs* sur cette durée des filaments.

Prenons une lampe dont la différence de potentiel normale soit, par exemple, de 100 volts. Si on maintient exactement entre ses bornes une différence de potentiel de 100 volts, la durée du filament sera d'environ 1 000 heures.

Si on élève la différence de potentiel de quelques volts au-dessus de la différence de potentiel normale, la portant à 105 volts, par exemple, la durée du filament tombe à 250 heures.

Au contraire, avec une différence de potentiel inférieure de quelques volts à la différence de potentiel normale, 95 volts par exemple, la durée atteint plus de 3 500 heures.

439. — Il faut aussi faire remarquer que bien avant la destruction complète du filament, le globe des lampes est obscurci par de la poussière de charbon qui s'y dépose et provient précisément de la désagrégation du filament. La lampe éclaire donc beaucoup moins au bout d'un certain temps de fonctionnement et quelquefois il y a intérêt à la remplacer sans attendre sa destruction complète.

440. Conditions que doit remplir un éclairage par incandescence. — Pour qu'une installation d'éclairage électrique par incandescence puisse être regardée comme satisfaisante, il faut qu'elle remplisse, avant tout, trois conditions essentielles :

1° Toutes les lampes employées doivent être étalonnées pour le même éclat normal ;

2° Toutes les lampes faisant partie de l'installation doivent être à un moment donné portées à leur éclat normal ;

3° L'éclat des lampes ne doit pas changer et doit rester normal quand on éteint ou qu'on allume un certain nombre d'entre elles.

441. — A bord des navires où les lampes à incandescence sont placées en dérivation, pour réaliser ces conditions, on procède de la manière suivante :

1° On choisit, pour faire partie de l'installation, des lampes réclamant toutes *la même différence de potentiel normale* pour être portées au *même éclat* ;

2° On dispose les conducteurs reliant les lampes à la source électrique de manière que la différence de potentiel obtenue entre les extrémités du filament d'une lampe, soit la même pour toutes les lampes allumées en même temps. Si l'une des lampes a sa différence de potentiel normale et, par suite, son éclat normal, les autres l'auront donc aussi ;

3° On dispose les conducteurs et la source, s'il est possible, de manière que la différence de potentiel établie aux extrémités du filament d'une lampe soit indépendante du nombre des lampes allumées ;

4° Il ne reste plus ensuite qu'à faire varier la source employée de manière qu'à un moment donné la différence de potentiel aux extrémités du filament d'une lampe quelconque soit précisément la différence de potentiel normale.

442. Divers types de lampes à incandescence employés dans la marine. — Les lampes à incandescence les plus employées dans la marine sont les lampes Edison-Swan, les lampes Gramme et les lampes Gabriel.

Voici le tableau des principaux types de lampes à incandescence employées à bord des navires. Les intensités de courant sont approximatives.

VOLTAGE normal — Volts.	INTENSITÉ lumineuse. — Bougies.	INTENSITÉ normale du courant. — Ampères.	DESTINATION.
65 à 70	10	0,55	Éclairage intérieur des grands navires.
	16	0,85	Idem.
	30	1,65	Feux de signaux, ou de route.
	50	2,75	Idem.
75 à 80	10	0,50	Éclairage intérieur des grands navires.
	16	0,80	Idem.
	30	1,50	Feux de signaux, ou de route.
	50	2,50	Idem.
27	8	1,50	Feux de signaux.
12	8	3,00	Feux de signaux, ou éclairage intérieur des petits navires.

DEUXIÈME PARTIE

DESCRIPTION DES APPAREILS DE PRODUCTION ET D'UTILISATION DES COURANTS ÉLECTRIQUES

CHAPITRE PREMIER

PILES ÉLECTRIQUES

443. Élément à eau de mer. — L'élément à eau de mer est le plus simple de ceux employés dans la marine. Cet élément n'est pas dépolarisé. La lame polaire négative est une lame de zinc amalgamé Z (fig. 107); la lame polaire positive est une lame de charbon de cornue C (**205**); le liquide excitateur est ordinairement de l'eau salée ou de l'eau de mer.

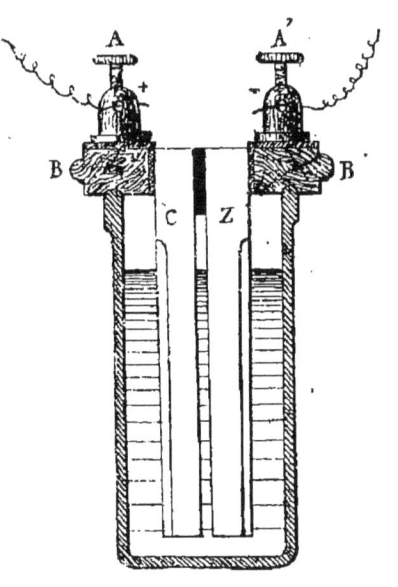

Fig. 107. — Élément à eau de mer.

444. — L'élément à eau de mer servant pour les épreuves dans le service des torpilles a ses deux lames polaires encastrées à frottement dans un disque de bois dur B qui sert de couvercle au vase en verre renfermant le liquide excitateur. Elles sont isolées soigneusement l'une de l'autre et sont chacune en communication avec une des bornes A et A′ fixées sur le disque en bois et constituant les pôles de l'élément.

445. Avantages, inconvénients, usages de l'élément à eau de mer. — L'élément à eau de mer est très facile à monter et son entretien est insignifiant. Le courant qu'il fournit est toujours assez faible pour qu'on n'ait rien à craindre pour les instruments et appareils dans lesquels il est lancé.

D'un autre côté, la force électromotrice de cet élément est très variable (0,5 à 0,7 volt), ainsi que sa résistance intérieure. On ne peut donc compter ni qu'il fournira un même courant, à des époques différentes, dans des circuits extérieurs identiques, ni que le courant qu'il fournit dans un certain circuit se maintiendra constant, même pendant quelques minutes.

446. — L'usage de l'élément à eau de mer est tout indiqué pour les épreuves dans lesquelles il n'est pas besoin d'avoir une force électromotrice constante ou un courant constant, mais dans lesquelles on veut être sûr que le courant ne dépassera pas une faible intensité.

447. Éléments dépolarisés. — Pour *dépolariser* un élément de pile, nous avons vu (**209**) qu'on peut entourer la lame polaire positive d'une substance chimique capable d'absorber l'hydrogène ; la nature du *dépolarisant* différencie les divers types d'éléments.

Le liquide attaquant la lame polaire négative, ordinairement du zinc, est appelé *liquide excitateur*.

Lorsque le dépolarisant est un liquide, il ne remplit bien son office que lorsqu'il demeure à l'état de concentration où on l'introduit dans l'élément. Pour l'empêcher de se mélanger trop rapidement avec le liquide excitateur, on sépare les deux liquides par une cloison en terre poreuse, qui leur permet bien d'être en contact, c'est-à-dire en communication électrique, mais qui retarde considérablement le mélange. Par exemple, on place la lame positive et le dépolarisant dans un vase en terre poreuse et ce dernier sera lui-même placé dans un autre vase ; dans le compartiment constitué par l'espace annulaire entre les deux vases on place la lame négative et le liquide excitateur.

448. — Quand le dépolarisant est un corps solide, on cherche à le maintenir appliqué autour de la lame positive sans le secours d'un vase poreux. Ce dernier, en effet, est fait d'une matière isolante et ne permet le contact électrique entre les corps conducteurs constituant l'élément que par ses pores. Le liquide excitateur est donc en contact avec le dépolarisant par une surface plus réduite que si le vase poreux n'existait pas ; la résistance intérieure d'un élément est toujours augmentée par la présence du vase poreux (**217**).

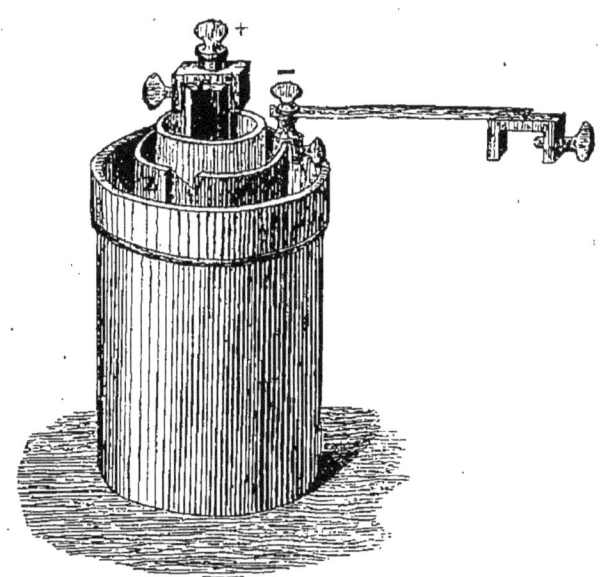

Fig. 108. — Élément de la pile vigilante.

449. Élément au bichromate de potasse ou élément de la pile vigilante. — Dans un vase extérieur, généralement en grès, se trouve un cylindre de zinc Z amalgamé constituant la lame polaire négative (*fig. 108*). Un vase en terre poreuse placé dans le cylindre de zinc contient un prisme de charbon de cornue C formant la lame polaire positive. Le liquide excitateur est de l'eau salée ; il peut être aussi de l'eau acidulée sulfurique ; ce liquide excitateur est placé entre les deux vases, dans le compartiment du zinc.

Ce qui distingue cet élément c'est la nature de son dépolarisant ; il est formé par un mélange d'une dissolution de bichromate de potasse dans l'eau et d'acide sulfurique. Ce dépolarisant est placé dans le vase poreux autour de la lame positive de charbon.

450. — L'élément au bichromate de potasse est quelquefois chargé avec un seul liquide ; c'est le liquide dépolarisant, dissolution de bichromate de potasse acidulée, qui sert alors aussi de liquide excitateur ; le vase poreux est supprimé. L'élément à un seul liquide est d'ailleurs moins bon que celui à deux liquides.

451. — La force électromotrice d'un élément au bichromate de potasse à deux liquides est la plus grande que nous rencontrions dans les éléments usuels. Elle est supérieure à 2 volts.

Cette force électromotrice varie notablement avec la composition du liquide dépolarisant ; elle augmente quand la quantité d'acide sulfurique augmente. Un accroissement de la température augmente la force électromotrice.

La force électromotrice varie aussi avec le temps de montage de l'élément. Ainsi, pendant les premières heures après le montage, la force électromotrice augmente si on maintient l'élément en circuit ouvert ; elle atteint un maximum, puis décroît lentement pendant quelques jours, puis plus rapidement.

452. — Mais en employant le mélange dépolarisant que nous indiquons plus loin et en prenant pour le montage les précautions que nous préciserons, on peut regarder la force électromotrice d'un élément de la pile vigilante comme constante à 1/100 près, pendant 1 à 2 jours, à partir de six heures après le montage.

Dans les conditions précises de montage que nous donnons plus loin, cette force électromotrice constante est 2,08 volts à la température de 15° C.

La résistance intérieure d'un élément de la pile vigilante réglementaire montée depuis six heures est assez variable, en raison de la perméabilité plus ou moins grande du vase poreux. Elle varie, suivant l'élément, de 0,26 à 0,12 ohm.

453. — Lorsqu'on conserve l'élément en circuit ouvert, la force électromotrice diminue peu à peu, mais dans de faibles proportions, puisqu'elle est encore 1,9 volt au bout d'une dizaine de jours.

La résistance intérieure augmente assez rapidement ; elle double en 4 ou 5 jours.

Le travail électrique que l'élément pourrait fournir est d'ailleurs considérablement diminué au bout de quelques jours, en raison de la diffusion du dépolarisant dans le liquide excitateur. La coloration jaune rougeâtre des vases poreux montre qu'ils finissent par se laisser traverser par le dépolarisant.

Aussi ne peut-on conserver montée une pile au bichromate de potasse, *même en circuit ouvert,* qu'à la condition d'en recharger de temps en temps les éléments.

454. — Si on ferme l'élément au bichromate sur un circuit extérieur comprenant un galvanomètre et qu'on laisse ainsi l'élément fournir un courant d'une manière continue, on constate que, lorsque le courant produit n'est pas trop intense, la déviation du galvanomètre reste sensiblement constante pendant longtemps ; l'élément au bichromate de potasse peut donc entretenir un courant sensiblement constant, d'une manière continue, pendant quelque temps. Ainsi l'élément de la pile vigilante réglementaire peut entretenir un courant de 0,8 ampère pendant 12 heures et un courant de 1 ampère pendant 6 heures. Mais, au bout de ce temps, l'élément est usé et il faut le recharger de nouveau.

455. — On peut évidemment combiner un système d'élément à écoulement dans lequel le liquide épuisé est remplacé, d'une manière continue, par du liquide neuf; le zinc est généralement assez épais pour durer très longtemps.

456. Avantages, inconvénients et usages de la pile au bichromate de potasse. — Une pile composée d'éléments au bichromate de potasse peut entretenir un courant sensiblement constant, d'une manière continue, pendant un certain temps; la force électromotrice des éléments est considérable et la résistance intérieure faible. C'est à cette pile qu'il faut avoir recours toutes les fois qu'on veut développer un travail électrique un peu important. La lumière électrique, par exemple, n'est guère possible directement avec des piles que si on emploie des éléments au bichromate ou des éléments analogues. On s'en sert quelquefois pour alimenter de petits moteurs électriques.

En raison de la constance approximative de sa force électromotrice (**452**) l'élément au bichromate de potasse à deux liquides peut servir d'étalon de force électromotrice, par exemple pour le contrôle des voltmètres.

D'un autre côté, une pile au bichromate de potasse ne peut rester longtemps sans être rechargée.

457. Pile au bichromate de potasse employée dans la marine. — La pile au bichromate de potasse employée dans la marine est la *pile vigilante*. Elle se compose de 30 éléments associés en tension. A cet effet, les éléments sont réunis par groupes de 5 en tension dans une sorte de boîte à compartiments; le zinc d'un élément est réuni au charbon de l'élément suivant par un système de pinces et de bandes de laiton.

Les 6 boîtes constituant la pile sont également reliées en

PILES ÉLECTRIQUES. 259

tension (zinc à charbon) par des rubans métalliques flexibles formés de fils parallèles. Bien que la pile montée ne comprenne que 6 boîtes de 5 éléments, une septième boîte la complète et sert à remplacer à tour de rôle une des boîtes en service, lorsque la pile doit rester montée pendant longtemps, ainsi que nous l'indiquerons.

458. Éléments Leclanché. — Dans l'élément Leclanché, le pôle négatif est formé par un crayon de zinc ou une lame cylindrique de zinc ; le liquide excitateur est une disso-

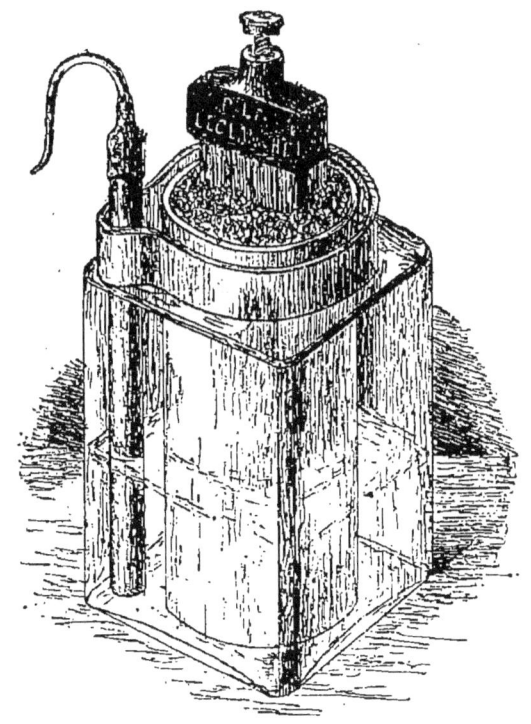

Fig. 109. — Élément Leclanché, ancien modèle.

lution de chlorhydrate d'ammoniaque (ou sel ammoniac) dans l'eau. Le pôle positif est constitué par une lame de charbon de cornue ou de charbon artificiel ; le dépolarisant est du bioxyde de manganèse (**209**).

Dans l'ancien modèle (*fig. 109*) la lame de charbon positive est placée dans un vase poreux ; le bioxyde de manganèse concassé et mélangé avec des fragments de charbon de cornue est tassé entre les parois du vase poreux et la lame de charbon. Un vase en verre extérieur reçoit le liquide excitateur.

459. — Dans les éléments plus récents, le vase poreux est supprimé ; le mélange de bioxyde de manganèse et de charbon de cornue est comprimé en forme de briquettes ou *agglomérés* ; deux de ces agglomérés sont placés de chaque côté de la lame de charbon positive contre laquelle ils sont main-

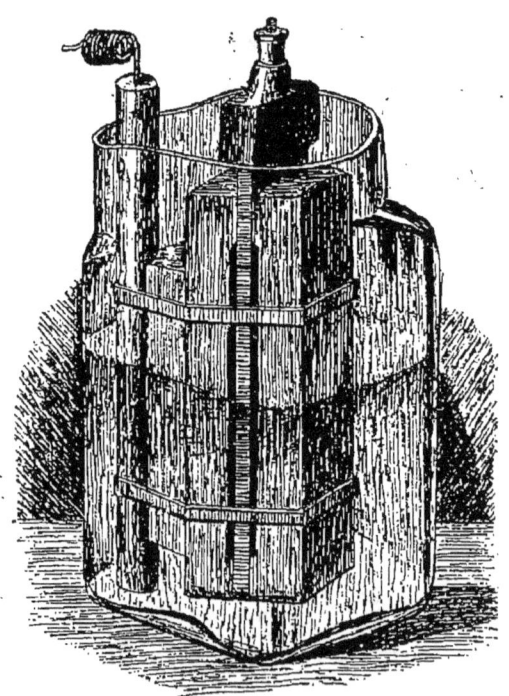

Fig. 110. — Élément Leclanché avec plaques agglomérées.

tenus par des bracelets en caoutchouc (*fig. 110*). Un morceau de porcelaine isolante sert à empêcher le contact entre les agglomérés et le crayon de zinc de cet élément.

L'élément représenté par la figure 110 est employé dans la marine pour former les piles actionnant les sonneries électriques, les télégraphes et les téléphones.

PILES ÉLECTRIQUES.   261

460. — Pour le service des torpilles à bord des navires, on emploie des éléments où le zinc forme une lame cylindrique entourant les agglomérés. Ces éléments sont d'ailleurs fermés hermétiquement par un couvercle en bois dans lequel sont encastrées une tête en plomb fixée sur l'extrémité de la lame de charbon et munie d'une borne, ainsi qu'une tige de zinc supportant la lame cylindrique et munie également d'une borne.

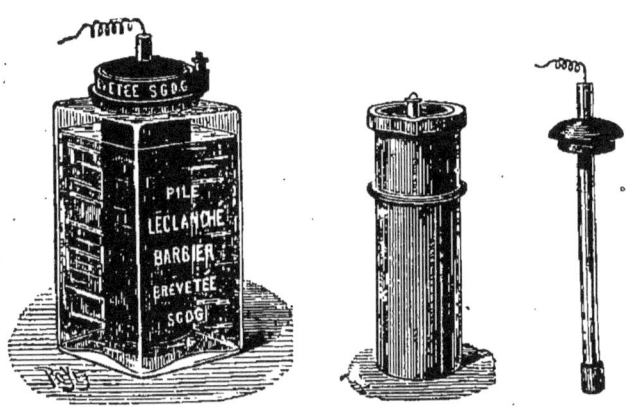

Fig. 111. — Élément Leclanché à aggloméré cylindrique.

461. — Enfin, dans les nouveaux éléments Leclanché, la lame de charbon qui sert de support aux agglomérés est supprimée. Un seul aggloméré de forme cylindrique et creux sert à la fois de lame polaire et de dépolarisant.

Le zinc en forme de crayon est placé ordinairement dans l'intérieur (*fig. 111*).

On peut aussi, avec cet aggloméré circulaire, employer un zinc cylindrique à grande surface entourant l'aggloméré (*fig. 112*).

Fig. 112. — Élément Leclanché à aggloméré cylindrique et zinc de grande surface.

462. — En circuit ouvert, l'élément Leclanché peut être conservé monté pendant très longtemps, souvent plusieurs années ; le zinc n'est pas attaqué en circuit ouvert par le sel ammoniac, s'il est pur.

En circuit fermé, la dépolarisation ne se fait pas suffisamment vite, parce que le dépolarisant est solide ; aussi l'élément Leclanché est-il peu propre à entretenir un courant continu pendant quelque temps.

Si l'élément a été laissé quelque temps en circuit fermé, de manière qu'il donne un courant important, ou s'il a été soumis à un service intermittent un peu prolongé, il faut le remonter et remplacer les agglomérés qui sont usés, et le liquide excitateur qui est épuisé.

463. — La force électromotrice d'un élément nouvellement monté et en bon état est égale à 1,45 volt ; sa résistance intérieure varie naturellement avec la surface des lames polaires, c'est-à-dire avec la grandeur de l'élément ; elle est plus faible, toutes choses égales d'ailleurs, pour un élément ayant comme pôle négatif une lame de zinc à grande surface que pour un élément à crayon de zinc (**217**). Pour un élément ayant quelque peu servi, on ne peut compter sur plus de 1,42 volt comme force électromotrice.

464. Piles Leclanché. — Les éléments Leclanché sont associés la plupart du temps en tension pour constituer des piles.

Dans la marine en particulier, on forme des piles de 2, 3, 4 ou 6 éléments en tension, dont le zinc est un crayon (*fig. 110 et 111*) pour les sonneries électriques, les télégraphes et les téléphones.

Des piles de 8 éléments en tension, à zinc de grande surface, sont employées pour la mise en feu des torpilles à bord des navires de guerre.

465. Avantages, inconvénients, usages des piles Leclanché. — Une pile Leclanché montée et chargée avec soin peut rester montée pendant très longtemps en exigeant un entretien presque insignifiant, à la condition, toutefois, que cette pile ne soit employée que d'une manière intermittente et pour produire des courants peu intenses et de peu de durée.

Une pile Leclanché est, au contraire, peu propre à fournir un courant continu un peu intense, à moins qu'on ne donne aux éléments de très grandes dimensions.

Les piles Leclanché sont indiquées spécialement pour les téléphones, les sonneries électriques, les télégraphes de peu d'importance ; elles sont éminemment propres au service de la mise en feu des torpilles à bord des navires.

CHAPITRE II

MACHINES ÉLECTRIQUES

466. Nomenclature des types de dynamos employés dans la marine. — On emploie dans la marine un assez grand nombre de types de dynamos; certaines d'entre elles alimentent isolément un arc voltaïque; d'autres peuvent, successivement ou simultanément, alimenter plusieurs arcs voltaïques, entretenir les lampes à incandescence servant à l'éclairage intérieur des navires, charger des accumulateurs, fournir le courant aux moteurs électriques des ventilateurs, monte-charges et appareils de manœuvre des canons.

Voici la liste des types les plus employés :

Dynamos employées pour alimenter un arc voltaïque.
- Dynamos Gramme, type M ou PM pour canots à vapeur;
- Dynamos Gramme, type CT ou PCT pour croiseurs.

Dynamos alimentant des arcs voltaïques, des lampes à incandescence, des moteurs électriques, des accumulateurs.
- Dynamo Gramme bipolaire, type Hc (Sautter et Harlé);
- Dynamo Gramme duplex, type Z (Sautter et Harlé);
- Dynamo Gramme triplex, type S (Sautter et Harlé);
- Dynamo Gramme duplex, type J (Bréguet);
- Dynamo Gramme duplex, type I (Société alsacienne);
- Dynamo Desroziers (Bréguet);
- Dynamo Brown, à pôles redresseurs (Sautter et Harlé).

467. Dynamos Gramme, type M ou PM pour canots à vapeur. — Les figures 113 et 114 représentent une

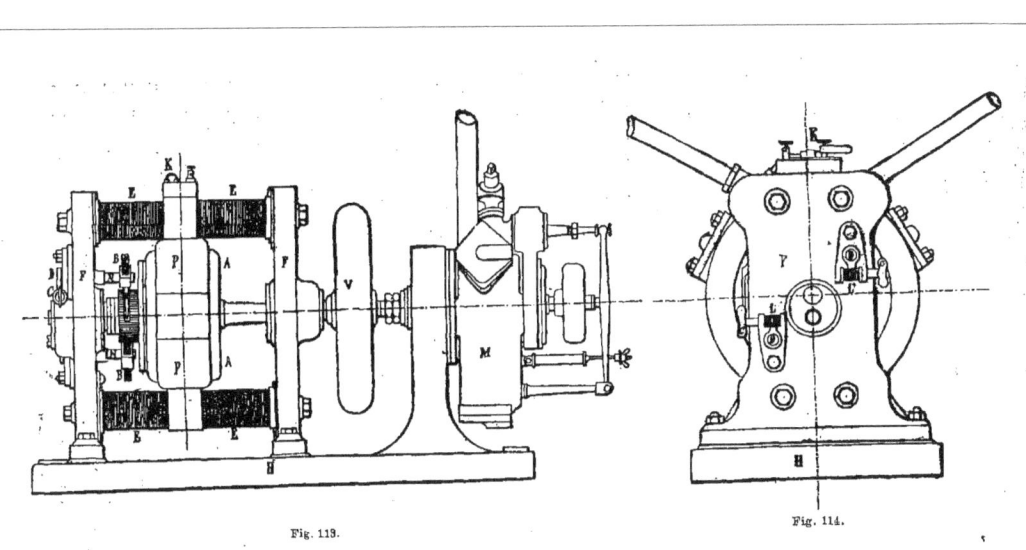

Fig. 113.   Fig. 114.

Dynamo Gramme, type M (canots à vapeur).

dynamo Gramme type M ou PM pouvant alimenter un arc voltaïque dans un canot à vapeur.

L'anneau induit A (**288**) est mis directement en mouvement par un moteur Brotherhood à trois cylindres. Les électro-aimants plats E sont au nombre de quatre, deux à la partie supérieure, deux à la partie inférieure. Ils sont soutenus et réunis entre eux par des flasques en fonte F, qui servent en même temps de paliers pour l'arbre ; la disposition des pôles des électro-aimants est celle indiquée par les figures 76 et 77. Les masses polaires P embrassent l'anneau induit. Celui-ci comprend 60 bobines reliées par les lames d'un collecteur, comme nous l'avons indiqué (**239**).

Les balais B sont maintenus dans des porte-balais isolés N passant à travers la flasque F et portant des secteurs dentés D engrenant avec une vis sans fin L. En agissant sur celle-ci au moyen de la tête de manœuvre C, on peut appliquer plus ou moins fortement les balais sur le collecteur ou les relever. Une lame de laiton R placée le long des balais leur donne une certaine élasticité.

On ne peut, avec ce système de porte-balais, modifier l'angle de calage, qui est toujours celui donné par la construction (**299**).

Une plaque de fondation H en fonte porte à la fois la dynamo et son moteur.

468. — La figure 115 montre comment le collecteur est monté sur l'arbre A, sur lequel est clavetée déjà la monture en bois B de l'anneau (**288**). Dans le cylindre constitué par l'assemblage des lames C du collecteur, on a pratiqué, au tour, à l'avant et à l'arrière, deux rainures circulaires dans lesquelles on a placé d'abord une gouttière circulaire FF en buis, ou en carton comprimé, ou en fibre vulcanisée ; dans la gouttière est un anneau en bronze DD. Les deux anneaux en bronze assurent ainsi la liaison mécanique des lames du collecteur, sans établir entre elles de communication électrique.

Le collecteur est alors enfilé très librement sur l'arbre,

jusqu'à ce que l'anneau DD de l'arrière vienne porter sur la monture B. Deux écrous H et G sont alors vissés sur la partie filetée L de l'arbre, jusqu'à ce que, appuyant fortement sur l'anneau DD de l'avant, ils rendent solidaires le collecteur et l'arbre.

C'est alors qu'on engage, dans l'extrémité recourbée M des lames radiales R, le fil d'entrée et le fil de sortie de deux bobines consécutives de l'anneau et qu'on assure le contact par une soudure à l'étain, faite d'ailleurs au moyen de *résine*.

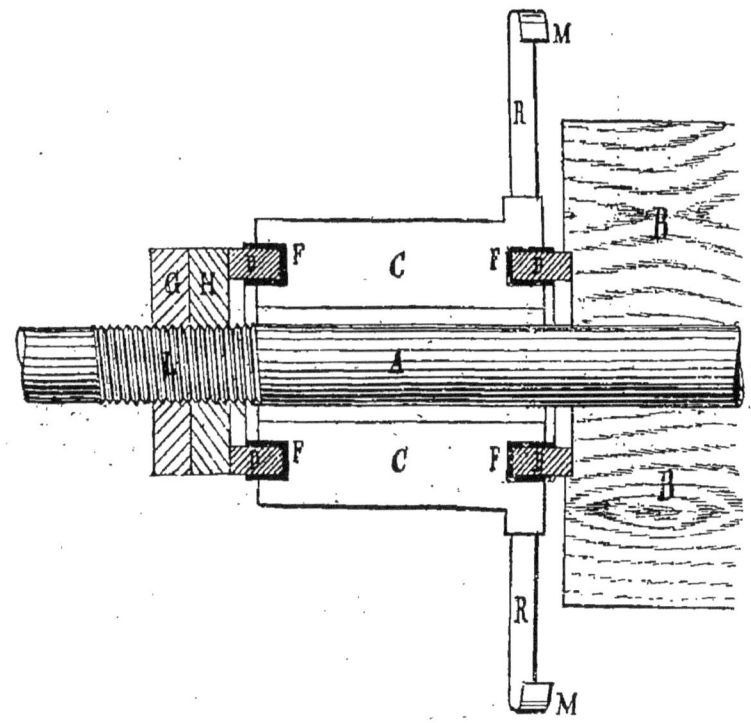

Fig. 115. — Détails du collecteur d'un anneau Gramme.

469. — Autrefois la dynamo pour canots à vapeur était toujours construite avec ses inducteurs excités en série (**281**) comme le montre schématiquement la figure 116 dans laquelle K est un conjoncteur permettant de fermer ou d'ouvrir le circuit de la dynamo. A cet effet, les extrémités du circuit extérieur étant reliées aux bornes D et D', on voit que D' étant en permanence reliée à une des extrémités du circuit inducteur, l'autre extrémité du fil des inducteurs ne sera mise en communication avec D que par une manœuvre convenable de K. Dans la position représentée par la figure 116, le circuit est ouvert.

Quand la dynamo est excitée en série, elle porte l'indication M.

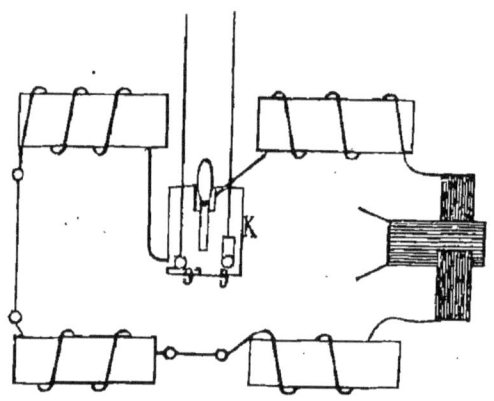

Fig. 116. — Excitation en série d'une dynamo type M.

470. — Aujourd'hui ce type de dynamo est toujours construit avec l'excitation compound et porte l'indication P M. La figure 117 montre d'ailleurs schématiquement le double enroulement de gros fil et de fil fin (**287**).

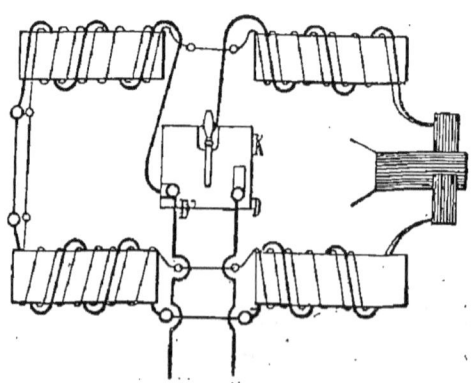

Fig. 117. — Excitation compound d'une dynamo type PM.

La dynamo P M est construite pour donner à la vitesse de 1600 tours une intensité maximum de 12 ampères dans le

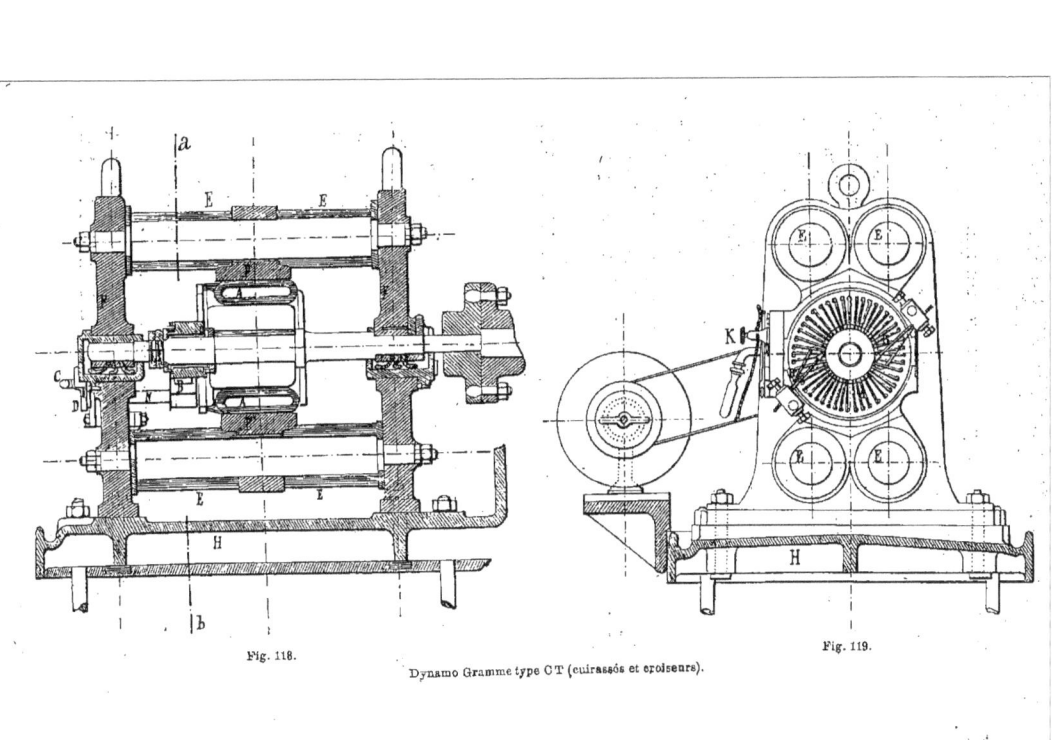

Fig. 118.   Dynamo Gramme type C T (cuirassés et croiseurs).   Fig. 119.

270

circuit extérieur avec une différence de potentiel aux bornes de 60 volts.

471. Machine Gramme, type C T ou P C T. — Les figures 118 et 119 représentent une dynamo Gramme de type C T ou P C T ; la figure 119 est une coupe suivant la ligne ab de la figure 118 qui est une coupe-élévation par l'axe de rotation.

Cette dynamo est semblable à la précédente, à cela près que les électro-aimants inducteurs, au lieu d'être plats, sont ronds et dédoublés longitudinalement, de sorte qu'on en compte quatre à la partie supérieure et quatre à la partie inférieure. Les mêmes lettres représentent d'ailleurs les mêmes choses dans les figures 113 et 114 et dans les figures 118 et 119. La dynamo est encore actionnée directement par un moteur Brotherhood.

472. — Du reste, dans la dynamo C T, excitée en série,

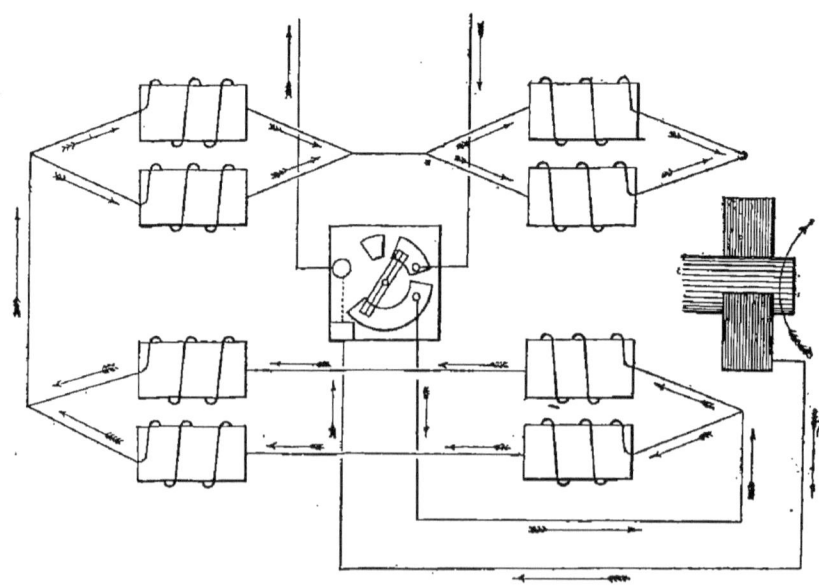

Fig. 120. — Excitation en série d'une dynamo type CT.

les fils des électro-aimants placés côte à côte sont réunis à leur entrée et à leur sortie, de sorte que l'effet est le même que si on avait un seul électro-aimant deux fois plus gros que chacun des deux séparés et entouré d'un fil d'une section également deux fois plus grande. La figure 120 représente le schéma de l'enroulement en série d'une pareille dynamo (283).

473. — Actuellement les dynamos de ce type ont toujours l'excitation compound, composée d'un enroulement de gros fil en série et d'un enroulement de fil fin en dérivation entre les balais (287).

L'enroulement de gros fil est d'ailleurs fait comme pour la dynamo en série (472), les deux électro-aimants placés côte à côte ayant leurs fils réunis en quantité. Les fils fins des huit électro-aimants sont, au contraire, placés les uns à la suite des autres, de manière à augmenter la résistance du circuit dérivé parcouru par le courant d'excitation (286). C'est ce que montre la figure schématique 121.

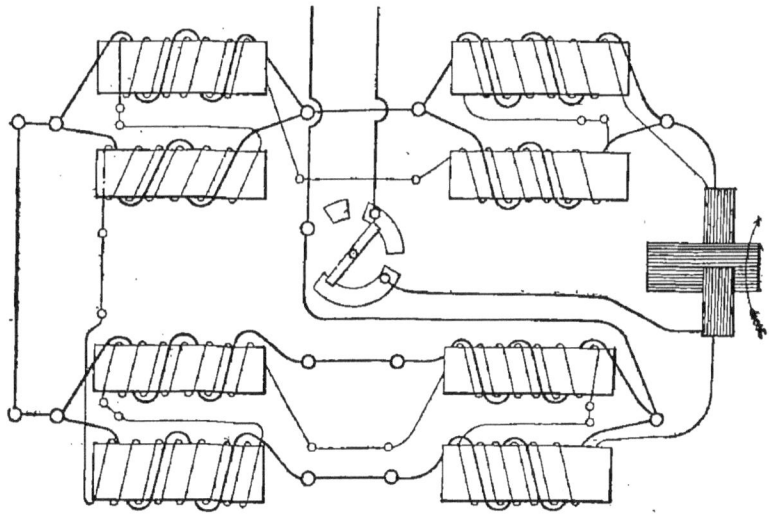

Fig. 121. — Excitation compound d'une dynamo type PCT.

A la vitesse de 650 tours par minute, la dynamo P C T à excitation compound peut donner dans le circuit extérieur un courant maximum de 44 ampères avec une différence de potentiel aux bornes de 54 volts.

Les dynamos M, P M, C T et P C T sont actuellement peu employées dans la marine, elles ont été remplacées par les types décrits plus loin.

474. Dynamo Gramme bipolaire, type Hc. — L'induit est un anneau Gramme comprenant 112 bobines formant chacune deux spires. Dans le modèle de 200 ampères, chaque bobine est enroulée avec 4 fils de cuivre parallèles de 3,6 mm de diamètre ; cela revient au même que si on avait employé un seul fil ayant une section égale à quatre fois celle du fil de 3,6 mm ; mais l'ensemble des 4 fils parallèles est plus

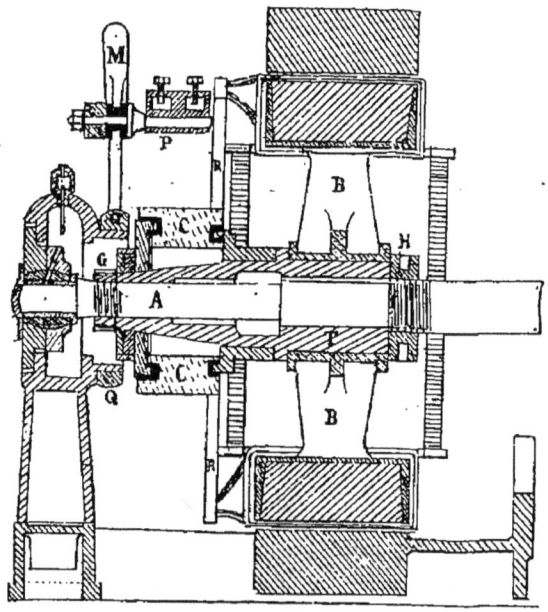

Fig. 122. — Montage de l'induit et du collecteur d'une dynamo type Hc.

flexible qu'un fil unique. Dans d'autres modèles plus puissants, de 400 ampères, l'enroulement de l'anneau est fait avec un câble comprenant un grand nombre de fils de petit diamètre. Cet emploi, pour l'enroulement de l'induit, de conducteurs de grande section est nécessité par l'obligation de donner une faible résistance à l'induit de ces dynamos puissantes.

L'induit est maintenu sur l'axe de rotation A par une carcasse métallique évidée B permettant l'aération intérieure (**266**).

Cette carcasse B est elle-même montée sur un manchon de fonte T claveté sur l'arbre (*fig. 122*). Ce manchon est maintenu en place par des écrous H et G.

Le collecteur C est d'ailleurs monté d'une manière analogue à celui de la figure 115 (**468**).

475. — Les balais sont au nombre de quatre placés par paire de chaque côté du collecteur et à 180°. Les deux balais d'une même paire ne sont en réalité que les deux moitiés d'un même balai plus large que l'on aurait divisé en deux ; les machines puissantes exigent des balais très larges et il serait difficile d'en assurer le portage sur toute la largeur, si on les laissait entiers.

On divise quelquefois ainsi chaque balai en trois et même quatre parties.

Les porte-balais P sont fixés à un support Q mobile autour

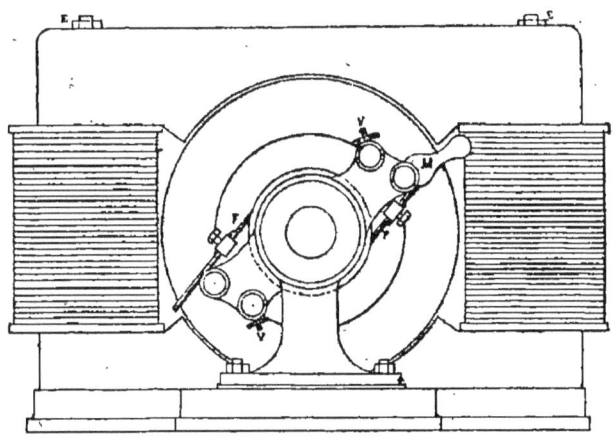

Fig. 123. — Forme générale d'une dynamo Gramme type Hc.

d'un des paliers supportant l'arbre A et qu'on peut manœuvrer au moyen d'une poignée de manœuvre M. Le calage des balais peut donc être modifié à volonté, même pendant la marche (**299**). Le portage des balais est assuré par des ressorts à boudin, dont la tension peut être réglée au moyen de vis V (*fig. 123*).

Lorsque la dynamo n'est pas en fonction, les balais peuvent être relevés et maintenus dans cette position, où ils ne portent plus sur le collecteur, au moyen d'ergots, ou par tout autre dispositif analogue.

476. — L'inducteur est du type représenté schématiquement par la figure 78. Deux électro-aimants verticaux courts et robustes sont réunis par leurs pôles de même nom, à la partie supérieure et à la partie inférieure, à l'aide de masses polaires très massives (*fig. 123*). La plaque de fondation fait corps avec la masse polaire inférieure. La masse polaire supérieure peut se déboulonner, ce qui permet d'enlever l'induit pour les réparations.

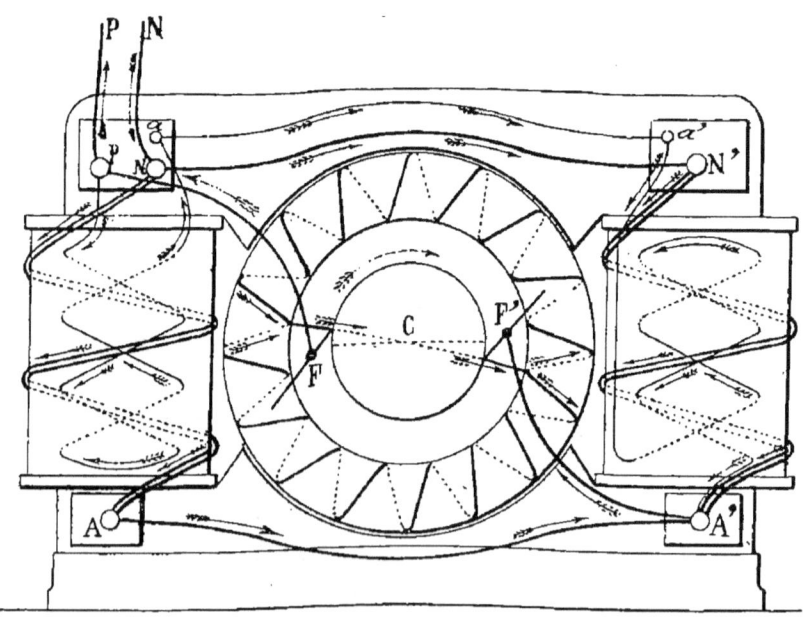

Fig. 124. — Excitation compound de la dynamo type Hc.

L'excitation des inducteurs est compound. Les fils fins des deux électro-aimants sont placés en tension à la suite l'un de l'autre pour être parcourus par le courant dérivé aux balais.

Au contraire, l'enroulement de gros fil en série, superposé au fil fin, est formé sur chaque électro-aimant de deux fils enroulés parallèlement et reliés en quantité ; de plus les enroulements de gros fil des deux électro-aimants sont encore reliés en quantité à l'entrée et à la sortie, de manière à diminuer la résistance de cet enroulement. La jonction des enroulements des électro-aimants se fait au moyen de tringles en laiton reliant des bornes placées sur les masses polaires.

477. — La figure 124 montre d'ailleurs schématiquement cet enroulement compound.

Faisons d'abord abstraction du fil fin des inducteurs. Le courant sortant du balai F arrive à la borne positive P de la dynamo, passe dans le circuit extérieur, revient à la borne négative N ; là le courant se bifurque ; une moitié parcourt l'enroulement de gros fil de l'électro-aimant de gauche N A et gagne la borne A' par la tringle AA' ; l'autre moitié du courant, par la tringle NN', passe dans le gros fil de l'électro-aimant de droite N'A'. De A' le courant regagne l'induit par le balai F'.

Le courant dérivé dans le fil fin des inducteurs part de la borne P reliée au balai F, parcourt le fil fin de l'électro-aimant de gauche, arrive à la borne a, passe dans la tringle aa', traverse le fil fin de l'électro-aimant de droite et gagne la borne A' reliée au balai F'.

478. — La dynamo Hc est ordinairement commandée directement par un moteur à vapeur compound à deux cylindres. La dynamo et son moteur à vapeur forment un *ensemble* reposant sur la même plaque de fondation.

La figure 125 représente un de ces ensembles. Le moteur à vapeur est un moteur-pilon ; l'arbre des manivelles est le prolongement de l'arbre de l'induit (*Courbet, Dévastation, Neptune*).

La figure 126 représente un autre ensemble où le moteur à vapeur est du système Woolf à deux cylindres montés en *tandem* ; sa hauteur ne dépasse pas celle de la dynamo. Cet ensemble est destiné à être placé sous le pont cuirassé des

croiseurs dans des endroits où la hauteur disponible est faible (*Davout*).

Fig. 126. — Ensemble d'une dynamo type He et d'un moteur horizontal.

Les moteurs à vapeur sont munis de tachymètres Buss et de régulateurs de vitesse.

479. — Le modèle Hc que nous venons de décrire en détail donne, à la vitesse de 350 tours environ, une différence de potentiel de 70 volts, l'intensité du courant pouvant varier de 0 à 200 ampères, suivant la résistance du circuit extérieur ; cette dernière intensité de 200 ampères est l'intensité maximum que peut supporter la dynamo, d'une façon courante, sans risque d'avarie.

Il existe d'autres modèles en service dans la marine.

D'abord un modèle peut donner, à 350 tours, 80 volts avec une intensité pouvant aller jusqu'à 200 ampères ; il porte la marque Hs (*Amiral-Duperré, Courbet, Suchet, Alger*).

Un troisième modèle, plus puissant, donne, à 325 tours environ, une différence de potentiel sensiblement constante de 80 volts, l'induit pouvant varier de 0 à 400 ampères au maximum (*Magenta, Bouvines, Marceau, Bruix, Pothuau*). Il porte la marque H. Ce dernier modèle présente quelques différences avec le modèle Hc. D'abord ses masses polaires présentent en leur milieu un rétrécissement. Ensuite l'enroulement, tant de l'induit que des inducteurs gros fil, est fait avec des câbles. Enfin, les deux enroulements de gros fil sur les deux électro-aimants sont en tension, au lieu d'être en quantité ; chacun des deux électro-aimants gros fil est intercalé entre un balai et une borne du circuit extérieur.

480. Régulateurs de vitesse. — Les régulateurs de vitesse des moteurs à vapeur commandant les dynamos dont il vient d'être question sont de deux modèles.

Les dynamos Hc sont munies d'un modèle assez ancien que nous décrirons tout d'abord. Il a comme organe fondamental deux masses *m m* entraînées par l'arbre et qui s'écartent plus ou moins de l'axe de rotation suivant la vitesse (*fig. 127*).

L'action de ces masses pendulaires se transmet au piston obturateur de l'arrivée de vapeur par l'intermédiaire du le-

MACHINES ÉLECTRIQUES. 279

vier l agissant sur l'axe a monté sur deux vis à pointe ss, du levier l' et de tiges articulées.

Lorsque la vitesse augmente et que les masses pendulaires s'écartent l'une de l'autre, le levier l vient en avant et par suite la tige liée au levier l' s'abaisse. Or, c'est cette tige articulée qui commande le piston obturateur de l'arrivée de vapeur. Il faut remarquer, en outre, que cette tige est le plus souvent formée de deux parties, dont les extrémités filetées

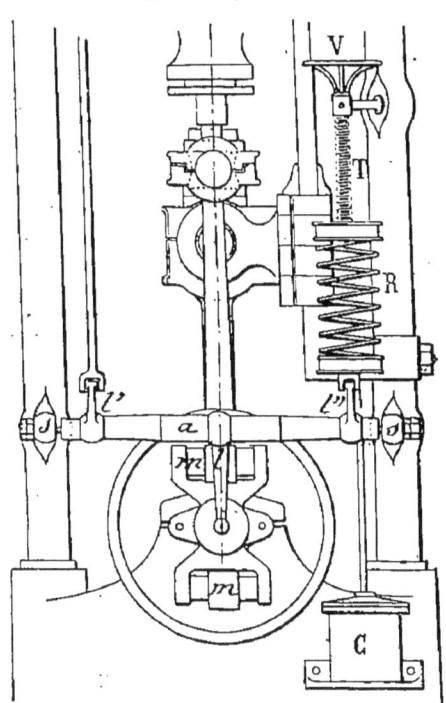

Fig. 127. — Régulateur de vitesse *Sautter et Harlé*, ancien modèle.

sont réunies par un écrou commun à deux pas, de telle sorte qu'en tournant cet écrou dans un sens ou dans l'autre on diminue ou on augmente la longueur de la tige.

D'autre part, un levier l'' porté par l'axe a est relié à l'extrémité inférieure d'un ressort antagoniste R. Une tige filetée T et un volant V servant d'écrou permettent de faire varier la tension du ressort. Au ressort est fixée également la tige d'un piston modérateur à huile, placé dans un petit cylindre C.

Le ressort ayant une certaine tension, tire sur le levier l'' et fait remonter la tige verticale commandant le piston obturateur de l'arrivée de la vapeur, ouvrant ainsi les orifices; d'autre part, les masses m en tournant tendent à abaisser cette tige verticale et à fermer les orifices. L'équilibre est obtenu lorsque les masses m tournent à une vitesse suffisante pour contrebalancer l'action du ressort. Lorsque la vitesse augmente, l'action prépondérante des masses ferme davantage les orifices; lorsque la vitesse diminue, le ressort l'emportant ouvre davantage les orifices. Cette double action tend à maintenir la vitesse sensiblement constante.

Le modérateur à huile empêche les mouvements des leviers de prendre une trop grande amplitude sous l'influence d'oscillations successives dans les deux sens.

En donnant au ressort une tension plus grande, pendant la marche, on obtient l'équilibre pour une force centrifuge plus grande des masses pendulaires m, c'est-à-dire pour une vitesse plus grande.

481. — Les dynamos du modèle H sont munies d'un régulateur de vitesse perfectionné représenté dans la figure 128.

Le nouveau régulateur de vitesse Sautter et Harlé comprend, comme l'ancien, des masses $m\ m$ entraînées par l'axe de rotation et qui s'écartent plus ou moins suivant la vitesse. En s'écartant les masses poussent, par les bras f, un manchon n et par suite le levier l solidaire de l'axe a. Sur cet axe est fixé également un levier l'' relié à l'extrémité inférieure d'un ressort R dont l'extrémité supérieure est munie d'une tige filetée T' permettant, au moyen du volant V servant d'écrou, de donner au ressort une tension variable.

Le levier l'' porte une fourche emmanchée sur la douille à gorge d goupillée sur la tige o verticale. Les mouvements de la douille d et du levier l'' sont donc solidaires dans le sens vertical mais la douille d peut tourner dans la fourche de l''. Le levier l'' enfin se termine par une queue u qui vient buter soit en haut, soit en bas contre les extrémités q de pistons à

MACHINES ÉLECTRIQUES.   281

ressort remplaçant le modérateur à huile du régulateur précédent.

D'autre part un levier l' fou sur l'axe a porte à son extrémité un écrou c, appelé *écrou compensateur*. Dans cet écrou est vissée l'extrémité filetée de la tige o.

La tige o porte, au bas, une clavette p qui peut venir embrayer, dans les mouvements verticaux de o, avec un des pignons r munis de tous d'entraînement. Comme ces pignons r sont continuellement entraînés par le pignon s monté sur

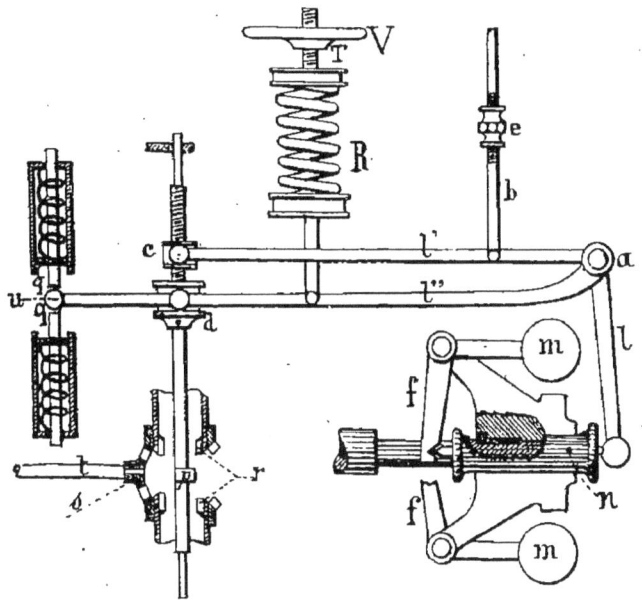

Fig. 128. — Régulateur de vitesse *Sautter et Harlé*, nouveau modèle.

l'axe t mis en mouvement par le moteur de la dynamo, la tige o tourne dans un sens ou dans l'autre suivant qu'elle embraye en haut ou en bas.

Enfin, sur le levier l' est articulée la bielle verticale b commandant l'obturateur de l'arrivée de la vapeur au tiroir ; cette bielle peut être raccourcie ou allongée, grâce à l'écrou double e.

Ce régulateur fonctionne d'abord, d'une manière générale,

comme le premier. Les masses m en s'écartant sous l'influence de la vitesse repoussent le levier l qui vient à droite ; le levier l'' s'abaisse, entraînant, dans son mouvement vertical, la tige o et, par l'écrou c, le levier l' et la bielle verticale b ; les orifices d'arrivée de vapeur tendent à se fermer. D'autre part, le ressort R en agissant sur le levier l'' en sens inverse des masses m tend à faire remonter la bielle verticale b et à ouvrir les orifices d'arrivée de vapeur. Ces mouvements antagonistes suffisent à maintenir une vitesse sensiblement constante pour une même tension du ressort R.

Cependant, avec l'ancien régulateur, lorsqu'une augmentation de vitesse était due à une diminution de la charge de la dynamo, la vitesse n'était pas ramenée exactement à sa valeur primitive et restait toujours un peu supérieure. Ici, lorsque la vitesse augmente momentanément, par suite d'une brusque diminution de la charge, l'action des masses m dont la force centrifuge augmente, a pour effet de réduire brusquement aussi l'ouverture des orifices et d'empêcher tout emballement, comme d'ailleurs dans le premier régulateur. De plus, la tige o s'abaissant, la clavette p vient en prise avec les tocs du pignon inférieur r ; la tige o tourne alors dans un sens tel que l'écrou c descend entraînant le levier l' et la bielle verticale. La vitesse ne reste plus ainsi un peu supérieure à celle de régime, mais est ramenée exactement à sa valeur primitive. Le jeu de l'écrou compensateur c a donc pour effet de permettre un écart variable entre les leviers l' et l'' et de corriger les *petites variations de vitesse* qui persistaient encore, dans l'ancien régulateur, après que son fonctionnement avait maîtrisé rapidement les grandes variations subites.

482. Dynamo Gramme duplex, type Z. — L'inducteur est formé de 4 électro-aimants dont les noyaux en fer s'assemblent de manière à former une chaîne continue autour de l'induit I. Mais dans cette dynamo *duplex*, ou à 4 pôles, tous les électro-aimants sont juxtaposés par leurs pôles de même nom, de sorte qu'il y a 4 pôles distincts autour de l'induit, au lieu de deux, comme dans les dynamos considérées jusqu'ici.

L'excitation des inducteurs est compound. Les gros fils des 4 électro-aimants sont ordinairement couplés en quantité; quelquefois, dans les modèles les moins puissants, les gros fils des électro-aimants sont associés deux par deux en tension et les deux ensembles de deux électro-aimants sont alors associés en quantité. Les fils des 4 électro-aimants sont toujours associés en tension.

La figure 129 représente schématiquement la disposition

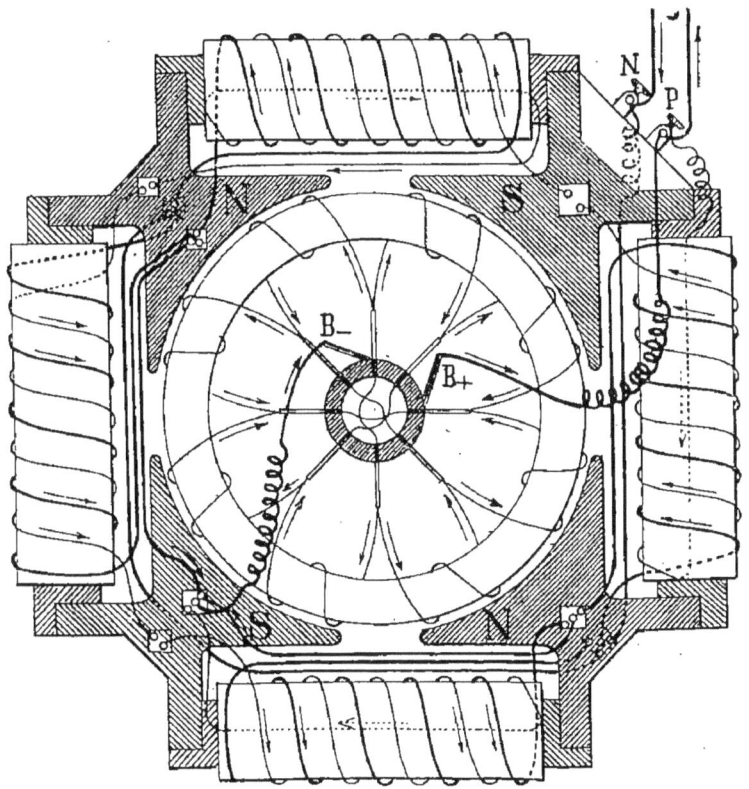

Fig. 129. — Disposition et excitation des inducteurs d'une dynamo duplex
Sautter et Harlé.

et l'excitation des inducteurs d'une dynamo duplex dans laquelle les gros fils des 4 électro-aimants sont associés en quantité.

Une plaque de fondation en fonte isolée magnétiquement des électro-aimants par des lames de laiton, supporte la dynamo. L'électro-aimant supérieur peut s'enlever, de manière à permettre la visite ou l'enlèvement de l'induit.

483. — L'induit est un anneau Gramme ordinaire à cela près qu'on a relié entre elles les lames du collecteur diamétralement opposées. Cette disposition a pour but de réduire à deux le nombre des balais, alors que, sans cette liaison des lames du collecteur, on devrait en employer quatre ; la dynamo duplex ayant en effet quatre pôles, le courant change quatre fois de sens, pour un tour, dans les bobines de l'induit.

484. — Les deux balais doivent porter sur le collecteur en des points à 90° l'un de l'autre ; les points de portage doivent d'ailleurs être en avance, dans le sens du mouvement, par rapport aux plans vertical et horizontal passant par le milieu des électro-aimants. Le réglage du calage des balais peut d'ailleurs se faire aisément, les porte-balais étant, comme dans la dynamo bipolaire Hc, portés par une pièce mobile autour d'un palier et manœuvrable au moyen d'une poignée. Le portage est encore assuré par des ressorts à boudin dont la tension est réglable.

485. — La dynamo duplex est, à bord des navires, commandée directement par un moteur-pilon ; ce moteur a deux cylindres dans les modèles les plus puissants. Il est toujours muni d'un tachymètre et d'un régulateur de vitesse.

L'arbre du moteur et l'arbre de l'induit sont reliés par un manchon d'assemblage à ressorts permettant un certain décalage entre les deux arbres. Cet accouplement porte le nom de *manchon élastique*.

MACHINES ÉLECTRIQUES. 285

En principe, ce manchon consiste en deux tourteaux montés sur les deux arbres et reliés l'un à l'autre par un certain

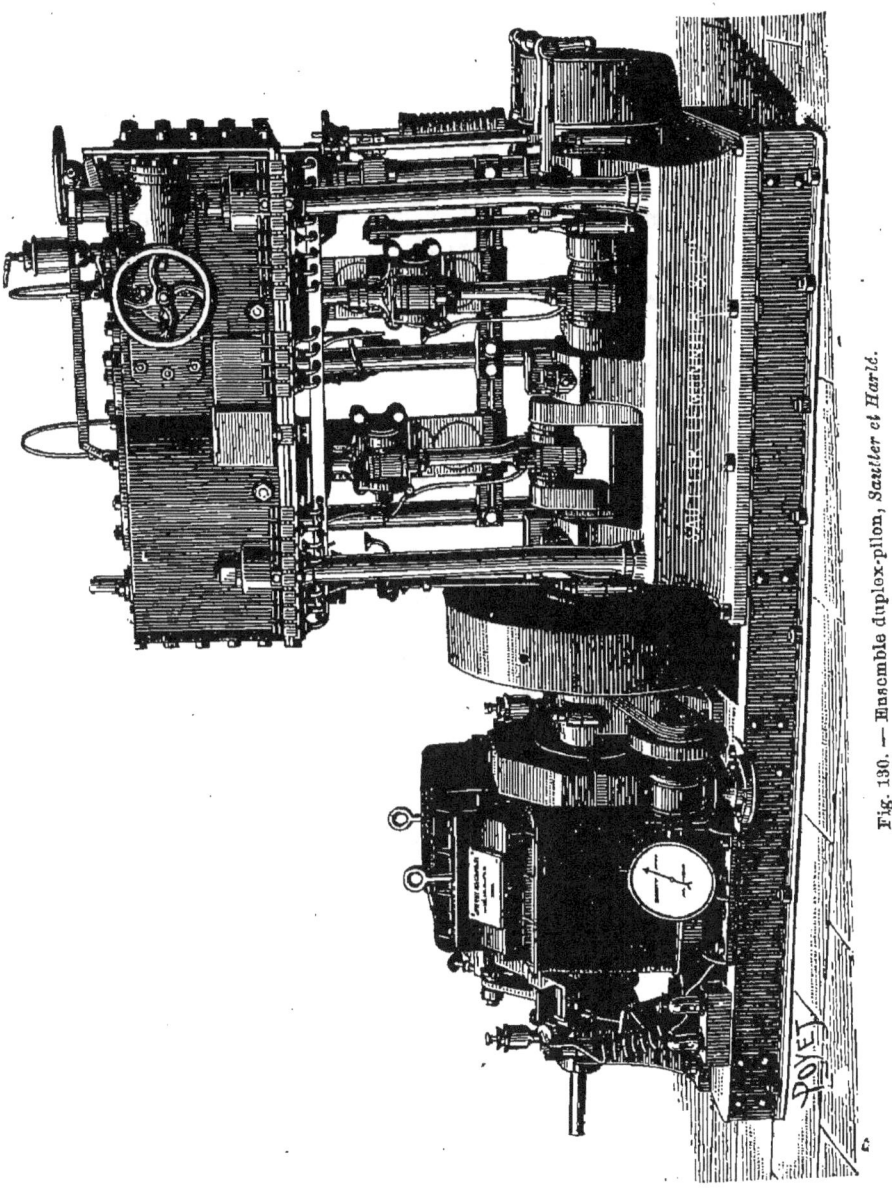

Fig. 130. — Ensemble duplex-pilon, Sautter et Harlé.

nombre de ressorts. Quelquefois ces tourteaux portent à leur circonférence un certain nombre de goujons ; les goujons d'un plateau sont reliés à ceux de l'autre par des bagues élastiques en caoutchouc ; c'est alors un *manchon élastique Raffard*.

486. — Plusieurs modèles de ces dynamos sont employés à bord des navires de la marine militaire.

Tous donnent, à une vitesse de rotation voisine de 350 tours par minute, une différence de potentiel aux bornes sensiblement constante de 70 volts. Suivant leur puissance, les divers modèles peuvent produire, dans ces conditions, un courant extérieur de 0 à 100 ampères (*Vautour, Fusée, Vauban, Algésiras*), de 0 à 150 ampères (*Indomptable, Terrible, Fulminant, Caïman*), de 0 à 200 ampères.

La figure 130 représente l'ensemble d'une dynamo duplex commandée par un moteur-pilon compound, type *Indomptable*.

487. Dynamo triplex, type S. — Dans la dynamo *triplex*, ou à 6 pôles, l'inducteur comprend 6 électro-aimants

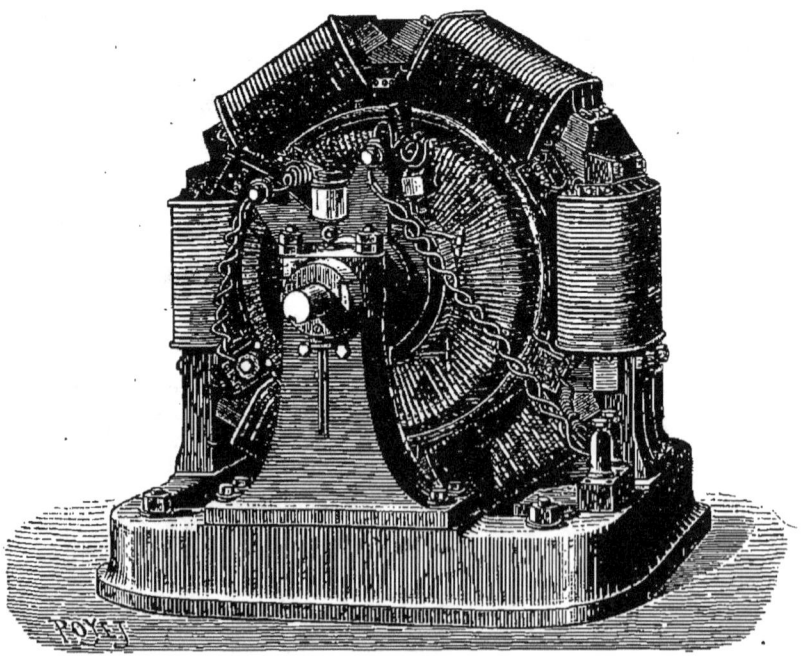

Fig. 131. — Dynamo *triplex, Sautter et Harlé*.

distribués autour de l'induit (*fig. 131*) et réunis les uns aux autres par leurs pôles de même nom ; l'inducteur forme donc autour de l'induit 6 pôles distincts.

L'excitation est compound ; les gros fils des 6 électro-aimants sont d'ailleurs couplés en quantité, grâce à l'intermédiaire de gros cercles en laiton situés sur les faces antérieure et postérieure de la dynamo et visibles dans la figure 131. Les 6 fils fins sont, comme toujours, en tension.

La figure 132 représente schématiquement la disposition et l'excitation des inducteurs d'une dynamo triplex.

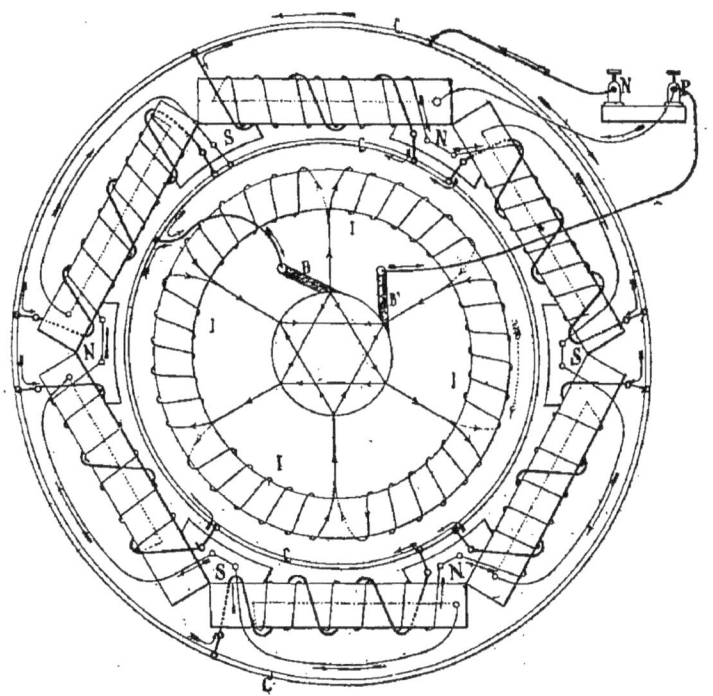

Fig. 132. — Excitation des inducteurs d'une dynamo triplex.

L'induit est un anneau Gramme dans lequel chaque lame du collecteur est reliée aux deux lames qui en sont écartées de 120°. On peut ainsi n'employer, pour recueillir le courant, que deux balais placés à 60° l'un de l'autre. Les points de portage des balais doivent être en avance sur les plans passant par le milieu de deux électro-aimants voisins. Le calage

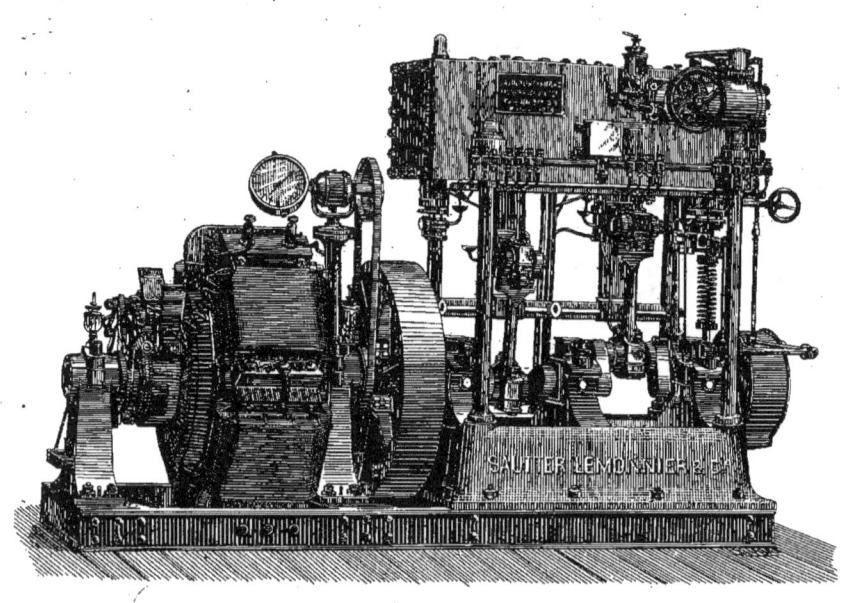

Fig. 185. — Ensemble triplex-pilon, type *Amiral-Baudin*.

des balais est rendu variable à volonté par un dispositif analogue à celui des dynamos précédentes.

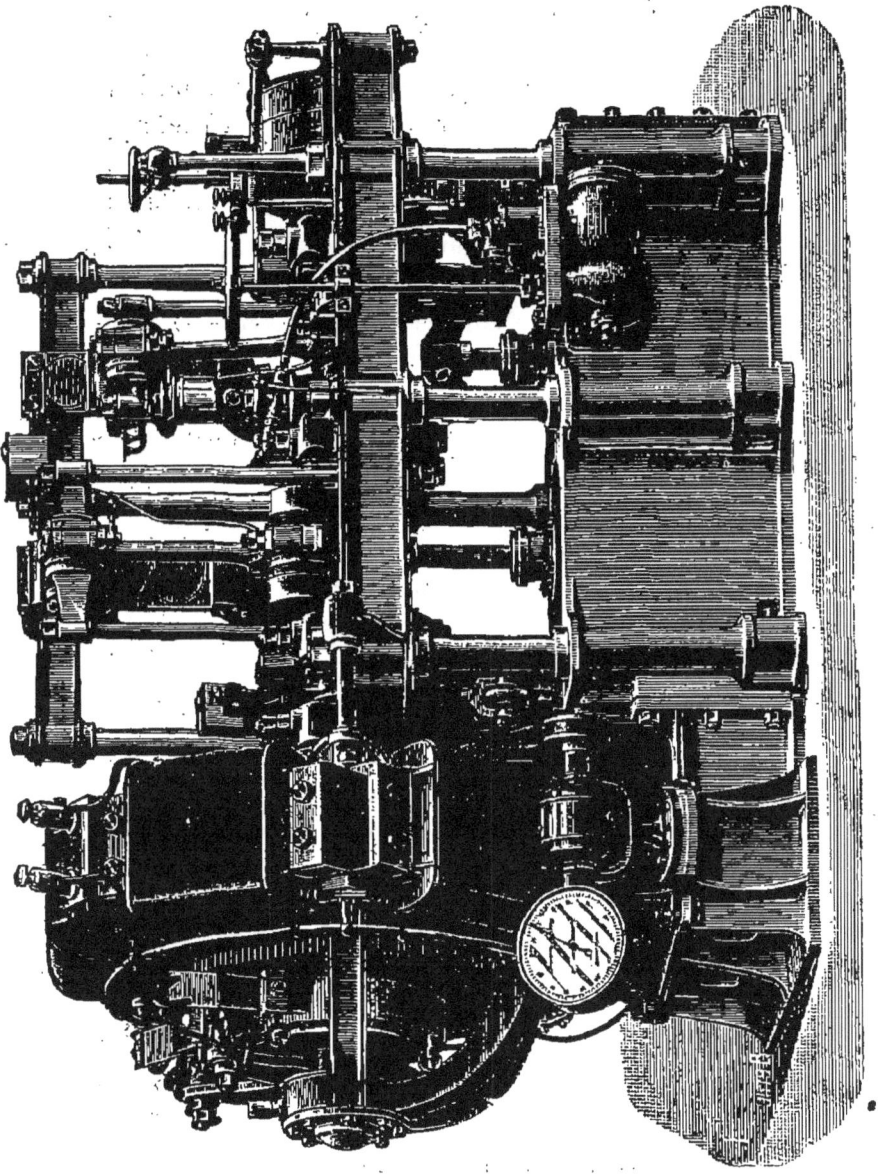

Fig. 134. — Ensemble triplex-pilon, type *Troude*.

La figure 133 représente une pareille dynamo triplex commandée par un moteur à vapeur pilon-compound à deux cylindres, type *Amiral-Baudin*.

Ce modèle donne, à la vitesse de 320 tours environ par minute, une différence de potentiel aux bornes sensiblement constante de 70 volts, avec un courant extérieur de 0 à 260 ampères.

Dans la figure 134 est représenté un autre modèle commandé par un moteur à vapeur pilon-compound à deux cylindres, ces derniers placés à la partie inférieure ; les tiges de piston agissent par le moyen d'un cadre sur des bielles en retour actionnant l'arbre de couche placé au milieu de l'ensemble.

On trouve cet ensemble sur les croiseurs *Troude, Lalande, Cosmao*.

Il donne, à la vitesse de 325 tours environ, une différence de potentiel sensiblement constante de 70 volts, avec un courant extérieur de 0 à 150 ampères.

488. Dynamo duplex Bréguet. — La maison Bréguet a construit, pour la marine, une dynamo Gramme à 4 pôles différant notablement des dynamos duplex de la

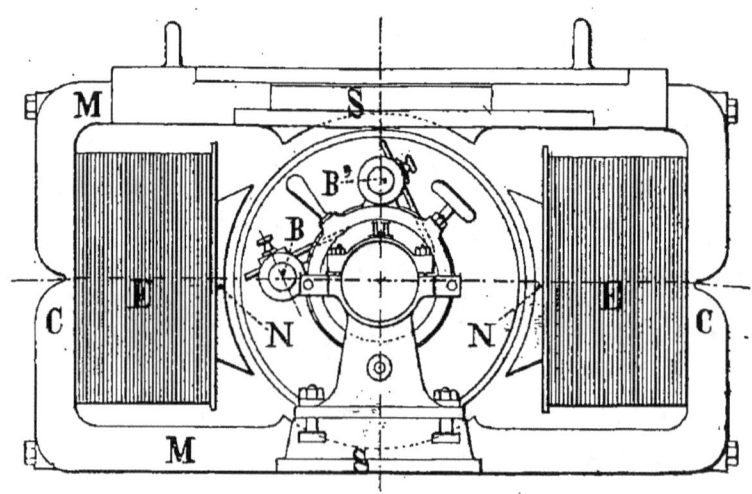

Fig. 135. — Dynamo duplex Bréguet.

maison Sautter et Harlé. Cette dynamo possède deux électro-aimants inducteurs seulement ; ces électro-aimants E E sont horizontaux et présentent en regard deux pôles de même nom, deux pôles N, par exemple. Les pôles S sont fournis par deux masses polaires M M réunissant les culasses C C des électros. L'excitation des inducteurs est compound.

La figure 135 représente l'aspect d'une telle dynamo.

L'induit est un anneau Gramme; les balais B et B' calés à 90° l'un de l'autre sont divisés chacun en 3 morceaux.

Ces dynamos sont actionnées directement par un moteur à vapeur pilon-compound à deux cylindres.

Il en existe actuellement deux modèles; le premier donne, à environ 350 tours, 80 volts avec une intensité pouvant atteindre 400 ampères (*d'Assas, Amiral-Charner, Chasseloup-Laubat, Foudre*); le second, à 350 tours, donne 80 volts avec une intensité pouvant atteindre 300 ampères (*Galilée, Lavoisier*). Généralement ces dynamos portent la marque J.

489. Dynamos multipolaires de la Société alsacienne. — Dans ces dynamos le système inducteur est placé à l'intérieur de l'induit. Il est formé de quatre électro-aimants E rayonnant autour d'un moyeu percé d'un trou pour le passage de l'arbre soutenant l'induit. L'excitation de ces électro-aimants inducteurs est compound; le gros fil est constitué souvent par une lame de cuivre; l'enroulement est en tension sur les quatre électro-aimants; il en est de même, comme toujours, du fil fin.

L'induit I est un anneau Gramme. Sur un collecteur C portent 4 balais B, placés à 90° l'un de l'autre; il y en a deux positifs et deux négatifs; les deux positifs B et B_1 diamétralement opposés sont réunis entre eux; il en est de même des deux négatifs B' et B'_1.

L'induit, tournant extérieurement aux inducteurs, est maintenu par une étoile clavetée sur l'arbre et dont les branches soutiennent 12 énormes boulons T traversant le noyau de fer de cet induit.

La disposition mécanique de cette dynamo est fort compliquée.

La figure 136 montre schématiquement la disposition d'une pareille dynamo.

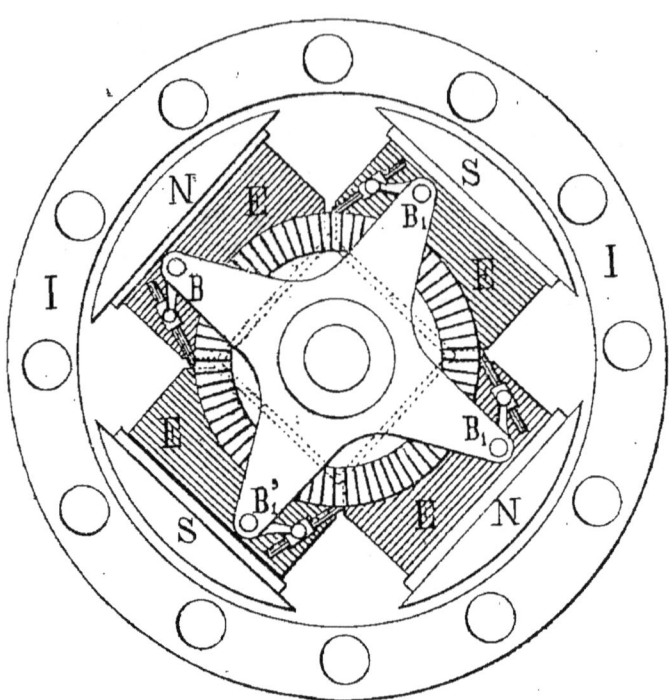

Fig. 136. — Dynamo multipolaire de la *Société alsacienne*.

Il existe plusieurs modèles de ces dynamos à bord des navires.

Un premier modèle donne 80 volts et 600 ampères (*Charles-Martel*); il porte la lettre I. Un second modèle, semblable au premier (*fig. 136*), donne 80 volts et 400 ampères (*Friant*). Enfin, un troisième modèle diffère des deux premiers par cette particularité qu'il ne possède pas de collecteur spécial, mais que l'enroulement de l'induit est formé de barres de cuivre; la surface extérieure de l'induit a été travaillée au tour et c'est sur cette surface extérieure remplaçant le collecteur que les balais appuient. Ce modèle donne 80 volts et 300 ampères (*Dupuy-de-Lôme*).

Fig. 137. — Ensemble d'une dynamo Desroziers et d'un moteur-pilon.

490. Dynamo Desroziers. — Cette dynamo diffère complètement, par son inducteur et son induit, des dynamos que nous venons d'examiner.

L'inducteur se compose de 12 électro-aimants formant deux groupes de 6. Les électro-aimants d'un même groupe sont fixés horizontalement, par une extrémité, sur le bord d'une flasque circulaire verticale en fonte, boulonnée sur une plaque de fondation. Les pôles libres de ces électro-aimants sont alternativement de noms contraires; ils sont armés de pièces polaires aplaties.

Les deux groupes d'électro-aimants sont placés avec leurs pôles de noms contraires en regard, à une distance assez faible l'un de l'autre. Entre ces deux groupes peut tourner un induit en forme de disque, dont l'axe de rotation est supporté par les flasques verticales (*fig. 137*).

491. — L'excitation des inducteurs est compound. Dans toutes les dynamos qui précèdent, le gros fil est superposé au

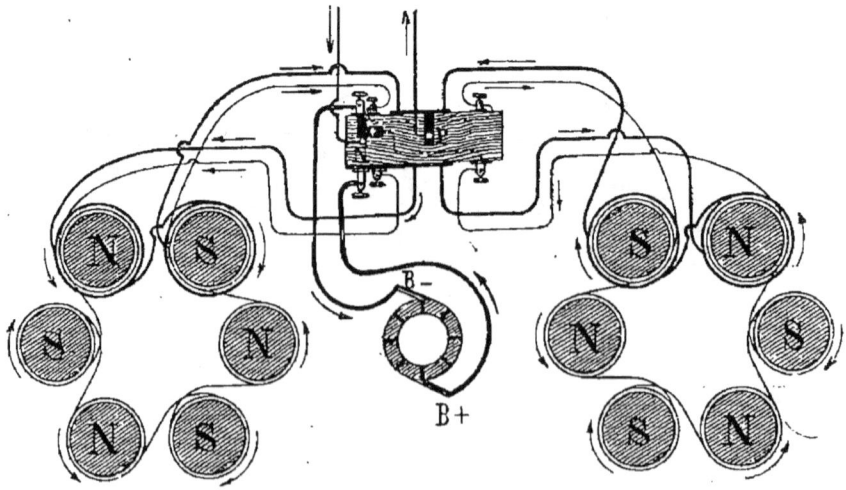

Fig. 138. — Schéma de l'enroulement des inducteurs d'une dynamo Desroziers.

fil fin sur tous les électro-aimants. Dans les dynamos Desroziers, ou bien le fil fin n'est enroulé que sur un certain nombre d'électro-aimants et le gros fil sur les autres ; ou bien le fil fin est enroulé sur tous les électro-aimants et on ajoute quelques couches de gros fil sur certains d'entre eux.

Les fils fins des électro-aimants sont toujours réunis en tension. L'accouplement des gros fils est variable suivant le modèle.

Dans la figure 138 nous donnons le schéma de l'enroulement d'une dynamo Desroziers, dans laquelle quatre des électro-aimants portent du gros fil, en outre du fil fin. Les quatre gros fils sont deux par deux en tension et les deux groupes de deux sont en quantité.

492. — L'induit est un disque sur lequel sont disposées les boucles induites formées de fils radiaux réunis par des parties courbes. La figure 68 montre comment se développent les courants induits par le mouvement de ces boucles entre deux pôles inducteurs.

L'induit ne comprend pas de fer ; ce dernier est d'ailleurs inutile ici ; le rapprochement des pôles inducteurs suffit pour obtenir un champ magnétique puissant (**201**).

Le disque induit est constitué par une étoile de maillechort sur laquelle sont maintenus de chaque côté des plateaux en carton comprimé. Après le passage des fils constituant le circuit induit, les plateaux de carton sont découpés de manière qu'il n'en reste plus qu'une couronne circonférentielle et un petit disque central.

Un collecteur semblable à celui de l'anneau Gramme (**289**) et deux balais placés à 130° l'un de l'autre permettent de recueillir le courant de la dynamo.

A bord des navires, la dynamo Desroziers est commandée directement, grâce à un manchon élastique Raffard (**485**), par un moteur à vapeur pilon-compound à deux cylindres, ainsi d'ailleurs que le représente la figure 137. Le moteur est toujours accompagné d'un tachymètre et d'un régulateur de vitesse.

493. — Plusieurs modèles de dynamos Desroziers sont en

service à bord des navires. Les uns donnent, à la vitesse de 350 tours environ, une différence de potentiel constante aux bornes de 70 volts. Ils permettent d'obtenir un courant extérieur de 0 à 150 ampères (*Requin, Surcouf*) ; de 0 à 175 ampères (*Forbin*) ; de 0 à 200 ampères (*Hoche, Algésiras*). Les autres donnent une différence de potentiel constante aux bornes de 80 volts, avec un courant extérieur pouvant atteindre 200 ampères (*Wattignies, Fleurus, Valmy, d'Iberville*), ou 350 ampères (*Turenne*), ou 400 ampères (*Formidable*).

L'arsenal maritime de Toulon possède une usine centrale d'électricité utilisant 3 dynamos Desroziers de 150 volts et 1000 ampères.

494. Dynamos Siemens et Edison. — Les dynamos Siemens et Edison, dont quelques modèles sont en service dans la marine, sont caractérisées par leur induit, l'inducteur pouvant affecter toutes les formes employées dans les dynamos Gramme.

L'induit Siemens ou Edison est formé d'un tambour cylindrique en fil de fer, ou constitué par des lames de tôle mince empilées, autour duquel sont enroulées les diverses sections de l'induit parallèlement à l'axe du tambour, qui est aussi l'axe de rotation. Le fil d'entrée d'une des sections est d'ailleurs relié au fil de sortie de la section précédente par l'intermédiaire d'une lame d'un collecteur semblable à celui des anneaux Gramme. Dans le tambour Siemens ou Edison, tout le fil induit est donc à l'extérieur, tandis que dans l'anneau Gramme une partie du fil passe dans l'intérieur de l'anneau.

495. — Le fonctionnement d'une dynamo Siemens à deux pôles s'explique d'ailleurs aisément comme celui d'une dynamo Gramme. La figure 67 et le n° **245** montrent d'ailleurs comment se produisent les courants induits dans une spire du tambour parallèle à l'axe de rotation OO' et comment ces courants changent de sens deux fois par tour, comme dans les spires d'un anneau Gramme.

Il existe des dynamos Siemens à deux pôles sur le *Dupuy-de-Lôme*; elles donnent 80 volts et 200 ampères. Elles présentent la particularité que les lames du collecteur sont en acier et séparées par l'air.

496. Dynamo à enroulement Brown et à pôles redresseurs. — Cette dynamo, construite par MM. Sautter et Harlé, est très répandue à bord des nouveaux navires de guerre. Elle est caractérisée d'abord par ses inducteurs, ensuite par son induit.

Les inducteurs comprennent, en outre des électro-aimants principaux produisant le flux de force qui détermine les courants d'induction de la dynamo, d'autres électro-aimants supplémentaires destinés à redresser le champ magnétique tordu par l'aimantation du fer de l'induit (**299**).

Nous avons montré, par la figure 82, la torsion des lignes de force, qui entraîne un *décalage* des balais.

Si nous plaçons dans le plan horizontal MM' (*fig. 139*)

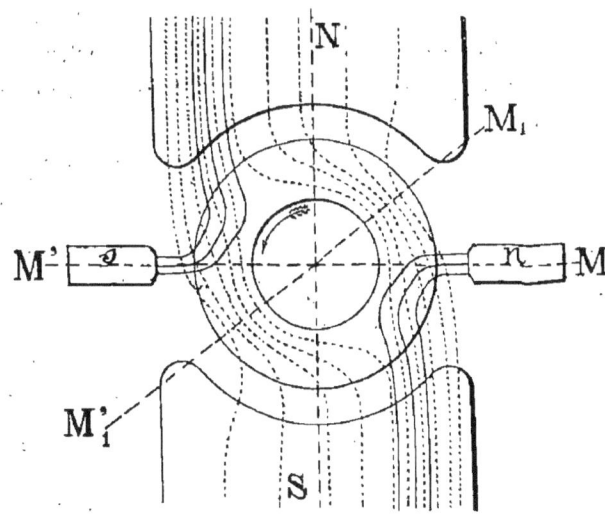

Fig. 139. — Action des pôles redresseurs de champ.

deux électro-aimants supplémentaires présentant des pôles

n, s intermédiaires entre les pôles principaux N, S, ces électro-aimants produisent un champ dont les lignes de force sont représentées en plein, les lignes de force du champ inducteur primitif étant représentées en pointillé. Il résulte de la superposition des deux champs une augmentation du champ primitif en haut et à gauche, ou en bas et à droite. Le maximum du flux qui était dans le plan $M_1 M'_1$ peut être ramené aussi dans le plan horizontal M M'. Le champ est alors *redressé* et l'angle de calage des balais est alors nul. Puisque la distorsion du champ magnétique varie avec le courant extérieur (**299**), l'action de redressement doit également varier avec le débit de la dynamo ; les électro-aimants redresseurs doivent donc être excités en série.

Dans les dynamos à pôles redresseurs construites par la maison Sautter et Harlé, il y a généralement quatre électro-aimants principaux, formant les inducteurs d'une dynamo à quatre pôles et quatre électro-aimants redresseurs plus petits placés entre les premiers. Ces derniers agissent d'ailleurs de la même manière que dans la dynamo à deux pôles que nous avons jusqu'ici considérée pour plus de simplicité.

L'excitation des électro-aimants principaux est compound, le gros fil étant constitué par quelques tours d'une lame de cuivre.

La figure 140 représente schématiquement les inducteurs d'une pareille dynamo dont les noyaux sont tous fixés à une carcasse A enveloppant complètement l'ensemble. On a représenté en tension tous les gros fils, aussi bien ceux des électro-aimants principaux que des électro-aimants redresseurs, les fils fins étant aussi en tension. Dans certains modèles les 8 gros fils forment 2 groupes de 4 en tension, ces deux groupes étant d'ailleurs en quantité.

Les fils fins des quatre électro-aimants principaux sont tous en tension. Il est à remarquer que la dérivation formée par l'enroulement de fil fin est prise non pas aux balais, comme dans les dynamos précédentes, mais aux bornes B et B'. La dynamo est dite alors en *longue dérivation*.

MACHINES ÉLECTRIQUES.   299

On voit, sur la figure 140, qu'il y a 4 balais, généralement en charbon. Ces balais, placés à 90° l'un de l'autre, sont reliés deux à deux, les deux positifs bb ensemble ainsi que les deux négatifs $b'b'$.

L'induit a l'enroulement Brown. Tout d'abord le noyau en fer est formé de feuilles de tôle minces découpées en couronne et empilées de façon à former un anneau, comme

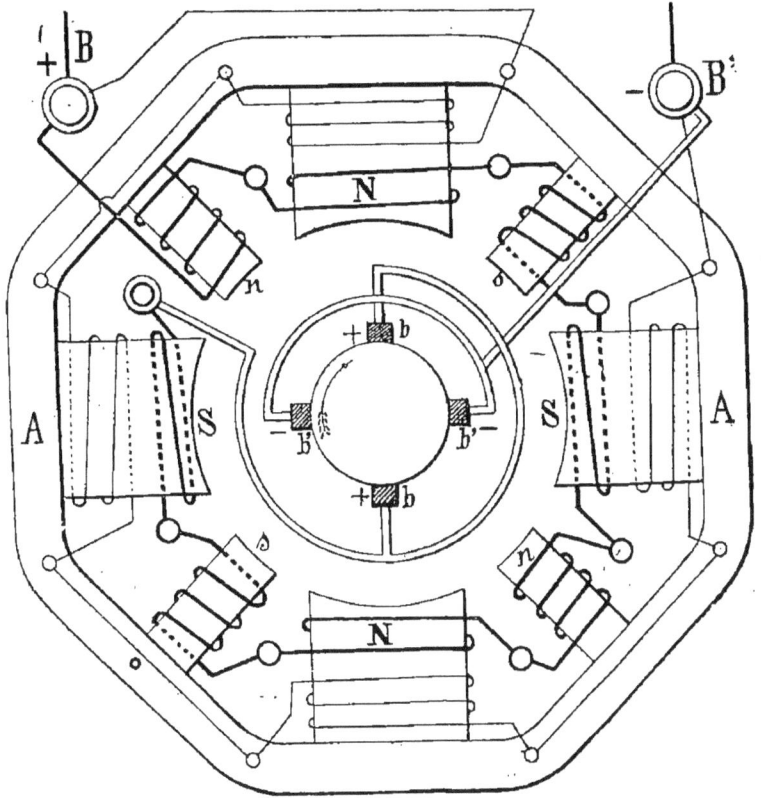

Fig. 140. — Dynamo à pôles redresseurs ; schéma de l'enroulement des inducteurs.

d'ailleurs dans la plupart des dynamos déjà vues ; mais ici ce noyau cylindrique présente des dents le long des génératrices du cylindre, de façon à prendre l'apparence d'un grand pignon denté.

Dans chaque rainure séparant deux dents est encastrée une

barre de cuivre isolée du noyau; il y a ainsi, dans ces dynamos 138, ou 146, ou 158 dents et barres équidistantes.

D'un côté de la dynamo se trouve un collecteur C (*fig. 141*) de la forme ordinaire, qui sert en même temps à établir les liaisons entre les barres de l'induit et à recevoir les balais. De l'autre côté existe aussi une sorte de collecteur, mais bien plus court, dont le but unique est de servir aux liaisons des barres entre elles; sa présence n'est justifiée que par l'impossibilité où l'on serait de replier les barres de l'induit après leur passage dans une rainure, pour les faire repasser dans une autre. Nous le désignerons sous le nom de *connecteur* ou de *faux collecteur*.

On voit, sur la figure 141, que du côté du vrai collecteur

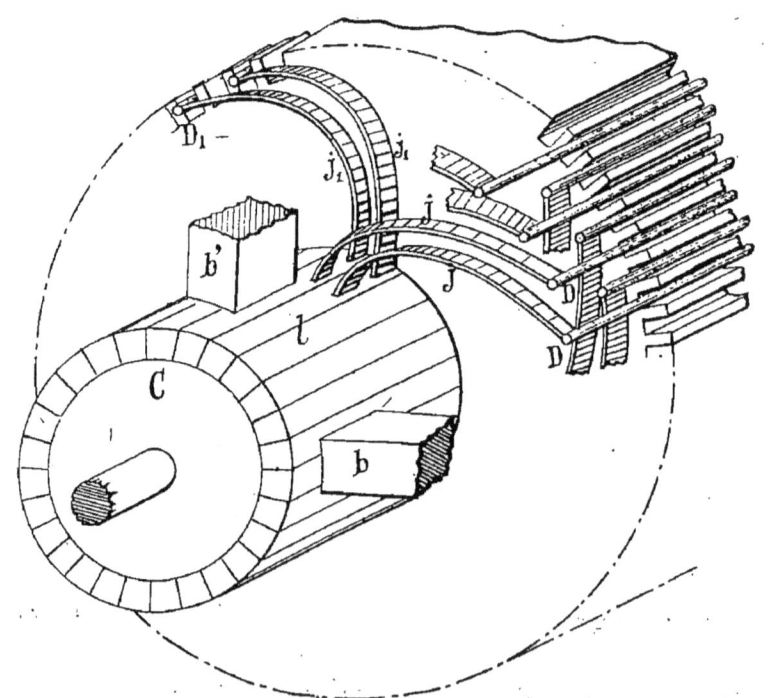

Fig. 141. — Enroulement de l'induit des dynamos Brown.

chaque barre D de l'induit est reliée, par l'intermédiaire d'une lame l du collecteur, à la barre D_1 située à environ 90°

de la première ; cette réunion se fait par des lames de jonction j et j_1, incurvées dans les deux sens et situées dans deux plans. A l'autre bout, du côté du faux collecteur, les barres sont pareillement réunies de 90° en 90°, de telle sorte que l'ensemble constitue un circuit sans fin, une sorte de zig-zag tracé sur la surface du cylindre et dont chaque sinuosité embrasse à peu près 90°.

Plusieurs modèles de ces dynamos sont en service à bord des bâtiments.

L'un désigné par **M 24** donne 350 tours environ, 80 volts et une intensité pouvant atteindre normalement 300 ampères (*d'Entrecasteaux*).

Un deuxième modèle de 80 volts et 400 ampères, marqué **M 32**, est très répandu sur les croiseurs (*Bouvet, Guichen, Pascal, du Chayla, Catinat*).

Un troisième modèle, plus spécialement destiné aux cuirassés et marqué **M 50** donne 80 volts avec une intensité pouvant atteindre 600 à 650 ampères (*Carnot, Masséna*).

Toutes ces dynamos sont actionnées par un moteur à vapeur pilon compound à deux cylindres.

Enfin il existe, seulement sur le *Jauréguiberry*, un modèle de dynamo à enroulement Brown et à pôles redresseurs, présentant 6 pôles inducteurs principaux et 6 pôles redresseurs intermédiaires. Ce modèle donne, à 300 tours environ, 80 volts et 900 ampères.

497. Accouplement des dynamos. — Les dynamos peuvent, d'une manière générale, être accouplées en tension ou en quantité, comme les éléments de pile.

L'association, ou l'accouplement en *tension*, qui s'obtient par la réunion de la borne négative d'une dynamo à la borne positive de la suivante, a pour effet d'ajouter les forces électromotrices et aussi les résistances de dynamos (**221**).

Dans l'association *en quantité*, on réunit entre elles d'un côté les bornes positives et, de l'autre, les bornes négatives des dynamos.

Si ces dynamos sont identiques et tournent à la même vitesse, la force électromotrice est la même que s'il n'y avait qu'une seule dynamo, mais la résistance est divisée par le nombre des dynamos associées (**225**) ; s'il y a n dynamos en quantité et si le courant extérieur est I, chacune d'elles ne produit qu'un courant $\dfrac{I}{n}$ (**226**). On peut donc, par l'association en quantité, obtenir un courant considérable à l'extérieur tout en n'employant que des dynamos incapables d'*être traversées* par ce courant entier.

498. — Nous avons dit que les dynamos peuvent, d'une manière générale, être associées en tension ou en quantité ; cependant il faut observer que, suivant le mode d'excitation des dynamos, un seul genre d'association peut être employé commodément et sans grandes précautions.

Ainsi les dynamos excitées en série ne peuvent être associées en quantité qu'en prenant des précautions telles qu'une pareille association doit être écartée pratiquement. Les dynamos en série peuvent, au contraire, être aisément associées en tension. La figure 142 montre schématiquement cette association pour deux dynamos. Les induits étant représentés en I et I' et les électro-aimants inducteurs en E et E', la borne négative N de la première machine est reliée à la borne positive P' de la seconde ; c'est aux bornes libres P et N' que se fixent les extrémités du circuit extérieur.

499. — Les dynamos excitées en dérivation se prêtent mal à l'association en tension qui exige des précautions et une dislocation de leurs circuits. Au contraire, elles peuvent être aisément associées en quantité, comme le montre, pour deux dynamos, la figure 143. Les bornes positives P et P' des deux dynamos sont réunies entre elles, ainsi que les bornes négatives. Les extrémités du circuit extérieur sont fixées en P et N. On voit que les courants des deux dynamos s'ajoutent pour parcourir le circuit extérieur.

500. — Enfin les dynamos compound étant à la fois des dynamos en série et des dynamos en dérivation, ne pourront commodément et sans précautions s'associer ni en tension, ni en quantité, toutes les fois que le compoundage dû à l'action du gros fil inducteur sera assez important. Aussi

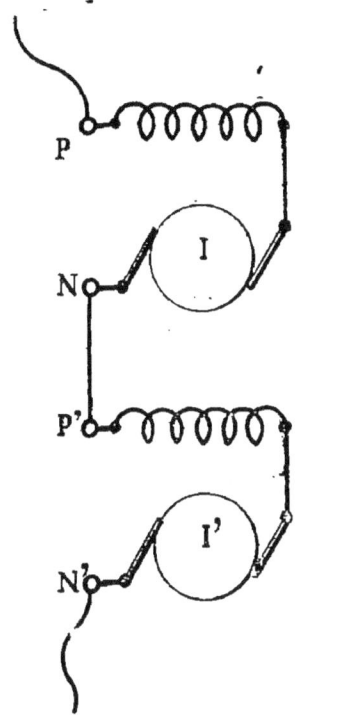

Fig. 142. — Accouplement en tension de deux dynamos excitées en série.

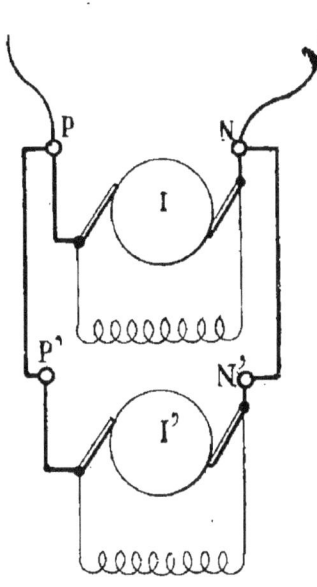

Fig. 143. — Accouplement en quantité de deux dynamos excitées en dérivation.

jusque dans ces derniers temps, les diverses installations des navires étaient conçues de telle manière que tout accouplement des dynamos ne pût se faire, même par une fausse manœuvre des accumulateurs servant à relier les dynamos aux appareils d'utilisation.

501. — Tout récemment, et dans le but de simplifier la distribution du courant à bord des navires, on a fait des installations où les dynamos toujours à excitation compound peuvent être associées en quantité à volonté, ou fonctionner isolément. Cette association est devenue légitime maintenant que l'excitation de gros fil des dynamos compound est très réduite et que l'excitation est presque tout entière due au fil fin en dérivation.

Néanmoins, il y aura toujours quelques précautions à prendre ; elles sont au nombre de trois :

1° N'associer les dynamos entre elles que lorsque la différence de potentiel entre leurs bornes est la même ;

2° Rompre le circuit d'une dynamo lorsque, la différence de potentiel qu'elle donne s'affaiblissant beaucoup, le courant qu'elle produit menace de changer de sens ;

3° Réunir entre eux les balais des dynamos associées en quantité.

Les deux premières précautions sont réalisées généralement à l'aide d'organes automatiques.

Pour empêcher de coupler en quantité une dynamo avec celles déjà en service, alors que la différence de potentiel qu'elle présente n'est pas convenable, le commutateur permettant de fermer le circuit de cette dynamo est accompagné d'un électro-aimant à fil fin, dit *électro-aimant différentiel,* et qui porte deux enroulements en sens inverse. Le premier est dérivé entre deux bandes où sont déjà reliées les dynamos en service, le second enroulement est dérivé aux bornes de la dynamo qu'on veut accoupler. Si les différences de potentiel sont les mêmes, l'électro-aimant n'étant pas actionné, n'empêche pas de manœuvrer le commutateur de couplage et de coupler la dynamo avec les autres. Si les différences de potentiel ne sont pas identiques, l'électro-aimant différentiel attire une armature qui empêche de manœuvrer le commutateur de couplage.

Le circuit d'une dynamo est coupé automatiquement, lorsque le courant qu'elle débite devient trop faible, par un électro-aimant de gros fil, appelé *disjoncteur automatique,* intercalé sur l'un des conducteurs venant de la dynamo. Ce disjoncteur joue le même rôle que celui employé pour la charge des accumulateurs et que nous verrons plus loin (**511**). La forme des disjoncteurs est variable. Nous en donnerons plus tard des spécimens, lorsque nous étudierons les dispositions particulières des installations. Le couplage en quantité est réalisé aujourd'hui sur les navires suivants : *d'Entrecasteaux, Saint-Louis, Bouvet, Guichen*. Actuellement nous donnerons seulement le schéma des circuits pour un pareil couplage.

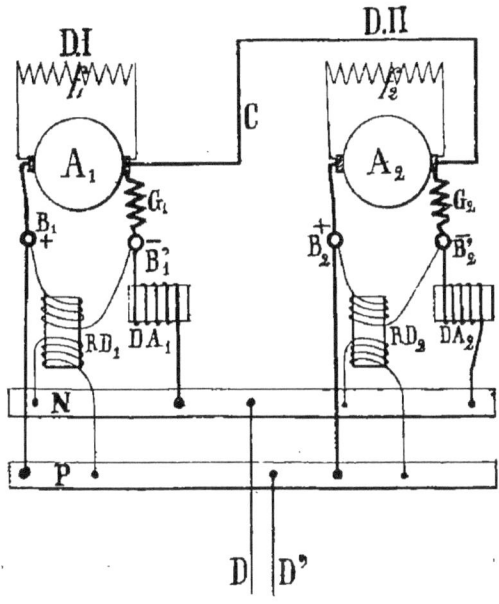

Fig. 144. — Schéma du couplage en quantité de dynamos compound.

Dans la figure 144, on a représenté en A les induits de deux dynamos I et II associées en quantité, en f et b, les inducteurs fil fin et gros fil, en B et B' les bornes des dynamos, en R D et D A l'électro-aimant différentiel et le disjoncteur automatique, en C le conducteur appelé *compensateur* réunissant les balais d'où part le gros fil, les autres balais étant réunis par le couplage même des dynamos. Enfin, on a représenté en P et N les barres de couplage d'où partent les conducteurs D et D' permettant de distribuer le courant dans les divers appareils. Il est évident qu'on peut ainsi associer non pas seulement deux dynamos, mais un nombre quelconque.

502. — On a aussi, à bord du *Jauréguiberry*, utilisé l'association en tension de deux dynamos compound, mais cela en disloquant quelque peu les circuits de chaque dynamo. Nous

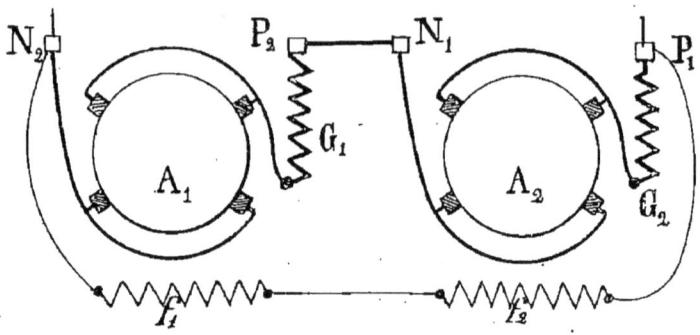

Fig. 145. — Schéma du couplage en tension de deux dynamos à excitation compound.

donnons dans la figure 145 le schéma de cette association montrant que les fils fins inducteurs des deux dynamos ont été réunis en tension entre eux, l'ensemble des deux fils fins étant dérivé sur l'ensemble des induits et des gros fils mis préalablement en tension eux-mêmes.

CHAPITRE III

ACCUMULATEURS

503. Accumulateur Julien. — Dans l'accumulateur Julien, les grillages, dans les alvéoles desquels on comprime de l'oxyde de plomb (**382**), au lieu d'être en plomb, sont ne alliage formé de plomb, d'antimoine et d'une petite quantité de mercure.

Les plaques P portent des tenons t, grâce auxquels les plaques de même nom d'un accumulateur sont réunies entre elles, par l'intermédiaire de barres T du même alliage que les grillages. Des bornes B surmontant ces barres permettent l'association des accumulateurs au moyen de bouts de conducteurs en cuivre.

Les alvéoles des grillages sont de très petites dimensions.

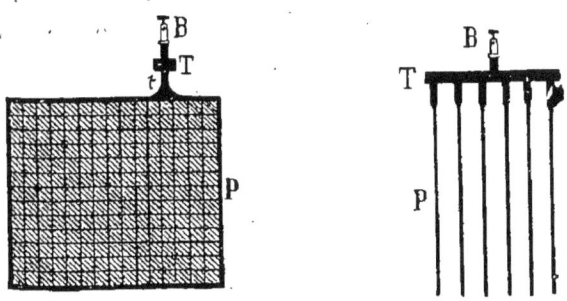

Fig. 146. — Plaque d'accumulateur Julien.

La figure **146** représente d'ailleurs une plaque d'accumulateur Julien.

Généralement les plaques d'un même accumulateur sont placées dans un vase *en verre* qui permet l'inspection des plaques.

308   COURS ÉLÉMENTAIRE D'ÉLECTRICITÉ.

Les vases sont quelquefois fermés hermétiquement par des couvercles en ébonite appuyant sur les bords des vases par l'intermédiaire de bandes en caoutchouc et grâce à des tringles en laiton munies d'écrous de serrage. Les couvercles sont percés d'une ouverture pour l'évacuation des gaz pendant la charge, on la ferme par un bouchon.

Pour le transport, les accumulateurs sont parfois réunis par quatre en tension dans des boîtes garnies intérieurement de caoutchouc.

504. — Plusieurs modèles sont employés à bord des navires; ils diffèrent par les dimensions et le nombre des plaques d'un accumulateur et par conséquent par le poids de ces plaques.

On peut compter, avec ce type d'accumulateur, sur un *débit maximum* (**392**) de 1 ampère et une *capacité* de 10 ampères-eure, par kilogramme de plaques.

505. Accumulateur Laurent-Cély. — L'accumulateur Laurent-Cély, actuellement très en usage dans la marine, est caractérisé par le mode de tenue des pastilles dans les grillages des plaques et par la nature du sel de plomb dont sont constituées primitivement ces pastilles.

On commence par préparer les pastilles; pour cela on fond ensemble un mélange de chlorure de plomb et de chlorure de zinc et l'on coule le mélange dans des moules pour obtenir des pastilles de 5 cm de côté et de 6 mm d'épaisseur; ces pastilles sont pourvues de deux rainures à angle droit et sont percées d'un petit trou au centre (*fig. 147*). On dissout ensuite le chlorure de zinc par une immersion dans de l'eau additionnée d'acide chlorhydrique, ce qui rend les pastilles *poreuses*.

Les pastilles sont alors placées

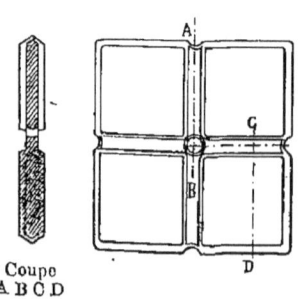

Fig. 147. — Pastille d'accumulateur Laurent-Cély.

côte à côte dans des moules et l'on coule du plomb qui se répand entre les pastilles, dans leurs rainures et dans leur trou central où il forme une sorte de rivet. Les pastilles se trouvent alors en apparence divisées en quatre petites pastilles de 2 cm de côté. Elles sont solidement encastrées dans le grillage en plomb.

Les plaques ainsi constituées sont soumises les unes à la *réduction* qui transforme le chlorure de plomb en plomb spongieux, les autres à l'oxydation qui transforme le chlorure de plomb en oxyde puce de plomb (**374**). Les premières seront employées comme plaques négatives, les autres comme plaques positives pour la constitution des accumulateurs.

506. — Suivant le nombre des pastilles juxtaposées dans le moule, avant le coulage du plomb, on a des plaques de

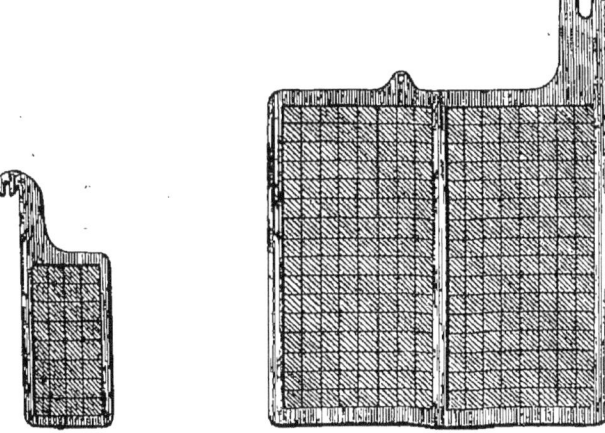

Fig. 148. Fig. 149.
Plaques d'accumulateurs Laurent-Cély.

différentes dimensions. Ainsi la figure 148 représente une plaque de 200 mm sur 100 mm comprenant 8 pastilles et la figure 149 une plaque de 400 mm sur 400 mm comprenant 64 pastilles.

507. — Dans ces derniers temps, la fabrication des accumulateurs Laurent-Cély a subi une modification importante.

Les plaques négatives sont encore construites comme nous venons de le décrire, mais les plaques positives sont totalement différentes. Elles sont fondues sous pression, avec un alliage de plomb, d'antimoine et de mercure, comme les plaques Julien (**503**). Ces plaques sont à leur surface hérissées de petites lamelles formant *augets* emboîtés. On remplit ces augets avec un mélange de bioxyde de plomb provenant de vieilles plaques positives et de minium, mélange rendu pâteux par l'addition d'eau acidulée sulfurique.

La formation ordinaire est appliquée à ces plaques positives, qui sont ensuite conjuguées avec des plaques négatives obtenues d'après le premier système.

508. — Les plaques portent des *queues* permettant de réunir entre elles les positives ou les négatives d'un même accumulateur, au moyen de boulons et d'écrous en laiton.

Les accumulateurs sont associés les uns aux autres au moyen de lames de plomb reliées aux boulons précédents par des écrous. La figure 150 représente deux éléments 400×400 ainsi reliés.

Le cadre extérieur des grandes plaques porte un œil permettant la manipulation au moyen d'un crochet.

Les vases qui renferment les plaques d'un accumulateur sont assez généralement en ébonite mince ; ces vases sont protégés extérieurement par une seconde enveloppe en bois ; on assure l'étanchéité en coulant entre les deux enveloppes de la paraffine fondue.

Quelquefois les vases sont fermés par un couvercle d'ébonite percé d'une ouverture pour l'évacuation des gaz.

509. — On trouve à bord des navires des modèles d'accumulateur Laurent-Cély ayant de 30 à 200 kg de plaques.

Le débit maximum est souvent fixé à 2 et même 3 ampères

par kilogramme de plaques; la capacité est voisine de 10 ampères-heure par kilogramme de plaques.

510. Association des accumulateurs en batteries.
— Ainsi que nous l'avons dit (**388**) les accumulateurs peuvent, comme les éléments ordinaires de pile, être associés en tension, en quantité ou d'une façon mixte, en suivant d'ail-

Fig. 150. — Accumulateurs Laurent-Cély couplés.

leurs les mêmes règles (**211**). On a alors une *batterie d'accumulateurs*.

Rappelons qu'on peut être conduit à associer les accumulateurs d'une manière mixte pour la charge lorsque la source a une force électromotrice insuffisante pour charger tous les accumulateurs en tension (**389**).

On peut encore employer l'association mixte pour développer dans un circuit extérieur, à la décharge, un courant supérieur au débit maximum du modèle d'accumulateur employé (**393**).

Si I est le courant extérieur à produire et si i est le débit maximum des accumulateurs, il faudra mettre en quantité un nombre d'accumulateurs au moins égal à $\dfrac{I}{i}$.

511. Disjoncteur automatique. — Nous avons dit (**379**) que le courant d'une source électrique ne peut passer dans une batterie d'accumulateurs, pour la charge, que si la force électromotrice de la source est supérieure à la force électromotrice de polarisation de la batterie. Or, celle-ci croît à mesure que la charge avance ; d'autre part, si la source est une dynamo, la force électromotrice peut éprouver une diminution importante, par suite du ralentissement de la rotation ; il peut même arriver que la dynamo soit arrêtée accidentellement ou volontairement. Dans ce cas, non seulement le courant de charge de la dynamo ne passerait plus dans la batterie d'accumulateurs, mais celle-ci, au contraire, produirait un courant de décharge dans la dynamo. Comme la résistance de cette dernière n'est jamais très grande, ce courant de décharge pourrait parfois acquérir une intensité capable de créer des avaries. Dans tous les cas il y aurait lieu de craindre un renversement des pôles de la dynamo par ce courant de sens inverse à celui qu'elle produit elle-même en fonctionnement normal.

Il importe donc que le circuit des accumulateurs soit rompu avant que la force électromotrice de la source ne soit descendue au-dessous de la force électromotrice de la batterie d'accumulateurs. Pour obtenir cette rupture d'une façon sûre, on installe sur l'un des conducteurs reliant la batterie à la source électrique un *disjoncteur automatique*.

Voici un modèle de ce disjoncteur.

Un électro-aimant E E' en fer à cheval a ses deux noyaux N, S réunis par une culasse C (*fig. 151*). Une armature en fer A mobile autour d'un axe O peut être attirée par les pôles

N, S ; elle est rappelée, à l'état de repos, par un ressort antagoniste R, que l'on peut bander plus ou moins au moyen de l'écrou V.

L'une des extrémités du fil enroulé sur l'électro-aimant est reliée au conducteur D venant de la source électrique M. L'autre extrémité est reliée à la culasse C. D'autre part, l'un des pôles de la batterie est relié à l'axe O, l'autre, par le conducteur D', à la source électrique M.

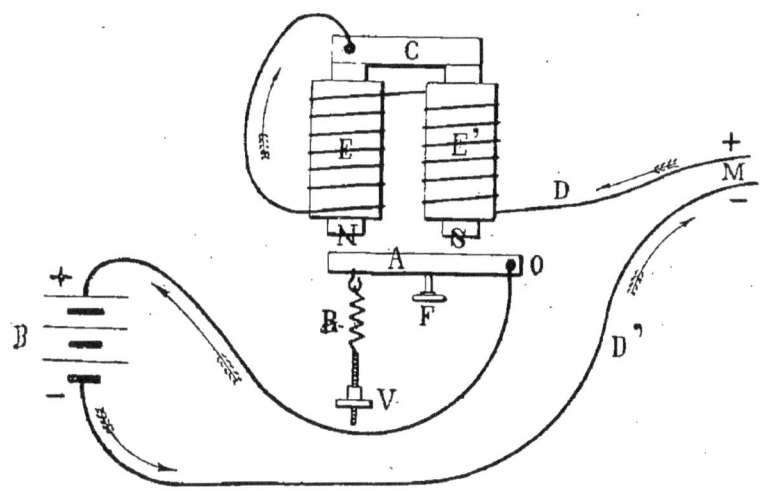

Fig. 151. — Disjoncteur automatique.

Dans la position représentée sur la figure, le circuit est interrompu. Lorsqu'on vient à appuyer à la main sur l'armature A, au moyen du bouton F, de manière qu'elle arrive au contact des noyaux, le circuit est fermé ; le courant venant de M par D passe dans le fil de la bobine E', puis dans le fil de E, gagne la culasse C, passe dans les noyaux N et S et dans l'armature A, arrive à la batterie d'accumulateurs B par l'axe O et retourne à la source M par le conducteur D'.

L'électro-aimant étant excité, l'armature reste au contact, si toutefois le ressort R n'est pas trop bandé.

Supposons que la force électromotrice de la source diminuant notablement, le courant de charge lui-même diminue ; l'excitation de l'électro-aimant faiblissant, il arrivera un moment où le ressort R arrachera l'armature des pôles N, S et le circuit sera alors rompu.

512. — On voit qu'il faut régler la tension du ressort antagoniste R de manière que l'armature puisse rester collée sur les noyaux quand le courant de charge est normal et que cette armature soit arrachée si le courant de charge descend au-dessous d'une valeur qu'on peut se fixer à l'avance.

La forme du disjoncteur automatique peut différer de celle que nous venons de décrire, mais cet organe est *absolument indispensable* dans toute installation où l'on fait usage d'accumulateurs.

513. Rhéostat employé pour la charge ou la décharge d'une batterie d'accumulateurs. — Pour la charge ou la décharge d'une batterie d'accumulateurs on intercale, le plus souvent, dans le circuit un rhéostat (**111**) dont on règle la résistance de manière que le courant de charge ou de décharge soit celui qu'on veut obtenir et surtout qu'il ne dépasse pas le maximum fixé par le constructeur.

514. — Un ampèremètre est aussi toujours intercalé dans le circuit, il permet de surveiller la charge ou la décharge combiné à un voltmètre mis en dérivation entre les pôles de la batterie.

CHAPITRE IV

CONDUCTEURS ET ACCESSOIRES

515. Substances diverses employées pour former les conducteurs. — On emploie des substances nombreuses pour former les conducteurs constituant les circuits électriques. Nous indiquerons seulement les plus fréquemment utilisés.

Le *cuivre* est le métal le plus généralement employé dans les applications électriques. Il constitue les bobines inductrices et induites de toutes les machines électriques et, en général, des appareils électriques de tous genres, galvanomètres, électro-aimants, etc.

On fait en cuivre les *conducteurs proprement dits* destinés à *canaliser* le courant pour la lumière électrique ou les autres applications.

On fait encore en cuivre les pièces de contact des interrupteurs et commutateurs, les collecteurs et balais des machines électriques.

Le *laiton* est souvent employé, au lieu du cuivre, pour confectionner les pièces conductrices qui sont exposées à l'oxydation, telles que les interrupteurs et commutateurs, les bornes des divers appareils, les pièces des tableaux de distribution.

Le *maillechort* sert à confectionner les résistances des caisses de résistances.(**110**), ou des rhéostats (**111**). Ces derniers sont aussi confectionnés avec un alliage de fer et de nickel, appelé *ferronickel*.

On confectionne le fil des amorces électriques avec un *alliage de platine et d'iridium.*

Le *plomb* et ses alliages avec l'*antimoine* et l'*étain* constituent la matière dont sont formés les grillages des plaques d'accumulateurs (**503**).

Des fils de plomb ou d'un alliage de plomb et d'étain sont intercalés sur les conducteurs en cuivre conduisant le courant aux divers appareils d'une installation. En fondant ils protègent ces derniers contre les avaries qui résulteraient du passage d'un courant trop énergique.

Le *charbon* de cornue, ou le charbon artificiel, est la matière constituant les lames polaires positives d'un grand nombre d'éléments de piles, les crayons entre lesquels jaillissent les arcs voltaïques, le filament des lampes à incandescence. On fait en charbon des frotteurs pour les collecteurs des machines électriques et surtout des moteurs électriques **(370)**.

Le *zinc* forme les lames polaires négatives de tous les éléments de pile usuels.

516. Forme des conducteurs. — La plupart du temps les conducteurs proprement dits, employés pour canaliser d'un point à un autre le courant électrique, ont la forme cylindrique ; nous avons dit qu'ils sont le plus souvent en cuivre.

Les conducteurs peuvent être des fils simples, si le diamètre ne doit pas dépasser 5 mm. Au delà de 5 mm, on a recours aux *torons* ou *câbles*.

Les *torons* comprennent un certain nombre de fils tordus ensemble ; les *câbles* sont formés de torons commis ensemble ; le plus souvent les simples torons sont aussi appelés câbles. Le nombre des fils commis ensemble varie avec la section qu'on veut obtenir et avec le diamètre des fils employés. Dans les installations courantes il varie de 3 à 64. Le diamètre des fils formant un toron ou un câble varie ordinairement de 0,4 à 2,5 mm. Deux diamètres très employés sont 1,14 mm et 1,4 mm.

Les câbles présentent sur les fils simples l'avantage d'une plus grande flexibilité.

517. Isolement des conducteurs. — Pour empêcher le contact des conducteurs canalisant le courant avec les supports conducteurs sur lesquels ils peuvent s'appuyer, on les *isole*, la plupart du temps (**56**), c'est-à-dire qu'on les recouvre complètement d'une gaine de substance très peu conductrice ou *isolante*. L'isolement du câble est plus ou moins bon, suivant la nature et l'épaisseur de la couche isolante.

518. — ISOLEMENT FAIBLE. — Il se fait avec du coton ou de la soie, en ruban ou tresse, qu'on enduit ou non de paraffine, de bitume de Judée, vernis, etc. La pose de conducteurs ainsi isolés ne peut se faire que sur des supports eux-mêmes isolants ou peu conducteurs comme la porcelaine, l'ébonite, l'ardoise et le bois ; l'isolement faible ne saurait suffire dans les endroits humides.

519. — ISOLEMENT MOYEN. — Il est constitué par une ou deux couches de caoutchouc vulcanisé sur le *cuivre étamé* ; un ou deux rubans de toile caoutchoutée sont ensuite enroulés sur le caoutchouc.

Cet isolement est généralement suffisant toutes les fois que l'humidité et la chaleur ne sont pas excessives.

520. — ISOLEMENT FORT. — Il comprend deux ou trois couches de caoutchouc vulcanisé et par-dessus deux ou trois bandes de toile caoutchoutée. Il résiste parfaitement à une immersion complète dans l'eau.

521. — OBSERVATION IMPORTANTE. — Les conducteurs isolés à la gutta-percha doivent être impitoyablement proscrits d'une canalisation destinée ou à la lumière électrique, ou au fonctionnement des moteurs électriques, ou à toute autre application analogue. Bien que la gutta-percha soit le meilleur des isolants, elle présente le grave défaut, pour les conducteurs qui ne sont pas constamment plongés dans l'eau, de devenir cassante et de s'effriter alors au moindre choc, ou lorsqu'on manipule les conducteurs. En outre, la gutta-percha se ramollit facilement sous l'influence de la chaleur et laisse le conducteur à nu quand la température est suffisante. Enfin, elle s'enflamme aisément quand la température du conducteur s'élève sous l'influence du courant qui le parcourt.

522. Protection de l'isolement des conducteurs. — Les conducteurs isolés sont quelquefois recouverts d'une *armature* en fils de fer ou d'acier destinée à protéger leur isolement contre les chocs. Cette armature est aussi souvent constituée par un ruban d'acier.

Quelquefois le conducteur isolé est placé dans un tube de plomb, de fer ou de cuivre.

523. — Dans les installations intérieures des navires, les conducteurs isolés sont aussi protégés sous des moulures en bois, appelées *bois rainés*. La figure 152 représente la coupe d'une canalisation en bois pour deux conducteurs C. Chacun d'eux est logé dans une rainure R pratiquée dans une planche P ; une seconde planche Q servant de couvercle et plus ou

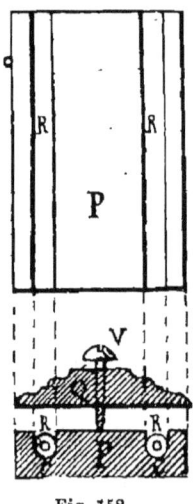
Fig. 152.

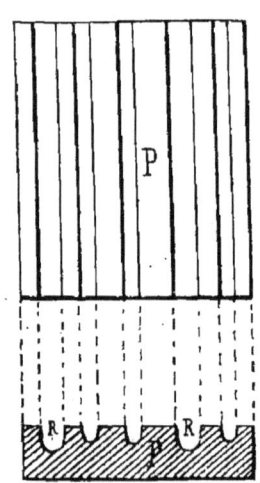
Fig. 153.

Canalisations en bois.

moins ornée de moulures, est fixée par des vis V sur la première.

La figure 153 représente une canalisation en bois pour plus

de deux conducteurs qui peuvent être d'ailleurs de sections inégales. Elle est aussi fermée par un couvercle.

524. Assemblages et greffes des conducteurs. — Les conducteurs peuvent être assemblés entre eux, soit pour se prolonger mutuellement, soit pour établir des dérivations.

Le mode le plus simple d'assemblage consiste à fixer les

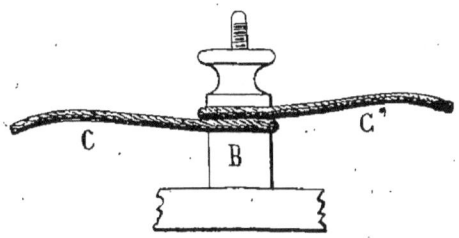

Fig. 154. — Conducteurs reliés par une borne.

conducteurs C et C' à réunir à une même *borne* métallique B (*fig. 154*).

Les conducteurs C et C' peuvent aussi être fixés à des bornes différentes B et B' reliées elles-mêmes entre elles par une plaque ou bande métallique A (*fig. 155*). Ce moyen est

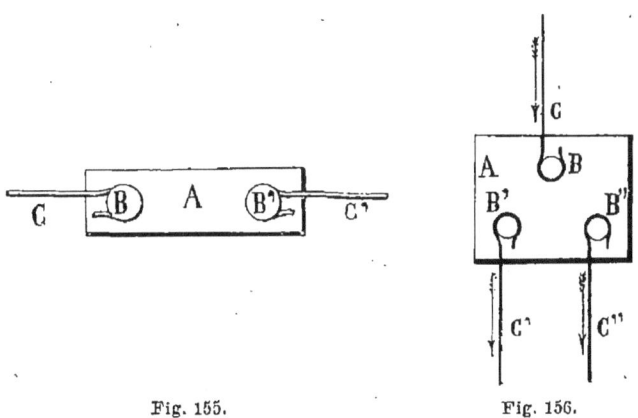

Fig. 155.   Fig. 156.

Conducteurs reliés par une plaque métallique.

souvent employé pour établir en dérivation sur un conducteur C, plusieurs autres C' et C", de manière que le courant passant dans C se partage entre C' et C" (*fig. 156*).

525. — Mais les procédés de jonction que nous venons d'indiquer, ou d'autres analogues, ont l'inconvénient de laisser à nu la partie des conducteurs reliée aux bornes, ces bornes elles-mêmes et la plaque conductrice qui les réunit.

Si l'on veut que les portions de conducteurs réunis puissent être revêtues d'un isolement, la jonction doit se faire sans intermédiaire.

526. — Jonction des fils employés pour l'enroulement des dynamos. — Lorsqu'on enroule les bobines des électro-aimants inducteurs des dynamos, si le fil dont on se sert n'a pas, en un seul bout, une longueur suffisante, on jonctionnera deux bouts en taillant les extrémités en biseau, puis réunissant ces biseaux par de petits rivets et enfin soudant à

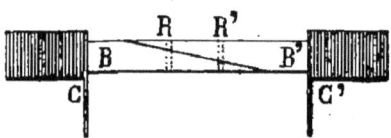

Fig. 157. — Jonction de deux fils avec rivets.

l'argent. La figure 157 montre une pareille jonction avec les biseaux B, B' et les rivets R, R'. La jonction terminée, l'isolement au coton C sera rétabli par-dessus.

527. — Si les fils à jonctionner sont de petits diamètres, on les croise et on les tord l'un sur l'autre en hélice, un certain nombre de fois, en ayant soin de bien rentrer les extrémités de manière qu'elles ne puissent percer l'isolement

Fig. 158. — Jonction de deux fils.

au coton dont on recouvre la jonction (*fig. 158*) ; on assure au besoin la jonction par une soudure.

528. — Jonction de deux fils servant aux installations électriques. — Dénuder les fils, s'ils sont isolés, et amincir au couteau l'extrémité des gaines isolantes ; croiser les fils de manière que les extrémités des gaines isolantes conservées soient à environ 4 cm l'une de l'autre ; tordre six fois les fils l'un sur l'autre en hélice ; enrouler chacun des fils sur

Fig. 159. — Jonction de deux fils.

l'autre en faisant quatre tours jointifs (*fig. 159*). Cette dernière opération destinée à permettre à la jonction de résister à la traction est supprimée dans le cas de fils destinés à l'enroulement des dynamos, pour éviter l'augmentation d'épaisseur qui en résulte (*fig. 158*).

Pour isoler la jonction, la recouvrir d'abord d'une couche de *chatterton* liquéfié par la chaleur, puis d'une bandelette de caoutchouc vulcanisé enroulée en hélice, puis d'une bandelette de toile caoutchoutée, également enroulée en hélice. Les bandelettes doivent recouvrir la partie des gaines isolantes qui a été amincie en biseau. Recouvrir le tout d'une bonne couche de *chatterton* liquéfié.

529. — Jonction d'un fil de petit diamètre avec un conducteur formant toron également de petit diamètre. — Dénuder les conducteurs, s'il y a lieu ; détordre le toron, croiser les conducteurs comme ci-dessus (**528**), les tordre trois ou quatre fois en hélice, puis enrouler trois ou quatre

Fig. 160. — Jonction d'un fil et d'un toron.

fois le fil autour du toron, et les fils de ce dernier successivement quatre fois autour du fil (*fig. 160*).

L'isolement se fait comme précédemment (**528**).

530. — Jonction de deux cables. — Le nombre et la grosseur des fils pouvant constituer un câble sont assez variables pour qu'il soit impossible de donner des règles bien fixes pour leur jonction. Comme indication générale nous donnerons le procédé suivant.

Dénuder les câbles sur une longueur de 20 cm environ. Détordre leurs fils sur une longueur de 10 à 12 cm et les rabattre en éventail, perpendiculairement à l'axe des câbles. Couper un certain nombre de fils centraux, au ras de la partie des câbles restant tordus.

Présenter les deux câbles l'un contre l'autre, de manière que les parties restées tordues soient appuyées l'une contre l'autre et que les fils en éventail des deux câbles soient alternés.

Enrouler en hélice autour de chaque conducteur, et en sens inverse du commettage, les fils détordus de l'autre, en faisant des spires jointives bien serrées ; couper l'excédent des fils, s'il y a lieu.

La jonction présente alors l'aspect de la figure 161.

Fig. 161. — Jonction de deux câbles.

L'isolement de la jonction se fait en recouvrant d'une couche de chatterton, puis enroulant deux bandelettes de caoutchouc, dont une de caoutchouc naturel ; une seconde couche de chatterton recouvre le caoutchouc et deux bandelettes de toile caoutchoutée sont alors enroulées ; enfin une troisième couche de chatterton recouvre le tout.

Les bandelettes de caoutchouc et de toile, ainsi que les couches de chatterton doivent recouvrir l'extrémité des gaines isolantes des câbles, préalablement taillées en biseau.

Lorsque les câbles sont de petites sections, on supprimera la bandelette de caoutchouc naturel et même une des bandelettes de toile caoutchoutée, de manière à ne pas trop grossir la jonction.

531. — Jonction d'un cable et d'un conducteur a un fil. — Dénuder et détordre le câble à son extrémité, ne conserver que le fil central et couper tous les autres, de façon qu'ils forment une sorte de biseau. Opérer alors avec le fil central et le conducteur à un fil comme il a été dit pour deux conducteurs à un fil (**528**), en prenant soin que les tours jointifs du conducteur à un fil recouvrent le biseau des fils coupés du câble.

On peut aussi conserver trois fils du câble et opérer comme au n° **529**.

532. — Greffe d'un conducteur a un fil sur un cable. — Dénuder le câble sur une longueur de 8 cm environ et le conducteur à un fil sur 15 cm environ.

Passer en biais le conducteur à un fil f sous quelques-uns

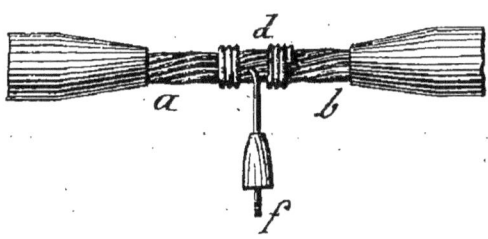

Fig. 162. — Greffe d'un fil sur un câble.

des fils du câble, légèrement détordu à cet effet, près de l'extrémité a (fig. 162).

Faire avec le fil, sur le câble, trois ou quatre tours jointifs, le premier étant le plus près de la partie a du câble et le dernier à toucher le conducteur f. Faire encore trois ou quatre tours de l'autre côté de f.

L'isolement se fait comme précédemment, en employant une ou deux bandelettes de caoutchouc et de toile caoutchoutée suivant le diamètre du câble et prenant soin de toujours terminer par une bonne couche de chatterton.

533. Interrupteurs et conjoncteurs. — Les interrupteurs et conjoncteurs servant à ouvrir ou à fermer un circuit peuvent avoir des formes très diverses. Les plus simples et les plus ordinaires ont une forme analogue à celle représentée par la figure 163. Un secteur C et deux plots de contact A et B en laiton sont placés sur un socle en bois, en ébonite, en ardoise, ou en porcelaine. Un *levier de contact* formé d'une lame conductrice L mobile autour de l'axe O, peut porter sur le secteur C et en même temps sur le plot B, ou le plot A. Dans la position représentée en plein, les conducteurs D et H, fixés en C et B, sont en communication électrique et le courant peut passer. Dans la position figurée en pointillé, le circuit est au contraire interrompu. Un ressort assure le contact de la lame L avec C et B.

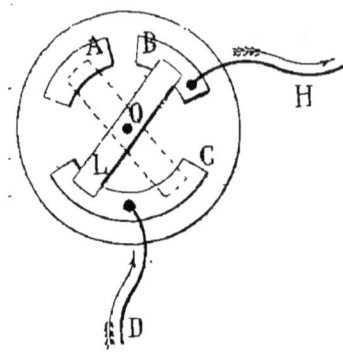

Fig. 163. — Interrupteur-conjoncteur.

534. — Lorsque le courant passant dans l'interrupteur est intense, il y a lieu de se prémunir contre les étincelles puissantes et destructives qui se produiraient au portage de la lame de contact L, lorsqu'on interromprait le courant. On parvient, par exemple, par des dispositifs convenables, à faire en sorte que l'étincelle jaillisse en d'autres points que ceux qui assurent le contact, de manière que ces points de contact eux-mêmes ne soient pas détériorés.

Souvent aussi les extrémités de la lame L sont armées de blocs de charbon qui produisent le contact en diminuant dans de grandes proportions l'action destructive des étincelles à la rupture.

535. — Dans tous les cas, pour que l'action destructive des étincelles ne dure que peu de temps, il faut manœuvrer *rapidement* les interrupteurs. Ces interrupteurs peuvent être

CONDUCTEURS ET ACCESSOIRES. 325

d'ailleurs disposés de manière que la rupture du circuit soit toujours brusque, même si la manœuvre par la main ne l'est pas. On y parvient en munissant l'interrupteur d'un ressort qui se bande lors de la fermeture du circuit. Pour ouvrir le circuit, on agit comme à l'ordinaire sur une manette manœuvrant le levier de contact. Lorsque ce dernier ne frotte plus que très peu sur les touches ou plots de contact, le ressort le fait échapper rapidement. De pareils interrupteurs sont appelés *interrupteurs rapides*. Il en existe un très grand nombre de modèles différents.

536. — Dans un certain nombre de cas, on veut rompre ou établir la communication électrique à la fois des deux pôles d'une source avec les deux extrémités du circuit extérieur. On fait alors usage d'un double interrupteur ou conjoncteur, appelé alors *interrupteur* ou *conjoncteur bipolaire*.

537. Commutateurs. — Les commutateurs servent dans l'un des cas suivants : 1° lorsqu'on a un certain nombre de conducteurs et qu'on veut pouvoir mettre en communication un quelconque de ces conducteurs, d'une part, avec un autre conducteur unique, d'autre part, on emploie un commutateur dit *de direction*, qui change la direction vers laquelle on *aiguille* le courant électrique.

La figure 164 représente schématiquement un commutateur de direction. Il se compose essentiellement d'un secteur de contact H auquel est fixé le conducteur F et d'une série de plots de contact A, B, C, D auxquels sont fixés les divers conducteurs qu'on veut mettre à volonté en communication avec F. Un levier de contact L, mobile autour de l'axe O, permettra d'établir

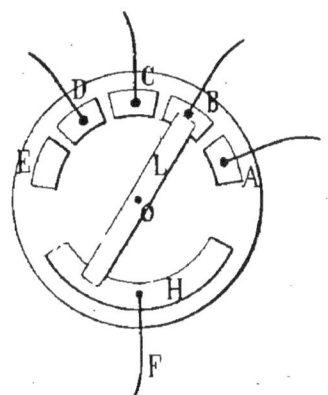

Fig. 164. — Commutateur de direction.

cette communication. Ainsi, pour la position du levier représentée sur la figure, le conducteur F est en communication avec le conducteur fixé en B.

Le plus souvent un plot de contact supplémentaire E, auquel aucun conducteur n'est fixé, sert de touche de repos pour le levier de contact L. Dans cette position, le circuit est rompu ; le commutateur ainsi complété sert donc d'interrupteur.

538. — 2° Lorsqu'on veut, dans un même conducteur, changer le *sens* du courant qui y circule, en employant toujours une même source électrique produisant un courant toujours de même sens, on a recours à un *commutateur de sens du courant*.

La figure 165 représente schématiquement un pareil commutateur, appelé aussi *inverseur*.

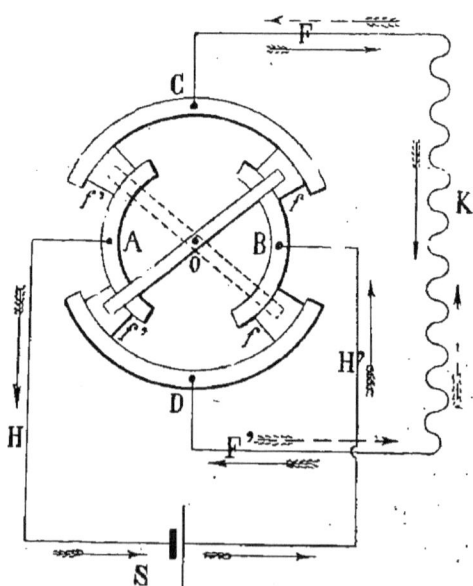

Fig. 165. — Commutateur-inverseur.

Il se compose essentiellement de deux secteurs de contact A et B en communication permanente, par les conducteurs

H et H′, avec la source électrique S. Deux autres secteurs C et D sont en communication par les conducteurs F et F′, avec le circuit K dans lequel on veut changer à volonté la direction du courant. Un levier de contact L, mobile autour de l'axe O, porte à ses extrémités deux frotteurs conducteurs f et f' isolés du levier.

Dans la position du levier indiquée en traits pleins sur la figure, le courant passe dans le circuit K en suivant la flèche pleine par H′, B, f, C, F, K, F′, D, f', A, H.

Dans la position du levier indiquée en pointillé, le courant dans le circuit K est inversé ; il suit la flèche pointillée par H′, B, f, D, F′, K, F, C, f', A, H.

539. — 3° Un inverseur de courant peut être combiné avec un commutateur de direction de manière à constituer un appareil modifiant à volonté le circuit dans lequel on lance le courant ou bien le sens du courant passant dans ce circuit. Nous en verrons plus loin des exemples.

540. Isolateurs. — Dans les installations à terre, où l'on emploie fréquemment des conducteurs nus, on emploie comme supports de ces conducteurs des *isolateurs* généralement en porcelaine.

A bord des navires où les conducteurs sont toujours eux-mêmes isolés, les conducteurs reposent le plus souvent sur une canalisation en bois (**523**) qui empêche suffisamment un contact direct du conducteur avec la muraille en fer du navire.

Cependant, dans les locaux très humides et chauds, comme les chaufferies, par exemple, où la canalisation en bois pourrait rapidement s'imprégner de vapeur d'eau, on fait quelquefois usage d'isolateurs en porcelaine analogues à ceux employés à terre. Ils consistent en une sorte de cloche en porcelaine vissée sur un support quelconque et portant le conducteur dans une encoche ou une gorge.

541. — Nous croyons à peine utile de rappeler que toutes les pièces conductrices non isolées d'un circuit, en particulier celles constituant les interrupteurs ou commutateurs, doivent reposer sur des socles en bois, en ébonite, en ardoise, en verre, en porcelaine, en marbre.

542. Coupe-circuits. — Les conducteurs parcourus par un courant s'échauffent (**154**). Cette élévation de température peut être assez grande, si le courant atteint une grande intensité, pour les porter à l'incandescence et même les faire fondre. Sans arriver jusqu'à cette avarie capitale, qui entraîne souvent l'inflammation des substances combustibles avoisinantes, on peut craindre qu'une élévation de température un peu considérable ne détériore les isolants, si elle se maintient pendant quelque temps. Ainsi l'isolement au caoutchouc est détruit à la longue par une température de 100° C. environ.

Il importe donc d'empêcher que les conducteurs isolés soient maintenus à une température élevée d'une manière continue et normale ; de plus, il faut se prémunir contre une élévation extraordinaire de température résultant du passage momentané d'un courant trop intense, capable de fondre les conducteurs.

543. — On y arrive d'abord en donnant aux conducteurs une section proportionnée à l'intensité des courants qui doivent les traverser en service normal ; ensuite on dispose sur les conducteurs des organes rompant le circuit lorsque le courant prend extraordinairement une valeur exagérée ; ces organes sont les *coupe-circuits*.

Sous sa forme la plus simple, un coupe-circuit est un fil de plomb ou d'un alliage très fusible intercalé sur le conducteur et dont le diamètre est tel qu'il fonde lorsque l'intensité du courant traversant le conducteur dépasse notablement sa valeur normale. Un pareil coupe-circuit s'appelle aussi un *fil fusible*.

On emploie quelquefois des fils fins de cuivre pour constituer les fils fusibles. Pour les grandes intensités, les fils de plomb sont remplacés par des lames.

La figure 166 représente un coupe-circuit ordinaire. On voit en D deux plaques de communication fixées sur un support en bois. Aux vis B de ces plaques sont fixées les extrémités du fil fusible F soutenu en son milieu par une perle P destinée à l'empêcher de toucher le socle en bois.

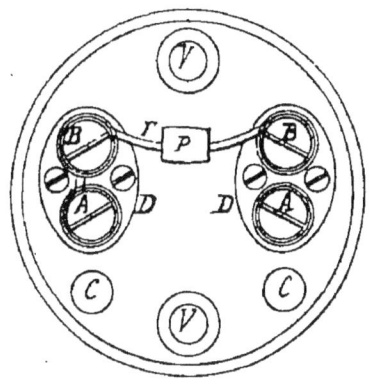

Fig. 166. — Coupe-circuit.

Aux vis A sont fixés les deux bouts du conducteur sur lequel le coupe-circuit est intercalé. Ces conducteurs passent à cet effet dans les trous C.

Des trous V reçoivent les vis de fixation du coupe-circuit. Un couvercle en bois à vis recouvre le tout.

On emploie beaucoup actuellement les brise-circuits dits *à barrette*.

544. — DIMENSIONS DES FILS FUSIBLES. — D'une manière générale, le diamètre du fil fusible intercalé sur un conducteur doit être choisi de façon qu'il fonde pour un courant double environ du courant maximum pouvant parcourir le conducteur en service normal. Ainsi, un conducteur alimentant des appareils tels que l'intensité du courant nécessaire à leur fonctionnement normal atteigne au plus 20 ampères, devra être muni d'un fil fusible fondant pour 40 ampères.

545. — Nous donnons ci-après quelques chiffres relatifs aux intensités de fusion des fils fusibles employés dans la marine. Nous avons indiqué ces intensités de fusion pour diverses longueurs, parce qu'en effet elles sont très variables, pour un même diamètre du fil, avec sa longueur.

DIAMÈTRE du fil.	LONGUEUR du fil.	INTENSITÉ de fusion.
mm	cm	ampères.
0,3	1	5,4
	2	4,2
	5	3,5
	10	3,4
	20	3,2
0,4	1	10
	2	8,6
	5	6,1
	10	6,0
	20	5,9
1	1	40,5
	2	28,4
	5	17,1
	10	16,0
	20	14,0
2	2	> 100
	10	80
	20	65

Il est bon de remarquer que deux fils de même diamètre accolés parallèlement fondent pour une intensité double de celle qui fait fondre un fil simple. On peut ainsi suppléer aux diamètres manquants.

546. — D'ailleurs on peut toujours aisément déterminer expérimentalement, pour les diamètres des fils fusibles que l'on possède et pour les longueurs employées dans les coupe-circuits dont on fait usage, l'intensité de fusion; il suffit, pour cela, d'installer le coupe-circuit sur un conducteur quelconque et de lancer dans ce conducteur le courant d'une dynamo, courant dont on fait varier l'intensité en faisant varier la résistance d'un rhéostat intercalé dans le circuit, ou en faisant varier la vitesse de rotation de la dynamo. Si on procède de telle sorte que l'intensité aille en augmentant, la lecture d'un ampèremètre intercalé dans le circuit donne l'intensité de fusion au moment où le fil se rompt.

547. Rhéostats. — Nous avons indiqué plus haut (**111**) le rôle et la forme générale des rhéostats employés d'une façon courante. Lorsqu'on fait usage d'un fil de faible diamètre et de grande résistance spécifique pour confectionner un rhéostat, il est évident qu'on peut lui donner une grande résistance en n'employant qu'une petite longueur de fil ; le rhéostat est alors peu encombrant et il est économique.

Mais si le diamètre du fil du rhéostat n'est pas proportionné au courant qui doit le traverser, ce fil s'échauffe beaucoup : il peut même rougir et fondre si le diamètre est trop faible (**163**).

Dans chaque cas particulier on doit donc donner au fil des rhéostats le diamètre le plus petit compatible avec un échauffement qui ne soit pas exagéré.

548. — Voici quelques chiffres relatifs aux intensités que peuvent supporter, sans échauffement exagéré, des fils de maillechort :

DIAMÈTRE du fil en millimètres.	INTENSITÉ que le fil peut supporter pendant longtemps en ampères.	INTENSITÉ que le fil peut supporter pendant quelques minutes, en ampères.
2	12 à 15	20
4,5	45 à 50	65
6	65 à 70	90

On peut étendre le tableau précédent, si on considère que deux ou trois fils de même diamètre, placés en dérivation, peuvent supporter une intensité double ou triple de celle correspondant à un fil simple.

549. — Des fils de fer pourront supporter des intensités quelque peu supérieures à celles correspondant aux fils de maillechort de même diamètre ; mais un rhéostat en fil de fer est toujours plus encombrant, à égalité de diamètre et de résistance, qu'un rhéostat en maillechort. Il est vrai qu'il est plus économique.

On emploie beaucoup actuellement, pour confectionner les rhéostats, un alliage de fer et de nickel, dit *ferro-nickel,* équivalant au maillechort au point de vue de la réduction de l'encombrement et coûtant bien moins cher.

CHAPITRE V

DISTRIBUTION DU COURANT ÉLECTRIQUE A BORD DES NAVIRES

550. Disposition générale des conducteurs. — A bord des navires on utilise quelquefois une source électrique pour alimenter un seul appareil ; c'est le cas, par exemple, d'un seul arc voltaïque alimenté par une dynamo. On dit alors que l'installation est *monophote*.

Mais une même dynamo peut aussi alimenter en même temps plusieurs arcs voltaïques et l'installation est alors *polyphote*.

Quand il s'agit d'éclairage par incandescence, il est bien évident qu'on ne peut songer à alimenter chaque lampe avec une dynamo spéciale, mais que toutes les lampes seront alimentées par la même dynamo, ou que tout au moins, les lampes seront groupées en grand nombre pour être entretenues par un nombre restreint de dynamos.

Il en est de même pour les ventilateurs et les monte-charges électriques distribués en grand nombre aujourd'hui à bord des navires.

Tous ces appareils seront alimentés par une même dynamo ou formeront un certain nombre de groupes desservis par quelques dynamos.

Chacune des dynamos employées doit alors *distribuer* le courant qu'elle produit entre tous les appareils qu'elle est appelée à faire fonctionner.

Le système de *distribution* employé à bord des navires est le système dit *en dérivation*, parce que les divers appareils sont placés en dérivation entre des conducteurs venant de la dynamo.

551. — Voici la disposition générale de ce système :

Deux *conducteurs principaux* P partent des bornes B de la dynamo M (*fig. 167*). L'un d'eux prend souvent le nom de conducteur principal *positif*, l'autre *négatif*, suivant la borne

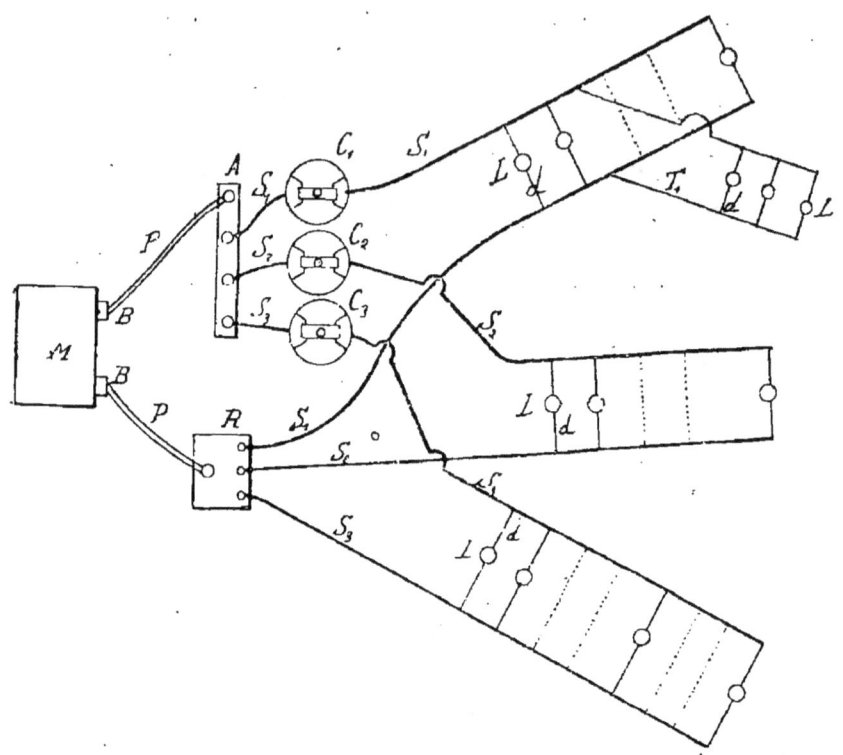

Fig. 167. — Disposition générale des circuits dans une distribution en dérivation.

de la dynamo dont ils viennent. Les conducteurs principaux se divisent en plusieurs *conducteurs secondaires*, S_1, S_2, S_3, qui prennent également les noms de *positif* et de *négatif* suivant le conducteur principal dont ils dépendent.

Un conducteur secondaire positif est accouplé avec un conducteur négatif et l'ensemble forme un *circuit*. Les divers circuits ainsi formés se rendent aux appareils à alimenter.

Quand il s'agit de lampes à incandescence, elles sont installées en L, en dérivation entre les deux conducteurs du circuit au moyen de *fils de dérivation d*.

Quelquefois les conducteurs secondaires eux-mêmes se subdivisent en plusieurs branchements qu'on peut appeler *conducteurs tertiaires*. Ce sont alors ces conducteurs tertiaires qui vont aux appareils à desservir, c'est entre eux que sont greffés les fils de dérivation aboutissant aux lampes à incandescence. Dans la figure 167 nous avons représenté en T_1 des conducteurs tertiaires branchés sur les conducteurs secondaires S_1.

La division des conducteurs principaux en secondaires est rendue aisée par la disposition suivante.

Le conducteur principal, positif par exemple, venant de la dynamo aboutit à une bande de laiton A dite *bande de distribution*. A cette bande sont également fixés les divers conducteurs secondaires positifs.

Pareillement, le conducteur principal négatif aboutit à une *plaque* ou *bande* R, d'où partent les conducteurs secondaires négatifs. Cette bande est appelée parfois *bande commune*.

Des interrupteurs C_1, C_2, C_3 sont toujours interposés sur les conducteurs secondaires positifs, ou sur les négatifs.

Quelquefois des interrupteurs sont intercalés aussi bien sur les conducteurs positifs que sur les conducteurs négatifs. Ces interrupteurs sont dits alors *bipolaires* ; rien ne distingue plus, par suite, les conducteurs positifs des négatifs.

Les branchements tertiaires sont aussi pourvus d'interrupteurs.

On voit donc que la dynamo étant en fonction, on peut, par la manœuvre des interrupteurs, éteindre ou allumer toutes les lampes alimentées par un circuit, permettre ou non d'allumer un certain arc voltaïque, rendre possible ou non le fonctionnement d'un certain monte-charge électrique.

L'ensemble des interrupteurs C_i et des bandes de distribution et commune forme le *tableau de distribution*.

552. Règles à observer pour l'établissement d'un système de distribution en dérivation. — 1° Pour qu'une distribution soit bien établie, il faut que les divers appareils desservis soient indépendants, c'est-à-dire qu'il faut pouvoir ouvrir ou fermer le circuit d'un des appareils sans que le fonctionnement des autres en soit affecté. S'il s'agit de lampes à incandescence, on doit pouvoir allumer ou éteindre à volonté ces lampes sans faire varier l'éclat des lampes restant allumées (**440**).

553. — Pour satisfaire à cette condition d'indépendance des appareils, il faut que la différence de potentiel au tableau de distribution, entre la bande de distribution A et la bande commune R (*fig. 167*), soit maintenue constante, malgré les variations du courant dans les circuits secondaires et, par suite, dans les conducteurs principaux.

Or, nous avons vu (**126**) que la différence de potentiel D au tableau de distribution est égale à la différence de potentiel D_1 aux bornes de la dynamo, diminuée de la chute de potentiel dans les conducteurs principaux qui relient la dynamo au tableau de distribution.

En appelant R la résistance des conducteurs principaux et I l'intensité du courant qui les parcourt, on a donc

$$D = D_1 - IR$$

554. — Si la dynamo employée est à excitation compound et maintient, pour une vitesse constante, une différence de potentiel D_1 aux bornes constantes (**317**), on donne aux conducteurs principaux une résistance R assez faible pour que la chute de potentiel depuis la dynamo jusqu'au tableau de distribution soit négligeable, même pour le courant maximum traversant ces conducteurs principaux. La différence de potentiel est alors aussi bien constante entre la bande de distribution A et la bande commune R qu'aux bornes de la dynamo, pourvu que la vitesse de rotation soit maintenue constante (**318**).

On regarde 1 volt comme la limite des chutes de potentiel négligeables dans les conducteurs principaux.

555. — Lorsque la dynamo est hypercompoundée, c'est-à-dire donne aux bornes, pour une vitesse constante, une différence de potentiel D_1 légèrement croissante avec l'intensité I du courant extérieur qu'elle fournit (**317**), on peut alors prendre des conducteurs principaux d'une résistance plus grande que précédemment, de manière que la chute de potentiel dans ces conducteurs soit compensée par l'augmentation de la différence de potentiel D_1 aux bornes de la dynamo, à mesure que le courant augmente. La vitesse de rotation peut et doit encore être maintenue constante.

556. — Enfin, si la dynamo donne aux bornes une différence de potentiel D_1 décroissante quand l'intensité extérieure I augmente, ce qui est le cas des dynamos en série ou en dérivation (**306**), ou même des dynamos à excitation compound imparfaitement établies, la différence de potentiel D au tableau de distribution décroît *à fortiori* quand l'intensité I augmente ; on ne peut plus alors maintenir la vitesse constante et il faut, au contraire, augmenter la vitesse lorsque le courant extérieur fourni par la dynamo augmente, et diminuer la vitesse lorsque le courant diminue, si l'on veut toujours maintenir constante la différence de potentiel D au tableau de distribution.

557. — 2° Dans le cas d'un éclairage par incandescence, pour assurer à un moment donné, entre les bornes de chaque lampe, quelle que soit sa place dans un circuit, la même différence de potentiel, c'est-à-dire pour donner à toutes les lampes fonctionnant en même temps le même éclat (**440**), on doit rendre négligeable la chute de potentiel sur les conducteurs secondaires et tertiaires, depuis le tableau de distribution jusqu'aux points où sont branchés les fils de dérivation de la lampe la plus éloignée, sur chaque circuit.

Dans la pratique, on admet 2 volts comme limite maximum de cette chute de potentiel.

558. — 3° Quelle que soit la nature des appareils à desservir, les conducteurs doivent avoir une section suffisante pour que l'échauffement par le passage du courant ne soit jamais trop considérable, même pour le courant maximum normal qui peut les traverser. On admet *au plus* un échauffement de 15° à 20° C. A bord des navires, il ne faudra pas dépasser 10° à 12° C.

559. — 4° La communication directe accidentelle d'un conducteur positif avec un conducteur négatif principal, secondaire, tertiaire, ou de dérivation réduirait la résistance du circuit extérieur de la dynamo au point d'amener un accroissement énorme de l'intensité du courant ; la dynamo serait alors à peu près mise en court-circuit. Pour prévenir les avaries qui en résulteraient, tant dans la dynamo que dans les conducteurs, il faut placer un coupe-circuit à fil fusible (**543**) à *l'origine* de chaque conducteur, quelle qu'en soit la nature, principal, secondaire, de dérivation, positif ou négatif.

560. Détermination de la section à donner aux conducteurs d'une distribution. — La longueur des conducteurs est connue par le plan de l'installation, la section seule est donc à déterminer. La série des tableaux que nous donnons plus loin facilite cette détermination (**568**). Ils renferment les chutes de potentiel dans des conducteurs de diverses sections et pour différentes valeurs de l'intensité, calculées d'après la résistance de ces conducteurs, comme il a été dit (**115** et **124**), et les élévations de température sous l'influence du courant.

Nous prendrons comme exemple une installation d'éclairage par incandescence comme étant la plus complexe ; elle impose, en effet, trois conditions aux conducteurs (**553, 557, 558**). On procède d'une façon analogue dans le cas où la dis-

DISTRIBUTION DU COURANT ÉLECTRIQUE. 339

tribution dessert des arcs voltaïques ou des moteurs électriques, sauf qu'il n'y a plus à s'occuper, en général, de la condition du n° **557**.

561. — CONDUCTEURS PRINCIPAUX. — 1° Supposons le cas très fréquent où la dynamo employée est autorégulatrice de la différence de potentiel entre ses bornes et supposons de plus que cette dynamo puisse fournir un courant de 0 à 200 ampères avec une différence de potentiel constante aux bornes de 80 volts (**479**).

La distance de la dynamo au tableau de distribution (**551**) est, par exemple, de 10 m, ce qui fait 20 m pour la longueur des conducteurs positif et négatif additionnés.

En nous reportant au tableau III (**570**) nous voyons qu'une section de 80 mm² donne pour 20 m de longueur et une intensité de 200 ampères une chute de potentiel de 0,96 volt, ce qui est très admissible, 1 volt étant pris comme limite des chutes considérées comme négligeables dans les conducteurs principaux (**554**). Mais une pareille section conduirait à une élévation de température de 20° C. par le passage du courant, ce qui peut paraître exagéré à bord des navires, où déjà la température ambiante est élevée dans les locaux occupés par les dynamos. Il sera donc plus prudent d'augmenter la section et de la porter à 120 mm². On n'a plus alors, pour 200 ampères, qu'une chute de potentiel de 0,62 volt, ce qui n'est que favorable à la réalisation de la première condition (**554**).

Si la dynamo tourne à vitesse parfaitement constante et si des causes de variation que nous indiquerons plus tard n'interviennent pas, la différence de potentiel au tableau de distribution passera de 80 volts à 79,38 volts quand l'intensité du courant variera de 0 à 200 ampères. Cette différence de potentiel est donc pratiquement constante.

562. — 2° Si la longueur des conducteurs principaux est de 30 m, soit 60 m pour les deux, on voit qu'une section de

200 mm² donne, pour 200 ampères, une chute de potentiel de 1,09 volt. Il faudra donc prendre au moins cette section, quoique la considération de l'échauffement indique comme suffisante une section de 120 mm².

Il importe donc de faire intervenir en même temps les conditions (**553** et **558**). Suivant la longueur des conducteurs, c'est l'une ou l'autre qui détermine la section à adopter.

563. — 3° Supposons que la dynamo donne 80 volts aux bornes pour un courant extérieur de 0 ampère et 82 volts pour 200 ampères et que les conducteurs principaux aient encore une longueur totale de 60 m.

Nous pourrons encore adopter une section de 120 mm², donnée par la condition d'échauffement. En effet, la chute de potentiel pour 200 ampères et 60 m est, avec cette section, 1,86 volt ; la différence de potentiel au tableau, pour 200 ampères, sera donc $82 - 1,86 = 80,14$.

Comme elle est de 80 volts pour 0 ampère, elle peut encore être considérée comme constante.

564. — 4° S'il s'agit d'une dynamo donnant des différences de potentiel décroissantes quand l'intensité augmente, on prend la section correspondant à une élévation de température de 10° à 12° C. et on fait varier la vitesse pour maintenir la différence de potentiel constante au tableau.

565. — Conducteurs secondaires. — Supposons qu'un circuit secondaire ait 60 m de longueur et que le branchement de la première lampe soit situé à 10 m à partir du tableau de distribution.

Le nombre des lampes alimentées par ce circuit étant supposé égal à 80 et chaque lampe demandant, par exemple, 0,5 ampère, l'intensité du courant parcourant les conducteurs secondaires à l'origine du tableau est égale à 40 ampères. A partir du branchement de la première lampe, le courant traversant les conducteurs secondaires diminue, puisqu'une partie du courant est dérivée dans la lampe, et ce courant est nul quand on a dépassé la lampe située à l'extrémité.

On peut admettre, pour simplifier le calcul, que le courant passant dans les conducteurs secondaires à partir du premier branchement est uniformément égal à la moitié de sa valeur à l'origine.

Nous aurons donc à évaluer, d'une part, la chute de potentiel sur les deux conducteurs aller et retour, pour une intensité de 40 ampères, sur 10 m de longueur, soit 20 m pour les deux conducteurs ; d'autre part, la chute pour une intensité de 20 ampères, sur 50 m de longueur pour chacun, ou 100 m au total ; la somme de ces deux chutes ne doit pas dépasser 2 volts (**557**).

En nous reportant au tableau II (**569**) nous y voyons qu'un conducteur de 26 mm² de section donne, pour 40 ampères sur une longueur de 20 m, une chute de 0,56 volt et, pour 20 ampères sur une longueur de 100 m, une chute de 1,38 volt ; soit en tout 1,94 volt. L'élévation de température n'étant que de 4° C. même pour 40 ampères, on voit qu'une pareille section convient parfaitement.

On obtiendrait le même résultat en comptant pour la moitié de leur longueur les conducteurs secondaires à partir du premier branchement et en supposant ces conducteurs parcourus d'un bout à l'autre par le même courant qu'à l'origine. Aussi, dans l'exemple qui vient de nous occuper, on aurait à chercher la chute de potentiel pour 40 ampères sur une longueur totale de $10 \times 2 + \frac{50}{2} \times 2$, ou 70 m.

On trouverait dans le tableau n° **569** que, pour 40 ampères et 70 m, un conducteur de 26 mm² donne une chute de 1,96 volt. Ce nombre est peu différent de celui trouvé précédemment. Cette dernière façon d'opérer est plus expéditive.

566. — Conducteurs tertiaires. — Lorsqu'il existe des conducteurs tertiaires, on détermine leur section comme celle des conducteurs secondaires; mais il y a lieu de remarquer alors que la chute de potentiel limite de 2 volts doit se partager entre les conducteurs secondaires et tertiaires suivant leur importance.

567. — Fils de dérivation. — Les fils de dérivation ordinairement employés pour des lampes demandant de 0,5 à 0,8 ampère sont des fils de 1,14 mm de diamètre.

Pour des lampes demandant un courant plus fort, on majore le diamètre du fil, de manière que la section soit doublée, si l'intensité du courant est double.

568. Chute de potentiel dans les conducteurs en cuivre isolés, en volts par kilomètre ; Élévations de température par le courant.

(Le cuivre employé est supposé avoir une conductibilité de 96 p. 100 par rapport au cuivre pur. La température ambiante est supposée égale à 20° C.)

I. COURANTS DE 1 A 15 AMPÈRES.

SECTION du conducteur en millimètres carrés.	1 AMPÈRE.		2 AMPÈRES.		3 AMPÈRES.		4 AMPÈRES.		5 AMPÈRES.		10 AMPÈRES.		15 AMPÈRES.	
	Chute de potentiel en volts par kilomètre.	Élévation de température en degrés C.	Chute de potentiel en volts par kilomètre.	Élévation de température en degrés C.	Chute de potentiel en volts par kilomètre.	Élévation de température en degrés C.	Chute de potentiel en volts par kilomètre.	Élévation de température en degrés C.	Chute de potentiel en volts par kilomètre.	Élévation de température en degrés C.	Chute de potentiel en volts par kilomètre.	Élévation de température en degrés C.	Chute de potentiel en volts par kilomètre.	Élévation de température en degrés C.
1	17,9	0,4	34,0	1	54,4	3	78,8	6	92,6	9				
2	9,0	0,1	17,9	0,5	27,0	1	36,1	2	45,3	3	93,8	13		
3	6,0	0,1	12,0	0,3	17,9	0,6	27,3	1	30,1	2	61,3	7	94,8	16
4	4,5	0,0	9,0	0,2	13,4	0,4	17,9	0,7	22,5	1	45,6	5	69,7	10
5	3,4	0,0	7,2	0,1	10,8	0,3	14,4	0,5	18,0	0,8	36,2	3	55,2	7
6	3,0	0,0	6,0	0,1	9,0	0,2	12,0	0,4	15,0	0,6	30,1	2	45,8	6
7	2,6	0,0	5,1	0,1	7,7	0,2	10,2	0,3	12,8	0,5	25,8	2	39,1	5
8	2,2	0,0	4,5	0,1	6,7	0,1	9,0	0,3	11,2	0,4	22,6	2	34,1	4
9	2,0	0,0	4,0	0,1	6,0	0,1	8,0	0,2	10,0	0,3	20,0	1	30,2	3
10	1,8	0,0	3,6	0,0	5,4	0,1	7,2	0,2	9,0	0,3	18,0	1	27,2	3
11	1,6	0,0	3,3	0,0	4,9	0,1	6,5	0,2	8,2	0,2	16,4	1	24,6	2
12	1,5	0,0	3,0	0,0	4,5	0,1	6,0	0,1	7,5	0,2	15,0	0,9	23,6	2
13	1,4	0,0	2,8	0,0	4,1	0,1	5,5	0,1	6,9	0,2	13,8	0,8	20,8	2
14	1,3	0,0	2,6	0,0	3,8	0,1	5,1	0,1	6,4	0,2	12,8	0,7	19,3	2
15	1,2	0,0	2,4	0,0	3,6	0,0	4,8	0,1	6,0	0,2	12,0	0,6	18,0	1
16	1,1	0,0	2,2	0,0	3,4	0,0	4,5	0,1	5,6	0,1	11,2	0,6	16,9	1
17	1,0	0,0	2,1	0,0	3,2	0,0	4,2	0,1	5,3	0,1	10,6	0,5	15,9	1
18	1,0	0,0	2,0	0,0	3,0	0,0	4,0	0,1	5,0	0,1	10,0	0,5	15,0	1
19	0,9	0,0	1,9	0,0	2,8	0,0	3,8	0,1	4,7	0,1	9,5	0,4	14,2	1
20	0,9	0,0	1,8	0,0	2,7	0,0	3,6	0,1	4,5	0,1	9,0	0,4	13,5	0,9
21	0,9	0,0	1,7	0,0	2,6	0,0	3,4	0,1	4,3	0,1	8,5	0,4	12,8	0,9
22	0,8	0,0	1,6	0,0	2,4	0,0	3,3	0,1	4,1	0,1	8,2	0,4	12,2	0,8
23	0,8	0,0	1,6	0,0	2,3	0,0	3,1	0,1	3,9	0,1	7,8	0,3	11,7	0,7
24	0,7	0,0	1,5	0,0	2,2	0,0	3,0	0,0	3,7	0,1	7,5	0,3	11,2	0,7
25	0,7	0,0	1,4	0,0	2,2	0,0	2,9	0,0	3,6	0,1	7,2	0,3	10,8	0,7

569. — II. COURANTS DE 20 A 50 AMPÈRES.

SECTION du conducteur en millimètres carrés.	20 AMPÈRES.		25 AMPÈRES.		30 AMPÈRES.		35 AMPÈRES.		40 AMPÈRES.		45 AMPÈRES.		50 AMPÈRES.	
	Chute de potentiel en volts par kilomètre.	Élévation de température en degrés C.	Chute de potentiel en volts par kilomètre.	Élévation de température en degrés C.	Chute de potentiel en volts par kilomètre.	Élévation de température en degrés C.	Chute de potentiel en volts par kilomètre.	Élévation de température en degrés C.	Chute de potentiel en volts par kilomètre.	Élévation de température en degrés C.	Chute de potentiel en volts par kilomètre.	Élévation de température en degrés C.	Chute de potentiel en volts par kilomètre.	Élévation de température en degrés C.
12	30,3	4	38,0	5	46,1	8	54,6	11	62,7	14	71,6	18		
14	25,2	3	32,5	4	39,3	6	46,3	9	53,3	11	60,5	14	67,9	17
16	22,6	2	28,4	4	31,2	5	40,2	7	46,3	9	52,5	11	58,8	14
18	20,1	2	25,2	3	30,3	4	35,6	6	41,0	8	46,5	10	51,9	12
20	18,1	2	22,6	3	27,3	4	31,9	5	36,8	7	43,5	8	46,5	10
22	16,4	1	20,5	2	24,7	3	28,9	4	33,3	6	37,6	7	42,1	9
24	15,0	1	18,8	2	22,6	3	26,5	4	30,4	5	34,3	6	38,4	8
26	13,8	1	17,4	2	20,8	2	24,4	3	28,0	4	31,7	6	35,4	7
28	12,8	1	16,1	2	19,3	2	22,6	3	26,0	4	29,3	5	32,7	6
30	12,0	0,9	15,0	1	18,1	2	21,1	3	24,2	4	27,3	4	30,5	6
32	11,2	0,8	14,1	1	16,9	2	19,7	2	22,6	3	25,6	4	28,5	5
34	10,6	0,7	13,2	1	15,9	2	18,6	2	21,3	3	24,1	4	26,8	5
36	10,0	0,7	12,5	1	15,0	2	17,6	2	20,1	3	22,3	3	25,3	4
38	9,5	0,6	11,8	1	14,2	1	16,6	2	19,1	3	21,5	3	23,9	4
40	9,0	0,6	11,2	0,9	13,5	1	15,8	2	18,1	2	20,4	3	22,7	4
42	8,5	0,5	10,7	0,8	12,8	1	15,0	2	17,2	2	19,4	3	21,6	3
44	8,2	0,5	10,2	0,8	12,3	1	14,4	2	16,4	2	18,5	3	20,6	3
46	7,8	0,5	9,8	0,7	11,7	1	13,7	1	15,7	2	17,7	2	19,7	3
48	7,5	0,4	9,4	0,7	11,2	1	13,1	1	15,0	2	16,9	2	18,9	3
50	7,2	0,4	9,0	0,6	10,8	0,9	12,6	1	14,4	2	16,2	2	18,1	3
52	6,9	0,4	8,6	0,6	10,4	0,9	12,1	1	13,9	2	15,6	2	17,4	2
54	6,6	0,4	8,3	0,6	10,0	0,8	11,7	1	13,3	1	15,0	2	16,7	2
56	6,4	0,3	8,0	0,5	9,6	0,8	11,2	1	12,8	1	14,5	2	16,1	2
58	6,2	0,3	7,8	0,5	9,3	0,7	10,9	1	12,4	1	14,0	2	15,6	2
60	6,0	0,3	7,5	0,5	9,0	0,7	10,5	1	11,9	1	13,5	2	15,0	2

570. — III. COURANTS DE 60 A 200 AMPÈRES.

SECTION du conducteur en millimètres carrés.	60 AMPÈRES.		70 AMPÈRES.		80 AMPÈRES.		90 AMPÈRES.		100 AMPÈRES.		150 AMPÈRES.		200 AMPÈRES.	
	Chute de potentiel en volts par kilomètre.	Élévation de température en degrés C.	Chute de potentiel en volts par kilomètre.	Élévation de température en degrés C.	Chute de potentiel en volts par kilomètre.	Élévation de température en degrés C.	Chute de potentiel en volts par kilomètre.	Élévation de température en degrés C.	Chute de potentiel en volts par kilomètre.	Élévation de température en degrés C.	Chute de potentiel en volts par kilomètre.	Élévation de température en degrés C.	Chute de potentiel en volts par kilomètre.	Élévation de température en degrés C.
30	36,9	8	43,5	11	50,2	14	57,2	18						
35	31,4	6	37,0	9	42,6	11	48,4	14	54,5	18				
40	27,4	5	32,2	7	37,0	9	42,1	12	47,1	14				
45	24,2	4	28,5	6	32,8	8	37,2	10	41,5	12				
50	21,8	4	25,6	5	29,4	7	33,2	8	37,2	10				
55	19,8	3	23,1	4	26,6	6	30,1	7	33,7	9	52,4	20		
60	18,1	3	21,2	4	24,3	5	27,5	6	30,8	8	47,7	18		
65	16,7	3	19,5	3	22,4	4	25,4	6	28,3	7	43,7	16		
70	15,5	2	18,1	3	20,8	4	23,6	5	26,2	6	40,3	14		
75	14,4	2	16,9	3	19,4	4	21,9	5	24,4	6	37,5	13		
80	13,5	2	15,8	2	18,1	3	20,5	4	22,8	5	35,0	11	48,0	20
85	12,7	2	14,9	2	17,1	3	19,3	4	21,5	5	32,8	10	45,1	19
90	12,0	2	14,0	2	16,1	3	18,1	3	20,2	4	31,0	10	42,3	17
95	11,4	1	12,3	2	15,3	3	17,1	3	19,1	4	29,2	9	39,8	16
100	10,8	1	12,6	2	14,4	2	16,2	3	18,2	4	27,7	8	37,8	15
110	9,8	1	11,5	2	13,1	2	14,7	3	16,5	3	25,1	7	34,1	13
120	9,0	1	10,5	1	12,0	2	13,5	2	15,1	3	22,9	6	31,1	11
130	8,3	0,9	9,7	1	11,0	2	12,5	2	13,9	2	21,1	5	28,6	10
140	7,7	0,8	9,0	1	10,3	1	11,5	2	12,9	2	19,6	5	26,5	9
150	7,2	0,7	8,4	1	9,6	1	10,8	1	12,0	2	18,2	4	24,6	8
160	6,7	0,6	7,9	0,9	9,0	1	10,1	1	11,3	2	17,0	4	23,0	7
170	6,3	0,6	7,4	0,8	8,5	1	9,5	1	10,6	2	16,0	4	21,6	7
180	6,0	0,5	7,0	0,7	8,0	1	9,0	1	10,0	2	15,1	3	20,4	6
190	5,7	0,5	6,6	0,7	7,6	0,9	8,5	1	9,5	1	14,3	3	19,3	6
200	5,4	0,5	6,3	0,6	7,2	0,8	8,1	1	9,0	1	13,6	3	18,3	5

571. Divers modes de distribution employés à bord des navires. — Nous avons vu (**550**) que la distribution du courant fourni par les dynamos aux différents appareils en service à bord d'un navire était toujours faite *en dérivation*. Mais ce système peut être réalisé de bien des manières.

Dans tous les cas nous supposerons qu'on ait à sa disposition plusieurs dynamos; c'est ce qui a lieu pour tous les navires possédant une installation de quelque importance. Le nombre des dynamos est égal à 2, 3, à bord des petits et moyens navires, avisos et croiseurs. Il est égal à 4 à bord de presque tous les cuirassés actuellement en service. Ce nombre dépasse 4 et atteint 6 et plus sur certains bâtiments récents pourvus d'une installation plus importante (*D'Entrecasteaux, Jauréguiberry, Charlemagne, Gaulois, Saint-Louis*).

Quel que soit le nombre des dynamos, l'installation sera disposée, sauf dans un petit nombre de cas particuliers, de manière que l'on puisse ou bien employer ces dynamos à tour de rôle pour alimenter tous les circuits de la distribution, ou bien en employer en même temps plusieurs d'entre elles, chacune d'elles alimentant un certain nombre des circuits de la distribution. Il faut pour cela que chacun des circuits secondaires puisse, à volonté, être mis en relation avec l'une ou l'autre des dynamos.

Cette liaison des circuits avec les dynamos peut être faite directement sans autre intermédiaire qu'un *tableau de distribution* (**551**). On peut aussi, en outre du tableau de distribution, avoir un *tableau général de répartition*. Dans les deux cas, les dynamos pourront être ou toutes situées dans le même local ou distribuées en deux groupes placés à l'avant et à l'arrière, ou à tribord et à bâbord.

Nous avons vu que désormais le couplage des dynamos en quantité semblait devoir être la règle pour les navires nouveaux. Ce couplage exige des organes tout différents pour la distribution, puisque, dans les premières installations, tout couplage de dynamo était non seulement évité mais rendu *impossible*.

Le couplage des dynamos étant admis, il y aura encore à distinguer le cas où toutes les dynamos sont réunies dans le même poste de celui où elles sont dans deux postes séparés.

Ces divers modes généraux de distribution admettent beaucoup de variétés différentes.

Nous ne pouvons songer à les décrire successivement ; on peut presque dire que chaque navire nouveau possède un mode de distribution différant notablement des précédents, au moins par la forme des appareils de distribution employés. Nous sommes donc réduits à examiner sommairement les modes généraux de distribution et à indiquer schématiquement les caractères qui les distinguent.

Nous étudierons successivement les modes suivants :

1° Tableau de distribution unique, toutes les dynamos étant réunies dans le même poste ;

2° Deux tableaux de distribution, les dynamos partagées en deux postes ;

3° Tableau de répartition unique, avec plusieurs tableaux de distribution, toutes les dynamos étant réunies dans le même poste ;

4° Deux tableaux de répartition, avec plusieurs tableaux de distribution, les dynamos étant partagées en deux postes ;

5° Tableau général de distribution unique avec couplage des dynamos en quantité, toutes les dynamos étant réunies dans le même poste ;

6° Deux tableaux généraux de distribution, les dynamos, couplées en quantité, étant partagées en deux postes.

572. Tableau de distribution unique. — Ce système est celui qui réalise immédiatement la disposition schématique de la figure 167. Mais comme nous avons dit que l'on employait plusieurs dynamos et que chacune d'elles devait pouvoir être reliée aux circuits secondaires, sans que jamais les dynamos fussent couplées, le tableau de distribution doit comporter des bandes de distribution en nombre égal au nombre des dynamos ; chacune des bandes est reliée avec une des bornes d'une des dynamos, la borne positive par exemple. L'autre borne de toutes les dynamos est mise en communication avec la bande commune.

Il est bien entendu d'ailleurs qu'on peut également relier les bornes négatives des dynamos aux bandes de distribution et les bornes positives à la bande commune.

Les interrupteurs C de la figure 167 sont remplacés par des commutateurs de direction (**537**) permettant de mettre en communication un des conducteurs des circuits secondaires avec l'une quelconque des bandes de distribution et, par suite, avec une dynamo quelconque.

Un ampèremètre est intercalé sur chacun des conducteurs principaux reliant une dynamo à une bande de distribution.

Un voltmètre commun permet de mesurer la différence de potentiel entre une quelconque des bandes de distribution et la bande commune. A cet effet, une de ses bornes est mise en communication avec un commutateur à plusieurs directions qui le met en relation avec une quelconque des bandes de distribution.

573. — La figure 168 représente schématiquement un tableau de distribution de ce genre devant servir avec deux dynamos, en supposant les circuits secondaires réduits à trois.

On voit que les deux dynamos D_1 et D_2 sont reliées aux bandes de distribution A_1 et A_2 par les conducteurs principaux P_1 et P_2, sur lesquels sont intercalés des ampèremètres a_1 et a_2 et, de plus, des fils fusibles F (**543**).

Supposons que les conducteurs principaux P_1 et P_2 soient les conducteurs venant des bornes négatives des dynamos.

Chacun des conducteurs secondaires négatifs, S_1 par exemple, est fixé à une borne B′ placée au bas du tableau. Par l'intermédiaire d'un fil fusible F et d'une borne B, ce conducteur secondaire communique avec le secteur H d'un commutateur C_1. D'autre part, les plots K_1 et K_2 du commutateur sont reliés aux bandes A_1 et A_2.

Dans la position des leviers des commutateurs indiquée par

DISTRIBUTION DU COURANT ÉLECTRIQUE. 349

la figure, les conducteurs secondaires S_1 et S_2 communiquent

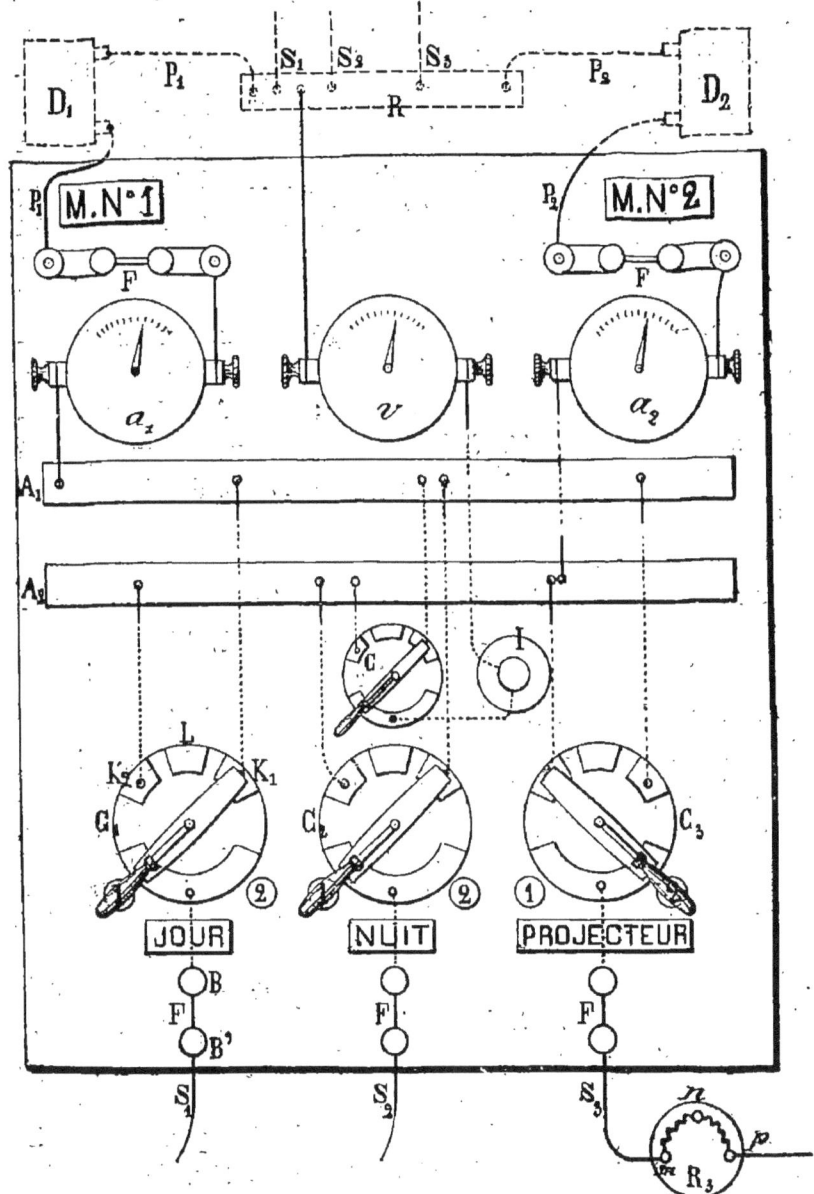

Fig. 168. — Disposition schématique d'un tableau de distribution.

avec la dynamo D_1 et le conducteur secondaire S_3 avec la dynamo D_2. Les plots L des commutateurs étant isolés, les circuits secondaires sont interrompus quand le levier de contact est dans la position verticale.

Nous avons représenté en R la bande commune (**551**) placée sur le tableau, ou en dehors. On y fixe les conducteurs secondaires positifs et en même temps un conducteur principal positif venant de chaque dynamo. N'oublions pas que nous avons, en effet, supposé ici qu'on fixait les négatifs aux bandes de distribution.

574. — Il faut prendre soin de relier aux bandes de distribution les conducteurs principaux venant des bornes de même nom pour toutes les dynamos ; de même les conducteurs principaux reliés à la bande commune devront tous venir des bornes de même nom des dynamos, des bornes positives, par exemple.

575. — Le voltmètre v a une de ses bornes en communication permanente avec la bande commune R. L'autre borne peut, grâce au commutateur C, être mise en communication soit avec la bande A_1, soit avec la bande A_2. Un interrupteur à bouton I est intercalé de manière à rompre le circuit du voltmètre quand son observation n'est pas utile.

Chacun des commutateurs porte une étiquette indiquant la nature du circuit secondaire qu'il commande. Ainsi, dans la figure 168, deux des commutateurs servent à mettre en communication avec une des dynamos, ou à interrompre, le circuit des lampes à incandescence *de jour*, ou des lampes à incandescence *de nuit*. Le troisième commutateur C_3 commande le circuit de l'arc voltaïque d'un projecteur.

576. — Un pareil tableau de distribution peut desservir tous les circuits d'incandescence du bord, tous les circuits des projecteurs et même les circuits de moteurs électriques. Une même dynamo peut être mise en communication avec tous les circuits à la fois, ou bien une partie des circuits peut être mise sur une dynamo et le reste sur une autre dynamo, sans que jamais les dynamos soient en communication par leurs deux bornes, c'est-à-dire soient couplées.

Dans les anciennes installations, l'éclairage proprement dit par incandescence était généralement divisé en 8 circuits prenant les noms de *Combat, Jour, Mer, Nuit, Tribord* et *Bâbord*. En outre, des circuits spéciaux alimentaient les *Signaux*, les *Feux de route*, les *Réflecteurs*.

Peu à peu le nombre des circuits d'incandescence, qui pouvait atteindre autrefois 11, a été réduit, comme nous le verrons.

On trouve des installations comprenant un tableau de distribution unique sur les navires *Caïman, Terrible, Indomptable, Davout, Vautour, Épervier, Forbin, Troude, Cosmao, Surcouf, Cassini, Casabianca*, etc.

577. Deux tableaux de distribution, les dynamos partagées en deux postes. — A bord de plusieurs navires (*Marceau, Neptune, Hoche*, etc.), les dynamos, au nombre de 4, ont été divisées en deux groupes de 2 : l'un à l'avant, l'autre à l'arrière. Deux tableaux de distribution identiques, analogues à celui que nous venons de décrire précédemment, permettent, soit au poste avant, soit au poste arrière d'utiliser une quelconque des 4 dynamos, aussi bien celles qui se trouvent dans le même poste que le tableau utilisé, que celles qui se trouvent au poste opposé. Les commutateurs du tableau seront donc à 4 directions.

Bien entendu, les circuits secondaires distribuant le courant dans le navire doivent aboutir à la fois au tableau avant et au tableau arrière.

Pour éviter qu'on puisse mettre en marche une dynamo de l'avant et une dynamo de l'arrière et relier en même temps un même circuit secondaire aux deux dynamos en agissant sur les deux tableaux, on fait usage de dispositifs de sécurité, généralement des *disjoncteurs automatiques* (**511**).

On évite ainsi de coupler en quantité une dynamo de l'avant avec une dynamo de l'arrière, ce qui aurait les plus graves conséquences, ce couplage n'étant pas préparé dans les conditions et avec les précautions que nous avons indiquées (**501**).

Généralement, dans ces installations, aux commutateurs desservant les circuits d'incandescence et de projecteurs s'ajoutent les commutateurs des circuits alimentant les moteurs électriques des ventilateurs et treuils électriques.

Comme la place manquait parfois pour mettre tous les commutateurs sur un même tableau, on a confectionné alors le tableau en plusieurs parties, les bandes de distribution et commune des diverses parties étant d'ailleurs réunies entre elles, le même tableau se continuant ainsi d'une partie à l'autre.

578. Tableau de répartition, avec plusieurs tableaux de distribution, les dynamos étant réunies dans le même poste. — Le nombre et l'importance des circuits desservant les appareils électriques d'un navire s'est peu à peu accru, au point qu'une seule dynamo devenait toujours insuffisante pour subvenir à tous les besoins et qu'il fallait mettre en marche deux ou trois des dynamos pour alimenter tous les appareils. Il a paru naturel alors de grouper ensemble les circuits analogues, ceux alimentant des lampes à incandescence, ceux desservant les projecteurs, ceux enfin allant aux électromoteurs des monte-charges et aux autres appareils mécaniques.

Les circuits d'incandescence aboutissent alors à un tableau spécial de distribution, appelé *tableau d'Incandescence*; il y a de même un *tableau des Projecteurs* et un *tableau des Monte-charges* ou *des Auxiliaires*.

Chacun de ces tableaux comprend une bande de distribution et une bande commune. Des *interrupteurs* permettent de relier un des conducteurs de chaque circuit à la bande de distribution, l'autre conducteur étant en permanence relié à la bande commune. Autrement dit, chacun des trois tableaux de distribution partiels ressemble au tableau de distribution de la figure 168 qui serait établi pour une seule dynamo.

Il s'agit maintenant de mettre en communication les deux bornes d'une quelconque des dynamos, que nous supposons être au nombre de 4, avec la bande de distribution et la bande commune d'un quelconque des tableaux de distribution partiels.

On y arrive par l'intermédiaire du *tableau de répartition*.

Celui-ci peut prendre des formes très diverses. Il est toujours néanmoins essentiellement composé de paires de bandes métalliques en nombre égal à celui des dynamos ; ces bandes sont le plus souvent horizontales. Il y a ainsi pour chaque dynamo une bande positive et une bande négative, auxquelles on relie, à l'aide de conducteurs principaux et par l'intermédiaire d'un ampèremètre, les deux bornes de chaque dynamo.

Les bandes correspondant aux dynamos s'appellent *bandes-sources*.

En outre, il existe trois paires de bandes verticales appelées *bandes-circuits* qui sont reliées deux à deux aux bandes de distribution et commune des trois tableaux de distribution.

579. — La figure 169 montre d'ailleurs la disposition schématique du tableau de répartition et des tableaux de distribution alimentés par lui.

On voit, sur le tableau de répartition R, les bandes horizontales H_1 en communication avec les bornes des dynamos D_1, par l'intermédiaire de l'ampèremètre A_1. Dans un plan au-dessus des bandes horizontales sources se trouvent les trois paires de bandes verticales circuits K ; elles sont reliées aux bandes des tableaux d'*Incandescence* I, des *Projecteurs* P, des *Monte-charges* M.

Pour faire communiquer une paire de bandes horizontales, c'est-à-dire une dynamo, avec une paire de bandes verticales, c'est-à-dire un tableau de distribution, on fait usage de *commutateurs bipolaires* variés, disposés de telle sorte qu'on ne puisse jamais mettre en communication un tableau de distri-

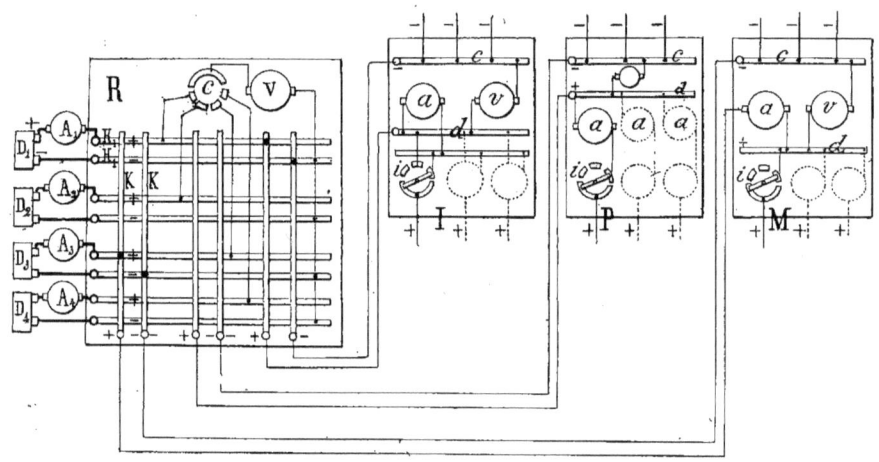

Fig. 169. — Disposition schématique d'un tableau de répartition alimentant trois tableaux de distribution.

bution qu'avec une seule dynamo à la fois, mais qu'on puisse toujours, si on le désire, réunir à une même dynamo tous les tableaux.

Ces commutateurs, souvent de formes bizarres, font naturellement partie du tableau de répartition et le caractérisent. Ici nous avons supposé, pour plus de clarté dans la figure, que la jonction des bandes-sources et des bandes-circuits se faisait au moyen de chevilles, traversant les deux plans des bandes verticales et horizontales. C'est ainsi que le tableau d'incandescence est relié à la dynamo D_1 et le tableau des monte-charges à la dynamo D_3.

Nous devons faire remarquer que quelquefois les bandes-sources sont verticales et les bandes-circuits horizontales.

Un voltmètre V peut, à l'aide du commutateur C à 4 directions, être mis en relation par sa borne positive avec une quelconque des bandes positives H des dynamos, l'autre borne du voltmètre étant en permanence reliée à toutes les bandes négatives H.

580. — Nous avons donné aux 3 tableaux de distribution des dispositions différentes pour indiquer les trois variétés de tableaux qu'on rencontre.

Dans le tableau d'incandescence I, la bande de distribution d est dédoublée et un ampèremètre a est à cheval sur les deux parties de la bande. Les interrupteurs i permettent de mettre en relation le conducteur positif des circuits d'incandescence avec l'une des deux parties de la bande d. Si on manœuvre i de manière à rejoindre la partie supérieure de d, le courant venant de la dynamo (ici la dynamo D_1) passe directement dans le circuit d'incandescence sans passer par l'ampèremètre a. Le courant passe au contraire dans l'ampèremètre si on manœuvre i de manière à rejoindre la partie inférieure de la bande d.

Cette disposition permet de connaître à volonté le courant pris séparément par chacun des circuits. Elle est aujourd'hui presque toujours employée pour les tableaux d'incandescence.

Il est entendu que, comme toujours, le conducteur négatif des circuits d'incandescence va directement rejoindre la bande commune c.

Un voltmètre v est en dérivation entre la bande de distribution d et la bande commune c, avec interposition d'un interrupteur à bouton.

581. — Dans le tableau des projecteurs P, la bande de distribution d est simple, comme la bande commune c.

Chaque interrupteur i permet de réunir le conducteur positif d'un circuit de projecteur à la bande de distribution par l'intermédiaire d'un ampèremètre a. Il y a ainsi un ampèremètre sur chaque circuit de projecteur.

Les interrupteurs i sont souvent alors des *interrupteurs rapides* (**535**).

582. — Enfin, dans le tableau des monte-charges M, un ampèremètre a est intercalé sur le conducteur positif venant du tableau de répartition ; il totalise le courant pris par tous les circuits des monte-charges.

Cette disposition est assez rare aujourd'hui. Presque toujours, actuellement, la disposition des tableaux de monte-charges est pareille à celle des tableaux d'incandescence.

583. — L'emploi d'un tableau de répartition avec tableaux spéciaux de distribution se rencontre sur un certain nombre de navires (*Formidable, Courbet, Amiral-Duperré, Jemmapes, Valmy, Isly, Chanzy, Amiral-Charner, Bruix*, etc.).

Tous ces bâtiments n'ont pas 3 tableaux de distribution distincts ; certains, n'ayant pas de moteurs électriques, possèdent seulement un tableau d'incandescence et un tableau des projecteurs. D'autres navires même ont des monte-charges et des ventilateurs électriques, mais, étant donné le petit nombre de ces appareils, on a placé les interrupteurs de leurs circuits sur le tableau des projecteurs.

584. — Enfin, sur les navires de construction récente (*D'Assas, Friant, Foudre, Pothuau,* etc.), bien que le nombre des appareils mécaniques actionnés électriquement (*ventilateurs, monte-charges, escarbilleurs, pompes, appareils de pointage des canons*) soit considérable, le tableau des électromoteurs ou des monte-charges manque encore. Les circuits des appareils mécaniques ne sont pas néanmoins pris sur le tableau des projecteurs, comme nous l'indiquons précédemment. On a recours à une disposition qui est devenue générale à bord de tous les bateaux actuellement construits.

Le tableau de répartition, au lieu de comprendre seulement 3 paires de bandes-circuits, en comprend 4. Deux des paires de bandes-circuits sont reliées, comme précédemment, aux bandes d'un tableau de distribution d'incandescence et d'un tableau de distribution des projecteurs.

Des deux autres paires de bandes-circuits partent directement les conducteurs positif et négatif de deux circuits qui sont appelés : *circuit des appareils mécaniques tribord* et *circuit des appareils mécaniques bâbord,* ou bien *circuits des monte-charges, tribord* et *bâbord.*

Ces circuits longent le navire à tribord et à bâbord et les divers moteurs électriques sont pris en dérivation sur les circuits, grâce à des interrupteurs convenablement placés.

Le plus souvent même, chaque moteur électrique peut être alimenté à volonté par le circuit tribord ou le circuit bâbord, quelle que soit sa position à tribord ou à bâbord ; on y arrive en munissant l'électromoteur d'un *commutateur à deux directions bipolaires,* permettant de relier ses deux bornes soit aux deux conducteurs du circuit tribord, soit aux deux conducteurs du circuit bâbord.

585. Deux tableaux de répartition, les dynamos étant partagées en deux postes. — Lorsque les dynamos se trouvent partagées en deux postes, on fait usage de deux tableaux de répartition placés en ces postes près d'un des groupes de dynamos.

Dans les premières installations établies suivant ce principe (*Magenta*), les deux tableaux de répartition identiques devaient alimenter chacun trois tableaux de distribution, d'incandescence, des projecteurs et des monte-charges. Les trois tableaux de distribution d'un des postes étaient identiques aux trois tableaux de distribution de l'autre poste et devaient distribuer le courant aux mêmes circuits.

De là résultait l'obligation de faire aboutir tous les circuits aux deux postes à la fois, ce qui pouvait être une complication, étant donnée leur distance quelquefois grande. De plus, il fallait prendre des précautions et même faire usage de dispositifs de sécurité pour éviter de relier en même temps une dynamo d'un poste et une dynamo de l'autre poste à un même tableau de distribution et par suite de coupler les deux dynamos involontairement.

Aussi, a-t-on renoncé à un pareil système pour adopter celui que nous allons exposer.

586. — D'une manière générale, les tableaux de répartition ont été spécialisés et chacun est consacré à l'alimentation de circuits différents de ceux alimentés par l'autre tableau.

Tout d'abord les circuits d'incandescence ont été séparés nettement en deux parties : ceux qui se trouvent au-dessus du pont cuirassé, ou *circuits non protégés*, et les circuits au-dessous du pont cuirassé, ou *circuits protégés*. On appelle aussi ces deux parties : l'éclairage *supérieur* et l'éclairage *inférieur*, ou bien encore : l'éclairage de *nuit* et l'éclairage de *jour*. De plus, l'éclairage protégé, inférieur, ou de jour est divisé en deux circuits, le *circuit tribord* et le *circuit bâbord*.

D'une manière générale, les lampes de la partie tribord du bâtiment sont prises sur le circuit tribord et les lampes de la partie bâbord sur le circuit bâbord. Mais pour assurer l'éclairage des divers compartiments du navire en cas d'avarie dans l'un des circuits, lorsque ces compartiments comprennent plusieurs lampes, on a dérivé la moitié des lampes sur le circuit tribord et l'autre moitié sur le circuit bâbord. Enfin, certaines lampes importantes, comme les lampes des soutes, peuvent à volonté, au moyen d'un commutateur à deux directions, être prises sur le circuit tribord ou sur le circuit bâbord. De cette manière, l'éclairage des compartiments du navire situé sous le pont cuirassé est assuré avec beaucoup de garantie.

Pour les projecteurs, on les a répartis en deux groupes, le groupe AV et le groupe AR. Les projecteurs du groupe AV ont leur circuit aboutissant à un tableau de distribution situé à l'AV, dans le compartiment des dynamos du poste AV. Il en est de même pour les projecteurs du groupe AR. Certains projecteurs, comme ceux de hune, font partie à la fois du groupe AV et du groupe AR et peuvent être alimentés, à volonté, par le tabeau AV ou par le tableau AR des projecteurs. Enfin, les monte-charges, ventilateurs, pompes électriques, ainsi que les appareils de manœuvre des canons, s'il en existe, sont alimentés par deux circuits élongeant le navire à tribord et à bâbord. En général, chacun de ces appareils peut être, grâce à un commutateur bipolaire à deux directions, pris à volonté sur le circuit tribord ou sur le circuit bâbord.

Ceci posé, le tableau de répartition AV alimentera normalement, par exemple, les circuits suivants :

Incandescence protégée tribord ;
Projecteurs AV ;
Appareils mécaniques tribord.

Le tableau de répartition AR alimentera les circuits :

Incandescence protégée bâbord ;
Incandescence non protégée ;
Projecteurs AR ;
Appareils mécaniques bâbord.

Le plus souvent, la partie de l'éclairage par incandescence dénommée *incandescence non protégée* comprend elle-même deux circuits, *tribord* et *bâbord*, auxquels il faut ajouter les circuits spéciaux pour les *signaux*, les *feux de route*. Ces divers circuits aboutissent à un tableau de distribution appelé *tableau de service pour l'incandescence* et qui sera réuni au tableau de répartition A⇂.

Il y aura donc, en général, trois tableaux de distribution : un pour les projecteurs à l'A⇃; un pour les projecteurs à l'A⇂, un pour l'incandescence non protégée, également à l'A⇂.

Les tableaux de répartition étant ainsi spécialisés, on voit qu'on ne peut, avec une dynamo de l'A⇃ et une de l'A⇂, alimenter en même temps le même circuit; tout danger de couplage est ainsi évité.

587. — Il nous reste, maintenant, à voir les dispositions prises pour permettre d'alimenter avec une dynamo quelconque, soit du groupe A⇃, soit du groupe A⇂, un circuit quelconque, pour envoyer aussi au poste A⇃ le courant d'une dynamo de l'A⇂, ou réciproquement. On y arrive au moyen des *circuits auxiliaires*. Ils sont généralement au nombre de deux.

Ils sont disposés de manière que l'un joue au tableau A⇃ le rôle de *source* et le rôle de *circuit* au tableau A⇂, l'autre jouant le rôle de *source* au tableau A⇂ et le rôle de *circuit* au tableau A⇃.

La figure 170 montre la disposition schématique des deux tableaux de répartition avec les circuits qui y aboutissent.

Au tableau de répartition avant, RA⇃, sont disposées trois paires de bandes horizontales sources pour les deux dynamos D_1 et D_2 qui se trouvent au poste A⇃ et pour le *circuit auxiliaire bâbord* AB^d permettant d'amener le courant d'une dynamo de l'A⇂. Quatre paires de bandes verticales circuits complètent le tableau, avec les commutateurs permettant de relier les bandes-sources aux bandes-circuits, les ampèremètres et le voltmètre que nous n'avons pas figurés ici.

Les bandes-circuits désignées par PA⇃ vont rejoindre le tableau des projecteurs A⇃, où le courant est distribué dans les divers projecteurs du groupe A⇃ ; les bandes-circuits désignées par IPT^d, MT^d sont reliées directement aux circuits d'*incandescence protégée tribord* et des *monte-charges tribord*. La paire de bandes-circuits AT^d est reliée au *circuit auxiliaire tri-*

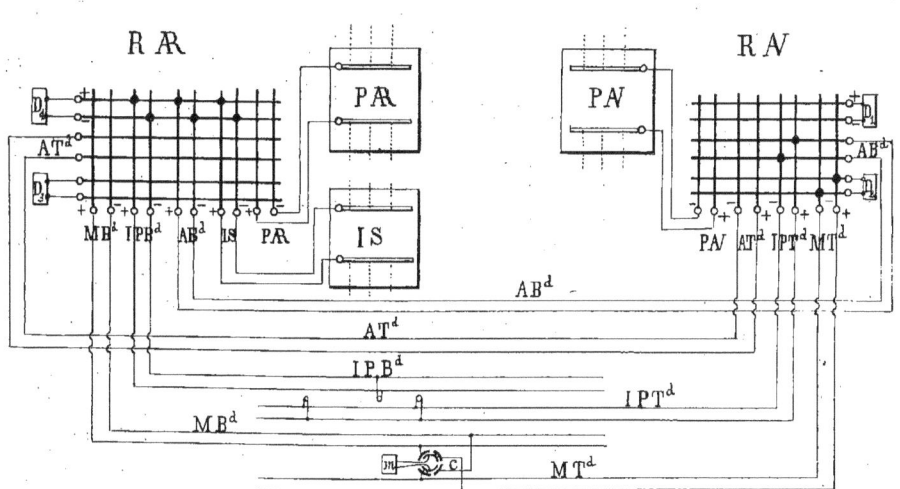

Fig. 170. — Disposition schématique de deux tableaux de répartition situés en deux postes différents.

bord qui va conduire au tableau de répartition A*l* le courant des dynamos de l'A*l*.

Au tableau de répartition de l'arrière, RA*l*, la même disposition existe, sauf qu'il y a ici cinq paires de bandes-circuits reliées comme il suit :

PA*l*, allant au tableau des projecteurs arrière ;

IS, allant au tableau d'incandescence supérieure ;

AB^d, allant, par le *circuit auxiliaire bâbord,* rejoindre une paire de bandes-sources du tableau A*l* ;

IPB^d, directement reliées au circuit d'*incandescence protégée bâbord ;*

MB^d, directement reliées au circuit des *monte-charges bâbord.*

On voit, en *l*, les lampes à incandescence prises tantôt sur le circuit tribord, tantôt sur le circuit bâbord.

En *m*, on a représenté un moteur électrique qui, grâce au commutateur bipolaire à deux directions *c,* peut être relié au circuit des *monte-charges* T^d ou B^d.

Nous avons représenté en plus un certain nombre de chevilles remplaçant les commutateurs et permettant de relier les bandes-sources des tableaux de répartition avec les bandes-circuits. On voit qu'ici la dynamo D$_4$ de l'arrière alimente le tableau d'incandescence supérieure, le circuit d'incandescence protégée B^d et, par le circuit auxiliaire B^d, le circuit d'incandescence protégée T^d mis en relation, au tableau A*l*, avec le circuit auxiliaire B^d. Le tableau de répartition A*l* permet de desservir toute l'incandescence avec une seule dynamo. En même temps, la dynamo D$_2$ de l'A*l* dessert le circuit des monte-charges T^d. A l'aide des commutateurs *c* on peut alors reporter sur ce circuit tous les monte-charges.

Il y a ainsi un grand nombre de combinaisons possibles. Cette disposition des tableaux de répartition se rencontre sur un très grand nombre de navires (*Carnot, Charles-Martel, Masséna, Amiral-Tréhouart,* etc.).

Il est bien évident que les circuits d'une installation pourront différer quelque peu de ceux que nous avons indiqués, comme destination et comme nombre, sans que le principe même de l'installation soit altéré. C'est ainsi que parfois un circuit spécial venant directement des tableaux de répartition dessert les moteurs électriques situés au-dessus du pont cuirassé. Ce circuit des *moteurs non protégés* pourra se diviser en deux : *tribord* et *bâbord,* venant l'un du tableau de répartition AV, l'autre du tableau AR, comme les circuits des moteurs protégés ; il n'en résultera qu'une augmentation du nombre des *bandes-circuits* aux tableaux.

Quelquefois un circuit spécial dessert un appareil unique, comme le cabestan électrique du *Charles-Martel*.

588. — A bord de certains navires, le nombre des dynamos étant égal à trois, on en a placé deux à l'arrière et une à l'avant. Quelquefois, au lieu de deux circuits auxiliaires reliant pareillement les deux tableaux de répartition AV et AR, il en existe seulement un jouant au tableau de répartition AR le rôle de circuit et le rôle de source au tableau AV. On peut bien ainsi envoyer à l'AV le courant de l'AR, mais non envoyer à l'AR le courant de la dynamo de l'AV. Cette disposition incomplète est gênante pour le service (*Catinat, Du Chayla, Cassard,* etc.).

589. Tableau général de distribution avec couplage des dynamos en quantité. — Nous avons déjà indiqué les principes généraux qui doivent être suivis pour permettre, sans danger, le couplage en quantité des dynamos Compound (**501**). Nous prendrons comme exemple l'installation du *Bouvet,* qui a été reproduite, au moins quant aux grandes lignes, sur le *Guichen*.

Quatre dynamos placées dans le même local, ou, plus exactement, dans des locaux contigus, peuvent être reliées à volonté aux deux bandes *positive* et *négative* du tableau de distribution, à l'aide de *commutateurs de couplage bipolaires*.

D'autre part, deux circuits seulement, un à *tribord,* l'autre à *bâbord,* circulent dans toute la longueur du navire. Ces deux circuits, appelés *circuits principaux,* peuvent être reliés aux bandes du tableau de distribution grâce à des *interrupteurs-conjoncteurs bipolaires.* Comme le poste des dynamos et du tableau se trouve vers le milieu du navire, chacun des deux circuits a été divisé en deux tronçons, un allant vers l'avant, l'autre vers l'arrière, et chacun des tronçons est relié séparément aux bandes du tableau, de sorte qu'il y aura quatre interrupteurs pour les circuits.

En dix-huit endroits, neuf à tribord et neuf à bâbord, se trouvent des *tableaux secondaires* qu'on peut mettre en communication avec les circuits principaux tribord ou bâbord, dont nous venons de parler. De ces tableaux secondaires partent les conducteurs alimentant les divers appareils électriques : lampes à incandescence, projecteurs, moteurs, etc., sans distinction. Des commutateurs bipolaires à deux directions permettent de relier chaque tableau secondaire soit au circuit principal tribord, soit au circuit principal bâbord.

Cette installation très simple se conçoit donc aisément.

590. — La seule particularité que comporte le tableau de distribution principal est relative aux commutateurs de couplage des dynamos. Nous avons représenté, dans la figure 171, un de ces commutateurs. Il est constitué par deux leviers E et F articulés dans deux chapes H et K et qu'on peut manœuvrer au moyen d'une poignée isolante M. Les chapes H et K sont reliées par des bandes verticales, A et A′, aux bornes B et B′ où aboutissent les conducteurs venant des pôles positif et négatif d'une dynamo D_1. Un ampèremètre, non représenté ici, est intercalé sur l'une des bandes, A′ par exemple. Au repos, les leviers E et F sont maintenus relevés par de forts ressorts à boudin R qui tendent toujours à les ramener dans cette position. Les bandes A et A′ s'arrêtent aux chapes H et K ; mais d'autres bandes A_1 et A'_1 sont en communication permanente avec les bandes P et N du tableau et peuvent être mises en communication avec A et A′ lorsque les leviers E

DISTRIBUTION DU COURANT ÉLECTRIQUE.   365

et F étant abaissés pénètrent dans des peignes Q en communication avec A_1 et A'_1.

Un électro-aimant G à gros enroulement est intercalé sur la bande A'_1 et sert de *disjoncteur automatique* (**511**). Lorsque les leviers E et F ont été abaissés, mettant en relation la dynamo D_1 avec les bandes horizontales P et N du tableau, le courant passe dans l'électro-aimant G ; il attire une arma-

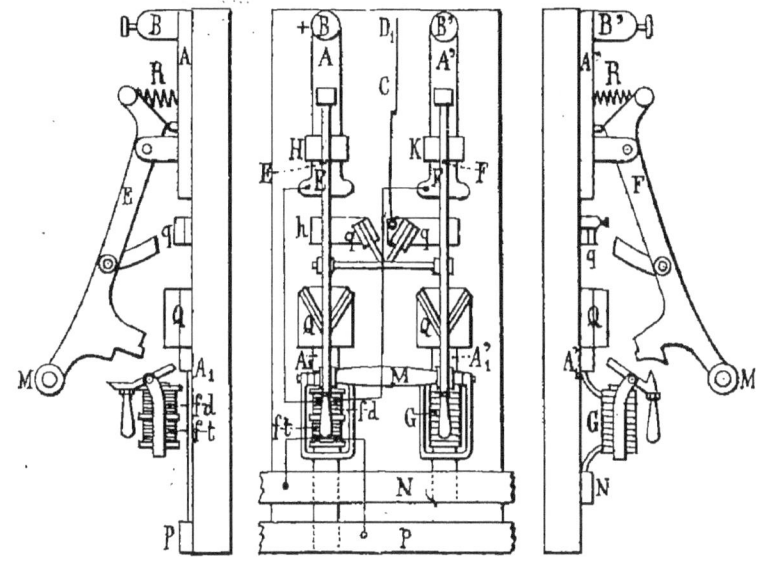

Fig. 171. — Disposition d'un commutateur pour le couplage en quantité des dynamos, système du *Bouvet*.

ture ; celle-ci porte un levier d'enclanchement qui vient se loger dans un cran porté par le levier F, comme le représente le rabattement du levier F fait sur la droite de la figure 171. Si le courant devient nul dans G, ou seulement s'affaiblit beaucoup, l'armature est abandonnée et les leviers E et F se relèvent, sous l'influence des ressorts R.

D'autre part, un *électro-aimant différentiel* f (**501**) a un de ses enroulements ft pris en dérivation entre les bandes P et N du tableau, et l'autre fd entre les chapes H et K reliées aux bornes de la dynamo D_1. Lorsque l'électro-aimant f attire son armature, un levier porté par celle-ci s'oppose à l'abaissement des leviers E et F.

Sur la partie gauche de la figure 171, on a représenté le levier E rabattu, montrant l'action de l'électro-aimant différentiel. Pour qu'on puisse abaisser les leviers E et F et, par suite, réunir au tableau la dynamo D_1, il faut donc que la différence de potentiel qu'elle présente soit la même à peu près que celle existant déjà entre les bandes P et N.

Les leviers E et F établissent aussi, par l'intermédiaire des peignes *qq*, la communication du câble compensateur C (**501**) venant de la dynamo D_1 avec une bande horizontale *h*.

Lorsque plusieurs dynamos sont en fonction, les bouts de câble compensateurs sont ainsi réunis entre eux et l'effet produit est le même que si l'on avait directement réuni les balais des diverses dynamos.

A chacune des quatre dynamos correspond un commutateur semblable à celui qui vient d'être décrit.

Pour mettre une dynamo en service, on la met en marche à sa vitesse normale, on mesure la différence de potentiel aux bornes au moyen d'un voltmètre placé sur le tableau ; par l'intermédiaire de ce voltmètre on mesure aussi la différence de potentiel entre les bandes du tableau. Si les deux indications du voltmètre sont égales, on appuie sur la poignée M, ce qui couple la dynamo. On rend égales les deux différences de potentiel, quand elles ne le sont pas, en agissant sur la vitesse de la dynamo.

591. — Pour retirer une dynamo du service, on diminue sa vitesse ; lorsque le courant qu'elle débite est suffisamment réduit, le disjoncteur automatique fonctionne et rompt le circuit de la dynamo.

592. Deux tableaux généraux de distribution, les dynamos, couplées en quantité, étant partagées en deux postes. — L'association en quantité des dynamos se complique, si l'on partage les dynamos en deux groupes éloignés l'un de l'autre. On peut bien, il est vrai, comme on l'a fait sur le *Guichen*, n'employer qu'un seul tableau de distribution auquel viennent aboutir les conducteurs principaux de toutes les dynamos, bien que celles-ci soient partagées en deux postes. Mais, ainsi, l'indépendance des deux postes n'est pas complète, puisqu'en réalité il n'y a qu'un *poste de manœuvre.*

A bord du *D'Entrecasteaux,* chacun des postes de dynamos est complété par un tableau de distribution. Il y a ainsi quatre dynamos à l'arrière et deux dynamos à l'avant. Il est entendu que les dynamos de l'arrière pourront être couplées ensemble en quantité et que, pareillement, les deux dynamos de l'avant peuvent être couplées ensemble ; mais une dynamo de l'arrière ne pourra être couplée avec une dynamo de l'avant.

Près de chaque dynamo se trouve un petit tableau appelé *tableau de couplage,* contenant tous les appareils permettant le couplage, dans les conditions de sécurité que nous avons indiquées plus haut (**501**). Un *tableau principal de distribution,* appelé aussi *tableau de répartition,* se trouve dans chaque poste de dynamos.

En n'envisageant les choses qu'à un point de vue très général, on peut dire que le couplage des dynamos se fait d'une manière analogue sur le *D'Entrecasteaux* et sur le *Bouvet,* puisque, dans l'une et l'autre installation, on fait usage des mêmes organes de sécurité. Ce qui distingue l'installation du *D'Entrecasteaux,* c'est que la mise en communication des dynamos avec le tableau, au lieu de se faire, lorsqu'elle est permise et possible, par des commutateurs manœuvrés à la main, est opérée automatiquement par des électro-aimants appelés *relais*. Nous allons, d'ailleurs, décrire ces dispositions avec quelque détail.

593. — TABLEAU DE COUPLAGE D'UNE DYNAMO. — La figure 172 représente schématiquement un tableau de couplage de dynamo tel qu'il est installé sur le *D'Entrecasteaux*; ce tableau est aussi appelé *tableau de connexion d'une génératrice.*

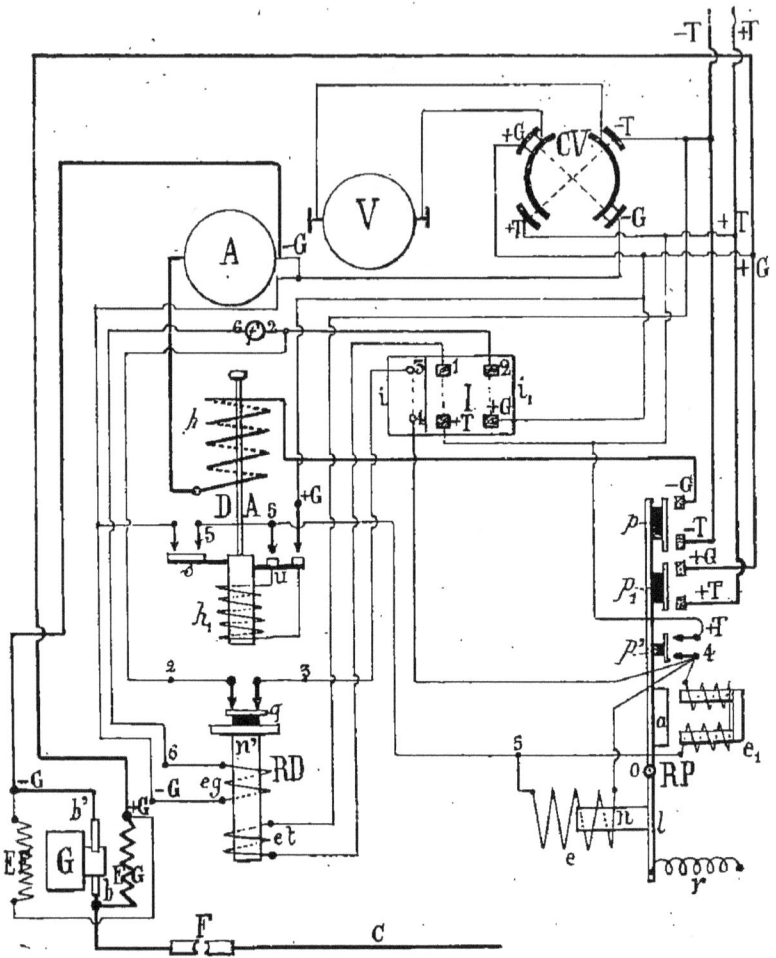

Fig. 172. — Schéma du tableau de couplage d'une dynamo, à bord du *D'Entrecasteaux*.

LÉGENDE

RP. — Relais principal coupleur.
RD. — Relais différentiel.
DA. — Disjoncteur automatique.
I. — Interrupteur multiple.
CV. — Commutateur du voltmètre.
A. — Ampèremètre.
V. — Voltmètre.
G. — Dynamo génératrice.

−G, +G. — Conducteurs venant des pôles positif et négatif de la dynamo.
−T, +T. — Conducteurs reliés aux bandes positive et négative du tableau.
F. — Interrupteur à fiche.
C. — Câble compensateur.

Le tableau de couplage d'une génératrice comprend :
Un *relais principal de couplage*, R P ;
Un *relais différentiel*, R D ;
Un *disjoncteur automatique*, D A ;
Un *interrupteur multiple*, I ;
Un *commutateur de voltmètre*, C V ;
Un *ampèremètre*, A ;
Un *voltmètre*, V.

Les deux bornes positive et négative de la dynamo, + G et — G, sont reliées aux bandes positive et négative du tableau principal, + T et — T, par l'intermédiaire du *relais principal* RP. Celui-ci comprend deux électro-aimants, e et e_1 ; le premier attire à *distance* un noyau mobile n fixé au levier l : c'est l'*électro-aimant avaleur ;* le second possède un noyau fixe et attire une armature a avec une grande force, lorsque le premier électro-aimant a suffisamment approché cette armature : c'est l'*électro-aimant colleur*. Le premier électro-aimant donne la *course*, le deuxième la *force*.

Un ressort antagoniste r ramène le levier l en arrière, en le faisant basculer autour de l'axe o, lorsque les électro-aimants e et e_1 ne sont pas excités.

Or, le levier l porte des ponts p et p_1 qui viennent, lorsque les électro-aimants sont excités, appuyer sur des contacts feuilletés et mettre ainsi en communication les bornes positive et négative de la dynamo, + G et — G, avec les bandes positive et négative, + T et — T, du tableau principal. Ce relais principal met donc en communication la génératrice avec le tableau principal, à la condition, toutefois, que ses électro-aimants puissent être actionnés. Or, le circuit d'excitation de ceux-ci n'est fermé qu'à la condition que le relais différentiel RD et le disjoncteur automatique DA le permettent. Nous allons étudier le fonctionnement de ces derniers.

594. — Le *relais différentiel* RD est un solénoïde à deux enroulements agissant en sens inverse ; l'un eg en dérivation entre les bornes de la génératrice G, l'autre et en dérivation entre les bandes T du tableau principal. Ce solénoïde agit sur un noyau mobile n'. Un ressort à boudin intérieur tend à faire remonter le noyau n' ; le solénoïde, au contraire, quand il est excité, soit par l'enroulement eg, soit par l'enroulement et, tend à faire descendre le noyau n'. Le noyau n' porte un pont q qui, lorsque le noyau est en haut, établit la communication entre le point 2, relié par l'interrupteur multiple I au pôle positif + G de la dynamo, et le point 3, que le même interrupteur I met en relation avec le point 4, origine des enroulements des bobines e et e_1 du relais principal. Le noyau n' remontera établissant la communication entre 2 et 3, lorsque le ressort à boudin pourra agir librement, soit parce qu'aucun courant ne passe dans les enroulements eg et et, soit parce que les deux enroulements sont parvenus par des courants à peu près égaux. Dans ce dernier cas, en effet, comme les deux enroulements sont de sens inverse et comprennent le même nombre de spires, leurs effets s'annulent. Or, comme les deux enroulements sont dérivés l'un sur la dynamo G, l'autre entre les bandes du tableau T, les courants sont les mêmes lorsque les différences de potentiel à la dynamo et au tableau sont identiques.

Le noyau n' s'abaissera, au contraire, et la communication entre 2 et 3 sera rompue lorsqu'un seul des enroulements eg ou et sera excité, ou bien lorsque, les deux enroulements étant excités, les différences de potentiel présentées par la dynamo et le tableau sont notablement différentes.

Ainsi, en résumé, le relais différentiel ferme ou laisse ouverte, suivant les circonstances, une interruption 2-3, placée sur le fil allant du positif de la génératrice aux électro-aimants du relais principal.

595. — Le *disjoncteur automatique* DA, qu'on appelle aussi *conjoncteur-disjoncteur*, comprend un énorme électro-aimant h, en série sur le conducteur allant de la borne négative de la génératrice G à la bande négative du tableau principal T, et, d'autre part, un petit électro-aimant h_1, à fil fin, qui peut être excité par une dérivation prise entre les bornes de la dynamo G. Pour que h_1 soit excité, il faut que les contacts u soient établis, ce qui relie une extrémité de l'enroulement avec le positif $+$ G de la dynamo et que le pont s établisse également la communication du négatif $-$ G de la dynamo avec l'autre extrémité de l'enroulement.

Or, ces divers contacts sont établis, si on soulage à la main l'électro-aimant h_1, en agissant sur la tige à poignée m. Par cette manœuvre, le noyau de l'électro-aimant h_1 excité, venant s'appliquer sur celui de l'électro-aimant h, y reste collé et les communications par le pont s et les contacts u restent établies, même si on lâche la poignée m. Il faut remarquer que le pont s met en communication le négatif de la dynamo avec les électro-aimants e et e_1 du relais principal. A fortiori, l'électro-aimant h_1 reste-t-il soulagé et les contacts par s et u établis, si l'électro-aimant h est à son tour excité par le débit de la dynamo G, *parce que les pôles magnétiques présentés en regard par* h *et* h$_1$ *sont différents, lorsque la dynamo fonctionne normalement.*

Mais, si le courant venait à s'inverser dans la dynamo, h repousserait h_1 qui retomberait par son poids ; les communications par s et u seraient alors rompues et le circuit du relais principal ne serait plus complet.

596. — L'*interrupteur multiple* I est formé de deux parties, i et i_1, qu'on peut manœuvrer séparément. La première, i, permet d'établir la communication entre 4 et 3 ; la seconde, i_1, permet d'établir à la fois les communications entre 1 et $+$ T, 2 et $+$ G. Nous signalerons la possibilité d'interrompre en f la communication entre 2 et le point 6 qui est une extrémité de l'enroulement eg du différentiel.

Le *commutateur CV du voltmètre* permet de mettre en relation les bornes du volmètre V, soit avec les bornes de la dynamo G, soit avec les bandes du tableau T, c'est-à-dire de mesurer la différence de potentiel successivement à la dynamo et au tableau.

Enfin, signalons, au bas de la figure, un interrupteur à fiche F auquel aboutit le *câble compensateur* C. Ce câble va rejoindre les interrupteurs à fiche des autres dynamos du poste. Lorsque les fiches F sont en place, on réunit ainsi tous les balais b des dynamos d'où part le gros fil inducteur EG.

Nous pouvons, maintenant, voir comment fonctionnent les divers organes. Nous distinguerons trois cas.

597. — 1ᵉʳ Cas. Aucune dynamo n'étant en marche, le tableau n'est pas alimenté ; on veut mettre en fonction une dynamo. — Dans ce cas, les électro-aimants e et e_1 du relais principal ne sont pas excités, non plus que les électro-aimants h et h_1 du disjoncteur ; les communications par s et u ne sont pas établies. Le relais différentiel ne recevant aucun courant, la communication par le pont q est établie.

On met en marche la dynamo qu'on veut employer et, lorsque le voltmètre mis en relation par CV indique une différence de potentiel normale, on soulève l'électro-aimant h_1 du disjoncteur par la poignée m. Cet électro-aimant est excité, reste collé à h et les contacts s et u restent établis. Les contacts entre 2 et 6 étant interrompus par f, on ferme alors l'interrupteur i_1, puis l'interrupteur i ; le pont q du disjoncteur est en haut, puisque l'enroulement et n'est parcouru par aucun courant et que, d'autre part, le circuit de l'enroulement eg a été rompu en f. Le circuit des électro-aimants e et e_1 du relais principal est alors complètement fermé ; l'extrémité 4 est, en effet, reliée au pôle positif $+$ G de la dynamo par 4, 3, le pont q et la borne 2 de l'interrupteur i_1 ; l'extrémité 5 est reliée au négatif $-$ G par le pont s du disjoncteur.

Les électro-aimants e et e_1 étant actionnés, les ponts p et p_1 relient les bornes $+$ G et $-$ G de la dynamo aux bandes $+$ T et $-$ T du tableau principal.

Il faut remarquer qu'alors le pont p' relie directement l'extrémité 4 des électro-aimants e et e_1 au positif de la dynamo sans passer par l'intermédiaire du relais différentiel. Cette disposition assure la communication de la dynamo avec le tableau principal, malgré les oscillations que le noyau n' du relais différentiel pourra éprouver par la suite.

598. — 2ᵉ Cas. Le tableau principal est déjà alimenté par une dynamo ; on veut mettre une nouvelle dynamo en action. — On met en marche la dynamo qui doit être couplée avec la première. L'interruption f est ici maintenue fermée. Lorsque le voltmètre indique que la différence de potentiel mesurée à la dynamo atteint la même valeur que celle mesurée au tableau, on soulage l'électro-aimant h_1 du disjoncteur par la poignée m, et on ferme l'interrupteur i_1 ; les deux enroulements eg et et du différentiel sont, cette fois, tous deux excités; mais, si les deux différences de potentiel mesurées au voltmètre sont à peu près égales, l'effet des deux enroulements est nul et le pont q est en haut. S'il en est besoin, et en suivant les indications du voltmètre, on manœuvre le moteur à vapeur de la dynamo qu'on veut mettre en action, de manière à égaliser les différences de potentiel. On ferme alors l'interrupteur i, ce qui actionne les électro-aimants e et e_1 du relais principal et couple la seconde dynamo avec le tableau, comme précédemment.

599. — 3ᵉ Cas. On veut retirer une dynamo du service. — Il suffit de diminuer la vitesse du moteur à vapeur actionnant la dynamo ; lorsque le voltage est suffisamment réduit, le courant dans l'électro-aimant h du disjoncteur se renverse et l'électro-aimant h_1 se détache, rompant les contacts s et u. Le relais principal a donc alors son circuit ouvert et interrompt la communication de la dynamo avec le tableau.

On peut aussi agir à la main sur la poignée m pour rompre les contacts s et u. En pratique, on opérera par les deux moyens simultanément, c'est-à-dire qu'on réduira la vitesse de la dynamo tout en observant son ampèremètre et, lorsque l'intensité débitée aura suffisamment diminué, on rompra à la main les contacts du disjoncteur. Alors, le relais principal cessant d'être actionné, la dynamo est séparée du tableau.

Nous rappelons qu'en cas de baisse importante et involontaire du voltage de la dynamo, pour quelque cause que ce soit, le disjoncteur agira encore pour séparer la dynamo du tableau, parce que le courant y est réduit, puis inversé.

600. — TABLEAU PRINCIPAL DE DISTRIBUTION. — Au poste A𝒱, comme au poste A𝒜, existe un *tableau principal de distribution,* appelé aussi quelquefois *tableau de répartition.*

Ce tableau est essentiellement composé de deux bandes horizontales, une positive (rouge) et une négative (bleue), auxquelles viennent aboutir les conducteurs + T et − T venant du tableau de couplage de chaque dynamo.

Les bandes du tableau portent *quatre circuits principaux :*

Incandescence tribord ;

Incandescence bâbord ;

Moteurs tribord ;

Moteurs bâbord.

Ces circuits, partant du tableau principal de l'A𝒱, vont rejoindre le tableau principal de l'A𝒜 ; seulement, il faut éviter de lancer à la fois dans les mêmes circuits le courant des dynamos de l'A𝒱 et le courant des dynamos de l'A𝒜, ce qui coupleraient ces dynamos et pourrait entraîner des avaries, puisque ce couplage ne pourrait être *préparé* comme celui des dynamos d'un même poste. Les circuits ne sont donc pas directement et d'une manière permanente reliés aux bandes des tableaux. Ils présentent des interruptions à leur arrivée aux tableaux A𝒱 et A𝒜 et ces interruptions ne sont fermées que par le fonctionnement de *relais-interrupteurs,* analogues aux *relais principaux* des tableaux de couplage. Ces relais-interrupteurs comprennent encore un *électro-aimant avaleur* et un *électro-aimant colleur.*

Ces électro-aimants sont excités par une dérivation prise entre les bandes du tableau ; mais ce circuit d'excitation est disposé de telle sorte qu'un relais-interrupteur du tableau A𝒱 ne puisse être actionné que si son correspondant au tableau A𝒜 ne l'a pas déjà été. Par exemple, le relais-interrupteur du tableau A′, commandant le circuit *moteurs tribord*, ne pourra être actionné et mettre les conducteurs de ce circuit en communication avec les bandes du tableau A′ que si, au tableau A̶, le relais-interrupteur du même circuit, *moteurs tribord*, n'a pas été lui-même actionné.

Dans ce but, le circuit excitateur des électro-aimants d'un relais-interrupteur du tableau A′, par exemple, va passer au tableau A̶ et là il présente une interruption qui est fermée lorsque le relais-interrupteur correspondant du tableau A̶ n'a pas été actionné ; cette interruption reste ouverte, au contraire, si le relais-interrupteur de l'A̶ a été actionné.

De même, le circuit d'un relais de l'A̶ partant de la bande positive du tableau A̶ passe dans les électro-aimants du relais, puis va au tableau A′ et il présente là une interruption, avant de venir rejoindre la bande négative du tableau A̶. L'interruption n'est fermée et le relais de l'A̶ ne peut être excité que si le relais correspondant de l'A′ ne l'a pas été. Ce sont les armatures des relais qui, dans leur mouvement d'attraction par les électro-aimants, ouvrent l'interruption ; un ressort maintient, au contraire, l'interruption fermée lorsque les relais sont au repos.

Il faut remarquer que lorsqu'un relais-interrupteur a été actionné au tableau A′, par exemple, pour mettre un circuit principal en communication avec le tableau, le circuit excitateur des électro-aimants du relais va de la bande positive à la bande négative sans passer par le tableau A̶ ; c'est grâce à un contact supplémentaire porté par l'armature des électro-aimants du relais que ce passage direct se produit.

Sur le circuit des relais-interrupteurs est intercalé un petit conjoncteur qu'on manœuvre à la main pour mettre en action les relais.

Les relais-interrupteurs remplacent les interrupteurs ou commutateurs des tableaux de distribution ordinaires ; la seule différence essentielle qu'ils présentent, c'est que leur manœuvre n'exige aucune force, puisqu'il suffit de fermer un petit conjoncteur.

On peut avec cette disposition, soit alimenter tous les circuits avec les dynamos de l'AV, soit avec les dynamos de l'AR. On peut encore alimenter une partie des circuits, ceux de tribord, par exemple, avec les dynamos de l'AV et ceux de bâbord avec les dynamos de l'AR.

Pour faire passer le circuit des *moteurs bâbord*, par exemple, du tableau AV au tableau AR, il suffit de fermer le conjoncteur du relais-interrupteur de l'AR correspondant aux *moteurs bâbord* et d'ouvrir le conjoncteur du relais *moteurs bâbord* de l'AV ; celui-ci cessant d'être actionné, son armature revient à la position de repos et le circuit *moteurs bâbord* cesse d'être relié à l'AV. En même temps, le circuit excitateur du relais-interrupteur de l'AR est complet ; ce relais agit pour relier au tableau AR le circuit *moteurs bâbord*.

601. — Pour les projecteurs, il existe un tableau de distribution à l'AV et un à l'AR ; ces tableaux comprennent deux bandes reliées aux bandes du tableau principal. Aux bandes du tableau AV des projecteurs sont reliés, par l'intermédiaire d'un ampèremètre et d'un interrupteur bipolaire, six circuits allant aux six projecteurs du navire. De même, six circuits, allant aux mêmes projecteurs, partent du tableau de distribution des projecteurs situé à l'AR. Chacun des projecteurs peut être mis en relation, par un commutateur bipolaire à deux directions, soit avec le circuit venant de l'AV, soit avec le circuit venant de l'AR.

CHAPITRE VI

APPAREILS D'ÉCLAIRAGE ÉLECTRIQUE

602. Généralités. — Les appareils d'éclairage employés dans la marine comprennent : les lampes à arc, à main ou automatiques ; les projecteurs destinés à concentrer et à réfléchir dans une direction unique la lumière produite par les arcs voltaïques ; les lampes à incandescence. Nous avons suffisamment étudié et décrit ces dernières dans la première partie (**424**) pour qu'il soit inutile d'y revenir ici.

603. Lampe à arc à main. — Les deux charbons placés l'un au-dessus de l'autre, le charbon positif à la partie supérieure, sont fixés dans des porte-charbons munis d'écrous commandés par une vis sans fin. En faisant tourner la vis, grâce à un volant de manœuvre, dans un sens ou dans l'autre, on approche ou on éloigne les charbons ; à cet effet, la vis sans fin est à deux pas en sens contraire. Le pas supérieur de la vis correspondant au charbon positif est deux fois plus grand que le pas inférieur ; le mouvement communiqué au charbon positif est ainsi deux fois plus rapide que le mouvement du charbon négatif. On compense ainsi l'usure inégale des charbons et l'arc est maintenu à peu près à la même hauteur.

604. — Nous donnons ci-après quelques indications de détail relatives à la lampe à main représentée par la figure 173 :

C, charbon positif ;

C', charbon négatif ;

D, douille porte-charbon positif en communication électrique, par l'écrou P, avec le corps métallique de la lampe ;

D', douille porte-charbon négatif isolée électriquement de

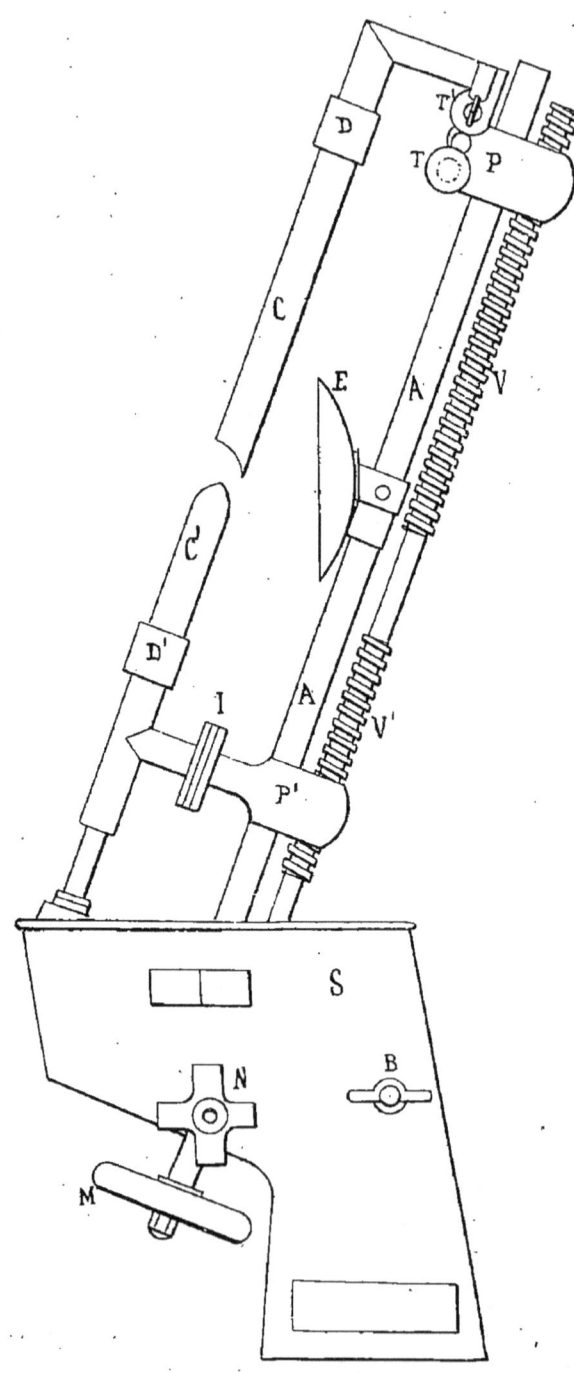

Fig. 173. — Lampe à arc à main.

l'écrou P' et par suite du corps de la lampe, grâce à une rondelle d'amiante ou de mica I interposée entre eux ; le porte-charbon négatif glisse sur une tige-guide isolée du corps de la lampe et en communication avec la borne négative. Un ressort assure le contact entre le porte-charbon et la tige-guide ;

P, écrou du porte-charbon positif ; il est percé d'un trou carré de façon à pouvoir glisser sur la tige carrée A ;

P', écrou du porte-charbon négatif ; il est également percé d'un trou carré et glisse sur la tige A ;

A, tige carrée servant de guide aux écrous P et P' ;

VV', vis sans fin à deux pas en sens contraire, le pas supérieur deux fois plus grand que l'inférieur,

M, volant de manœuvre de la vis sans fin ;

N, croisillon de manœuvre produisant un mouvement de montée ou de descente du foyer lumineux, sans modifier l'écart des charbons ;

B, borne positive en communication avec le corps de la lampe, où l'on peut fixer le conducteur venant du pôle positif de la source électrique ; la borne négative communiquant avec le charbon négatif est isolée du corps de la lampe ;

E, écran pouvant glisser le long de la tige A et se placer à une hauteur convenable, de manière à intercepter la lumière envoyée par l'arc vers la droite lorsqu'on emploie la lampe dans un projecteur ;

TT', boutons de manœuvre de vis sans fin permettant de faire mouvoir le porte-charbon supérieur dans un plan vertical ou latéralement ;

S, socle métallique de la lampe.

605. Lampe mixte, système Sautter et Harlé. — Cette *lampe mixte*, actuellement en service à bord des navires de guerre, est une lampe à main presque identique à celle que nous venons de décrire (**603**) et dans laquelle le mouvement des charbons peut aussi, à volonté, être obtenu automatiquement par un système régulateur du type dérivation (**420**).

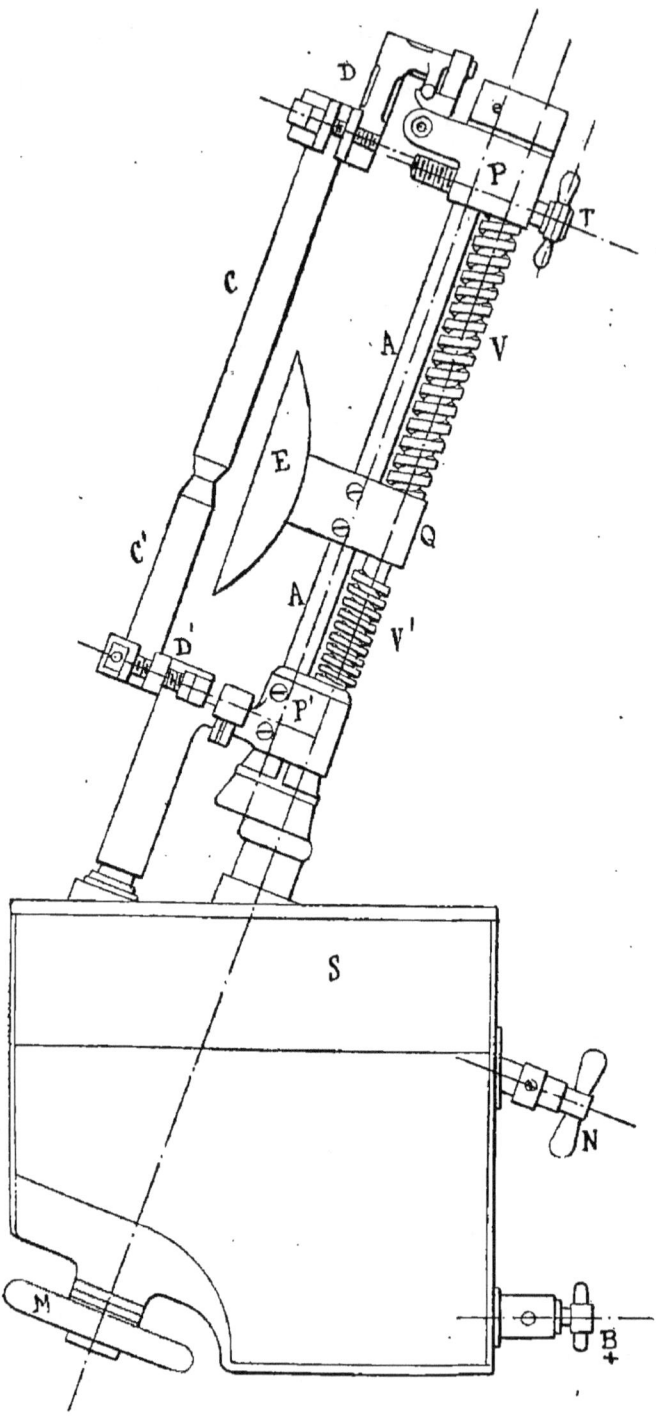

Fig. 174. — Lampe mixte *Sautter et Harlé*; vue d'ensemble.

La figure 174 nous montre l'ensemble d'une lampe mixte. Les mêmes lettres représentent les mêmes choses dans cette figure et dans la figure 173.

Dans la lampe mixte, les deux vis V et V' à pas contraires ne forment pas une seule pièce, mais sont réunies l'une à l'autre par un emmanchement carré, qui rend solidaires leurs mouvements de rotation et permet un déplacement longitudinal de la vis inférieure par rapport à la vis supérieure.

Sur le socle S renfermant le mécanisme du régulateur automatique, on remarque la manette d'un interrupteur non représentée sur la figure 174, mais visible en X sur la figure 175. Cet interrupteur permet de rompre le circuit des organes régulateurs pour employer la lampe comme une lampe à main ordinaire, ou de fermer le circuit de ces organes, ce qui rend la lampe automatique. La manette doit être mise sur la lettre A, pour le fonctionnement automatique, et sur la lettre M pour le fonctionnement à main. De plus, un écrou v (*fig. 175*) logé dans une cavité du socle permet, de l'extérieur, le réglage du régulateur.

606. — La figure 175 représente l'intérieur du socle ouvert pour montrer le mécanisme régulateur.

Un *électro-aimant régulateur* à fil fin F, placé en dérivation entre les charbons, attire son armature H, malgré le ressort R, quand la différence de potentiel entre les charbons prend une valeur qu'on se fixe à l'avance un peu supérieure à la différence de potentiel normale (**412**). L'armature est reliée, par une bielle U, à un levier I qui agit alors pour faire tourner les vis V, V' commandant le mouvement des charbons, dans un sens tel que les charbons se rapprochent.

L'électro-aimant F ne reste pas constamment en dérivation comme celui du régulateur schématique (*fig. 101*). On a recours à l'artifice suivant.

Un électro-aimant f, dit *électro-aimant relais*, est monté également en dérivation entre les deux charbons, ou plus exactement entre les bornes B et B' de la lampe en communication avec ces charbons. L'armature h de cet électro-aimant est rap-

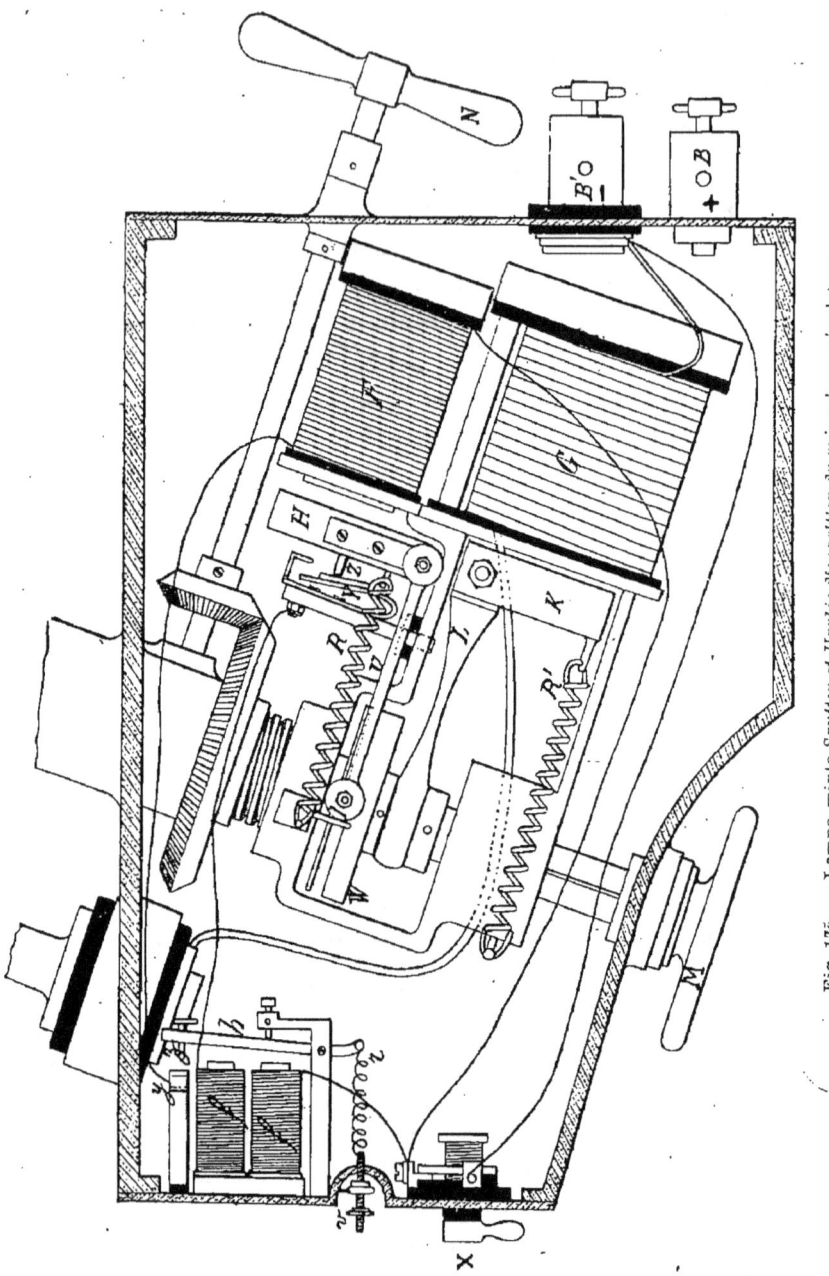

Fig. 175. — Lampe mixte *Sautter et Harlé*; disposition du mécanisme régulateur.

pelée par un ressort antagoniste r. La tension du ressort est réglée au moyen d'une vis et d'un écrou v de manière que l'électro-aimant attire l'armature quand la différence de potentiel entre les charbons atteint la valeur qu'on s'est fixée à l'avance et qui dépend de la tension du ressort r.

L'armature h porte un contact z qui, lorsqu'elle est attirée, vient toucher un ressort y isolé du corps de la lampe et relié avec l'une des extrémités du fil de l'électro-aimant régulateur F ; ce fil est alors mis en communication, par l'intermédiaire de l'armature h, avec le corps de la lampe, c'est-à-dire avec le charbon positif, l'autre extrémité du fil de l'électro-aimant régulateur étant reliée à la borne négative B' par une manœuvre convenable de l'interrupteur X.

L'électro-aimant F est alors en dérivation ; il attire son armature H et rapproche les charbons.

Aussitôt que l'armature H a été attirée, provoquant ainsi un léger rapprochement des charbons, le circuit de l'électro-aimant relais f est rompu. A cet effet, l'une des extrémités du fil de cet électro-aimant étant mise en communication avec la borne négative par la manœuvre de l'interrupteur X, l'autre extrémité du fil est reliée à un contact-ressort Y isolé du corps de la lampe. Ce ressort touche un contact Z porté par l'armature H, lorsque celle-ci est rappelée par son ressort antagoniste R ; le fil communique alors avec le corps de la lampe, c'est-à-dire avec la borne positive B. Le contact entre Y et Z cesse quand l'armature H est attirée par l'électro-aimant F. Voici alors les temps successifs du fonctionnement du régulateur.

607. — Le ressort r du relais f étant réglé pour la différence de potentiel limite qu'on ne veut pas dépasser pour l'arc et l'interrupteur X étant manœuvré de manière à mettre une des extrémités du fil des électro-aimants F et f en communication avec la borne négative B', ce qui permet à la lampe d'agir comme régulateur automatique, le contact entre Y et Z existe, le contact entre y et z est, au contraire, rompu.

Lorsque la différence de potentiel entre les charbons vient

à atteindre la valeur limite, l'armature h est attirée par le relais f et le contact s'établit entre y et z. L'électro-aimant F est alors en dérivation, il attire son armature H et rapproche les charbons d'une petite quantité.

L'armature H étant attirée, le contact cesse entre Y et Z et, par suite, le circuit du relais f est rompu.

L'armature h est rappelée par son ressort r et le contact cesse entre y et z; l'électro-aimant F n'est plus en dérivation et son armature H est rappelée par son ressort R; le contact se rétablit entre Y et Z et tout se retrouve dans le même état qu'au point de départ.

Si le rapprochement des charbons déjà effectué ne suffit

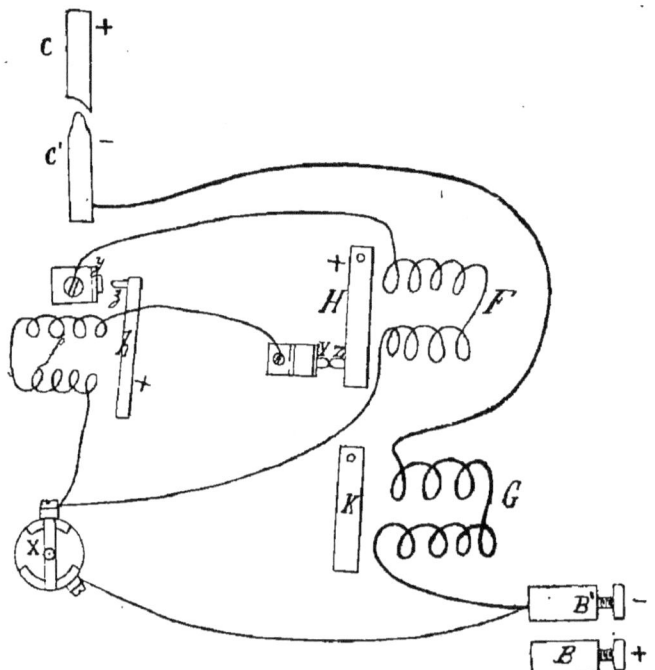

Fig. 176. — Schéma des circuits dans la lampe mixte *Sautter et Harlé*.

pas pour ramener la différence de potentiel à la valeur normale, la série des opérations que nous venons d'énumérer recommence. De cette façon, le rapprochement des charbons s'opère par petits mouvements successifs, ce qui est une condition de bon réglage.

La figure 176 montre d'ailleurs schématiquement les circuits des divers électro-aimants avec leurs liaisons.

L'allumage de l'arc peut être automatique, grâce à un électro-aimant G à gros fil (*fig. 175 et 176*) intercalé dans le circuit de l'arc entre la borne et le charbon négatifs. Au moment où les charbons sont mis en contact et où le courant passe, cet électro-aimant attire son armature K et imprime, au moyen du levier L, un mouvement de haut en bas à la vis V', à laquelle est relié le charbon inférieur négatif.

608. — Voici maintenant comment le mouvement de l'armature H communiqué par la bielle U au levier 1 détermine le rapprochement des charbons.

Sur le prolongement de la vis inférieure V' est calée une

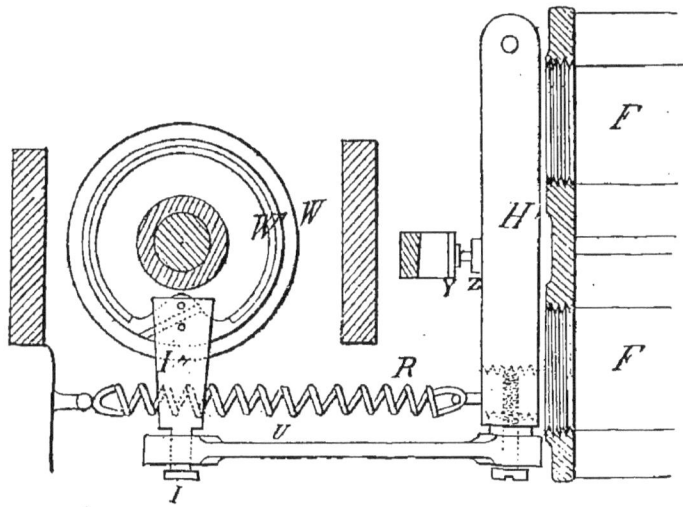

Fig. 177. — Détails de la commande du mouvement de rapprochement des charbons dans la lampe mixte *Sautter et Harlé*.

boîte cylindrique en bronze W (*fig. 175*), à l'intérieur de laquelle est placée une bague fendue en biais W' (*fig. 177*). Le levier I porte deux goupilles enfoncées dans les bords de la fente. Lorsque l'armature H est attirée par l'électro-aimant F, le levier I écarte au moyen des goupilles les bords de la bauge fendue, qui vient s'appliquer alors contre la paroi intérieure

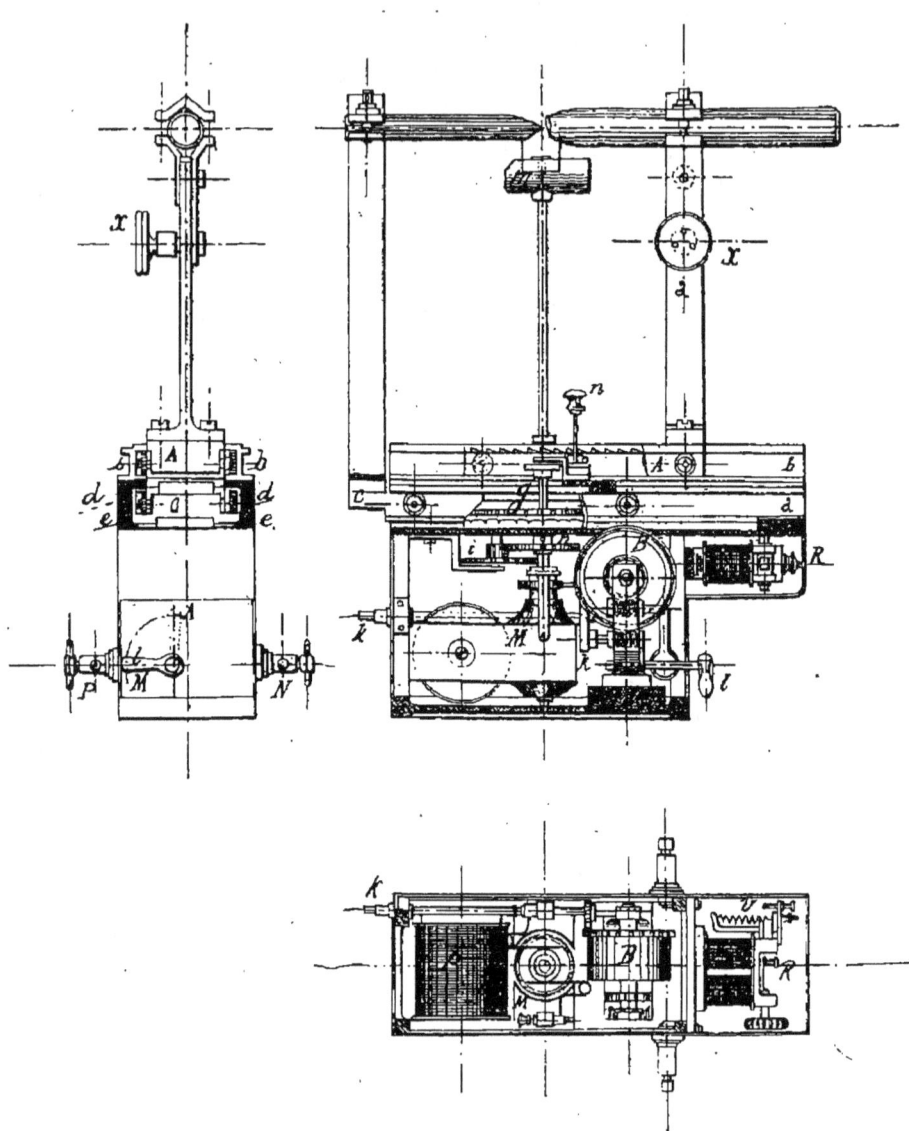

Fig. 178. — Lampe mixte, système *Bréguet*; élévation et plan.

de la boîte W ; celle-ci est obligée de suivre le mouvement du levier I, ce qui fait tourner les vis V' et V.

Lorsque l'armature H est rappelée par son ressort R, le levier rapproche les bords de la bague W', dont le diamètre diminue, ce qui la rend indépendante de la boîte W.

609. Lampe mixte, système Bréguet. — Dans la lampe mixte Bréguet actuellement en service dans la marine, les charbons sont horizontaux. Le charbon positif est d'un diamètre plus grand que le charbon négatif; son cratère est ainsi suffisamment découvert et il est tourné vers les objets à éclairer. Pour obtenir un arc stable, malgré cette position horizontale des charbons, on a placé au-dessous un demi-cercle en fer doux surmontant un cendrier m (*fig. 178*).

La lampe est essentiellement composée de deux chariots montés chacun sur quatre galets. Le chariot supérieur A porte le porte-charbon positif a et roule sur deux rails b. Un petit volant x permet de régler l'inclinaison du charbon positif de façon que son cratère soit bien en face de la pointe du charbon négatif.

L'un des rails reçoit le courant par une bande de cuivre reliée à la borne positive P de la lampe.

Sur le chariot inférieur C est fixé le porte-charbon négatif c également monté sur quatre galets roulant sur deux rails d. Le courant y arrive par une bande de cuivre reliée à la borne négative N de la lampe. Le passage du courant entre les chariots et les rails est assuré par des frotteurs.

Les rails sont montés par deux sur des supports isolants e et le tout est fixé sur la plaque supérieure f.

Les chariots reçoivent leur mouvement chacun par un pignon engrenant avec une crémaillère du chariot. Ces deux pignons sont montés sur le même arbre vertical g, mais ils sont soigneusement isolés l'un de l'autre. A l'extrémité de cet arbre est goupillée une roue dentée h.

610. — Un petit moteur électrique M a son arbre d'induit vertical; cet arbre pivote dans une crapaudine portée par la plaque de base de la lampe et, d'autre part, pénètre à frottement doux dans l'intérieur de l'arbre *g*. Lorsque ce moteur reçoit le courant, son induit tourne et, par l'intermédiaire d'un pignon claveté sur son arbre et du train d'engrenages *i*, transmet son mouvement à la roue dentée *h* et, par suite, aux chariots A et C. Il résulte de la réduction de vitesse produite par les engrenages que les chariots ne se déplacent que d'une très faible quantité, même pour un mouvement angulaire notable de l'induit du moteur.

Le sens du mouvement du moteur est d'ailleurs toujours tel, lorsqu'il est traversé par un courant, que les charbons *se rapprochent*.

D'autre part, un barillet B renferme un ressort à spirale qui tend à le faire tourner.

Une couronne dentée taillée sur l'enveloppe du barillet engrène avec une crémaillère fixée sur le chariot C. Le mouvement du barillet est donc ainsi transmis aux deux chariots porte-charbons. Le sens de la rotation communiquée au barillet par le ressort est d'ailleurs tel que les charbons *s'écartent*. Le mouvement du barillet est donc antagoniste de celui du moteur.

On peut régler la tension du ressort à spirale du barillet, au moyen d'une roue dentée et d'une vis tangente, de telle sorte que le barillet soit plus fort que le moteur et écarte les charbons, lorsque le courant ne passe pas dans l'induit du moteur, et que le moteur l'emporte, au contraire, et rapproche les charbons, lorsqu'il est actionné par le courant.

611. — C'est le relais R qui est chargé d'envoyer ou de supprimer le courant dans l'induit du moteur.

Ce relais est un électro-aimant enroulé de fil fin monté en dérivation entre les conducteurs reliés aux bornes P et N et allant aux chariots porte-charbons (*fig. 179*). L'armature *s* de cet électro-aimant est rappelée par un ressort antagoniste *r* lorsque le courant excitateur de l'électro-aimant n'est pas suffisamment intense. La tension du ressort *r* peut d'ailleurs être réglée, grâce à la vis *t*.

Le moteur électrique M a son inducteur p en série avec l'induit q; mais l'ensemble est alimenté par une dérivation du courant alimentant la lampe. A cet effet, le balai positif du moteur est relié en permanence à l'armature s du relais qui elle-même communique avec la borne positive P de la lampe; la borne négative du moteur est reliée au contact u

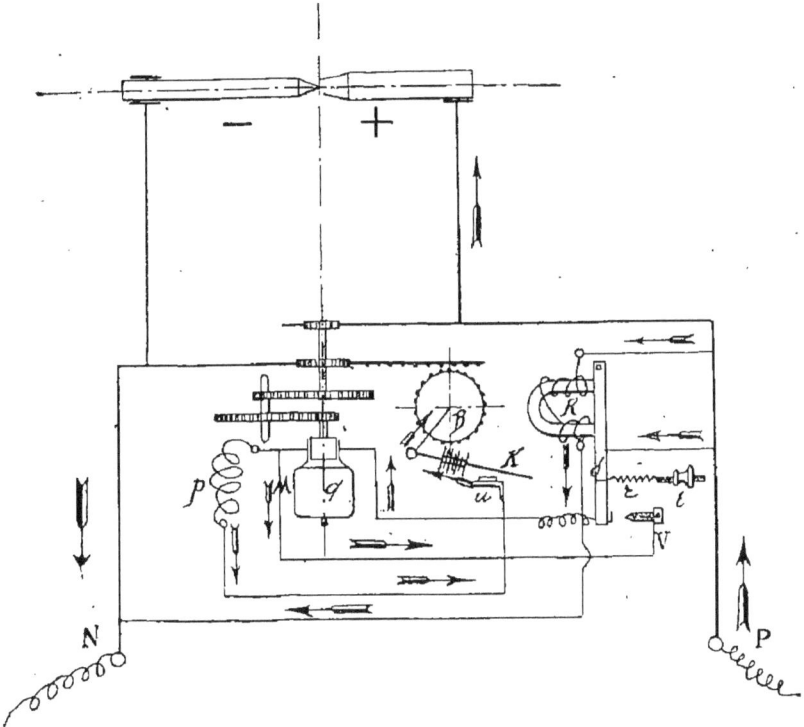

Fig. 179. — Schéma des circuits dans la lampe mixte B.-éguet.

qui, pour une position convenable de la manette l d'un interrupteur placée extérieurement, est en communication avec la masse du barillet B et, par la crémaillère du chariot inférieur C, avec la borne négative N de la lampe.

Enfin le balai négatif du moteur est relié à une vis V à pointe, avec laquelle l'armature s du relais vient en contact lorsqu'elle est rappelée par son ressort antagoniste.

612. — Il est maintenant aisé de comprendre le fonctionnement automatique de la lampe, lorsqu'on suppose les bornes P et N réunies à la source électrique.

Au repos, lorsque le courant arrivant à la lampe est interrompu, les charbons sont écartés par le barillet.

Supposons qu'on ferme le circuit amenant le courant à la lampe et qu'en même temps on ferme le circuit dérivé du moteur électrique de la lampe en mettant sur la lettre A la manette *l* de l'interrupteur (*fig. 178*).

Comme les charbons sont écartés et l'arc non allumé, la différence de potentiel entre les bornes P et N est maximum ; le relais R attire son armature *s* et le courant passe dans le moteur, induit et inducteur, qui tourne et rapproche les charbons jusqu'au contact.

A ce moment, la différence de potentiel devient minimum ; le relais abandonne son armature qui vient buter contre la vis V. Les deux balais du moteur sont alors en communication directe, c'est-à-dire que l'induit est en court-circuit, tandis que le courant continue à passer dans l'inducteur (**366**). Le moteur s'arrête brusquement.

Le ressort du barillet écarte alors les charbons et allume ainsi l'arc ; en même temps, la différence de potentiel prend une valeur d'autant plus grande que l'écart des charbons augmente. Si on a réglé la tension du ressort antagoniste *r* de l'armature *s* du relais, de telle sorte qu'il y ait équilibre entre ce ressort et l'attraction du relais pour la différence de potentiel normale (**409**), l'armature est attirée lorsque, le barillet continuant à écarter les charbons, la différence de potentiel prend une valeur supérieure à cette différence de potentiel normale.

L'induit du moteur rentre alors en circuit et rapproche les charbons de manière que la différence de potentiel redevienne normale.

A partir de ce moment, le réglage se continue par ce double jeu du barillet et du moteur provoqué par l'action du relais sur son armature.

Si la différence de potentiel devient plus faible que la valeur normale, l'armature du relais est rappelée par son ressort et met le moteur en court-circuit ; le barillet écarte les charbons. Si, au contraire, la différence de potentiel prend une valeur supérieure à la valeur normale, l'armature est attirée par le relais, le court-circuit du moteur est rompu, l'induit tourne et rapproche les charbons.

613. — Pour la marche à la main, on rompt le circuit du moteur en portant sur la lettre M la manette l de l'interrupteur. De plus, cette manœuvre a pour effet d'embrayer avec la couronne dentée du barillet une vis sans fin portée par un arbre K (*fig. 178*) que l'on peut manœuvrer à la main en adaptant une clef sur son extrémité sortant à l'extérieur, ou au moyen d'une molette fixée à demeure.

Enfin un bouton n commande un cliquet qui sert à maintenir les charbons à une distance relativement petite en cas d'extinction.

Pour renouveler les charbons, on presse sur ce bouton et les porte-charbons s'écartent rapidement de toute leur course.

614. Lampe mixte horizontale, système Sautter et Harlé. — Dans cette lampe, les charbons sont encore horizontaux comme dans la précédente, à laquelle d'ailleurs elle ressemble beaucoup en principe.

C'est encore un petit moteur électrique qui est l'organe essentiel du régulateur. Par son action directe, ce moteur opère le rapprochement des charbons, lorsque la différence de potentiel vient à dépasser une limite fixe. Par son action indirecte, il produit par l'intermédiaire d'un ressort le mouvement d'écart et l'allumage. Ce ressort est constamment détendu lorsque la lampe ne fonctionne pas automatiquement, à l'inverse du ressort du barillet de la lampe Bréguet qui conserve toujours sa tension. Dans la lampe présente, c'est le moteur en tournant qui bande le ressort et lui permet ainsi de jouer le rôle de force antagoniste.

392   COURS ÉLÉMENTAIRE D'ÉLECTRICITÉ.

Un relais magnétique met encore automatiquement, comme dans la lampe précédente, le moteur en action, quand il en est besoin ; la forme seule en diffère.

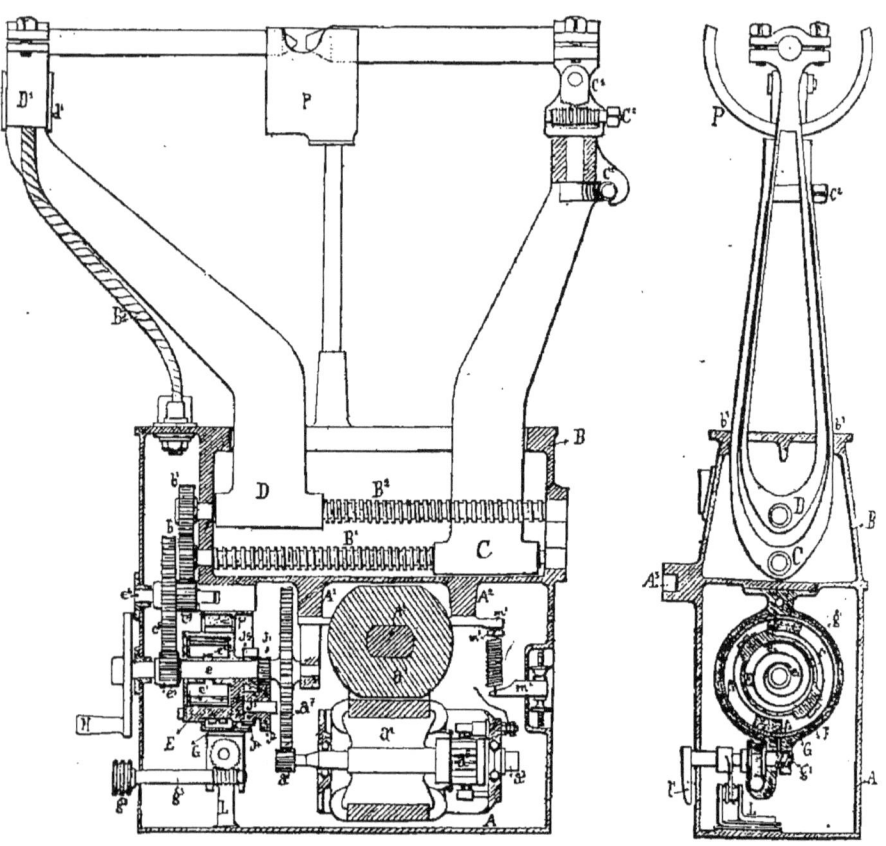

Fig. 180. — Lampe mixte horizontale système *Sautter et Harlé*.

La figure 180 représente deux coupes verticales longitudinale et transversale de la lampe. Les lettres suivantes désignent :

A Le corps métallique inférieur de la lampe.

B Le corps métallique supérieur.

B^1 Une vis sans fin actionnant l'écrou du porte-charbon positif C.

B^2 Une vis sans fin actionnant l'écrou du porte-charbon négatif D.

B^3 Le câble conduisant le courant au porte-charbon négatif.

$b^1 b^1$ Deux pignons calés sur les vis B^1 et B^2, engrenant l'un avec l'autre ; ces deux pignons tournent en sens contraire.

$b^3 b^3$ Deux fentes longitudinales servant à guider les supports des porte-charbons dans leurs mouvements.

C L'écrou et le support du porte-charbon positif.

C^1 Le porte-charbon positif à vis tangentes ; il communique avec le support C et, par suite, avec le corps de la lampe.

C^2 Les vis tangentes pour le déplacement horizontal et vertical du porte-charbon C_1 ; on les manœuvre au moyen de clés.

D L'écrou et le support du porte-charbon négatif.

D_1 Le porte-charbon négatif isolé du support D.

d^1 Une lame en matière isolante.

P Un cendrier en fer s'aimantant par le passage du courant dans les charbons et permettant d'obtenir un arc stable.

A^1 La carcasse magnétique du moteur électrique.

$A^2 A^2$ Les bossages de fixation du moteur sur la boîte A.

A^3 La gâche du mouvement de mise au foyer de la lampe.

a^1 La bobine inductrice du moteur.

a^2 L'induit du moteur.

a^3 L'axe de rotation de a^2 monté sur billes de roulement.

a^5 Le collecteur du moteur.

a^6 Un pignon d'engrenage calé sur l'arbre moteur a^3.

a^7 Une roue dentée engrenant avec a^6 et calée sur l'axe e.

e Un axe de transmission de mouvement.

E Une boîte mobile renfermant le ressort e^1.

e^1 Un ressort enroulé en spirale.

e^2 L'extrémité intérieure du ressort e^1 fixée sur l'axe e.

e^3 Un pignon denté calé sur l'axe e.

e^4 Extrémité extérieure du ressort e^1 fixée sur la boîte E.

e^5 Une roue calée sur l'axe e^6 et engrenant avec le pignon e^3.

e^6 Un deuxième axe de transmission de mouvement.

e^7 Un pignon calé sur l'axe e^6 et engrenant avec le pignon b^1.

F Une couronne circulaire à l'intérieur de laquelle peut tourner la boîte E.

f^1f^2 Deux ressorts fixés par une de leurs extrémités sur la boîte E.

f^3f^4 Les extrémités des ressorts f^1f^2 portant deux frotteurs venant s'appuyer contre la couronne F.

G Un collier fendu fixé par sa partie supérieure, et dont les extrémités inférieures peuvent être rapprochées au moyen d'une vis g^2, par l'intermédiaire d'une roue à vis tangente et d'un bouton de manœuvre g^3.

$g^4g^1g^1g^1$ Des bossages à l'intérieur du collier G, venant serrer la couronne F, lorsqu'on referme le collier G.

H Le volant du mouvement de commande à la main, calé sur l'axe e.

j^1 Un pignon faisant corps avec l'axe e.

j^2 Une roue dentée qui engrène avec le pignon j^1.

j^3 Un axe fixé sur la boîte E.

j^4 Une roue à une dent tournant folle sur l'axe j^3 et faisant corps avec la roue dentée j^2.

j^5 Une croix de Malte folle sur l'axe e et engrenant avec la roue j^4. Un des creux entre les dents de cette croix de Malte manque et il est remplacé par une partie pleine. A cet endroit, la dent unique de la roue j^4 vient buter sur la croix de Malte.

m^1m^2 Appendices polaires fixés sur la carcasse magnétique du moteur.

m^3 Armature du relais.

m^4 Vis de réglage avec écrou du ressort de rappel de l'armature m^3.

L Interrupteur pour le changement de marche automatique ou à la main.

l^1 Index fixé sur l'axe de la vis g^2 et montrant si l'on est disposé pour la marche automatique ou à la main.

615. — Le relais chargé de mettre automatiquement en action le moteur électrique n'est pas ici, comme dans la lampe Bréguet (**611**), formé d'un électro-aimant spécial. C'est l'électro-aimant inducteur du moteur qui est utilisé. A cet effet, l'armature m^3 du relais est fixée par une lame élastique à un appendice polaire dépendant de l'un des pôles de l'inducteur (*fig. 181*).

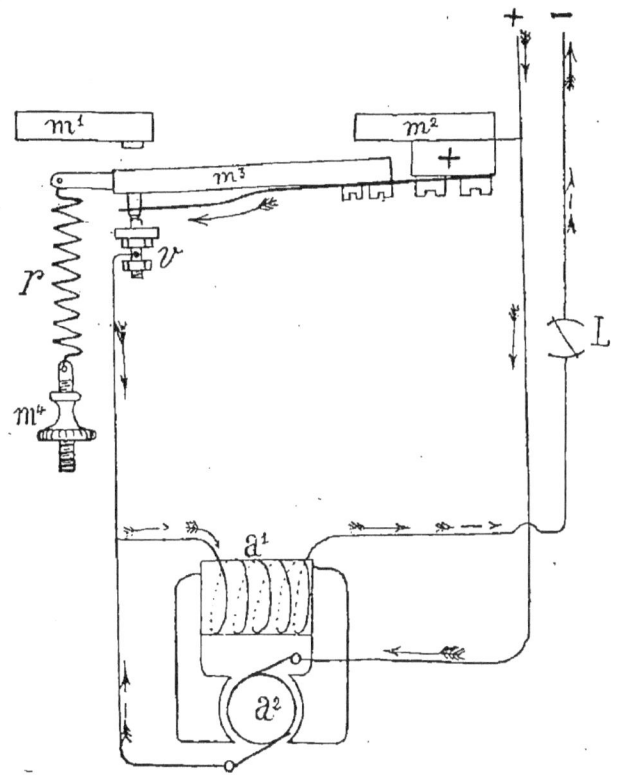

Fig. 181. — Schéma des circuits du moteur dans la lampe mixte horizontale *Sautter et Harlé*.

D'autre part, cette armature m^3 est attirée par un autre appendice polaire m^1 dépendant du second pôle de l'inducteur, elle en est empêchée par le ressort r, dont on peut modifier la tension au moyen du bouton de réglage m^4. Une dérivation du courant principal alimentant la lampe est prise entre les bornes de cette lampe. Comme on le voit sur la figure 181, le courant partant de la borne positive de la lampe passe dans l'induit a^2 du moteur, puis dans l'inducteur a^1, *en série avec l'induit*; le courant retourne alors à la borne négative en passant par l'interrupteur L, lorsque celui-ci est fermé.

D'autre part, les deux balais du moteur sont en communication, l'un avec un contact porté par l'armature m^3 du relais, l'autre avec un contact v placé en face de cette armature et contre lequel cette dernière vient appuyer lorsqu'elle est rappelée par son ressort r. Dans cette position, qui est celle représentée par la figure 181, l'induit du moteur est en court-circuit et n'est traversé que par un courant insignifiant, tandis que l'inducteur continue à être excité; non seulement le moteur ne tourne pas, mais s'il était en mouvement il s'arrête instantanément (**366**). Lorsque l'armature quitte le contact v, le courant passe dans l'induit en toute liberté en même temps que dans l'inducteur et le moteur tourne, rapprochant les charbons.

616. — On peut maintenant comprendre aisément le *fonctionnement automatique* de la lampe. On suppose les bornes positive et négative de cette lampe réunies à une source électrique; en même temps, la borne positive est en relation avec le support C du charbon positif et avec ce charbon lui-même, par le corps de la lampe, tandis que la borne négative, isolée du corps de la lampe, est reliée par un conducteur B^2 (*fig. 180*) au porte-charbon négatif isolé D^1. Les charbons sont écartés; le ressort e^1 de la boîte E est débandé.

Le bouton g^2 est tourné de manière à mettre l'index l^1 sur la lettre A (*automatique*); par cette manœuvre l'interrupteur L est fermé et le collier G serré sur la couronne F, qui est alors immobilisée par les bossages g^1.

Les charbons étant écartés, la différence de potentiel entre les bornes de la lampe est alors maximum (on suppose qu'on a affaire à une dynamo autorégulatrice de la différence de potentiel entre ses propres bornes). Si la tension du ressort antagoniste r de l'armature du relais a été réglée pour faire équilibre à l'attraction de cette armature par l'appendice polaire m^1 (*fig. 181*) lorsque la différence de potentiel est normale pour l'arc, l'armature est attirée par l'appendice polaire, le court-circuit de l'induit du moteur est rompu et celui-ci se met à tourner, rapprochant les charbons, par l'intermédiaire de l'arbre a^3, du pignon a^6, de la roue a^7, de l'axe e, du pignon e^3, de la roue e^5, du pignon e^7, des pignons b^1 et des vis B^1 et B^2.

Pendant ce mouvement, la rotation de l'axe e oblige le ressort e^1, entraîné par son extrémité e^2, à s'enrouler en se bandant. En même temps, le pignon j^1 fait tourner la roue j^2 et la roue à une dent j^4 qui en est solidaire. La dent de cette roue j^4 engrène à chacun de ses tours avec la croix de Malte j^3 et la fait tourner d'une dent, jusqu'à ce que la dent de la roue j^4 vienne tomber sur la partie de la croix de Malte où le creux manque et bute alors sur elle. L'axe j^3 est alors lié à l'arbre e à cause de l'impossibilité pour j^4 et j^6 de tourner davantage l'une sur l'autre. L'arbre e entraîne par suite la boîte E par l'axe j^3 et le ressort cesse de se bander davantage. La boîte E peut d'ailleurs glisser dans la couronne F en entraînant les ressorts f^1 f^2 et les frotteurs f^3 f^4. Le ressort est ainsi bandé toujours à la même tension. Le mouvement du moteur et de l'axe e se continue ainsi jusqu'à ce que les charbons arrivent au contact.

Au moment où les charbons se touchent, la différence de potentiel aux bornes de la lampe tombe à une valeur très faible, l'armature m^2 du relais, rappelée par son ressort r, abandonne l'appendice polaire m^1 et vient toucher le contact v mettant l'induit du moteur en court-circuit.

Le ressort e^1, qui est bandé, réagit alors et fait tourner l'axe e en sens contraire du mouvement précédent, ce qui écarte les charbons et produit l'allumage de l'arc.

Dès que l'arc est formé et qu'il s'allonge par suite de l'écartement des charbons, la différence de potentiel augmente et quand cette différence de potentiel devient un peu supérieure à la différence de potentiel normale, l'armature du relais est de nouveau attirée par l'appendice polaire m^1 et le courant se rétablit dans le moteur ; celui-ci se met en marche de nouveau et rapproche les charbons en bandant le ressort e^1. Le voltage baissant de nouveau, le relais supprime encore le courant dans l'induit du moteur et le ressort bandé écarte les charbons. Il en résulte donc une succession continuelle de petits mouvements en sens contraire qui maintient l'arc à sa longueur normale.

En bandant plus ou moins le ressort antagoniste r de l'armature du relais, au moyen des boutons m^4, soit à l'avance, soit pendant la marche, on rend plus ou moins grande la différence de potentiel maintenue par le régulateur entre les charbons et par conséquent on augmente plus ou moins la longueur de l'arc que l'on entretient.

617. — Pour la *marche à la main*, on tourne le bouton g_6 de manière à mettre l'index l^1 sur la lettre M (*main*), ce qui a pour effet de rompre le circuit du moteur par l'interrupteur L et de desserrer le collier G. Le ressort e^1 se débande alors entièrement. En manœuvrant alors le volant H (*fig. 180*), on peut rapprocher ou écarter les charbons, la boîte E et la couronne F étant entraînées librement dans le mouvement.

Si l'on a oublié de tourner le bouton g^3 et de desserrer le collier G, on pourrait encore manœuvrer les charbons à la main, sans inconvénient pour la lampe ; mais on aurait alors à vaincre avec la main, soit l'effort du ressort e^1, soit le frottement des frotteurs f^3 et f^4 dans la couronne F, soit l'effort du moteur électrique, en plus des efforts normalement nécessaires.

618. — La maison Sautter et Harlé construit actuellement, pour la marine, un nouveau modèle de lampe mixte différant de celle que nous venons de décrire par les points suivants.

D'abord, pour éviter que les supports des charbons, se rapprochant peu à peu à mesure que les charbons s'usent, ne viennent au contact et ne déterminent un court-circuit qui les brûlerait, on a disposé un interrupteur à piston, contre lequel vient buter à bout de course le support C du charbon positif (*fig. 180*). L'interrupteur à piston met alors l'induit du moteur en court-circuit, ce qui arrête son mouvement définitivement.

En second lieu, pour marcher à la main, on désembraye le mouvement du moteur électrique ; on n'a plus alors à s'occuper de desserrer le collier G (*fig. 180*) qui n'existe plus, la couronne F étant fixée à demeure au bâti.

619. Résistances intercalaires des projecteurs. — On remarque, dans la figure 168, intercalé sur le conducteur S_3 allant à un arc voltaïque, un rhéostat R_3. Ce rhéostat, appelé aussi *résistance intercalaire*, permet d'assurer à l'arc voltaïque une stabilité suffisante (**414**).

La résistance du rhéostat peut être modifiée par l'introduction de chevilles entre les diverses sections, comme il a été indiqué (**112**). Quelquefois, en outre des bornes extrêmes m et p, le rhéostat porte une borne intermédiaire n. Si on fixe en n le conducteur venant du tableau au lieu de le laisser en m, comme le représente la figure, on n'intercale plus dans le circuit de l'arc que la portion np de la résistance du rhéostat.

Plus la résistance du rhéostat est grande, plus grande aussi est la stabilité de l'arc voltaïque ; mais la puissance de l'arc est alors réduite. En diminuant la résistance, on diminue la stabilité, mais on augmente la puissance de l'arc.

Lorsque la dynamo donne une différence de potentiel constante d'environ 70 volts au tableau de distribution, la résistance intercalaire ajoutée à la résistance des conducteurs allant du tableau à l'arc voltaïque doit faire une somme de 0,60 ohm, si on veut un arc de 45 ampères, et de 0,37 ohm, si on veut un arc de 65 ampères environ.

Avec une dynamo donnant 80 volts, il faudra que la résistance intercalaire ajoutée aux conducteurs allant à l'arc donne une somme de 0,82 ohm, pour un arc de 45 ampères, et de 0,52 ohm pour un arc de 65 ampères.

620. Projecteurs Mangin. — Les projecteurs *Mangin* employés à bord des navires se composent essentiellement d'un *miroir en cristal* taillé suivant *deux surfaces sphériques* de rayons inégaux et argenté sur sa surface convexe.

C'est vers la partie concave de ce miroir qu'on dirige le cratère des arcs voltaïques dont on veut réfléchir au loin la lumière.

Ce miroir est placé au fond d'un tambour cylindrique dont la partie inférieure est aménagée pour recevoir une lampe à arc, à main ou automatique.

Le tambour porte des tourillons au moyen desquels il repose sur les bras d'une fourche fixée à un plateau circulaire mobile.

Ce plateau mobile peut tourner sur un autre plateau fixe faisant partie d'un socle. A cet effet, le plateau fixe porte une circulaire sur laquelle courent trois galets supportant le plateau mobile et le tambour qu'il porte sur sa fourche.

De plus, le plateau mobile supérieur porte deux cercles de contact isolés concentriques qui appuient sur deux contacts à ressort isolés portés par le plateau du socle.

621. — Le courant arrivant de la source à une borne positive P placée sur le socle, traverse un interrupteur, gagne par un des contacts à ressort un des cercles isolés du plateau mobile; puis, par un conducteur logé dans un des bras de la fourche et dans le tourillon creux du tambour, une lame et une glissière de contact portées par le projecteur. Une bande de contact placée sur le socle de la lampe conduit le courant au charbon positif. Le courant gagne alors, à travers l'arc voltaïque, le charbon négatif, une bande de contact isolée placée sur la lampe, une lame de contact à ressort portée par le tambour du projecteur. De là le courant va, par un conducteur logé dans un bras de la fourche, rejoindre le second cercle de contact du plateau mobile, le second contact à ressort et enfin la borne négative N.

Dans les modèles les plus récents, les deux cercles isolés du plateau mobile sont en communication avec deux bornes isolées portées par ce plateau, et ces bornes peuvent être directement reliées aux lames de contact du projecteur par des bouts de conducteurs isolés.

622. — Comme accessoires, le projecteur comporte un prisme à réflexion totale qui permet d'observer l'image des charbons donnée par une petite lunette latérale. Un trou pratiqué dans le fond du tambour et garni d'un verre coloré permet également d'observer l'arc et les charbons à travers une partie centrale non argentée du miroir.

Une porte en verre plane ferme le tambour sur l'avant ; elle peut être remplacée par une porte divergente formée de bandes de cristal lenticulaires verticales.

623. — Le mouvement de rotation du tambour sur ses tourillons peut être obtenu au moyen d'un secteur denté porté par un de ses tourillons et d'une vis sans fin verticale manœuvrée par un volant. Pareillement, le mouvement du tambour autour d'un axe vertical est aussi le plus souvent obtenu au moyen d'un volant manœuvrant une vis sans fin horizontale commandant le plateau mobile. Des leviers-freins permettent de fixer le projecteur dans la position horizontale ou verticale qu'il doit occuper.

Enfin, un voltmètre, qu'on peut mettre en dérivation entre les bornes de la lampe, est porté par un support fixé au plateau mobile.

624. — Les projecteurs Mangin employés à bord des navires ont des miroirs de 30, 40, 60, 75 cm de diamètre.

La description qui précède s'applique surtout aux projecteurs de 60 cm, qui sont d'ailleurs les plus employés.

625. Projecteurs paraboliques Bréguet. — La maison Bréguet construit actuellement de nouveaux projecteurs dont quelques-uns sont en service dans la marine. La caractéristique de ces projecteurs est l'emploi d'un miroir parabolique en cristal argenté sur sa face convexe.

La forme générale extérieure est d'ailleurs celle des projecteurs Mangin. La figure 182 représente un de ces projecteurs Bréguet.

Le mode de passage du courant du plateau mobile au plateau fixe porté par le socle est ici également particulier.

Le plateau fixe porte, en outre de la circulaire de roulement pour les galets, deux cercles verticaux isolés sur lesquels frottent les balais portés par le plateau mobile. Ces balais sont d'ailleurs reliés à deux bornes isolées placées sur le plateau mobile, lesquelles peuvent être mises en communication avec celles de la lampe par des bouts de conducteur isolés.

626. Projecteurs commandés à distance. — Les projecteurs Mangin, comme les projecteurs Bréguet, peuvent avoir leurs mouvements d'inclinaison ou d'orientation commandés à distance.

A cet effet, deux moteurs électriques placés dans le socle du projecteur peuvent, lorsqu'ils tournent dans un sens ou dans l'autre, produire ces mouvements grâce à des renvois de mouvement, à l'aide des chaînes de Galle, de vis tangentes et d'engrenages plus ou moins complexes.

627. — Un poste de commande, situé à une certaine distance du projecteur, permet d'envoyer un courant dérivé sur la source alimentant le projecteur, dans l'un ou l'autre des moteurs et dans un sens quelconque suivant le mouvement à produire. Des commutateurs appropriés rendent ces manœuvres faciles.

Fig. 182. — Projecteur parabolique Bréguet et lampe mixte.

628. — Il existe plusieurs systèmes de commande des projecteurs à distance.

Un premier système très répandu à bord des navires est dû à la maison Sautter et Harlé. La maison Bréguet, d'autre

Fig. 183. — Projecteur parabolique Bréguet commandé à distance et poste de commande.

part, a successivement employé pour ses projecteurs deux systèmes de commande qui viennent d'être abandonnés ; un nouveau système est actuellement employé par cette maison pour ses projecteurs; c'est celui-là seul que nous décrirons avec quelque détail, concurremment avec le système de la maison Sautter et Harlé.

Nous nous contenterons de signaler les anciens systèmes de la maison Bréguet; la figure 183 représente d'ailleurs, à droite, le poste de commande dont la partie essentielle est formée par six boutons actionnant les commutateurs et marqués :

Droite vite. — Droite lentement.
Gauche vite. — Gauche lentement.
Haut. — Bas.

629. Commande électrique des projecteurs, système Sautter et Harlé. — Les appareils comprennent :

1° Le projecteur proprement dit, avec son mécanisme moteur;

2° Le poste de commande;

3° Un câble à six conducteurs reliant le projecteur au poste de commande.

630. — Projecteur. — Le socle du projecteur renferme un électromoteur M à un seul électro-aimant inducteur excité en dérivation et à double induit (*fig. 184 et 185*). Les deux induits sont indépendants l'un de l'autre et produisent : l'un, le mouvement d'orientation; l'autre, le mouvement d'inclinaison du projecteur.

L'arbre de l'induit du mouvement d'orientation actionne, par un pignon P', une roue R' et, par l'intermédiaire de la vis V', de la roue B, du pignon C et de la roue C', fait tourner le plateau S du projecteur, dans un sens ou dans l'autre, suivant le sens du mouvement de l'induit.

De même, l'axe du second induit commande l'arbre fileté T, par le pignon P, la roue R, la vis V. L'arbre T, en tournant dans un sens ou dans l'autre, fait monter la douille J qui lui sert d'écrou; cette douille, par l'intermédiaire des

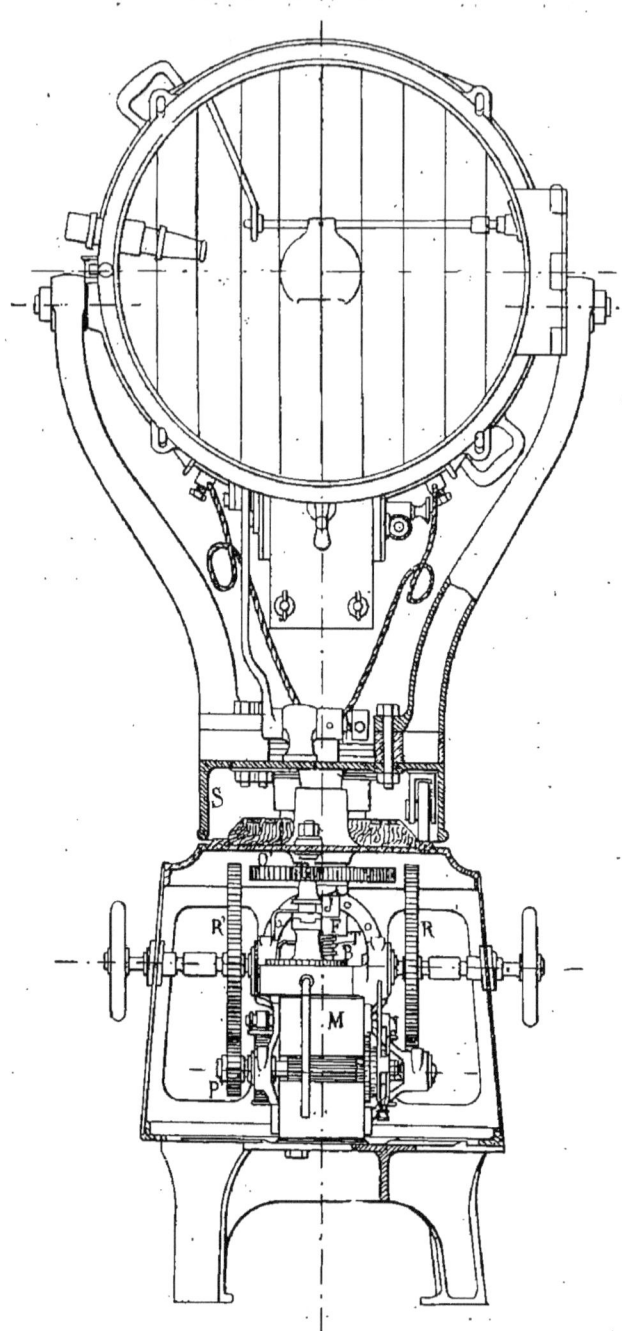

Fig. 184. — Projecteur commandé électriquement à distance, de MM. Sautter et Harlé.
Élévation.

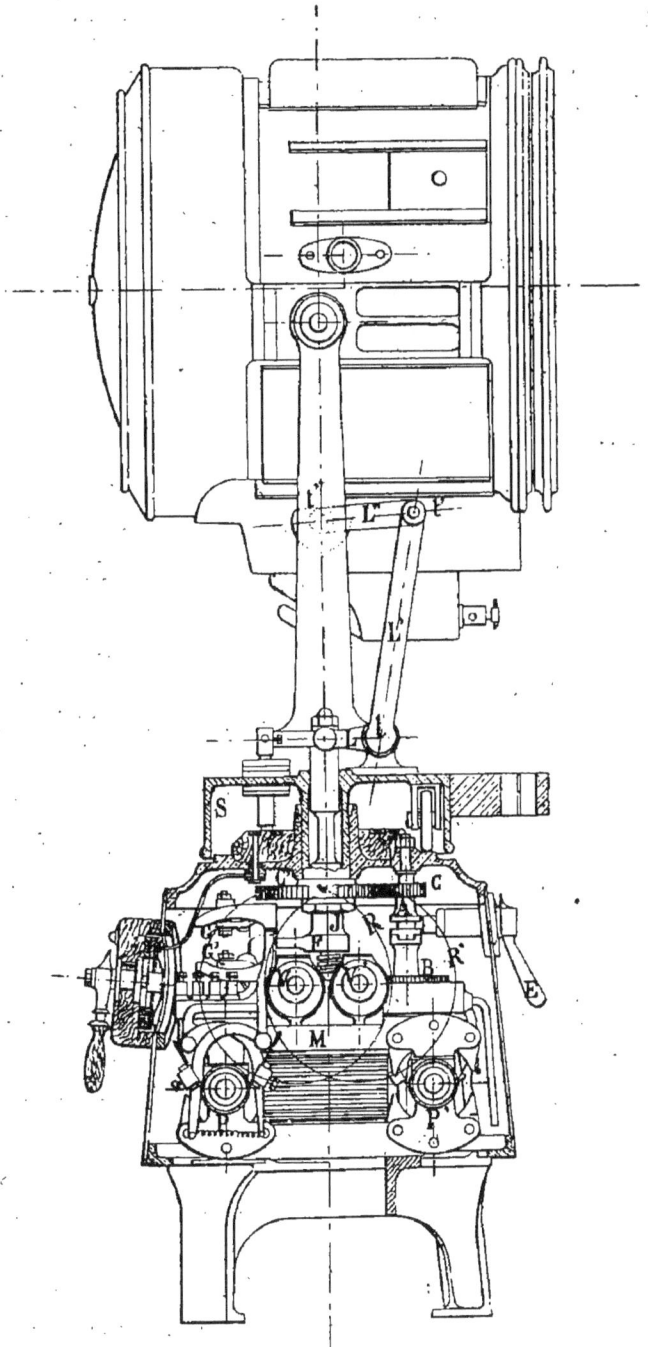

Fig. 185. — Projecteur commandé électriquement à distance, de MM. *Sautter et Harlé*.
Profil.

leviers L, L', L", communique au projecteur les mouvements d'inclinaison dans les deux sens.

Le mouvement d'inclinaison du projecteur est limité par un interrupteur à bout de course formé par le doigt F, entraîné par la douille J et agissant sur les leviers G et G'. A bout de course, le courant dans l'induit du mouvement d'inclinaison est interrompu ; en même temps, cet induit est mis en court-circuit, ce qui arrête instantanément le mouvement (**366**).

631. — Poste de commande. — Le poste de commande se compose d'une caisse rectangulaire renfermant deux rhéostats R et R' et portant (*fig. 186*) un interrupteur d'arrêt ou de mise en marche, ainsi que les commutateurs-inverseurs commandant le mouvement en direction et le mouvement en hauteur.

Ces commutateurs-inverseurs servent en même temps de commutateurs pour les rhéostats, permettant de faire marcher le moteur à grande ou petite vitesse suivant la valeur de la résistance introduite dans le circuit.

Les connexions sont établies comme le montre la figure 186 entre les inverseurs C et C', les rhéostats correspondants R et R', l'interrupteur I, l'induit D du pointage en hauteur, l'induit F du pointage en direction, leur inducteur commun E et la génératrice G. On a représenté aussi l'interrupteur I_1 placé sur le socle du projecteur et permettant d'allumer ou d'éteindre la lampe ; en R_1 est la *résistance intercalaire* (**619**).

Lorsque l'interrupteur I est sur marche, l'inducteur E est toujours excité. En manœuvrant alors les leviers des commutateurs-inverseurs, on ferme le circuit des induits en introduisant une résistance d'autant plus faible que l'on déplace davantage le commutateur.

Sur la figure 186, on a également montré avec quelque détail les communications établies pour permettre la limitation du pointage en hauteur.

Nous avons dit que le doigt F (*fig. 185*), en montant ou en descendant, venait rencontrer les leviers G ou G' qui bascu-

APPAREILS D'ÉCLAIRAGE ÉLECTRIQUE.   409

lent alors autour d'un axe horizontal ; ces leviers, qu'un ressort maintient d'ailleurs en temps ordinaire dans leur position normale, portent deux contacts fixés à un même bloc

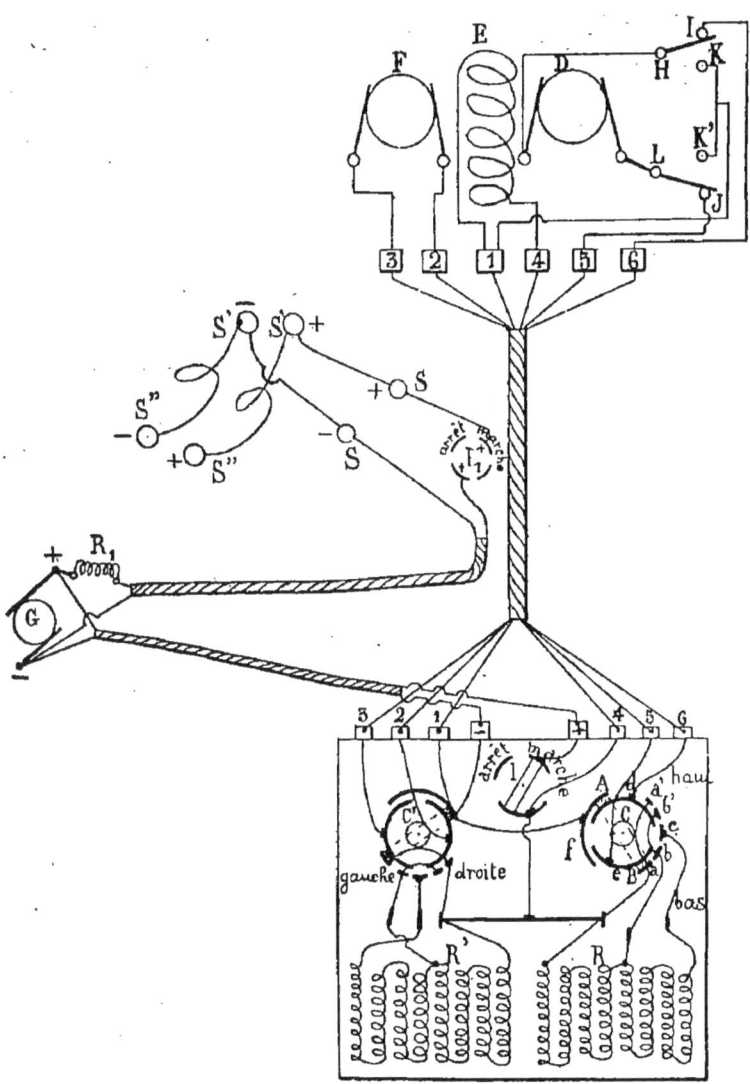

Fig. 186. — Commande électrique des projecteurs. Schéma des connexions.

rigide, mais isolés l'un de l'autre. Dans la figure 186, on a représenté en I et K les contacts portés par le levier G, en

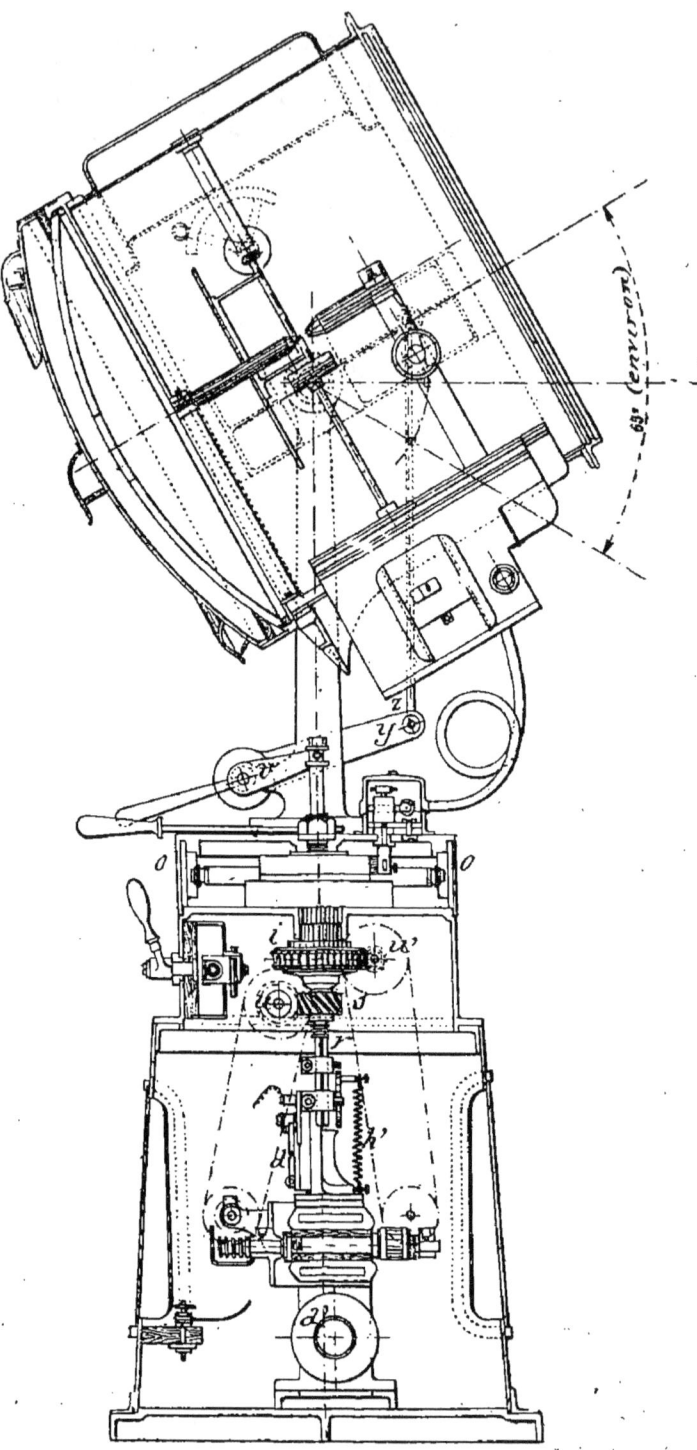

Fig. 187. — Projecteur à commande électrique, système Bréguet. Élévation.

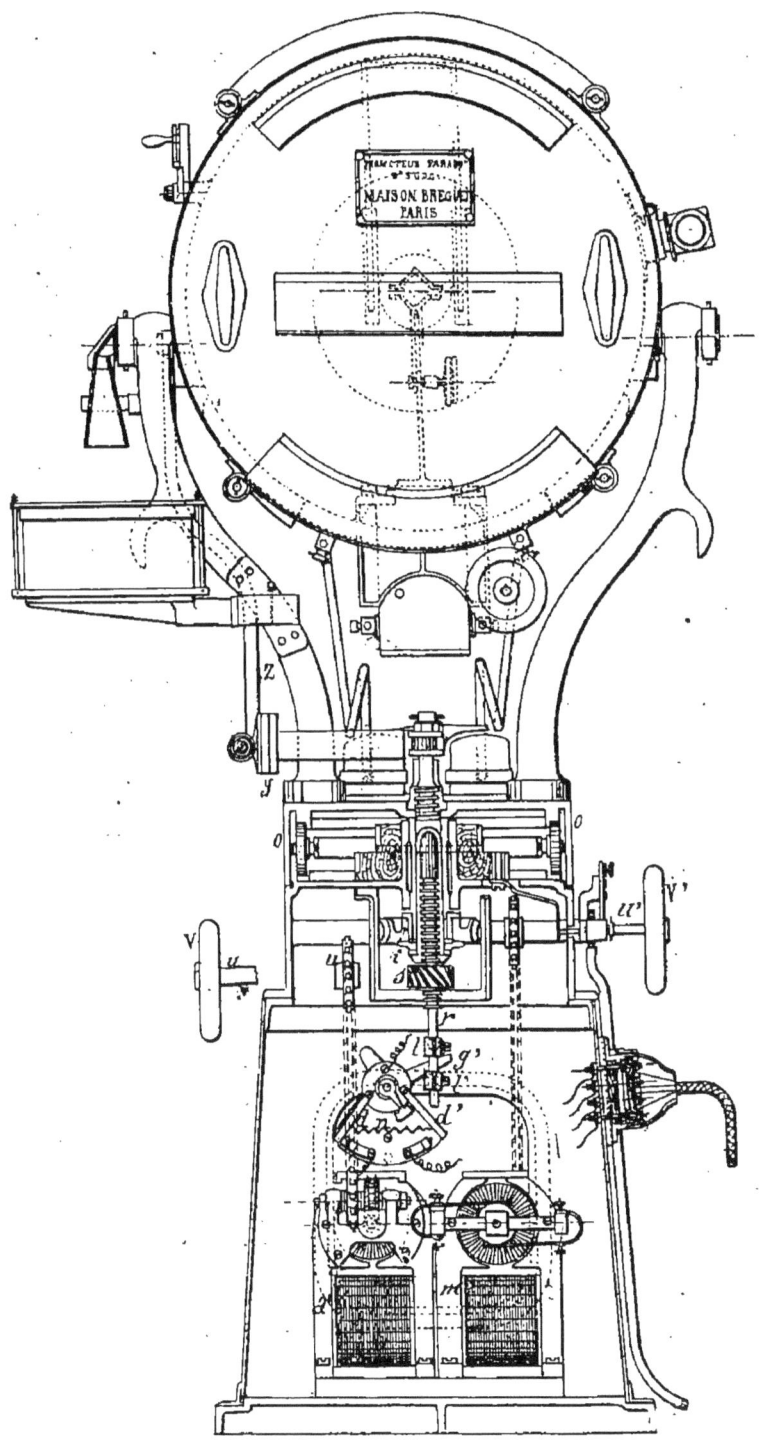

Fig. 188. — Projecteur à commande électrique, système Bréguet. Vue de face.

J et K′ les contacts du levier G′, et leurs connexions avec le reste des organes.

D'autre part, des étriers H et L reliés aux balais du moteur commandant le pointage en hauteur appuient, dans la position normale des leviers G et G′, sur les contacts I et J et permettent ainsi le passage du courant dans l'induit. Les étriers à ressorts sont combinés de manière à basculer dans un sens ou dans l'autre, dès qu'ils dépassent la position horizontale.

Dans la figure 186, les contacts sont établis de manière que le projecteur s'incline vers le *bas*.

Le doigt F (*fig. 185*) rencontre à bout de course le levier G′, le fait basculer et fait ainsi monter le bloc portant les contacts J et K′. L'étrier L entraîné par J s'élève et, lorsqu'il est horizontal, il quitte brusquement le contact J pour venir frapper le contact K′. Ainsi qu'on peut le vérifier, le courant est alors interrompu dans l'induit D qui est mis en court-circuit.

On ne peut plus faire baisser le projecteur, mais, en tournant en sens inverse le commutateur C, on pourra le faire relever.

632. Commande électrique des projecteurs, système Bréguet, nouveau modèle. — Les appareils comprennent :

1° Le *projecteur proprement dit*, à miroir parabolique, avec le mécanisme moteur des mouvements d'orientation et d'inclinaison ;

2° Le *manipulateur à distance* ;

3° Un *câble à sept conducteurs* reliant le projecteur au manipulateur à distance.

633. — Projecteur. — Le mécanisme des mouvements d'orientation et d'inclinaison est représenté par les figures 187 et 188.

On voit en m' le moteur pour l'orientation agissant, par

une vis tangente, une roue hélicoïdale, un pignon et une chaîne Galle sur l'arbre u'. Ce dernier commande, par une vis, une roue hélicoïcale i solidaire du plateau mobile o.

Le mouvement d'inclinaison est donné par un électromoteur a' indépendant du premier, agissant, par une chaîne Galle, sur l'arbre u. Cet arbre u porte une vis qui engrène avec la roue s formant écrou pour la tige filetée r qui descend ou monte, entraînant le tambour du projecteur, par l'intermédiaire de leviers v, y, z. Un interrupteur automatique, $d\ d'$ (fig. 188), limite le mouvement d'inclinaison.

634. — MANIPULATEUR A DISTANCE. — Le manipulateur à distance forme extérieurement une caisse à peu près rectangulaire. Les mouvements d'orientation et d'inclinaison sont obtenus par des mécanismes identiques occupant chacun une moitié de l'appareil. A droite, se trouve le mécanisme réservé à l'orientation ; à gauche, le mécanisme de l'inclinaison. Deux rhéostats indépendants : l'un servant pour les mouvements d'orientation, l'autre pour les mouvements d'inclinaison, se trouvent en arrière de la boîte en fonte renfermant les mécanismes. Chacun de ces rhéostats est sectionné en trois parties, de manière à pouvoir en intercaler dans le circuit une portion variable.

La figure 189 représente le manipulateur à distance; on voit en a et a' les manivelles commandant les deux mouvements d'orientation et d'inclinaison, dans les deux sens. En r et r' sont les commutateurs des rhéostats permettant de marcher à grande ou petite vitesse. En outre, deux index t et t' ont un petit déplacement, dans un sens ou dans l'autre. Ce mouvement est lié à celui des manivelles a et a'.

Pour mettre en mouvement l'un des moteurs électriques, on peut ou bien tourner la manivelle correspondante d'un mouvement continu et alors le projecteur se déplace par petits mouvements successifs ; ou bien on peut tourner la manivelle de manière à amener l'index t sur l'indication correspondant au mouvement voulu. Si on abandonne alors cette manivelle, le projecteur se déplace d'une manière continue, avec une vitesse qui dépend de la portion de résistance du rhéostat introduite ou supprimée par le commutateur r.

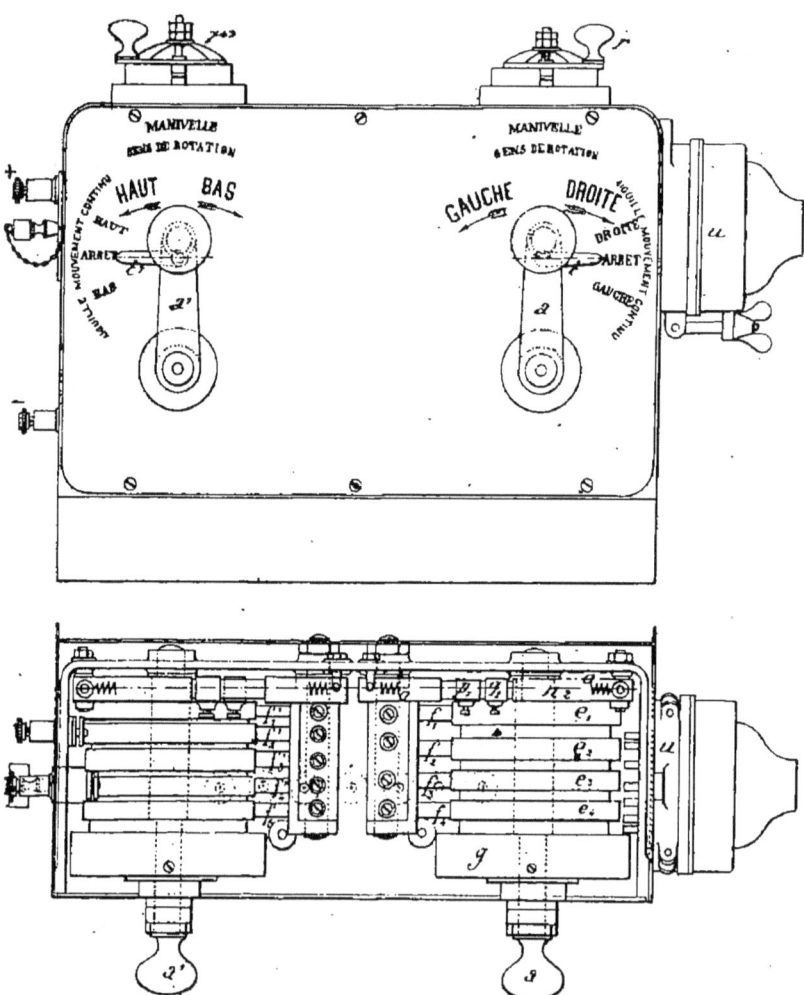

Fig. 189. — Commande électrique d'un projecteur système Bréguet. Manipulateur. Vue extérieure et plan.

Sur la caisse, on aperçoit deux bornes marquées (+) et (—) servant d'attaches aux conducteurs du circuit d'alimentation de la commande électrique du projecteur. La borne (+) porte une fiche d'interruption. Il existe aussi neuf bornes sans inscription, destinées aux rhéostats, aux divers mécanismes et aux fils de ligne. Enfin, on voit sur la figure le conjoncteur u pour les sept conducteurs allant au projecteur.

Un câble à sept conducteurs relie ce conjoncteur à un conjoncteur identique placé près du projecteur et dont les contacts, numérotées 1, 2, 3, 4, 5, 6, 7, sont reliés à cinq bornes du projecteur, numérotées 1, 2, 3, 4, 7, et aux charbons-contacts de l'interrupteur automatique du mouvement d'inclinaison.

CHAPITRE VII

APPAREILS COMMANDÉS PAR DES MOTEURS ÉLECTRIQUES; DISPOSITIFS DE MANŒUVRE

635. Perceuses électriques. — Les figures 190 et 191 représentent en élévation et en coupe un type courant de per-

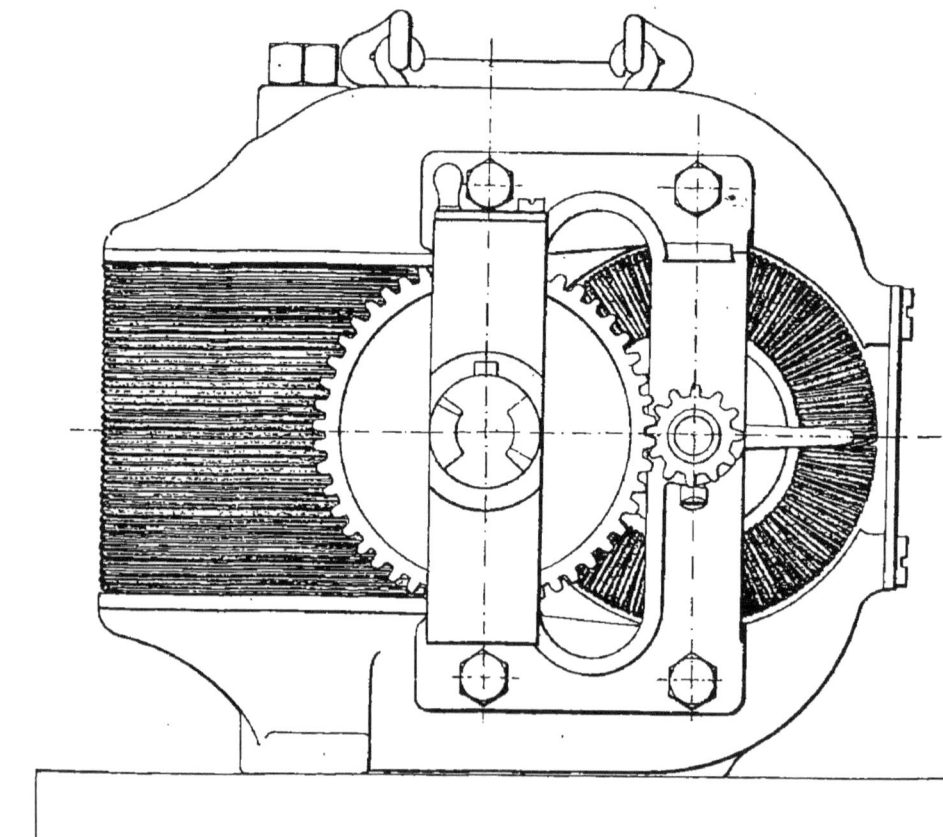

Fig. 190. — Perceuse électrique amovible. Élévation; échelle $\frac{1}{3}$.

ceuse électrique amovible, en service à bord des navires et dans les chantiers de construction de la marine.

APPAREILS COMMANDÉS PAR DES MOTEURS ÉLECTRIQUES. 417

L'induit est en forme d'anneau Gramme, dont le noyau est constitué par des lames minces annulaires de tôle empilées (**288**).

Cet induit tourne entre deux masses polaires en fonte bou-

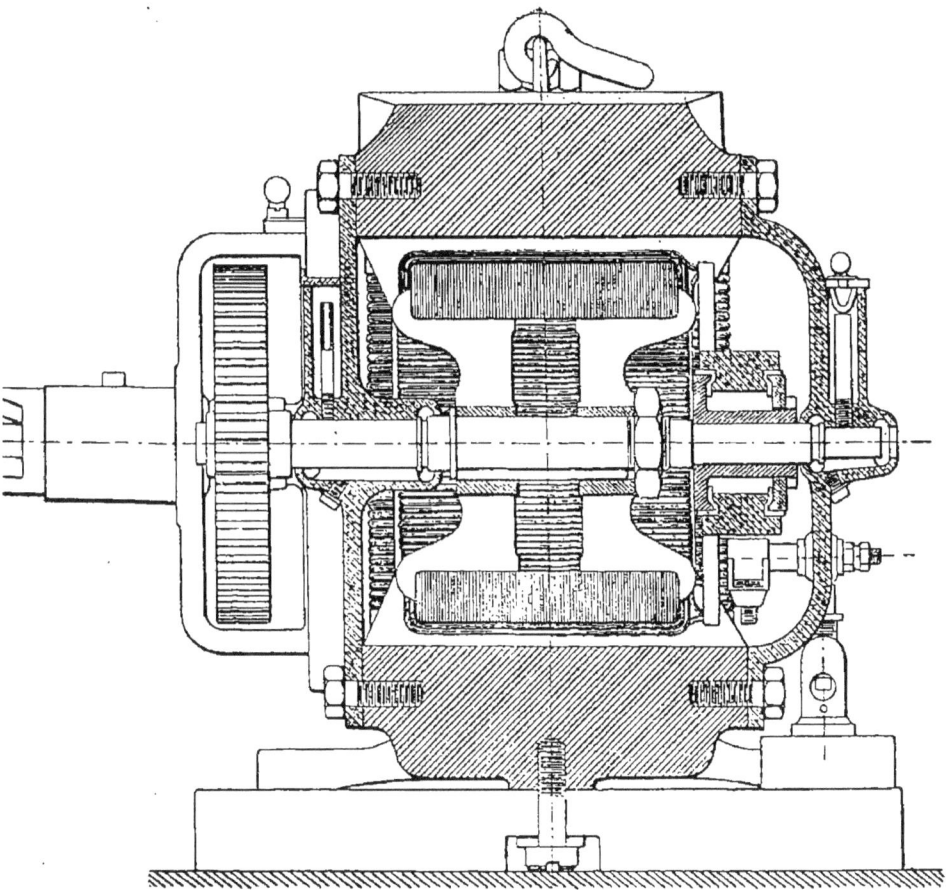

Fig. 191. — Perceuse électrique amovible. Coupe suivant l'axe; échelle $\frac{1}{8}$.

lonnées sur les extrémités du noyau en fer d'un électro-aimant inducteur unique (*fig. 56*).

L'axe de l'induit commande, par un pignon, une roue dentée sur l'axe de laquelle peut se monter, par un emmanchement indiqué sur les figures, un arbre flexible transmet-

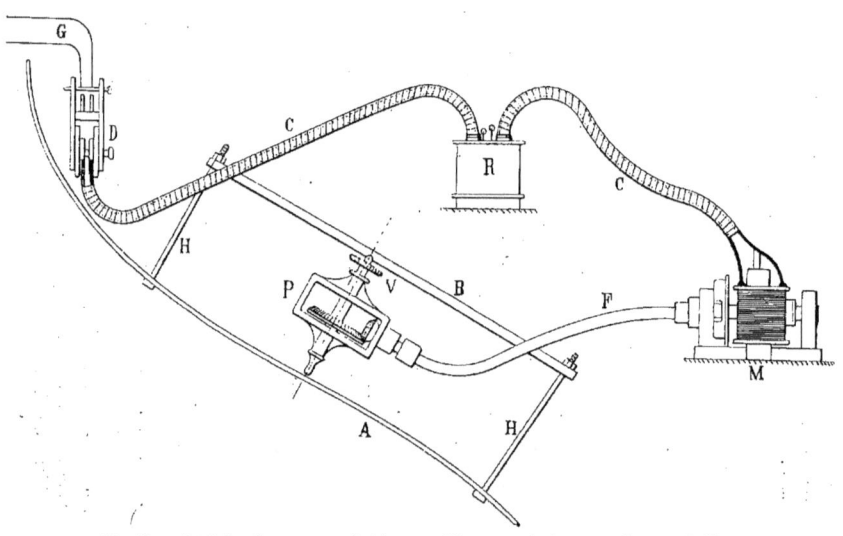

Fig. 192. — Installation d'une perceuse électrique amovible; commande du porte-outil par un *flexible*.

tant le mouvement au foret, qui lui-même est appuyé, par un dispositif convenable, sur la pièce à percer.

L'excitation est faite en série.

On construit plusieurs modèles fonctionnant normalement sous une différence de potentiel d'environ 70 ou 80 volts et absorbant un courant de 10 à 15 ampères, l'induit faisant 2 000 tours environ par minute.

636. — La figure 192 représente schématiquement un électromoteur M actionnant par le flexible F le porte-outil P, appliqué contre une tôle A à percer, grâce à la pièce d'appui B liée à la tôle A par les boulons H H.

L'avance du foret et la pression contre la tôle A sont obtenues par la manœuvre à la main du volant V fixé sur un axe fileté.

L'électromoteur est relié aux conducteurs G venant de la génératrice (**323**), ou d'un tableau de distribution alimenté par la génératrice (**571**) au moyen de conducteurs jumeaux volants C C et d'une prise de courant D.

Un rhéostat R, à résistance variable à volonté, est intercalé sur ces conducteurs. Ce rhéostat, placé près du porte-outil et transporté avec lui près des divers points à travailler, permet à l'ouvrier de démarrer le moteur sans accident (**345**) et de régler la vitesse (**364**) selon la nature du métal et l'état du foret. En particulier, la résistance du rhéostat doit être progressivement introduite dans le circuit avant d'ouvrir l'interrupteur qui commande l'arrivée du courant, dans le but de stopper le moteur, si l'on veut éviter des étincelles trop grandes sur les contacts de cet interrupteur. De même, il faut aussi augmenter la résistance du rhéostat, lorsqu'on diminue la pression de l'outil sur la pièce à travailler, si l'on veut éviter l'emballement du moteur excité en série (**347**).

637. Ventilateurs électriques. — Nous avons représenté sur la figure 193 un petit ventilateur électrique d'un emploi fréquent à bord des navires. Il est placé dans un tam-

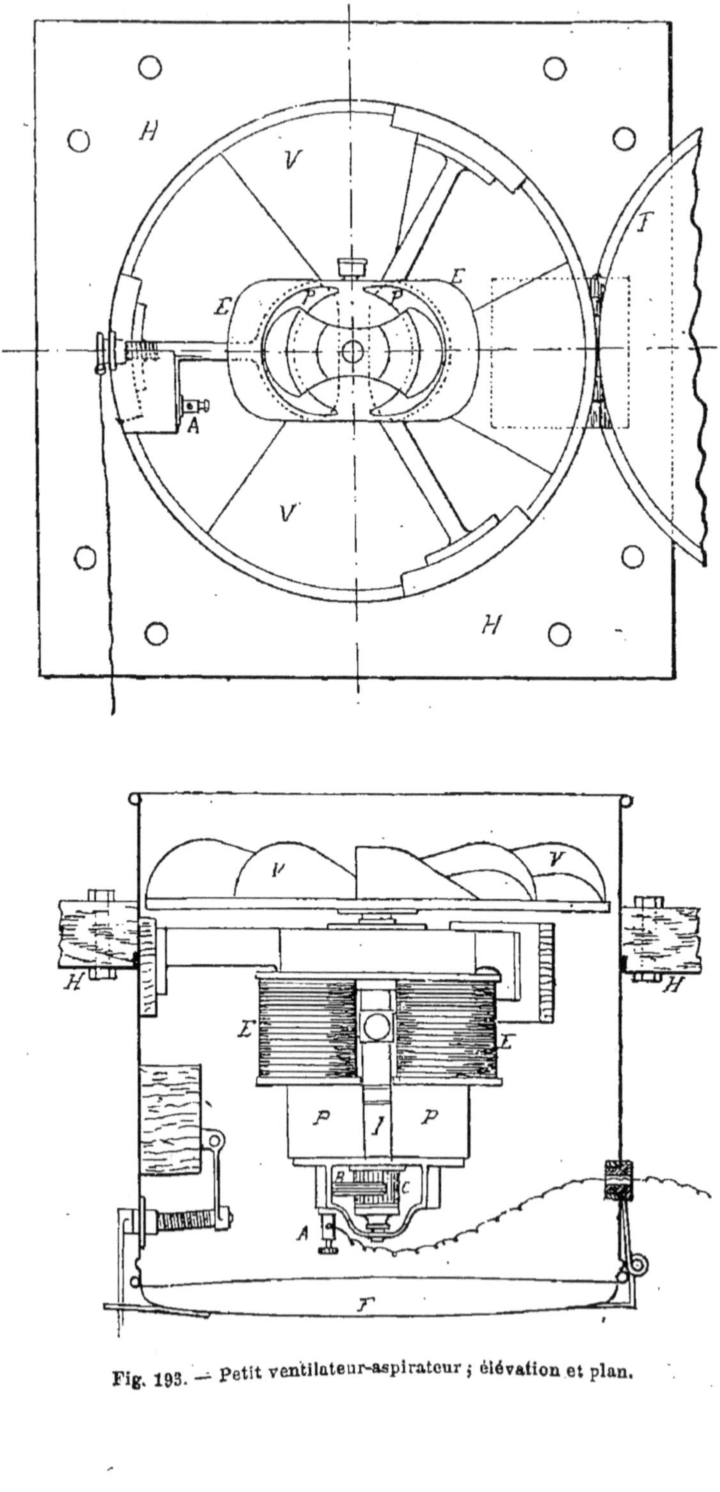

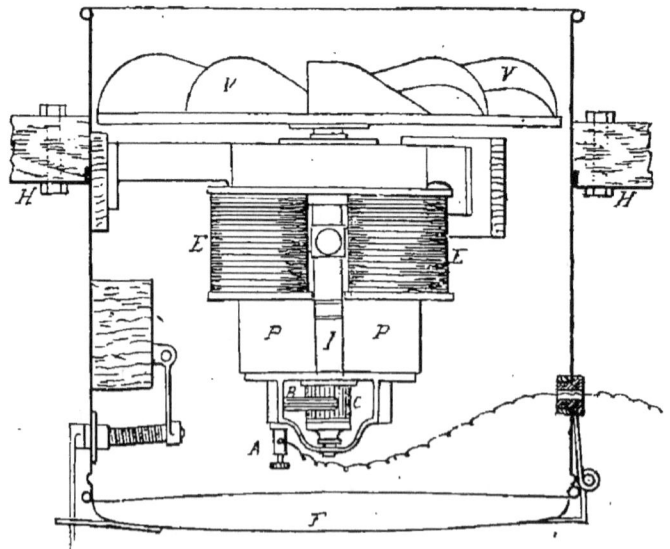

Fig. 193. — Petit ventilateur-aspirateur ; élévation et plan.

bour destiné à être encastré dans une cloison et à le transformer ainsi en *aspirateur*.

Le moteur électrique a deux électro-inducteurs E excités en série, armés de masses polaires P embrassant l'induit.

Celui-ci est un anneau Gramme dont l'axe est parallèle à celui des électro-aimants inducteurs et porte directement les ailettes V du ventilateur. Les balais sont des crayons de charbon.

Dans le modèle représenté, le diamètre des ailettes est de 30 centimètres.

Une porte F permet de fermer le tambour ; cette fermeture rompt en même temps le circuit de l'électromoteur ; le circuit est fermé, au contraire, par l'ouverture de la porte.

Ce petit ventilateur absorbe 1,5 ampère sous 80 volts.

638. — Un autre type de ventilateur de plus grandes dimensions est employé à bord de quelques navires (*Magenta*). Il est représenté par les figures 194 et 195. Le moteur électrique excité en série donne ici le mouvement aux ailettes du ventilateur par l'intermédiaire de cônes de friction.

Un pareil ventilateur absorbe de 20 à 30 ampères, sous 80 volts.

639. — En général, les ventilateurs ne sont pourvus d'aucun organe de manœuvre autre qu'un interrupteur permettant de fermer ou de rompre leur circuit pour la mise en marche ou le stoppage. La résistance au mouvement opposé par l'air étant, en effet, très faible, lorsque le ventilateur n'a pas encore pris une grande vitesse, le démarrage se fait assez rapidement pour qu'on puisse négliger la précaution, régulièrement prise pour les autres applications des moteurs, d'introduire une résistance de démarrage (**345**).

640. Monte-charges électriques. — Les monte-charges électriques employés à bord des navires, principalement pour assurer l'approvisionnement des canons à tir rapide, peuvent être divisés en deux classes distinctes.

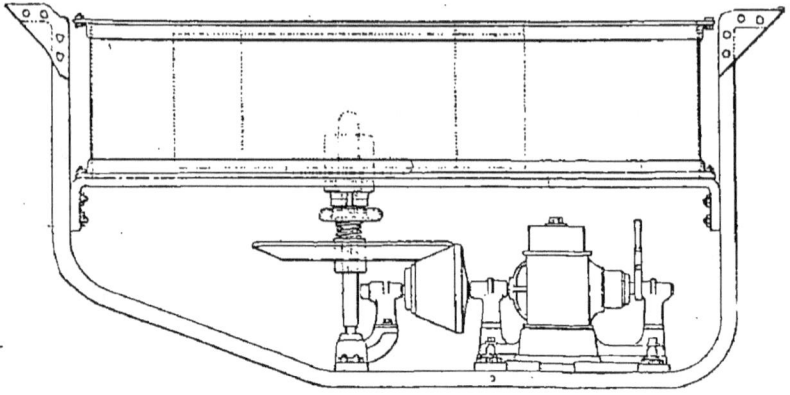

Fig. 194. — Ventilateur de refoulement. Élévation; échelle $\frac{1}{20}$.

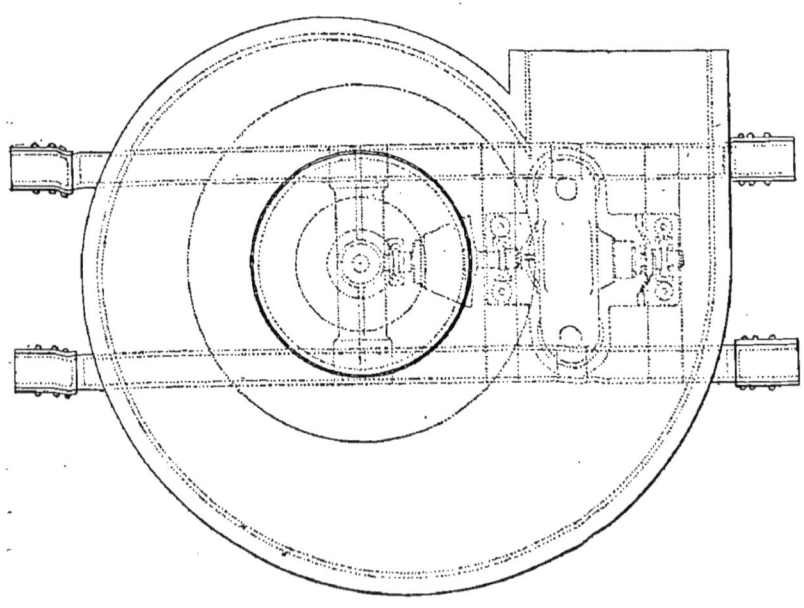

Fig. 195. — Ventilateur de refoulement. Plan; échelle $\frac{1}{20}$.

La première comprend les *monte-charges alternatifs* ; ce sont des *treuils* montant les projectiles dans une benne fixée à l'extrémité d'un câble enroulé sur un tambour mû par un électromoteur. Quand la charge de projectiles est parvenue en haut de sa course, le treuil est arrêté, la benne est déchargée ; elle redescend ensuite pour aller prendre une nouvelle charge.

La seconde classe des monte-charges comprend les *norias électriques*. Dans celles-ci, un moteur électrique tournant d'une manière continue fait monter régulièrement les divers éléments d'une chaîne de Galle sans fin portant de distance en distance des supports sur lesquels on place les projectiles à monter.

Nous allons donner un exemple de ces deux classes de monte-charges électriques en indiquant les dispositifs de manœuvre employés.

641. Monte-charges électriques alternatifs. — A bord des navires les monte-charges électriques alternatifs sont employés soit pour monter les escarbilles, d'où leur nom *d'escarbilleurs*, soit pour monter les munitions des canons à tir rapide et même de la grosse artillerie.

Le moteur électrique qui actionne le treuil est toujours excité en dérivation. Sa forme est variable ; cependant le plus souvent il est semblable au moteur des perceuses que nous avons représenté dans les figures 190 et 191, avec un seul électro-aimant inducteur.

Le moteur électrique est d'ailleurs construit de façon que l'angle de calage soit faible et puisse rester invariable quel que soit le courant pris par le moteur et le sens de la rotation.

642. — La transmission du mouvement de l'induit au tambour d'enroulement du câble se fait par trois systèmes principaux :

1° La transmission comprend un double train d'engrenages, ainsi que nous l'avons représenté schématiquement dans la figure 196.

Le pignon D, monté sur l'axe de l'induit I, commande la roue E. L'axe de cette dernière porte un second pignon F entraînant la roue G et le tambour U d'enroulement du câble.

Un frein automatique Mégy O est placé sur l'arbre intermédiaire, entre la roue E et le pignon F. Il empêche tout mouvement de la benne auquel ne participe pas le moteur électrique.

Pour diminuer le bruit désagréable des engrenages tournant très vite, on eut l'idée d'incruster de cuir le métal des dents, mais ce moyen resta insuffisant et l'on eut alors recours au second mode de transmission.

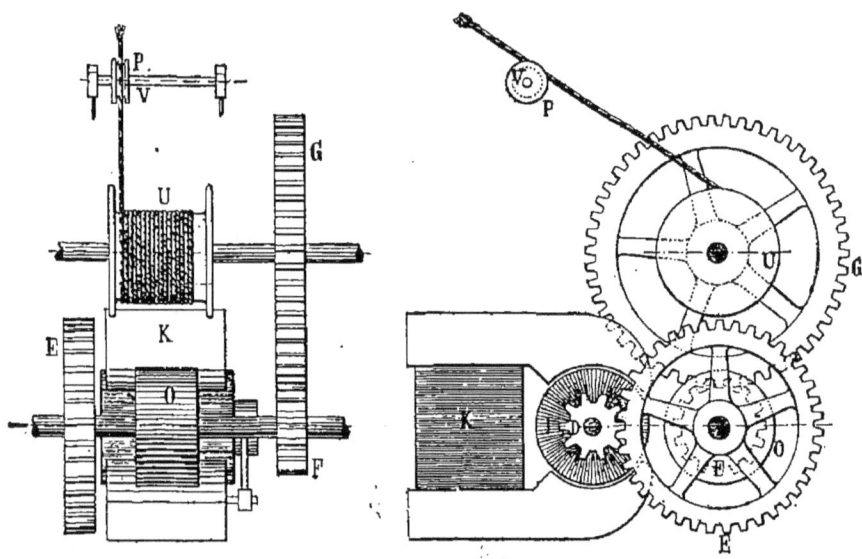

Fig. 196. — Treuil monte-charge électrique.
Disposition schématique des organes de transmission en élévation et profil.

2° Dans le second mode de transmission, le pignon D, calé sur l'arbre de l'induit, et la roue dentée E, avec laquelle il engrène, sont remplacés par un *galet et une roue de friction* ; cette dernière est en forme de tambour et le galet, en papier comprimé, appuie sur la partie interne de ce tambour ; un levier d'embrayage permet de donner la pression nécessaire ou d'écarter le galet de la roue de friction, par exemple pour la manœuvre à bras.

3° Afin de diminuer le nombre des engrenages, on a parfois recours à une vis sans fin montée sur l'axe de l'induit et entraînant une roue striée portée directement par l'axe du tambour d'enroulement du câble.

En outre de la simplification considérable apportée au treuil par la suppression de l'arbre intermédiaire, on peut aussi compter comme un avantage fort appréciable la suppression de tout frein, automatique ou non, si l'on a soin d'employer une vis *non reversible* qui tient lieu elle-même de frein. Actuellement presque tous les nouveaux treuils mis en service sont à vis. De plus cette vis, au lieu d'être cylindrique, épouse la forme de la roue striée ; on dit alors qu'on a un *treuil à vis globique*.

643. Remarque. — Le plus souvent les treuils sont disposés de manière à permettre commodément la manœuvre à bras, en cas d'avarie du moteur électrique. Cette manœuvre à bras est généralement obtenue au moyen de manivelles montées sur un arbre auxiliaire qui entraîne, au moyen d'un pignon et d'une chaîne de Galle, un autre pignon claveté sur l'arbre intermédiaire portant le frein Mégy, dans le cas de transmission par engrenages ou par roue de friction. Si le treuil est à vis, on peut entraîner au moyen de l'arbre auxiliaire l'axe de la vis et celle-ci sert de frein pendant la manœuvre à bras comme pendant la manœuvre électrique ; on peut aussi désembrayer la vis pendant la manœuvre à bras et entraîner au moyen de l'arbre auxiliaire et des manivelles l'axe du tambour d'enroulement du câble ; mais alors il faut un frein pour la manœuvre à bras, installé sur l'arbre des manivelles. Presque tous les treuils à vis globique nouveaux possèdent ce frein très simple et très robuste.

644. Dispositifs de manœuvre des monte-charges électriques alternatifs. — On fait usage, à bord des navires, pour la manœuvre des monte-charges électriques alternatifs servant à monter les munitions de l'artillerie, de trois systèmes différents :

1° Le système du *bloquage* ;
2° Le système du *déclenchement* ;
3° Le système *des relais*.

645. Système du bloquage. — Les appareils de manœuvre comprennent :

1° Un *interrupteur* mettant en communication la source électrique avec l'inducteur en dérivation et avec l'induit, l'interrupteur étant d'ailleurs disposé de manière que la communication avec l'induit ne puisse être établie que lorsque l'inducteur est déjà lui-même excité ;

2° Un *commutateur de manœuvre*, appelé aussi *rhéostat-inverseur*, permettant de changer le sens du courant dans l'induit et, par suite, le sens de la rotation (**538**) ; ce commutateur permet aussi d'introduire dans le circuit de l'induit une portion plus ou moins grande de la résistance d'un rhéostat, soit pour le démarrage (**363**), soit pour faire varier la vitesse (**364**) ;

3° Assez souvent un *ampèremètre*, intercalé dans le circuit de l'induit, et un *voltmètre* en dérivation entre les points d'aboutissement des conducteurs venant de la source.

La figure 197 montre les communications de l'électromoteur avec la source électrique, l'interrupteur et le rhéostat-inverseur. On voit que ce dernier comprend deux lames métalliques hémicylindriques E et E', reliées aux deux balais F et F' de l'électromoteur, et une série de plots de contact, disposés circulairement. Les uns sont reliés aux diverses sections d'un rhéostat R ; les autres sont isolés ou reliés entre eux et aux lames cylindriques E et E' comme le montre la figure 197. D'autre part, un levier L mobile autour de l'axe O porte à une extrémité un frotteur f' en charbon qui est en communication permanente avec le levier et son axe O ; un second frotteur f, également en charbon, est isolé du levier L.

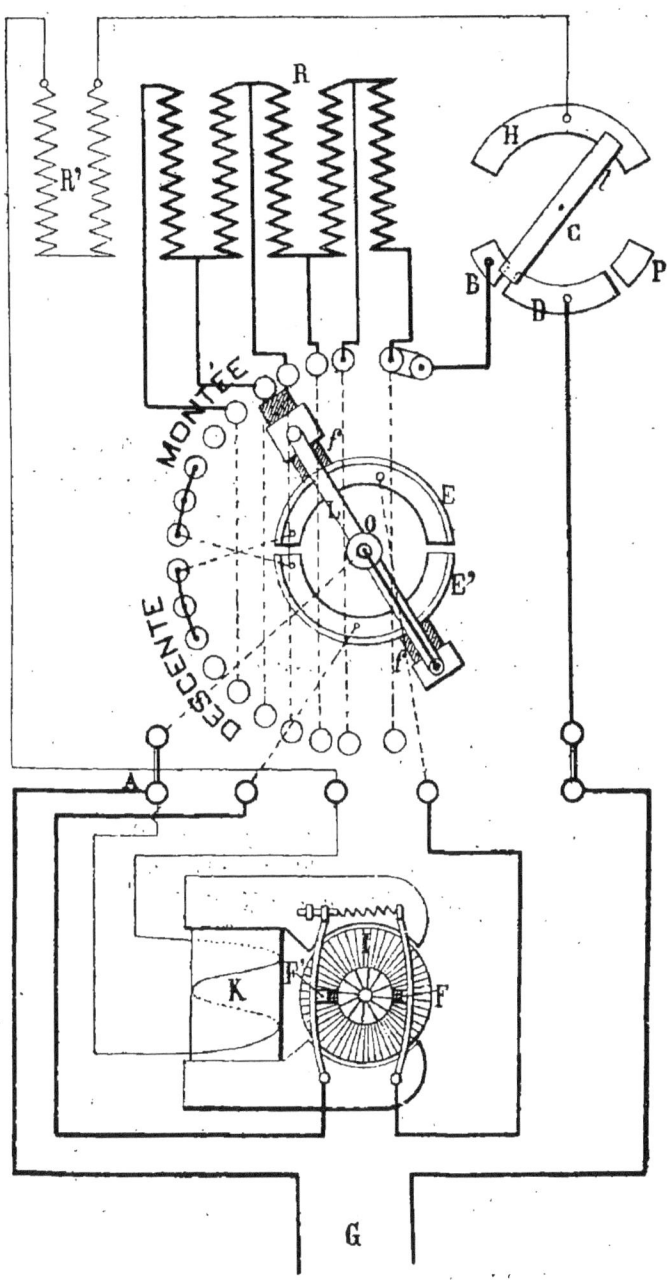

Fig. 197. — Commutateur de manœuvre et disposition des circuits d'un monte-charge électrique, *système du bloquage.*

Le frotteur f' établit la communication entre l'axe O et l'une ou l'autre des lames E et E', suivant la position du levier. Le frotteur f met en communication les plots avec les lames E ou E'.

La position de repos du levier L est horizontale pour la figure 197. Dans cette position, les frotteurs f et f' mettent en communication les lames E et E', c'est-à-dire mettent l'induit en court-circuit. En même temps, le courant de la génératrice ne passe plus dans cet induit.

L'interrupteur C comprend un secteur de contact D en communication avec un des conducteurs venant de la génératrice G. Un secteur de contact H est en relation avec une des extrémités de l'inducteur K ; un plot de contact B est relié à une extrémité de la résistance R ; enfin un plot P isolé constitue une touche de repos pour la lame de contact l de l'interrupteur. Cette dernière, mobile autour d'un axe, peut mettre en communication D avec H, puis aussi D avec B, la communication de D avec H persistant, comme le montre la figure. On ne peut ainsi mettre l'induit en communication avec la génératrice que si l'inducteur est tout d'abord excité (**363**).

D'ailleurs, le second conducteur venant de la génératrice G aboutit à une borne A à laquelle sont reliés également la seconde extrémité du fil inducteur K et l'axe O du rhéostat-inverseur.

646. — Les choses étant ainsi disposées et l'interrupteur C étant manœuvré de manière à établir la communication entre D et H, l'inducteur K est excité ; si on établit en outre la communication entre D et B, le courant dans l'induit reste néanmoins interrompu, puisque nous supposons le levier L du rhéostat-inverseur dans sa position de repos, horizontale ici.

Mais si on tourne le levier L du rhéostat-inverseur vers le haut, du côté de la montée (MONTÉE), on voit aisément que, grâce aux frotteurs f et f', le courant passe dans l'induit, d'abord avec interposition de la résistance entière R, ce qui permet le démarrage sans danger ; puis, si on continue à tourner le levier vers le haut, il ne reste plus dans le circuit qu'une fraction de plus en plus faible de la résistance R ; enfin on peut même supprimer entièrement du circuit de l'induit la résistance R. Le moteur tourne et le porte-charge monte ainsi d'autant plus vite qu'on écarte davantage le levier de sa position de repos et on peut ainsi régler la vitesse du monte-charge.

Si on ramène le levier L vers sa position de repos, le moteur tourne de moins en moins vite ; le courant est interrompu dans l'induit et ce dernier est mis en court-circuit, quand le levier est dans sa position de repos ; l'arrêt du moteur est alors instantané (**366**) ; le frein Mégy doit d'ailleurs empêcher le mouvement rétrograde du porte-charge après l'arrêt de l'électromoteur.

Si maintenant on tourne le levier vers le bas, du côté de la descente (DESCENTE), le courant est inversé dans l'induit ; la vitesse de descente du porte-charge est d'autant plus grande qu'en écartant davantage le levier de sa position de repos on intercale dans le circuit de l'induit une fraction plus faible de la résistance R.

647. — Soit qu'on ait manœuvré le levier du rhéostat-inverseur pour la montée ou pour la descente, il importe que l'arrêt du porte-charge se produise à un endroit précis de sa course. Au lieu de manœuvrer à la main le levier L pour obtenir cet arrêt, on rend cette manœuvre automatique de la manière suivante.

L'axe du levier L du rhéostat-inverseur (*fig. 197*) porte une roue dentée sur laquelle s'enroule une chaîne de Galle. Cette chaîne passe également sur une noix située dans la soute. D'autre part, une seconde chaîne de Galle passant dans le puits du monte-charge relie la noix de la soute et une autre placée en haut dans la batterie. On peut, au moyen de leviers ou de volants de manœuvre, faire tourner les noix de la soute ou de la batterie et par conséquent manœuvrer le levier du rhéostat-inverseur, soit d'en bas, soit d'en haut.

On peut ainsi, le porte-charge étant dans la soute, mettre en marche le moteur pour la montée et régler, si l'on veut, la vitesse en se guidant sur des repères placés sur un cadran. Arrivé en un point de sa course préalablement déterminé par expérience, le porte-charge rencontre un butoir fixé à la chaîne de Galle qui passe dans le puits et entraîne cette dernière. Le rhéostat-inverseur est ainsi manœuvré automatiquement en sens inverse de la manœuvre primitivement faite à la main de la soute.

La résistance introduite dans le circuit de l'induit est ainsi augmentée progressivement ; la vitesse de montée diminue jusqu'à ce que l'intensité du courant passant dans l'induit ait été assez réduite pour que le moteur ne tourne plus et n'ait seulement qu'une tendance à tourner. Le porte-charge est ainsi *bloqué* en haut de sa course, sans pouvoir redescendre de lui-même, tant à cause du frein Mégy que de la tendance de l'induit à continuer le mouvement de montée. L'intensité passant dans l'induit est appelée *intensité de bloquage*. Bien entendu, on a choisi la position du butoir sur la chaîne de Galle de façon que le porte-charge soit arrêté à la hauteur où il doit être pour qu'on puisse facilement enlever les cartouches qu'il porte et les faire passer, par exemple, sur le rail qui doit les conduire aux canons.

Lors de la descente, les choses se passent de même façon, sauf que le levier du rhéostat-inverseur est alors généralement ramené dans la position de repos, ou d'arrêt, pour le moteur.

648. Système du déclenchement. — Dans le *système du déclenchement*, on met en marche le moteur électrique du treuil, soit pour la montée, soit pour la descente, au moyen d'un commutateur de manœuvre analogue à celui employé dans le système du bloquage.

Mais ici le commutateur de manœuvre est placé sur le treuil lui-même.

Lorsqu'on a amené le levier de manœuvre, à la main, dans la position correspondant à la *montée* ou à la *descente*, il reste *enclenché* dans cette position, grâce à un *levier enclencheur* placé sur le commutateur.

De plus le levier de manœuvre abandonné à lui-même et libéré de son enclenchement revient brusquement à la position de repos, grâce à un ressort puissant monté sur son axe.

Lorsqu'on a déplacé le levier de manœuvre pour la montée, par exemple, et qu'il a été enclenché dans cette position, le moteur électrique se met en marche et la charge monte.

En même temps, par l'intermédiaire de pignons dentés, d'une chaîne de Galle et d'une vis sans fin, une roue dentée, placée près du commutateur de manœuvre, se met à tourner. Or cette roue porte un *toc* qui vient, après un certain déplacement de la roue dentée, appuyer sur l'extrémité du *levier enclencheur*, fait basculer celui-ci et rend libre le levier de manœuvre ; ce dernier revient à sa position de repos, interrompant le courant dans l'induit et même mettant l'induit en court-circuit, ce qui provoque l'arrêt instantané du treuil.

Pour obtenir l'arrêt à une hauteur convenable pour le service du monte-charge, on règle la position du toc sur la roue dentée.

Pour la descente, les choses se passent de même, grâce à un second levier enclencheur et à un second toc porté par la roue dentée mise en mouvement par le treuil.

649. Système des relais. — Le système des relais appliqué à la manœuvre des monte-charges électriques est très répandu dans la marine. Dans ce système, ce n'est plus au moyen d'un commutateur manœuvré directement à la main qu'on effectue les diverses opérations nécessaires à la manœuvre. La fermeture du circuit de l'induit, l'inversion du courant, l'introduction de résistances dans le circuit, pour le démarrage ou la réduction de vitesse, s'opèrent au moyen de trois électro-aimants disposés sur une même table, dite *tableau des relais*.

Lorsque la bobine d'un de ces électro-aimants est traversée par un courant, une armature de fer mobile est attirée malgré l'effort antagoniste d'un ressort. L'effet de cette attraction est d'appliquer fortement un pont, porté par l'extrémité du levier de l'armature et isolé de ce dernier, contre deux plots de contact. Ce pont est formé de plusieurs lames de laiton superposées d'où résulte une certaine élasticité favorable pour obtenir un bon contact. Pour éviter l'effet destructif des étincelles sur les contacts métalliques, les ponts portent latéralement des contacts auxiliaires en *charbon* qui viennent, lorsque les ponts sont abaissés, porter sur des contacts également en charbon. Ces contacts entre les charbons sont disposés, grâce à une certaine élasticité due à des ressorts, de manière qu'ils se produisent avant que les contacts principaux métalliques soient établis. Lorsque les ponts se relèvent, au contraire, les contacts métalliques se rompent les premiers et la rupture définitive du courant se fait entre les contacts en charbon ; ce sont eux qui supportent l'effet des étincelles ; celles-ci sont moins fortes et d'ailleurs ces charbons, même s'ils s'abîment, peuvent être aisément remplacés. Ces contacts auxiliaires en charbon portent le nom de *pare-étincelles*. Cette disposition est générale pour tous les relais.

C'est en lançant le courant dans les électro-aimants relais qu'on leur permettra d'attirer leurs armatures et d'établir les contacts nécessaires. Il faudra donc *commander* ces relais par des commutateurs manœuvrés à la main.

650. — La figure 198 représente schématiquement l'une des dispositions les plus fréquemment employées.

On voit, à gauche, en haut, le tableau des relais portant les trois électro-aimants D, E, F et la résistance G. Les ponts portés par l'armature des relais sont représentés par des bandes hachurées, sous lesquelles on voit les plots métalliques formant les contacts principaux ainsi que les contacts en charbon pare-étincelles.

Des trois électro-aimants, l'un D est le *relais de montée*, l'autre, E, le *relais de descente* et le troisième, F, le *relais de résistance*. Les deux premiers portent deux ponts principaux ; on dit qu'ils sont *doubles* ; en outre, on voit, à l'extrémité du levier de l'armature opposée aux ponts principaux, un pont ff' qui est abaissé lorsque, l'armature n'étant pas attirée, les ponts principaux sont relevés. Ces ponts ff' auxiliaires servent à mettre l'induit du moteur en court-circuit, pour l'arrêt instantané.

L'ensemble des deux relais D et E remplace un inverseur de courant dans l'induit du moteur.

On a représenté par des gros fils les communications des plots de contact des relais avec la source électrique S, avec intercalation d'un *interrupteur général* H. Les balais de l'induit I du moteur électrique sont également reliés par deux gros fils au tableau des relais, ainsi qu'il est indiqué dans la figure 198. L'inducteur e du moteur est excité en dérivation par un branchement direct sur les conducteurs venant de la source.

Les appareils de commande des relais comprennent :

Deux *commutateurs de commande* A et A' placés en haut et en bas du puits du monte-charges ; on les appelle aussi : *commutateurs d'arrêt automatique et de mise en marche* ;

Un *commutateur de secours* B, permettant de suppléer les commutateurs de commande ;

Un *commutateur automatique de démarrage et de ralentissement avant l'arrêt* C ; il est complété par le *commutateur de sécurité* C'.

651. — Lorsque les commutateurs de commande A et A' sont tous deux dans la position d'*arrêt,* le circuit des électro-aimants de montée D ou de descente E est rompu et le moteur est en court-circuit par les ponts auxiliaires ff'. Pour mettre en marche le moteur à la *montée,* il faut mettre, à la main, les leviers des *deux commutateurs de commande en haut et en bas* dans la position de *montée*. Alors, le circuit de l'électro-aimant D est complet, et il communique par ses deux extrémités avec les conducteurs positif et négatif venant de la source. Cet électro-aimant, étant actionné, attire son armature et établit par les ponts doubles les communications de la source S avec l'induit, de manière à faire tourner le treuil pour la montée.

Lorsque la benne arrive à bout de course, en haut, une came qu'elle porte rencontre l'extrémité d'un levier claveté sur l'axe du commutateur de commande et ramène ce dernier dans la position d'*arrêt*; le circuit de l'électro-aimant D est alors interrompu, son armature se relève sous l'influence du ressort antagoniste et le courant cesse de passer dans l'induit du moteur; cet induit est mis de plus en court-circuit; le treuil s'arrête instantanément. Un réglage de la came portée par la benne permet de produire l'arrêt de cette benne à la hauteur convenable.

Les choses se passent de même à la descente. On voit qu'il est nécessaire de mettre à la fin les leviers de manœuvre, tous deux sur *montée*, ou sur *descente*; cette disposition a pour but d'empêcher, par exemple, la mise en marche du monte-charges par le poste inférieur lorsque le poste supérieur n'est pas prêt pour recevoir la benne, ou ne veut pas recevoir de munitions.

En cas d'avarie dans les commutateurs de commande situés en haut et en bas, le *commutateur de secours* B (*fig. 198*) permet également de fermer le circuit de l'électro-aimant de montée D, ou de celui de descente E, ainsi que le montrent les communications établies.

652. — La résistance G est introduite ou supprimée automatiquement du circuit, par le commutateur C *de démarrage et de ralentissement avant l'arrêt*, complété par *l'interrupteur automatique de sécurité* C', placés sur le treuil même.

Le commutateur C consiste en un plateau denté entraîné par une vis sans fin V dont le mouvement est commandé par le treuil. Sur ce plateau sont fixés deux bras r et r'; ces bras, entraînés dans le mouvement de rotation du plateau, portent chacun un frotteur élastique qui appuie, l'un sur une circulaire interne h, l'autre sur une circulaire externe h'. Ces cir-

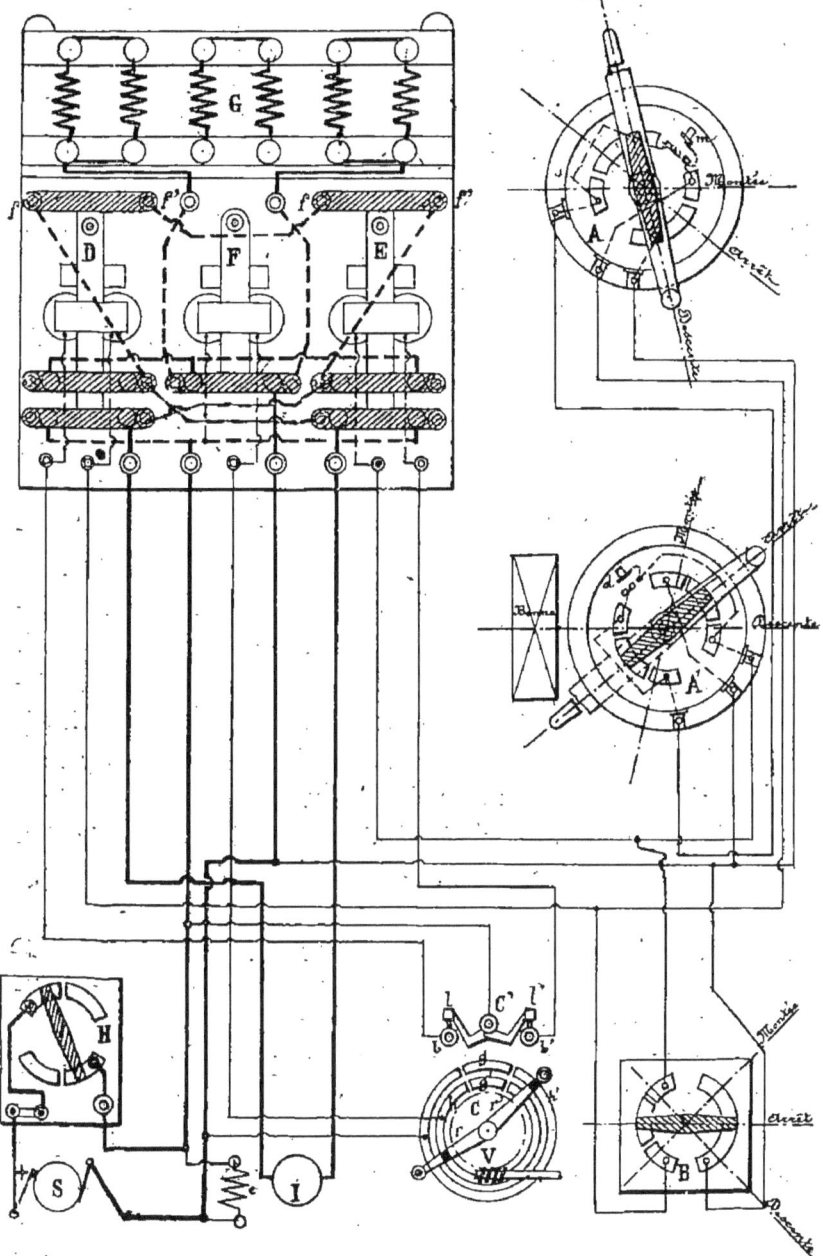

Fig. 198. — Système des relais pour la commande des monte-charges électriques. Connexions des appareils.

LÉGENDE

A, A'. — Commutateurs d'arrêt automatique et de mise en marche, haut et bas.
B. — Commutateur de secours.
C. — Commutat. automat. de démarrage et de ralentissement avant l'arrêt.
C'. — Interrupteur automatique de sécurité.
D. — Relai de montée.
E. — Relai de descente.
F. — Relai de la résistance G.
G. — Résistance de démarrage.
H. — Interrupteur général.
I. — Induit du moteur.
c. — Inducteur du moteur.
S. — Génératrice.

culaires immobiles sont interrompues en g et g'. Lorsque les bras r et r' portent sur h et h', le circuit de l'électro-aimant F est fermé. Il attire alors son armature et appuie son pont sur ses plots. Comme les extrémités de la résistance G sont reliées aux plots, cette résistance n'est plus dans le circuit du moteur électrique. La résistance G est, au contraire, dans le circuit et la vitesse réduite, lorsque l'un des bras r ou r' appuie sur la partie isolée g ou g'. La position relative des deux bras est réglée de telle sorte que la résistance soit dans le circuit au démarrage, soit ensuite supprimée, puis remise dans le circuit un peu avant la fin de la course de la benne, en haut et en bas. Il se produit ainsi un ralentissement avant l'arrêt définitif, ce qui rend cette dernière manœuvre plus précise.

L'interrupteur de sécurité C' comprend deux leviers à ressort l et l' appuyant en temps normal sur des contacts b et b'. Ces leviers constituent des interrupteurs intercalés sur le circuit des électro-aimants de *montée* D, ou de *descente* E. Si, par suite du mauvais fonctionnement des commutateurs A et A' placés en haut et en bas, l'arrêt du treuil ne se produisait pas, l'un des bras r ou r' viendrait rompre la communication entre l et b ou l' et r', provoquant ainsi l'arrêt.

653. Monte-charges continus ou norias électriques.

— L'idée de l'emploi des norias électriques pour l'alimentation en projectiles des canons à tir rapide est séduisante, *à priori*. Une ou deux chaînes de Galle entraînées par des noix, mises en mouvement elles-mêmes par un moteur électrique, montent, *d'une manière continue,* des cartouches placées isolément dans des godets distribués le long de la chaîne, ou par paquets dans des caisses soutenues par des taquets convenablement disposés. Le mouvement de l'électromoteur est toujours de même sens, tant qu'on alimente l'artillerie. Le mouvement ne doit être inversé que si l'on veut, non plus monter les cartouches, mais les embarquer et les descendre dans la soute. Pendant toute la durée d'un combat, il n'est donc point nécessaire de manœuvrer le moteur électrique;

APPAREILS COMMANDÉS PAR DES MOTEURS ÉLECTRIQUES. 437.

tout au plus doit-on, de temps en temps, stopper et remettre en marche, si l'on ne veut faire tourner le moteur que pen-

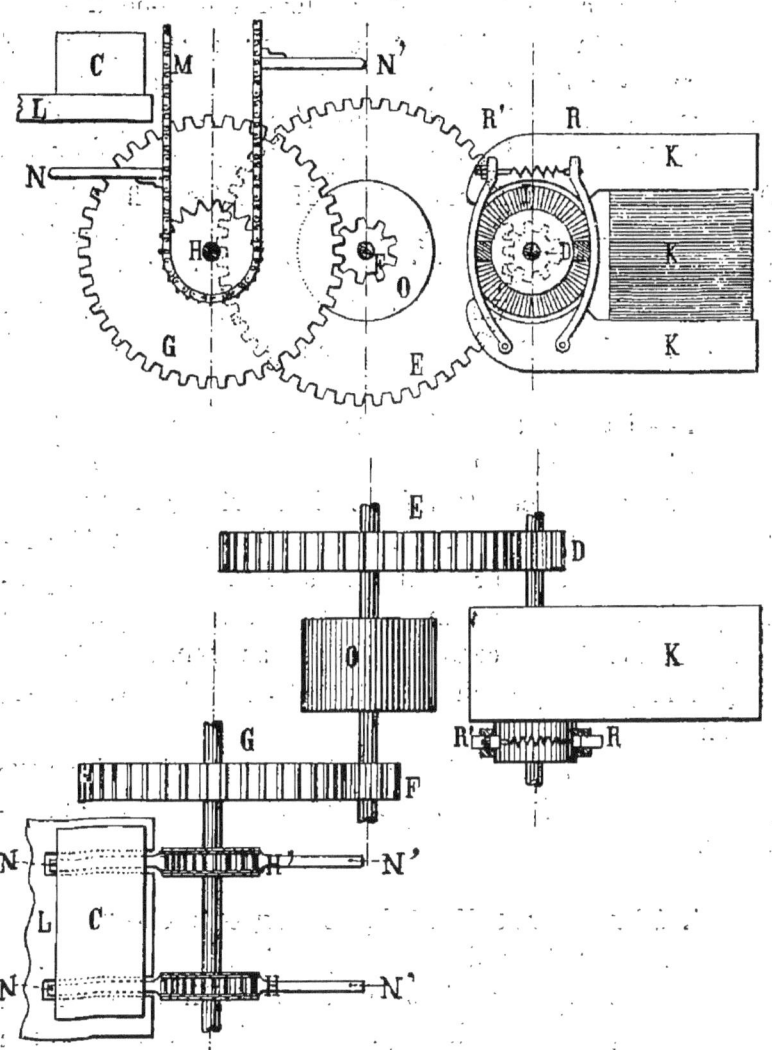

Fig. 199. — Disposition schématique des organes de transmission d'une noria électrique pour canons à tir rapide. Élévation et plan.

dant les périodes de fonctionnement effectif de la noria en charge.

Dans la figure 199, nous avons représenté schématiquement la transmission du mouvement de l'induit I d'un électromoteur aux chaînes de Galle sans fin M et M'. Le pignon D monté sur l'arbre de l'induit commande la roue E, calée sur un arbre intermédiaire et portant un second pignon F engrenant avec une roue G. Celle-ci est montée sur un arbre qui porte également les noix H et H' sur lesquelles passent les deux chaînes de Galle. Comme précédemment, le tambour O représente un frein automatique Mégy. On a figuré en L une planche, ou *distributeur,* sur laquelle reposent les caisses de cartouches C destinées à être enlevées successivement par les taquets N et N' fixés aux chaînes, ou les cartouches isolées pouvant être prises par des crochets.

654. — La manœuvre de l'électromoteur d'une noria se fait à l'aide d'un commutateur de manœuvre analogue à celui que nous avons décrit (*fig. 197*). En service courant, pour monter les cartouches, on fait tourner le moteur uniformément et d'une manière continue dans le même sens. Cependant, le commutateur comprend un inverseur, afin qu'on puisse, au besoin, descendre les cartouches dans la soute pour les y emmagasiner, en changeant à cette occasion le sens de la marche du moteur.

Généralement, les norias électriques sont disposées pour permettre au besoin la manœuvre à bras au moyen de manivelles.

655. Manœuvre électrique des tourelles. — La manœuvre électrique des canons, qui est actuellement la règle pour les grands navires de guerre en achèvement ou en construction, se fait par deux systèmes entièrement différents : le *système de la cartouche électrique* et le *système des relais*. Nous ne pouvons entrer dans le détail de cette application si importante, pour l'étude de laquelle un volume spécial suffirait à peine. Nous dirons seulement que, dans les deux systèmes, le mouvement est donné à la tourelle par un ou deux moteurs électriques placés à la base du fût de cette tourelle, sous le pont cuirassé, grâce à une chaîne de Galle embrassant un tambour fixé au fût, ou par l'intermédiaire d'une vis sans fin agissant sur une roue dentée remplaçant le tambour.

Dans le système de la cartouche électrique, le moteur électrique est manœuvré au moyen d'un inverseur-rhéostat de construction particulière placé dans la tourelle même et qui, à cause de son enveloppe cylindrique de laiton, a reçu le nom de *cartouche électrique*. Les gros conducteurs amenant de la source électrique le courant au moteur doivent donc monter dans la tourelle et en redescendre.

Dans le système des relais, ce sont des électro-aimants, analogues à ceux servant pour les monte-charges et placés près des moteurs sous le pont cuirassé, qui établissent, lorsqu'ils sont excités, les communications nécessaires pour la manœuvre. Dans la tourelle se trouve un commutateur de commande permettant de lancer le courant dans les électro-aimants, de façon à actionner celui qui établit les communications pour la rotation de la tourelle vers la droite, ou celui qui fait tourner vers la gauche, ou enfin les électro-aimants qui permettent de supprimer une fraction ou la totalité d'un rhéostat, intercalé dans le circuit du moteur, afin de modifier la vitesse de rotation. Cette manœuvre par relais est tout à fait analogue à celle des monte-charges.

Dans la tourelle ne pénètrent que des fils fins traversés par le faible courant excitant les électro-aimants.

TROISIÈME PARTIE

CONDUITE, ENTRETIEN, AVARIES ET ÉPREUVES DES APPAREILS DE PRODUCTION ET D'UTILISATION DES COURANTS ÉLECTRIQUES

CHAPITRE PREMIER

PILES ÉLECTRIQUES

656. Montage et entretien d'un élément à eau de mer. — Le montage d'un élément à eau de mer (**443**) consiste uniquement à remplir à moitié d'eau de mer le vase en verre dans lequel on place les lames polaires.

L'entretien n'exige que le renouvellement de l'eau de mer, si l'élément reste monté pendant longtemps, et l'essuyage du couvercle en bois, s'il vient à être mouillé.

Lorsque l'élément n'est pas employé, on vide le liquide, on assèche les lames polaires et le vase en verre et on réamalgame le zinc, s'il y a lieu, comme il sera indiqué plus loin (**676**).

657. Montage et entretien d'une pile vigilante. — La pile vigilante de la marine comprend 30 éléments associés en tension et disposés par 5, dans 6 boîtes (**457**). Les éléments d'une même boîte sont réunis entre eux par des lames de laiton ; les boîtes sont mises en tension au moyen de rubans de fil de cuivre.

658. — Préparation de la solution de sel marin. — Mettre à dissoudre dans de l'eau ordinaire du sel marin ordinaire à raison de 250 g par litre d'eau.

La dissolution opérée, la filtrer à travers une étamine.

Pour charger 5 éléments de la pile vigilante, il faut 5,8 litres de solution saturée de sel marin.

659. — Préparation de la solution acidulée de bichromate de potasse. — Opérer dans de grands vases en grès, en y mettant d'abord 200 g de cristaux de bichromate de potasse par litre d'eau et, par-dessus, l'eau bouillante. Agiter quelque temps, puis laisser l'eau au contact des cristaux pendant 24 heures.

Décanter la solution; s'il reste au fond des cristaux non dissous, les laver et les remettre dans la liqueur décantée. Mesurer, avec un vase gradué, le nombre de litres de solution bichromatée ainsi préparée.

Verser alors dans la solution bichromatée, toujours placée dans un vase en grès, autant de fois 130 cm^3 d'acide sulfurique à 66° Baumé qu'on a trouvé de litres de solution.

Verser l'acide très lentement, presque goutte à goutte, et en agitant continuellement, pour éviter un trop grand échauffement. Il est bon de s'arrêter de temps en temps pour laisser refroidir le mélange; il est également avantageux, dans le même but, de placer le vase où se fait le mélange dans une baille pleine d'eau froide.

Laisser refroidir le mélange effectué et mettre en bouteilles.

La solution acidulée ne doit pas être préparée plus de 2 ou 3 semaines avant de s'en servir.

Il faut environ 2 litres de solution pour charger 5 éléments de la pile vigilante.

660. — Préparation de la pile. — Les éléments sont supposés en bon état et avoir été entretenus comme il sera indiqué.

Les vases poreux sont mis à la trempe, dans l'eau douce, puis dans l'eau salée, pendant 24 heures au moins.

Les éléments sont alors montés et placés dans leurs boîtes. On relie en tension soit les éléments d'une même boîte, soit les boîtes entre elles. La pile est d'ailleurs placée, autant que possible, à l'endroit qu'elle doit occuper.

Verser dans les vases poreux la solution acidulée de bichromate jusqu'à 2 ou 3 cm des bords. Il est bon d'ajouter quelques cristaux de bichromate au fond des vases.

Verser dans les vases en grès la solution saturée de sel marin jusqu'à 2 ou 3 cm du bord.

Faire l'épreuve de la pile (**680**).

661. — Entretien. — La pile de 30 éléments étant montée, si on veut la maintenir en bon état pendant longtemps, en circuit ouvert, on retire tous les jours une des boîtes et on la remplace par la boîte supplémentaire que l'on a montée à neuf, de sorte qu'au bout de 5 jours la pile entière est remplacée. Pour faciliter cette opération, chaque boîte porte le nom du jour de la semaine où elle doit être remplacée.

En dehors de ce remplacement périodique d'une boîte de la pile, on veillera à ce que les liaisons entre les éléments d'une boîte, ou entre les diverses boîtes, soient toujours bien assurées et on nettoiera les contacts à cet effet, s'il y a lieu.

Quant aux éléments de la boîte remplacée, ils sont démontés ; les zincs, les charbons et les vases poreux sont lavés à l'eau chaude s'il est possible ; les charbons et les vases poreux sont aussi brossés pour les débarrasser des sels qui ont pu s'y déposer, les vases poreux sont ensuite mis à la trempe dans l'eau. Pendant ce temps, on nettoie les pinces et les lames de contact.

Les éléments ainsi traités peuvent être rechargés au bout de 24 heures.

Lorsque la pile entière cesse d'être utile, on fait subir à ses éléments le traitement qui vient d'être indiqué et on conserve à l'état sec les diverses pièces jusqu'au moment où l'on s'en sert de nouveau.

662. Montage d'une pile Leclanché. — Les piles Leclanché (**458**) sont toujours composées d'éléments associés en tension, au moins pour le service de la marine. Nous avons dit d'ailleurs que le nombre d'éléments est variable suivant l'usage de la pile, de 2 à 8. La jonction des éléments entre eux se fait soit au moyen de lames de cuivre préparées à l'avance et faisant partie de la pile, soit au moyen de fils soudés aux lames polaires et en particulier aux zincs des éléments télégraphiques.

663. — Chargement et entretien d'une pile Leclanché. — Les éléments de la pile étant supposés en bon état et tout montés, il suffit, pour les charger, d'y verser, un peu plus haut que le bord supérieur du zinc, une dissolution de chlorhydrate d'ammoniaque pur.

Pour préparer cette dissolution, on fait dissoudre 250 g de chlorhydrate d'ammoniaque par litre d'eau, à froid.

Pour charger une pile de bord de 8 éléments, il faut environ 2,5 litres de solution.

Il ne faut jamais mettre dans l'élément le chlorhydrate en poudre et verser l'eau par-dessus ; la dissolution doit toujours être faite à l'avance.

La pile étant chargée et les éléments étant associés, on en fera l'épreuve.

664. — Vérification du sel ammoniac employé pour le chargement des éléments Leclanché. — Il importe que le chlorhydrate d'ammoniaque employé soit pur, si on veut que les éléments puissent rester chargés pendant longtemps, sans usure trop grande du zinc.

En particulier, il faut qu'il ne renferme ni matières insolubles, ni fer, ni plomb.

Les impuretés insolubles se reconnaîtront en faisant dissoudre quelques grammes de sel ammoniac dans l'eau distillée. Si le sel est bon, le résidu insoluble doit être absolument insignifiant.

Pour reconnaître la présence du fer ou du plomb, on placera dans une dissolution du sel un crayon de zinc. Si le sel ammoniac contient du plomb, il se formera sur le zinc un dépôt noir spongieux; si le sel contient du fer, un dépôt ocreux se formera au fond du vase contenant la solution. Dans les deux cas, le sel doit être rejeté.

665. — ENTRETIEN. — Pour entretenir montée une pile Leclanché chargée comme il vient d'être dit, il suffit d'y renouveler l'eau, au fur et à mesure qu'elle s'évapore; il faut aussi assécher la surface extérieure des éléments si elle vient à se mouiller.

666. — Lorsque l'évaporation est rapide, ou lorsque la pile est employée à un service un peu actif, des dépôts de sel se forment souvent sur les lames polaires et, lorsque l'élément est ouvert, peuvent même gagner peu à peu jusqu'aux extrémités de ces lames situées hors du liquide. Ces sels, dits *sels grimpants*, peuvent à la longue établir une communication directe entre les lames polaires et fermer par suite le circuit des éléments, bien qu'aucun *circuit extérieur utile* ne soit relié aux pôles de la pile; il en résulterait une usure continue et rapide. Il faut donc débarrasser avec soin les éléments de ces sels, s'il s'en forme.

667. — Quelquefois aussi des dépôts de sel se forment dans l'intérieur du liquide, bien que la quantité de liquide soit normale. Cela indique ou que la pile a beaucoup travaillé, ou que le sel ammoniac n'est pas pur et attaque le zinc en circuit ouvert. Il sera prudent de faire alors l'épreuve de la pile ou des éléments qui présentent cette anomalie (**680**) et de remplacer ou recharger ces éléments s'ils sont usés (**685**). D'ailleurs, l'épreuve d'une pile Leclanché doit se faire périodiquement pendant toute la durée de son service.

668. — Lorsqu'une pile ou des éléments doivent être rechargés, ou conservés sans être remontés, il faut démonter complètement les éléments; remplacer les zincs troués ou trop rongés par des zincs neufs; laver à l'eau chaude, frotter et gratter au besoin les zincs en bon état, et les amalgamer, s'il y a lieu; laver à grande eau les agglomérés et brosser leur face interne; laver à l'eau chaude, brosser, gratter et sécher les charbons.

Ces opérations terminées, remonter les éléments en assujettissant bien les agglomérés sur le charbon, au moyen de ligatures en fil à voile et de bracelets en caoutchouc en bon état; s'assurer qu'il n'existe aucun contact entre le zinc et les agglomérés.

Faire l'épreuve des éléments (**680**) en remplissant leur vase en verre, préalablement lavé, d'une dissolution d'essai préparée comme la dissolution de chargement (**663**). Laver et laisser égoutter les éléments qui ont donné de bons résultats (**681**). Changer les agglomérés ou le charbon de ceux qui donnent des résultats insuffisants et recommencer l'épreuve.

669. Chargement et entretien d'une pile Leclanché à l'agar-agar. — L'emploi de l'agar-agar, ou gélatine végétale, pour charger les piles Leclanché, a pour but d'immobiliser la dissolution de chlorhydrate d'ammoniaque, de façon à rendre le transport plus facile. Voici comment doit se faire ce chargement.

670. — Ustensiles nécessaires. — Pour une pile fermée par des couvercles, il faut avoir :

1° Une casserole en fer battu émaillée de 3 à 4 litres ;

2° Une casserole ou un récipient quelconque permettant de mettre au bain-marie la casserole émaillée ;

3° Un entonnoir en verre à tubulure longue et étroite, pouvant pénétrer dans le trou pratiqué dans le couvercle des éléments ;

4° Une cuiller à pot, en bois, à bec ;

5° Une spatule en bois.

671. — Matières a employer. — Pour une pile de 8 éléments du modèle de la pile d'inflammation de bord, il faut :

1° Eau	2 800 grammes.
2° Chlorhydrate d'ammoniaque pur . .	600 —
3° Agar-agar	50 —
4° Dissolution de chlorhydrate d'ammoniaque dite *d'essai,* contenant 250 g de chlorhydrate par litre	2,5 litres.

672. — Préparation du chargement. — 1° Pulvériser finement les 600 g de chlorhydrate d'ammoniaque.

2° Verser dans la casserole émaillée les 2 800 g d'eau et y mettre à tremper, quelques heures avant le chargement de la pile, si on a le temps, les 50 g d'agar-agar coupés en petits morceaux.

3° Les éléments de la pile sont supposés en bon état. Une heure environ avant le chargement, séparer les éléments et les aligner le long d'une table.

Ouvrir les éléments en plaçant à côté de chacun d'eux les écrous de fermeture ; verser dans les vases en verre la dissolution d'essai jusqu'à moitié environ ; remettre en place les couvercles avec les lames polaires, mais sans les assujettir par leurs écrous, de manière à faire tremper le zinc, les agglomérés et le charbon pendant 10 minutes environ ; s'assurer pendant ce trempage, en mesurant, au moyen d'un ampèremètre comme nous l'avons indiqué (**237**), l'intensité en court-circuit, que les éléments sont dans de bonnes conditions ; l'intensité en court-circuit, pour les éléments d'une pile d'inflammation à zinc de grande surface, doit être au moins de 3 ampères ; pour les éléments à crayon de zinc, on doit trouver au moins 1 ampère ; vider les vases, remettre les couvercles et les lames polaires en place et laisser égoutter pendant une demi-heure environ ; vider alors définitivement les vases, retirer de leurs trous les bouchons des couvercles et refermer les éléments vides en assurant complètement et définitivement la fermeture au moyen des écrous, les trous des bouchons restant toujours ouverts.

673. — Chargement. — 1° Placer sur un feu vif la casserole émaillée contenant l'eau et l'agar-agar mis à la trempe. Remuer continuellement avec la spatule en bois, jusqu'à ce que l'ébullition ait amené la dissolution complète de l'agar-agar.

2° Retirer alors la casserole du feu et la placer dans le bain-marie ; y verser peu à peu, en mélangeant bien avec la spatule, les 500 g de chlorhydrate d'ammoniaque pulvérisé.

3° Verser la dissolution dans les éléments jusqu'au-dessus du bord supérieur du cylindre de zinc, ou jusqu'aux 3/4 de la hauteur du vase dans le cas de crayons de zinc, par le trou du couvercle, au moyen de l'entonnoir en verre ; remettre la casserole au bain-marie, si le refroidissement rend la dissolution trop épaisse ; fermer les trous au moyen de bouchons ; laisser refroidir.

4° Mesurer de nouveau, au moyen de l'ampèremètre, l'intensité en court-circuit pour chaque élément.

674. — Montage de la pile. — Mettre les éléments dans leur boîte, les associer en tension, en établissant soigneusement entre eux les liaisons nécessaires et faire l'épreuve de la pile au moyen du voltmètre et de l'ampèremètre.

675. — Entretien. — Si la pile a été bien chargée, il se forme peu à peu au-dessus de la gelée solide d'agar-agar une légère couche de liquide. On retirera ce liquide de temps en temps, par le trou du bouchon, au moyen d'une pipette, d'un tube de verre ou de caoutchouc, d'une paille.

La gelée doit rester claire et transparente ; si, dans un élément, il se produit en certains points des accumulations de cristaux blanchâtres, menaçant de mettre en communication le zinc avec les agglomérés, il faut éprouver cet élément à l'ampèremètre et recharger l'élément aussitôt qu'il aura beaucoup faibli, sans attendre son usure complète.

Pour décharger un élément chargé à l'agar-agar, il faut, après avoir enlevé les écrous du couvercle, essayer de retirer ce dernier en opérant de légères tractions successives. Si l'opération présente quelque difficulté, en raison de l'adhérence des lames polaires au vase provoquée par la formation de dépôts solides, on versera dans l'élément de l'eau chaude, par le trou du couvercle. Pour débarrasser la lame de zinc et les agglomérés des matières adhérentes, l'eau chaude sera encore d'un grand secours.

676. Procédés d'amalgamation du zinc. — Décaper d'abord le zinc en le trempant dans de l'eau acidulée avec 10 à 12 p. 100 de son volume d'acide sulfurique, puis l'essuyer avec soin.

677. — Premier procédé. — Dissoudre 20 g de mercure pur dans 100 g d'eau régale (acide azotique 20 g et acide chlorhydrique 75 g); ajouter à cette solution 100 g d'acide chlorhydrique; arroser le zinc avec ce liquide et frotter avec un chiffon pour enlever l'excès d'acide; passer un linge mouillé, essuyer avec un linge sec et propre.

678. — Second procédé. — Verser du mercure dans un vase assez grand pour contenir le zinc, jusqu'à une hauteur suffisante. Verser par-dessus le mercure de l'eau acidulée par 10 à 12 p. 100 de son volume d'acide sulfurique; plonger le zinc dans le mercure et l'y rouler quelques instants; retirer le zinc et le frotter avec un chiffon sec et propre.

Ce procédé ne convient que pour les zincs de faibles dimensions.

Un zinc bien amalgamé a toute sa surface brillante et d'une couleur rappelant celle de l'argent.

679. Précautions et soins généraux à prendre pour l'usage des diverses piles. — Au moment du montage et de temps en temps, pendant que la pile reste montée, nettoyer les contacts établissant les liaisons des éléments entre eux ou avec le circuit extérieur. Assurer ces contacts par un serrage des écrous suffisant mais non exagéré. Veiller à ce que les lames, fils, rubans qui servent à établir les liaisons ne soient en communication qu'avec les points qu'ils doivent réunir.

Éviter de déverser les liquides hors de leurs vases, de mouiller les pôles, les couvercles, ainsi que les supports sur lesquels reposent les éléments ; essuyer ces parties s'il est nécessaire.

Éviter de fermer inutilement les circuits ou de prolonger outre mesure les fermetures, surtout pour les piles du type Leclanché.

680. Épreuves des piles. — Les épreuves des piles se font aisément en mesurant leur force électromotrice (**236**) et leur résistance intérieure (**237**), cette dernière mesure se faisant en déterminant l'intensité maximum que peut donner la pile en court-circuit. On compare ensuite les nombres obtenus à ceux qu'on doit avoir étant donnés le type des éléments de la pile, leur nombre et leur mode d'association.

On mesure la force électromotrice en reliant les bornes d'un voltmètre aux deux pôles de la pile (*fig. 64*) et lisant l'indication du voltmètre qu'on corrige, s'il y a lieu, par son coefficient (**134**).

On mesure l'intensité maximum en court-circuit en reliant les deux bornes d'un ampèremètre de faible résistance aux pôles de la pile, par l'intermédiaire de conducteurs gros et courts (*fig. 65*). L'intensité lue sur la graduation de l'ampèremètre est, s'il y a lieu, corrigée par la constante (**104**).

La résistance intérieure est le quotient de la force électromotrice par l'intensité en court-circuit (**237**).

Nous rappelons que la force électromotrice est proportionnelle au nombre des éléments en tension (**221**). L'intensité en court-circuit est au contraire la même, quel que soit le nombre des éléments en tension (**222**); elle augmente avec le nombre des éléments mis en quantité (**225**). La résistance intérieure est proportionnelle au nombre des éléments en tension et inversement proportionnelle au nombre des éléments en quantité (**221, 225, 229**).

681. — Voici les nombres qu'il faut trouver pour une pile au bichromate de potasse du type de la pile vigilante de la marine, ou une pile Leclanché du type à petit zinc (pile télégraphique), ou à grand zinc (pile d'inflammation) de la marine, ces piles étant nouvellement montées.

TYPE DE LA PILE.	FORCE électromotrice.	INTENSITÉ en court-circuit.	RÉSISTANCE intérieure.
	Volts.	Ampères.	Ohms.
Pile vigilante.	$2 \times t$	$8 \times q$	$\dfrac{0,25 \times t}{q}$
Pile Leclanché { d'inflammation. .	$1,4 \times t$	$3 \times q$	$\dfrac{0,47 \times t}{q}$
Pile Leclanché { télégraphique . .	$1,4 \times t$	$1 \times q$	$\dfrac{1,4 \times t}{q}$

Les chiffres indiqués sont les minimums qu'on doit obtenir pour la force électromotrice et l'intensité en court-circuit ; les chiffres sont des maximums pour la résistance intérieure.
La lettre t désigne le nombre des éléments en tension, la lettre q le nombre des éléments en quantité. Pour une pile dont tous les éléments sont en tension, q doit être pris égal à 1. Si tous les éléments sont en quantité, t sera pris égal à 1.

682. — INTERPRÉTATION DES RÉSULTATS DONNÉS PAR LES ÉPREUVES. — 1° Si la force électromotrice et l'intensité en court-circuit sont égales ou supérieures et la résistance intérieure égale ou inférieure aux nombres indiqués dans le tableau ci-dessus, on peut en conclure que la pile est en bon état.

683. — 2° Si la force électromotrice est notablement inférieure au nombre qu'il faut trouver, l'intensité en court-circuit étant bonne, c'est que la pile comprend un nombre d'éléments en tension inférieur à celui sur lequel on compte, soit parce qu'en effet des éléments manquent, soit parce qu'on a commis des erreurs dans la mise en tension, en réunissant par exemple le zinc d'un élément au zinc du suivant, ce qui oppose la force électromotrice d'un ou plusieurs éléments à celle des autres.

Le même effet est encore observé si des défauts d'isolement mettent en communication les deux lames polaires d'un même élément, ou une lame polaire d'un élément avec une lame polaire d'un autre élément qui normalement ne devrait pas lui être reliée. Ces défauts d'isolement peuvent être dus à de l'eau ou d'autres liquides mouillant les vases des éléments et leurs supports, ou à des conducteurs métalliques passant par-dessus la pile.

684. — 3° Lorsque la force électromotrice est bonne et que l'intensité en court-circuit est trop faible, on peut conclure à un défaut de conductibilité, dû à ce que les communications des éléments entre eux ne sont pas convenablement assurées, ou à ce que les vases poreux des éléments ne sont pas aussi perméables qu'ils devraient l'être.

685. — 4° Si la force électromotrice et l'intensité en court-circuit sont toutes les deux trop faibles, on pourra conclure que la pile est montée avec de mauvais liquides, ou qu'elle est usée, ou que plusieurs des défauts précédemment indiqués existent simultanément.

En particulier, on se trouvera dans ce cas, même avec une pile récemment montée, si par maladresse ou volontairement on laisse pendant quelque temps la pile fermée en court-circuit.

CHAPITRE II

MACHINES ÉLECTRIQUES

MISE EN MARCHE D'UNE DYNAMO

686. Préparatifs de mise en marche. — Lorsqu'une dynamo doit être mise en marche, il faut préalablement lui donner quelques soins et prendre quelques précautions.

1° S'assurer par une inspection rapide que toutes les pièces sont bien disposées, que les liaisons entre les balais, les bornes, les inducteurs sont bien normales. Essuyer, avec un linge sec, les bornes, les plaques de contact, les porte-balais. Vérifier le serrage des vis qui assurent le contact entre les diverses parties, nettoyer au besoin les contacts, si leur aspect inspire des doutes.

2° Faire porter les balais sur le collecteur ; les faire sortir de leurs porte-balais d'une quantité telle que leur taille tende à se faire suivant un angle de 45° environ ; il faut pour cela que lorsqu'ils portent, ils fassent avec le rayon du collecteur correspondant au point de contact un angle d'environ 45°. Généralement, avec les dynamos en usage à bord des navires, on est ainsi conduit à sortir les balais d'environ 40 millimètres. Rectifier la direction des fils composant les balais, s'ils ont été rebroussés.

S'assurer que les deux balais portent bien en des points diamétralement opposés pour une dynamo bipolaire Gramme, Siemens ou Edison, ou pour une dynamo Desroziers ; que les points de portage sont à 90° pour une dynamo duplex et à 60° pour une dynamo triplex (**482** et **487**). Il suffit pour cela de compter le nombre des lames du collecteur intercalées entre les points de contact des balais et de le comparer au nombre total des lames. Pour une dynamo bipolaire le nombre des lames intercalées entre les portages des balais doit être la moitié moins une du nombre total. Pour une dynamo duplex le nombre des lames intercalées doit être le quart moins une; ce nombre doit être le sixième moins une pour les dynamos triplex.

Si on constate des divergences faibles, de 1 lame ou 2, avec les indications ci-dessus, on peut les corriger en sortant convenablement l'un ou l'autre des balais de son porte-balai. Dans le cas où les divergences seraient considérables, c'est que les porte-balais auraient été faussés, à la suite d'un choc, par exemple. Avant toute autre chose, il faudrait faire la rectification.

3° Assurer le contact des balais sur le collecteur, s'il y a lieu, en manœuvrant les vis V (*fig. 123*) qui commandent les ressorts de réglage.

Le portage doit être sûr, mais rester suffisamment élastique pour qu'on puisse toujours soulever les balais avec le doigt. Les ressorts ne doivent donc être ni trop durs ni trop tendus. C'est une erreur dans laquelle on tombe fréquemment que de croire qu'un serrage énergique assure davantage le portage. En général, au contraire, un serrage trop énergique gauchit les balais qui ne portent plus alors sur toute leur surface; en outre ce serrage trop énergique entraîne une usure rapide et des balais et du collecteur.

D'ailleurs le serrage convenable ayant été une fois obtenu, le mieux est de ne plus y toucher qu'en cas de nécessité, puisqu'on peut, dans la plupart des dynamos actuelles, empêcher le portage des balais, sans toucher au serrage, grâce à des ergots ou à d'autres artifices analogues (**475**).

4° Relever les balais et leur donner le calage approximativement convenable en manœuvrant la pièce mobile à laquelle les porte-balais sont fixés (**475**). A cet effet, on a tracé par expérience, sur la pièce mobile des porte-balais et sur le palier fixe, des repères indiquant la position du support mobile correspondant au minimum d'étincelles, pour une intensité nulle dans le circuit extérieur.

Dans les dynamos à balais en charbon et à calage invariable (**496**), la position des balais est réglée une fois pour toutes et il n'y a pas lieu de les relever pour la mise en marche.

5° S'assurer que le régulateur de vitesse est en bon état; en faire fonctionner les organes à la main, si cela est possible, et en particulier la transmission à l'obturateur de l'arrivée de vapeur au tiroir du moteur à vapeur. Dans le cas où le régulateur de vitesse est muni d'un modérateur à huile (**480**), s'assurer que le cylindre du modérateur est rempli d'huile.

Enfin, lorsque le régulateur de vitesse peut être réglé pendant la marche, débander le ressort antagoniste. Nous prendrons comme exemple le régulateur du moteur-pilon compound actionnant les dynamos type Hc (**480**).

Si le ressort antagoniste du régulateur de vitesse n'est pas réglable pendant la marche, comme cela a lieu en particulier pour les moteurs des dynamos Desroziers (**490**), le réglage de ce ressort est fait une fois pour toutes, avant la mise en marche, en se basant, s'il y a lieu, sur des repères disposés à cet effet, et l'on ne touche plus à ce réglage que dans le cas de nécessité absolue. Avant la mise en marche, on doit alors s'assurer que le ressort a la tension convenable définitive qu'il doit conserver.

687. Mise en marche. — Nous distinguerons trois cas.

688. — 1ᵉʳ Cas. La dynamo doit maintenir constante la différence de potentiel au tableau de distribution et le moteur a vapeur a un régulateur réglable pendant la marche. — Nous avons indiqué la nécessité, dans le cas d'une distribution, de maintenir une *différence de potentiel normale* constante au tableau de distribution, ou au tableau de répartition, pour assurer l'indépendance des appareils desservis (**553**). Nous supposerons que le régulateur de vitesse réglable en marche est celui de la dynamo Hc (**480**).

1° Les balais *restant relevés*, mettre en marche doucement en ouvrant peu la valve d'arrivée de vapeur placée sur la machine à vapeur; régler les compte-gouttes et le graissage automatique de la vapeur, s'il y a lieu.

Pendant que la dynamo tourne à petite vitesse, passer sur le collecteur un papier de verre très fin; achever le polissage en humectant le papier d'une goutte d'huile; essuyer avec un linge sec ou *très légèrement* gras.

2° Faire reposer les balais sur le collecteur.

3° Fixer aux bornes de la dynamo les conducteurs principaux (**551**), tous les circuits extérieurs restant d'ailleurs ouverts, grâce aux interrupteurs du tableau de distribution ou de répartition mis dans la position de repos (**571**).

4° Ouvrir progressivement la valve d'arrivée de vapeur à la boîte à tiroir, jusqu'à ce qu'elle soit ouverte en grand; la vitesse reste faible, parce que le ressort du régulateur étant débandé (**686**), le piston obturateur étrangle la vapeur.

5° Observer le voltmètre v du tableau (*fig. 168*) mis, par une manœuvre convenable du commutateur C, en communication avec la dynamo dont on veut faire usage. Tendre progressivement le ressort du régulateur de vitesse en agissant sur le volant V (*fig. 127*). La vitesse augmente ainsi que la différence de potentiel lue au voltmètre.

Cesser de manœuvrer le volant lorsque la différence de potentiel lue au voltmètre atteint la *valeur normale* D qu'on veut obtenir au tableau en tenant compte, s'il y a lieu, du coefficient du voltmètre (**134**).

Lorsqu'il s'agit d'éclairage par incandescence, la *différence de potentiel normale* qu'il faut établir et maintenir au tableau est la différence de potentiel normale donnant aux lampes leur éclat normal (**434**). Ainsi, avec des lampes de 78 volts, il faut avoir et maintenir 78 volts au tableau.

D'ailleurs, le plus souvent, des lampes à incandescence sont directement placées sur le tableau, en dérivation entre la bande de distribution et la bande commune; elles servent de *lampes-témoins* et permettent de juger, par leur éclat, si la différence de potentiel est normale et se maintient normale, ou si cette différence de potentiel varie.

6° Manœuvrer aux tableaux de distribution les commutateurs du ou des circuits qu'on veut alimenter de manière à les mettre en communication avec la dynamo en marche. Ne faire cette manœuvre que successivement pour les divers circuits.

7° Au fur et à mesure que les circuits alimentés par la dynamo sont fermés, modifier, s'il y a lieu, le calage des balais de manière à obtenir le minimum d'étincelles au collecteur.

8° Modifier, s'il y a lieu, la tension du ressort du régulateur de manière que, les circuits extérieurs étant fermés, la différence de potentiel donnée par le voltmètre soit encore D.

9° Lire au tachymètre placé sur le moteur à vapeur la vitesse V correspondante et qui est alors la *vitesse normale*.

689. — 2ᵉ Cas. La dynamo doit maintenir constante la différence de potentiel au tableau de distribution ; le ressort du régulateur n'est pas réglable pendant la marche. — Opérer comme dans le 1ᵉʳ cas, jusqu'au 4°.

Ouvrir ensuite progressivement la valve d'arrivée de vapeur, en observant le voltmètre du tableau de distribution.

Le régulateur de vitesse est bien réglé si, la valve d'arrivée de vapeur ayant été ouverte en grand, la différence de potentiel a bien la valeur normale D qu'on veut obtenir au tableau de distribution.

Si la différence de potentiel après l'ouverture en grand de la valve est plus petite que la valeur normale D, c'est que la tension du ressort du régulateur de vitesse est trop faible ; il aurait fallu la rendre plus grande avant la mise en marche.

Si l'on atteint la différence de potentiel normale avant d'avoir ouvert en grand la valve d'arrivée de vapeur, c'est que le ressort du régulateur de vitesse a été trop bandé avant la mise en marche.

Les moteurs à vapeur des dynamos Desroziers en service dans la marine ont un régulateur de vitesse dont le ressort n'est pas réglable pendant la marche.

On peut néanmoins, le ressort ayant une tension fixe, régler la vitesse pendant la marche en modifiant la longueur de la tige qui transmet à l'organe obturateur de la vapeur les mouvements du régulateur.

Un écrou disposé à cet effet rend commodes ces modifications de la tige de transmission.

La mise en marche de la dynamo s'achève dans le second cas comme dans le premier.

690. — 3ᵉ Cas. La dynamo doit conserver une vitesse approximativement constante. — Ce cas se présente particulièrement lorsque la dynamo alimente un seul appareil, un arc voltaïque par exemple, la différence de potentiel pouvant alors varier sans inconvénient.

S'il existe un régulateur de vitesse, on le réglera, en se basant sur les indications du tachymètre, de façon que la vitesse soit celle fixée à l'avance comme normale. S'il n'y a pas de régulateur de vitesse, on règle la vitesse au moyen de la valve d'arrivée de vapeur, manœuvrée à la main.

SOINS PENDANT LA MARCHE

691. Observations des instruments de mesure. — Toute installation normale comprend :

1° Un tachymètre placé sur le moteur à vapeur ;

2° Un voltmètre en dérivation au tableau de distribution ou de répartition ;

3° Un ampèremètre intercalé dans le circuit de la dynamo.

De plus, quand la dynamo entretient un éclairage par lampes à incandescence, une ou plusieurs *lampes-témoins* sont placées au voisinage de cette dynamo.

Les trois instruments doivent être consultés d'une manière régulière et l'éclat des lampes-témoins, quand elles existent, est apprécié.

Nous nous placerons dans le cas le plus général où l'on veut maintenir au tableau de distribution ou de répartition la *différence de potentiel normale* D sur laquelle on s'est basé pour la mise en marche (**687**). Nous supposerons aussi que le régulateur de vitesse est réglable pendant la marche.

Lorsque les lampes-témoins ont l'éclat normal, que la différence de potentiel lue au voltmètre a bien la valeur normale, que la vitesse lue au tachymètre est bien la vitesse V normale qui correspond à cette différence de potentiel, que l'intensité lue à l'ampèremètre est bien l'intensité approximative qui correspond aux appareils actuellement alimentés par la dynamo, c'est que toute l'installation fonctionne normalement.

692. Manœuvres régulières ; leurs effets. —

D'une manière générale, puisqu'il s'agit de maintenir constante la différence de potentiel au tableau de distribution, c'est la déviation du voltmètre qui devra servir de contrôle définitif pour la conduite régulière du moteur à vapeur actionnant la dynamo, le tachymètre et les lampes-témoins, quand elles existent, ne donnant que des *indications* sur les péripéties du fonctionnement.

1° Dans la très grande majorité des installations existant à bord des navires, la même dynamo peut envoyer son courant dans un certain nombre de circuits en dérivation, et qu'on peut à volonté fermer ou ouvrir.

Lorsqu'on ouvre un de ces circuits, on diminue le courant total produit par la dynamo, puisqu'on augmente la résistance extérieure en supprimant une des dérivations (**80**).

Comme nous l'avons dit (**308**), la vitesse de la dynamo s'accroît *toujours* alors. Le tachymètre indique cette accélération et en même temps les lampes-témoins augmentent d'éclat. Le voltmètre montre aussi que la différence de potentiel augmente. Si le régulateur de vitesse fonctionne bien, au bout d'un temps très court, la vitesse est ramenée à sa valeur primitive ; mais la différence de potentiel ne reprend sa valeur normale que lorsque la dynamo est bien autorégulatrice de la différence de potentiel (**317**). Sinon, cette différence de potentiel reste supérieure à la valeur normale ; on en est averti d'ailleurs par les lampes-témoins qui ont un éclat plus grand qu'il ne convient.

On doit, dans ce dernier cas, bien que la vitesse ait la même valeur qu'auparavant, débander légèrement le ressort du régulateur, de manière à diminuer la vitesse jusqu'à ce que la différence de potentiel redevienne normale.

De même, si l'on ferme un circuit nouveau, ce qui augmente l'intensité du courant produit par la dynamo, la vitesse commence par diminuer, puis reprend sa valeur primitive, lorsque le régulateur fonctionne bien. Si la dynamo n'est pas autorégulatrice de la différence de potentiel, celle-ci reste inférieure à sa valeur normale et il faut augmenter la vitesse en bandant davantage le ressort du régulateur.

2° Assez souvent, la dynamo s'échauffe notablement, au bout d'un certain temps de fonctionnement ; la résistance de l'induit et des inducteurs augmente par suite de cette élévation de température (**119**) ; la différence de potentiel aux bornes diminue, la chute de potentiel dans l'induit et les inducteurs augmentant. La différence de potentiel diminue donc aussi au tableau de distribution.

Aussi faut-il généralement augmenter légèrement la vitesse au bout d'un certain temps de fonctionnement, pour rétablir la différence de potentiel normale.

693. Remplacement d'une dynamo par une autre.

— Dans les installations ordinaires à bord des navires qui ne comprennent que des dynamos à excitation compound, le couplage de ces dynamos doit être évité (**500**). Un même circuit ne devra donc jamais être alimenté en même temps par deux dynamos.

Or, une installation électrique à bord des navires comprend toujours un certain nombre de dynamos. L'une d'elles sera, par exemple, employée pour l'éclairage à incandescence, une autre pour l'entretien des arcs voltaïques, une troisième pour l'alimentation des moteurs électriques, ou la charge d'accumulateurs. Le plus souvent, une dynamo reste disponible pour remplacer une quelconque des autres, en cas d'avarie.

Afin que la même dynamo ne reste pas toujours en repos, que chacune des dynamos de l'installation puisse, au contraire, à tour de rôle, être mise dans la position de repos, ce qui en permettra la visite et l'entretien, on établit un roulement entre les diverses dynamos.

Il y a une distinction à faire suivant que l'installation comporte un tableau de distribution simple ou un tableau de répartition (**578**).

694. — Dans le cas d'un tableau de distribution simple, il est disposé de manière que ses commutateurs mettent en communication avec un circuit quelconque, une dynamo quelconque (**571**).

Supposons que la dynamo n° 1 soit en fonction, qu'elle alimente un certain nombre de circuits, en donnant une différence de potentiel normale D au tableau de distribution. Pour la remplacer par la dynamo n° 2, qui, par exemple, est actuellement au repos, on met celle-ci en marche ainsi que nous l'avons indiqué (**688**), mais jusqu'au 6°.

Lorsque la différence de potentiel donnée par cette dynamo au tableau de distribution est bien la différence de potentiel normale D, manœuvrer les commutateurs des circuits alimentés par la dynamo n° 1 de manière à séparer vivement ces circuits de la bande de distribution correspondant à cette dynamo et à les relier à la bande de distribution appartenant à la dynamo n° 2. En se reportant à la figure 168, on voit qu'il suffit de manœuvrer les leviers des commutateurs, de manière que la queue de la manette placée primitivement sur l'indication 1 vienne maintenant sur l'indication 2.

Le transfert d'un circuit d'une dynamo sur l'autre doit se faire *vivement*; mais il ne faut faire la manœuvre que successivement pour les divers circuits, en marquant un temps d'arrêt entre les manœuvres successives et prévenant, s'il est possible, à chaque fois les mécaniciens chargés de la conduite des moteurs à vapeur.

Lorsque tous les circuits alimentés par la dynamo n° 1 sont passés sur la dynamo n° 2, on achève la mise en marche de celle-ci comme il est dit à partir du 7° (**688**).

695. — Quant à la dynamo n° 1, si elle doit être stoppée :

1° Diminuer sa vitesse en débandant le ressort du régulateur de vitesse, quand cela est possible, ou en diminuant à la main l'ouverture de la valve d'arrivée de vapeur ;

2° Relever les balais, enlever les conducteurs principaux des bornes ;

3° Passer sur le collecteur pendant que la dynamo tourne à petite vitesse un papier de verre très fin ;

4° Stopper complètement le moteur à vapeur.

696. — Dans le cas où l'installation comporte un tableau de répartition, on peut encore, grâce aux commutateurs généraux de ce tableau, faire passer sur une dynamo les circuits alimentés par une autre. Mais tout d'abord la manœuvre de ces commutateurs est souvent plus longue que celle des commutateurs des simples tableaux de distribution ; ensuite la substitution d'une dynamo à une autre se fait d'un seul coup, à la fois pour tous les circuits alimentés par la dynamo ; la suppression brusque de toute la charge par une dynamo peut parfois occasionner des avaries, en même temps que la charge brusque de l'autre peut ralentir momentanément sa vitesse au point que l'éclairage, par exemple, soit sensiblement réduit.

Pour remédier autant que possible à cet inconvénient, on choisira, pour opérer la substitution, le moment de la journée où les dynamos sont le moins chargées.

ENTRETIEN DES DYNAMOS

697. Généralités. — Il faut profiter des périodes où les dynamos sont dans la position de repos pour leur donner les soins d'entretien propres à prévenir les avaries, ou à leur assurer un bon fonctionnement. Avec un roulement régulier dans l'emploi des dynamos, l'entretien sera ainsi lui-même régulier.

698. Entretien des inducteurs. — Essuyer soigneusement les inducteurs avec un linge sec, afin de les débarrasser de toute trace d'humidité ou des matières grasses qui ont pu y être projetées pendant la marche.

Si les fils sont dénudés en quelque point, réparer l'isolement, si cela est possible; ou bien se contenter de peindre la partie dénudée avec une dissolution de bitume de Judée dans l'essence de térébenthine.

Visiter les communications des électro-aimants entre eux et avec l'induit; nettoyer au besoin les contacts.

699. Entretien de l'induit. — Essuyer les fils de l'induit avec un linge sec et peindre les dénudations au bitume de Judée.

Débarrasser soigneusement l'induit de la poussière de cuivre provenant de l'usure des balais et du collecteur. On y parvient aisément, à bord des navires de guerre, en dirigeant sur l'induit un jet d'air comprimé emprunté aux accumulateurs employés pour les torpilles automobiles.

700. Entretien du collecteur. — Après chaque période de fonctionnement de la dynamo et pendant qu'elle tourne à petite vitesse avant de stopper, passer sur le collecteur un papier de verre fin, afin d'enlever toutes les traces ou sillons produits par les étincelles ou le frottement des balais.

Après ce polissage, avoir soin de bien nettoyer les intervalles isolants entre les lames du collecteur, de les débarrasser de toute poussière métallique et de toute matière charbonneuse provenant, par exemple, de la carbonisation du carton employé comme isolant.

En dehors du polissage complet effectué après chaque période de fonctionnement, il est bon, surtout quand cette période de fonctionnement a une durée assez grande, de passer de temps en temps le papier de verre fin sur le collecteur, pendant la marche normale; mais prendre soin d'essuyer ensuite le collecteur avec un linge bien sec, puis avec un linge *très légèrement gras*.

Éviter l'emploi des limes pour le polissage et la régularisation du collecteur. Si, par suite d'un entretien insuffisant ou d'étincelles anormales, des rainures profondes se sont produites dans le collecteur, passer le collecteur au tour, soit en approchant un banc de tour de la dynamo qu'on fera tourner au moyen de son moteur à vapeur, soit en démontant l'induit et l'installant lui-même sur un tour.

S'assurer que le collecteur est bien assujetti sur l'axe, que les lames en équerre sont en bon état ainsi que leurs soudures aux lames du collecteur et aux fils de l'induit.

701. Démontage de l'induit. — Pour mettre le collecteur sur le tour, ou dans tout autre but, s'il est nécessaire de démonter l'induit, voici comment il faut procéder pour les dynamos bipolaires type Hc (**474**).

Glisser une feuille de carton entre l'induit et la masse polaire inférieure.

Élinguer le collecteur.

Rompre les communications des balais avec les inducteurs.

Enlever le palier boulonné sur le bâti du côté du collecteur.

Dévisser l'écrou G (*fig. 122*) qui retient le manchon T de l'induit.

Visser l'écrou H pour décaler l'induit, qu'on fait alors glisser avec précaution, pour ne pas endommager les fils.

Si l'on voulait démonter l'induit avec son axe, il faudrait démonter le moteur à vapeur.

En dévissant les écrous E (*fig. 123*), on peut enlever la masse polaire supérieure pour la visite de l'induit, si l'on a préalablement rompu les communications électriques des bornes portées par cette masse polaire.

702. — Pour une dynamo duplex (**482**), voici comment on procède :

Rompre les communications électriques entre l'électro-aimant supérieur et les autres parties de la dynamo.

Enlever l'électro-aimant supérieur et les deux masses polaires adjacentes, au moyen des anneaux disposés à cet effet, et après avoir enlevé les boulons qui relient ces masses polaires aux électro-aimants verticaux.

Dégager les ressorts du manchon d'accouplement élastique (**485**) en faisant glisser ensemble l'induit et les paliers.

Retirer le palier du côté du collecteur et retirer l'induit avec précaution.

703. Entretien des balais. — Maintenir les fils en un faisceau bien régulier, couper les fils abîmés ou rebroussés. Couper aussi l'extrémité tout entière des balais quand elle s'est trop amincie et vient à se déformer.

Faire sortir de son porte-balai l'extrémité du balai d'une longueur de 40 mm environ.

Pendant le repos, tenir les balais relevés, *sans toucher aux ressorts de rappel* et en faisant usage des ergots disposés à cet effet.

704. Entretien du régulateur de vitesse. — Visiter et tenir propres les différentes pièces d'une façon régulière. De temps en temps, démonter complètement le régulateur et le soumettre à un nettoyage plus parfait.

CAUSES DE MAUVAIS FONCTIONNEMENT DES DYNAMOS

705. Généralités. — Il est impossible de prévoir tous les dérangements qui peuvent se produire dans le fonctionnement des dynamos. Nous indiquerons seulement les principaux avec leurs causes probables et les mesures à prendre pour y remédier.

Le mauvais fonctionnement d'une dynamo est indiqué soit par l'observation des instruments de mesure, voltmètre, ampèremètre, tachymètre, ou des lampes-témoins, soit par la constatation de phénomènes anormaux, tels que de fortes étincelles au collecteur, ou un échauffement anormal d'une ou plusieurs parties de la dynamo.

Nous supposerons, dans ce qui suit, qu'on a affaire à une dynamo *à excitation compound* et munie d'un régulateur de vitesse, distribuant son courant à plusieurs appareils en dérivation (**550**). C'est le cas le plus général à bord des navires.

Nous savons d'ailleurs qu'un fonctionnement normal de la dynamo doit donner, au voltmètre du tableau de distribution ou de répartition, une différence de potentiel D sensiblement constante et appelée *différence de potentiel normale*, lorsque la vitesse de rotation est elle-même maintenue sensiblement constante et égale à une valeur V, dite également *normale*, grâce au régulateur de vitesse.

Nous savons aussi que l'éclat des lampes-témoins varie dans le même sens que la différence de potentiel et peut, par conséquent, avertir des variations de cette dernière, avant même qu'on ait observé le voltmètre.

L'intensité du courant extérieur I mesuré à l'ampèremètre du tableau est d'ailleurs variable avec les appareils alimentés par la dynamo. Mais on a toujours une idée approximative de la valeur que doit avoir l'intensité avec les appareils normalement en activité au moment où l'on conduit la dynamo. On sait, en tout cas, que cette dynamo ne doit pas donner un courant extérieur supérieur à une valeur maximum I_m.

706. I. La différence de potentiel au tableau est nulle ou très faible ; l'intensité extérieure est nulle ou très faible. — Ce cas peut se présenter, soit au moment de la mise en marche, soit pendant le fonctionnement régulier de la dynamo. Il y aura lieu de s'assurer tout d'abord si le collecteur est, ou non, le siège de *fortes étincelles*.

707. — 1° Pas d'étincelles, ou faibles étincelles au collecteur. — Lorsque au moment de la mise en marche

(687) le voltmètre ne donne rien, bien que la vitesse de la dynamo ait été poussée jusqu'à la vitesse normale V, il y a lieu de soupçonner l'un des dérangements suivants :

    a) Défaut de communication du voltmètre avec la dynamo ;

    b) Défaut d'amorçage de la dynamo par insuffisance de magnétisme résiduel, ou inversion des connexions des inducteurs ;

    c) Rupture du circuit de l'induit, ou des inducteurs ; défaut de contact des balais sur le collecteur ;

    d) Court-circuit dans l'induit, ou les inducteurs.

708. — Si, pendant le fonctionnement régulier de la dynamo, le voltmètre tombe à zéro, sans que les étincelles au collecteur deviennent fortes ; si en même temps on observe une augmentation brusque et momentanée de la vitesse, on peut accuser un des deux derniers défauts de la liste précédente. Nous allons examiner successivement ces défauts et les moyens de les reconnaître.

709. — *a) Défaut de communication du voltmètre avec la dynamo.* — Le voltmètre peut être avarié ; les conducteurs, conjoncteurs, ou commutateurs, qui permettent de le relier aux bandes du tableau, peuvent être interrompus ou détériorés ; les conducteurs principaux de la dynamo peuvent ne pas être mis en place aux bornes de la dynamo et au tableau, ou être interrompus ; les fils fusibles placés sur ces conducteurs principaux peuvent être fondus, ou enlevés, ou n'être pas en contact avec leurs bornes.

Si les lampes-témoins du tableau, quand elles existent, sont allumées, le défaut est dans le voltmètre ou ses communications avec le tableau.

Si les lampes-témoins du tableau restent éteintes, mais qu'une lampe à incandescence ou un voltmètre mis directement en dérivation aux bornes de la dynamo s'allume, ou dévie, le défaut est dans les conducteurs principaux, ou dans les fils fusibles de ces conducteurs. On vérifiera les contacts sur tout le trajet depuis la dynamo jusqu'au tableau.

D'ailleurs, la dynamo est amorcée et donne de légères étincelles aux balais, au moins quand on modifie le calage.

710. — *b) Défaut d'amorçage de la dynamo, par insuffisance de magnétisme résiduel, ou inversion des connexions des inducteurs.* — Lorsque la dynamo est neuve, ou qu'elle n'a pas servi depuis quelque temps, le magnétisme résiduel des masses polaires (**279**) peut être assez réduit pour que l'amorçage ne puisse se faire. Un morceau de fer approché des masses polaires permet de constater si ce magnétisme résiduel est, en effet, très réduit. Quand la dynamo n'est pas amorcée, on ne voit d'ailleurs aucune étincelle, même faible, au collecteur.

La dynamo pourra être amorcée néanmoins, le plus souvent, si, pendant qu'elle tourne à sa vitesse normale, on touche ses deux bornes avec un bout de fil de cuivre, ce qui la met en court-circuit. Aussitôt que des étincelles apparaissent au collecteur, le court-circuit doit être supprimé, si l'on ne veut pas endommager la dynamo.

711. — On peut encore faire passer dans le fil inducteur en dérivation le courant d'une pile, d'une batterie d'accumulateurs, ou d'une autre dynamo, en prenant soin seulement de faire passer ce courant dans le sens convenable pour obtenir sur les masses polaires des pôles de même nom que ceux qu'y formerait l'auto-excitation de la dynamo. Pour cela, la dynamo étant stoppée, *relever les balais* et relier au *balai positif* de la dynamo le *pôle positif* de la pile, batterie d'accumulateurs, ou dynamo auxiliaire dont on fait usage, le *pôle négatif* de cette source étant lui-même relié au *balai négatif*. Les communications des balais de la dynamo avec la source auxiliaire étant ensuite rompues, remettre la dynamo en marche.

712. — Lorsque la dynamo ne s'amorce pas, malgré les manœuvres précédemment indiquées, il y a lieu de croire à une mauvaise disposition des connexions des électro-aimants inducteurs.

Par exemple, les pôles résiduels existant sur les masses polaires, ou qu'on y a formés par l'aimantation au moyen d'une source auxiliaire, sont de noms contraires à ceux que le courant d'induction développé dans l'induit de la dynamo par sa rotation et passant dans le fil des inducteurs tendrait lui-même à produire, de sorte que l'auto-excitation des inducteurs tend à détruire les pôles existants, au lieu de les renforcer (**279**).

Il suffit alors d'échanger entre eux les conducteurs reliés aux balais de la dynamo pour que l'amorçage se produise.

Ou bien encore la liaison des électro-aimants entre eux et avec l'induit peut être telle qu'au lieu d'avoir, sur les masses polaires opposées d'une dynamo bipolaire, ou sur les masses polaires consécutives d'une dynamo duplex et triplex (**482** et **487**), des pôles de noms contraires, on ait des pôles de même nom.

En se reportant à la figure 69, par exemple, on voit aisément qu'il suffit d'échanger, dans leurs connexions, les extrémités des fils des électro-aimants supérieurs pour avoir sur la masse polaire supérieure un double pôle N, au lieu du double pôle S indiqué.

Ce défaut se reconnaîtra aisément en faisant usage d'une aiguille aimantée mobile que l'on approchera successivement des diverses masses polaires.

Pour y remédier, il faudra rétablir dans leur ordre naturel les liaisons d'une partie des électro-aimants inducteurs.

Enfin, les électro-aimants inducteurs peuvent être disposés de manière que les pôles qu'ils tendent à produire sur une même masse polaire soient de noms contraires et se détruisent, au lieu d'être de même nom et de s'ajouter.

C'est ce qui se produirait, par exemple, avec un inducteur à deux électro-aimants (*fig. 124*), si l'on échangeait entre elles les extrémités d'un seul des électro-aimants.

En supprimant l'un des électro-aimants et mettant l'autre

directement en relation avec les balais, on obtiendra généralement l'amorçage, mais il est bien évident que ce n'est pas là un remède, mais seulement une indication du défaut; il faut nécessairement, pour obtenir un fonctionnement normal de la dynamo, rétablir dans l'ordre naturel les connexions de tous les électro-aimants inducteurs et les faire concourir tous à l'excitation.

Un examen de ces connexions aidé d'un raisonnement facile basé sur la loi d'aimantation que nous avons donnée (**187**), permettra communément de mettre toutes choses en l'état normal.

713. — c) *Rupture du circuit de l'induit, ou des inducteurs; défaut de portage des balais sur le collecteur.* — L'épreuve de *conductibilité,* conduite comme il est indiqué plus loin (**741**), permet, en général, de localiser aisément le défaut, soit dans les inducteurs, soit dans les balais, soit dans l'induit.

Nous devons toutefois remarquer, dès maintenant, que le circuit des bobines induites étant fermé sur lui-même, dans un anneau Gramme, un induit Siemens, un induit Desroziers, deux chemins conducteurs, au moins, sont offerts au courant d'épreuve, d'un balai à l'autre, à travers les deux moitiés de l'induit.

Une rupture du circuit induit en un seul point peut bien empêcher la dynamo de fonctionner, mais n'empêcherait pas de passer le courant d'une source auxiliaire d'épreuve. L'épreuve de conductibilité doit donc être faite en tenant compte de cette remarque.

Nous devons ajouter que si la rupture du circuit de l'induit s'est produite pendant la marche, on a pu remarquer, pendant les instants qui ont précédé l'abaissement de la différence de potentiel à zéro, de fortes étincelles sur le collecteur se produisant périodiquement à chaque tour. La trace de ces étincelles sur les lames du collecteur indique la bobine de l'induit siège de la rupture du circuit (**745**).

Généralement la rupture du circuit induit se produit à la

soudure des fils sur les lames radiales du collecteur, ou à la soudure de celles-ci sur les lames proprement dites du collecteur (**289**). Souvent un simple examen suffit pour déceler le défaut sans autre recherche.

714. — Nous ferons observer en outre qu'au moment de la mise en marche, alors que les circuits extérieurs sont ouverts (**688**), si le circuit inducteur gros fil est complètement rompu, la différence de potentiel au tableau et l'intensité extérieure sont nulles, mais la dynamo s'amorce grâce au fil fin inducteur, et de petites étincelles sont visibles au collecteur.

Si, au contraire, le fil fin inducteur est rompu, même si le gros fil est en bon état, la dynamo ne peut s'amorcer.

Pendant le fonctionnement, une rupture du circuit de gros fil, assez complète bien entendu pour faire cesser entièrement toute communication entre un des balais et la borne correspondante, fait tomber à zéro la différence de potentiel et l'intensité extérieure, mais des étincelles restent visibles au collecteur montrant que la dynamo est amorcée. Une rupture du fil fin peut ne pas faire tomber à zéro la différence de potentiel, si l'intensité extérieure est assez considérable pour que l'excitation due au gros fil soit importante.

715. — *d) Court-circuit dans l'induit et les inducteurs.* — Un court-circuit dans l'induit dû, soit à une communication du fil de deux bobines opposées, ou suffisamment distantes avec le noyau en fer, soit à une communication anormale de deux lames du collecteur, suffit souvent à empêcher la dynamo de fonctionner.

Un court-circuit entre les balais annule toujours la différence de potentiel. Il peut être produit par la communication intime de chacun des balais avec le bâti métallique de la dynamo.

Enfin, une communication directe, de faible résistance entre les extrémités du fil des électro-aimants inducteurs, amenée, par exemple, par le contact de ces extrémités avec le bâti de la dynamo, annule le courant inducteur et l'excitation de la dynamo.

Ces court-circuits résultent tous de défauts d'isolement mis en évidence par *l'épreuve d'isolement,* conduite comme il est indiqué plus loin (**750**).

716. — Un défaut d'isolement mettant en communication les extrémités d'un seul électro-aimant inducteur, pourrait, s'il y a d'autres électro-aimants, ne produire qu'une diminution d'excitation et de la différence de potentiel. Il en est de même, si le défaut d'isolement ne fait que supprimer une partie d'un électro-aimant, comme, par exemple, la communication entre deux couches superposées de l'enroulement.

Lorsque la différence de potentiel est nulle, c'est que le court-circuit, dans les inducteurs supprime presque entièrement toute excitation. Dans le cas où nous sommes placés, d'une dynamo à excitation compound, les fils des électro-aimants en dérivation sont tous en tension et l'ensemble est dérivé entre les balais ; c'est donc entre deux points voisins des balais que doit se produire le court-circuit pour supprimer toute excitation produite par le fil fin, en même temps d'ailleurs que celle produite par le gros fil.

Un court-circuit entre les extrémités du gros fil inducteur, mettant, par exemple, en communication directe les bornes A et N (*fig. 124*), ne suffirait pas pour annuler la différence de potentiel, ni le courant extérieur ; car si ce court-circuit peut supprimer l'excitation du gros fil, celle du fil fin subsiste toujours et elle est le plus souvent prépondérante.

Un court-circuit entre les bornes pourrait réduire à zéro la différence de potentiel au tableau et l'intensité extérieure ; mais le courant produit par la dynamo, grâce à l'excitation en série, serait considérable (**305**) et de fortes étincelles seraient visibles au collecteur, et nous avons supposé qu'on n'observait que peu ou pas d'étincelles.

717. — 2° Fortes étincelles au collecteur. — Le défaut est alors un *court-circuit entre les bornes de la dynamo*, ou entre deux points des conducteurs principaux situés en deçà de l'ampèremètre placé sur ces conducteurs.

Si ces fortes étincelles se produisent au moment de la mise en marche, il importe de ne pas augmenter la vitesse à partir du moment où elles se produisent, et si les balais sont reconnus à peu près convenablement placés, il faut, au contraire, *stopper*, pour ne pas compromettre l'existence de la dynamo, ou tout au moins détériorer complètement le collecteur.

718. — Lorsque les fortes étincelles viennent à se produire pendant le fonctionnement régulier, on peut toujours constater, en même temps qu'une chute brusque de la différence de potentiel et l'annulation du courant extérieur, une diminution brusque de la vitesse qui généralement ne reprend plus sa valeur normale, malgré l'action du régulateur.

Il faut encore ici *stopper immédiatement*, bien que le tachymètre semblerait indiquer qu'il faut augmenter la vitesse. La dynamo compound est, en effet, en court-circuit et il faut faire disparaître ce défaut avant de pouvoir utiliser la dynamo.

719. II. La différence de potentiel est plus faible que sa valeur normale. — Au moment de la mise en marche, si la différence de potentiel, sans être nulle, n'atteint pas la valeur normale D, quoique la vitesse ait été accrue jusqu'à la valeur normale V qui lui correspond lors du fonctionnement régulier de la dynamo (**688**), il faut encore observer le collecteur et distinguer le cas où de faibles étincelles s'y produisent, de celui où il est le siège de fortes étincelles.

En même temps on observe l'ampèremètre du tableau qui, normalement, ne doit indiquer qu'une intensité nulle ou très faible, puisque les circuits extérieurs n'ont pas encore été fermés.

Pendant le fonctionnement régulier, la différence de potentiel, jusque-là normale, peut devenir plus faible, ce dont on est averti par la diminution de l'éclat des lampes-témoins quand elles existent. Il y a lieu de distinguer si cette diminution de la différence de potentiel s'est produite peu à peu, ou si elle s'est manifestée brusquement ; on examinera aussi le développement plus ou moins grand des étincelles au collecteur et les variations de la vitesse au tachymètre, et surtout on vérifiera comment l'intensité a varié à l'ampèremètre du tableau.

Nous allons examiner les divers cas qui peuvent se présenter.

720. — 1° La différence de potentiel n'atteint pas, a la mise en marche, sa valeur normale, pour la vitesse normale ; il n'y a que de faibles étincelles au collecteur. — Si, en même temps, *l'intensité du courant observée à l'ampèremètre reste nulle ou faible,* le dérangement est l'un des suivants :

a) Défaut de conductibilité dans le circuit de la dynamo ou dans les conducteurs principaux ;

b) Défaut d'isolement dans les inducteurs ou dans l'induit.

721. — *a) Défaut de conductibilité dans le circuit de la dynamo.* — Un contact imparfait dans les liaisons de l'induit et des inducteurs, un portage insuffisant des balais sur le collecteur, ou un mauvais contact de ces balais avec le reste du circuit peuvent constituer le défaut.

Une soudure imparfaite des fils des bobines sur les lames du collecteur augmentant la résistance de l'induit, diminue encore la différence de potentiel.

Il en est de même d'une communication insuffisante des conducteurs principaux avec la dynamo et le tableau.

L'épreuve de conductibilité peut parfois déceler ce défaut et permettre de le localiser (**748**).

Nous devons indiquer, comme règle générale, qu'un mauvais contact se trahit souvent par une élévation anormale de température sensible à la main, ce qui permet de le localiser sans autre recherche.

La visite et le nettoyage des contacts, la réfection des soudures de l'induit font disparaître aisément les légers défauts de conductibilité.

D'ailleurs, si la différence de potentiel n'est que peu inférieure à sa valeur normale, si les échauffements localisés aux mauvais contacts ne sont pas trop importants, la dynamo peut être utilisée telle quelle, en cas de nécessité, en augmentant quelque peu sa vitesse pour obtenir la différence de potentiel normale.

722. — *b) Défaut d'isolement dans les inducteurs ou dans l'induit.* — Un défaut d'isolement mettant en communication, directement ou par le bâti de la dynamo, deux points du circuit inducteur, supprime pour l'excitation une partie des spires inductrices et diminue la différence de potentiel aux bornes et au tableau. Ainsi la mise en court-circuit des extrémités d'un seul des électro-aimants inducteurs pourrait bien encore permettre à la dynamo de s'amorcer, mais diminuerait la différence de potentiel.

La communication plus ou moins complète des diverses couches de l'enroulement d'un électro-aimant, due à l'humidité qui le pénètre, pourra produire un dérangement analogue.

Pareillement, un défaut d'isolement dans l'induit ou le collecteur, établissant des communications anormales, mais de quelque résistance, entre les bobines, ou un court-circuit n'intéressant que quelques bobines, pourra encore affaiblir seulement la différence de potentiel.

Nous renvoyons à l'épreuve d'isolement (**749**) pour déterminer et localiser les défauts.

723. — Dans le cas d'une dynamo à excitation compound, comme au moment de la mise en marche les circuits extérieurs sont ouverts et que le fil fin inducteur seul est en action, si un défaut d'isolement met hors circuit un ou plusieurs électro-aimants, les autres s'échauffent plus qu'à l'ordinaire. Le défaut est dans celui où ceux qui restent froids.

On peut se servir d'une dynamo ayant un léger défaut d'isolement, ne diminuant que peu la différence de potentiel, à la condition d'augmenter la vitesse pour compenser le défaut.

724. — 2° La différence de potentiel n'atteint pas, a la mise en marche, sa valeur normale, pour la vitesse normale ; de fortes étincelles se montrent au collecteur. — Si le *courant extérieur observé à l'ampèremètre est nul ou faible*, on peut soupçonner l'un des dérangements suivants :

a) Mauvais calage des balais, ou mauvais état du collecteur ;

b) Court-circuit entre les bornes de la dynamo présentant quelque résistance ;

c) Rupture du circuit de l'induit.

725. — *a) Mauvais calage des balais, ou mauvais état du collecteur.* — Parfois le changement du plan de calage des balais suffit à faire disparaître les étincelles.

Quelquefois les deux balais ne sont pas placés convenablement, l'un par rapport à l'autre, à 180° par exemple pour une machine bipolaire, et on n'a pas, avant la mise en marche, vérifié cette position (**686**). Quel que soit le plan de calage, les étincelles persistent alors et il faut nécessairement déplacer l'un des balais par rapport à l'autre, en le sortant plus ou moins de son porte-balai par exemple.

Lorsque le collecteur est en mauvais état, qu'on n'a pas fait disparaître les *rayures* dues aux étincelles, le contact parfait des balais ne pouvant plus être obtenu, de fortes étincelles se montrent presque toujours. Il en est de même si le collecteur ne tourne pas rond, s'il est *ovalisé*, si les lames de substance isolante interposées entre les lames de cuivre s'étant gonflées par suite d'humidité, ressortent à la surface du collecteur.

Il importe de remettre le collecteur en état avant d'utiliser la dynamo en employant sur place du papier de verre, des limes très douces, ou mieux en mettant le collecteur sur le tour.

726. — *b) Court-circuit entre les bornes de la dynamo présentant quelque résistance.* — Nous avons dit qu'un court-circuit complet, c'est-à-dire une communication de résistance nulle entre les bornes d'une dynamo, fait tomber à zéro la différence de potentiel (**717**). Mais si cette communication entre les bornes, qui peut d'ailleurs être produite par un défaut d'isolement entre le gros fil et le fil fin des inducteurs (**749**), a une résistance faible, mais non nulle, la différence de potentiel est seulement plus ou moins réduite.

Il en est évidemment de même d'une communication entre les conducteurs principaux, présentant quelque résistance.

Dans tous les cas, la dynamo ne peut être utilisée avant que le défaut ait été réparé.

Elle doit être *stoppée immédiatement*.

727. — *c) Rupture du circuit de l'induit.* — Parfois, la rupture du circuit de l'induit en un point n'empêche pas la dynamo de s'amorcer et de donner une différence de potentiel notable. Mais on est immédiatement averti de l'avarie par les fluctuations de l'aiguille du voltmètre, ou des lampes-témoins, s'il en existe, et par les grosses étincelles bruyantes jaillissant sur le collecteur, à chaque tour, lorsque la partie rompue de l'induit passe sous les balais.

La trace de ces étincelles indique d'ailleurs la lame du collecteur appartenant à la bobine avariée.

Il faut ici encore stopper immédiatement la dynamo et réparer l'avarie avant de l'utiliser à nouveau. Comme nous l'avons déjà dit, c'est généralement aux soudures des fils des bobines avec les lames du collecteur, ou à celles des lames radiales avec les lames horizontales que le défaut existe.

728. — Lorsque *le courant extérieur n'est pas nul ou faible,* mais que l'ampèremètre indique, au contraire, un courant intense, dépassant souvent le maximum imposé pour la dynamo, malgré l'ouverture apparente des circuits extérieurs au moyen des interrupteurs du tableau, c'est qu'un *court-circuit* existe au tableau de distribution entre la bande de distribution et la bande commune.

La dynamo doit être stoppée immédiatement et le défaut recherché.

729. — 3° Pendant le fonctionnement régulier de la dynamo, l'éclat des lampes-témoins et la différence de potentiel baissent insensiblement ; les étincelles sont faibles ; la vitesse est normale. — Ce dérangement, assez fréquent, n'est dû, le plus souvent, qu'à l'augmentation de la résistance de l'induit et des inducteurs, par suite de leur échauffement (**692**), ou à un léger défaut d'isolement créé par l'infiltration de l'humidité due à la vapeur condensée.

Une augmentation convenable de la vitesse rétablira la différence de potentiel à sa valeur normale.

730. — 4° Pendant la marche régulière, l'éclat des lampes-témoins et la différence de potentiel baissent brusquement ; l'intensité diminue. — Si l'on n'observe pas d'étincelles anormales et que d'ailleurs la vitesse soit plus faible que la valeur normale, c'est cette *diminution de vitesse* qu'il faut accuser et le mauvais fonctionnement du régulateur.

Si, avec de faibles étincelles, on a vu la vitesse augmenter, au moins momentanément, on a affaire à la production brusque d'un *défaut d'isolement* ou *de conductibilité* dans la dynamo.

Lorsque de fortes étincelles se produisent au collecteur et que la vitesse a eu une tendance à augmenter, on se trouve en présence d'une *rupture du circuit de l'induit*. Il faut *stopper*.

Enfin si, avec de fortes étincelles, on a observé un ralentissement brusque de la dynamo, que d'ailleurs le régulateur de vitesse a pu ensuite corriger, on peut certainement accuser un grave *défaut d'isolement* mettant en communication presque parfaite soit les deux conducteurs principaux, soit les deux bornes de la dynamo, soit deux points voisins des bornes, de manière à mettre la dynamo en court-circuit. Il faut encore *stopper immédiatement.*

731. — 5° Pendant la marche régulière, l'éclat des lampes-témoins et la différence de potentiel baissent brusquement ; l'intensité augmente brusquement ; la vitesse diminue brusquement. — Toutes ces manifestations caractérisent :

a) *Augmentation brusque de la charge de la dynamo ;*
b) *Court-circuit dans les conducteurs extérieurs.*

732. — a) *Augmentation brusque de la charge de la dynamo.* — Lorsqu'on ferme au tableau un nouveau circuit d'incandescence, qu'on allume un projecteur ou qu'on met en marche un moteur électrique, on peut observer tous les effets indiqués, mais ils sont momentanés, et quand le régulateur de vitesse a rétabli la vitesse normale, l'éclat des lampes-témoins et la différence de potentiel sont ordinairement normaux. L'intensité conserve naturellement l'augmentation causée par la fermeture des nouveaux circuits.

Toutefois, nous avons vu (**692**) que parfois, même quand la vitesse est redevenue normale, la différence de potentiel reste légèrement inférieure à sa valeur normale ; il faut alors augmenter légèrement la vitesse.

733. — b) *Court-circuit dans les conducteurs extérieurs.* — Les effets indiqués peuvent aussi provenir d'un *court-circuit* entre les conducteurs positifs et négatifs des circuits extérieurs causés par des défauts d'isolement de ces conducteurs. L'intensité acquiert alors souvent des valeurs dangereuses pour la dynamo ou les conducteurs. Ordinairement la fusion des *coupe-circuits* fait cesser le court-circuit et rétablit les choses dans l'état normal.

Toutefois, si l'intensité observée à l'ampèremètre dépassait l'intensité maximum correspondant à la dynamo en service et que cette intensité se maintînt à cette valeur dangereuse, il faudrait *stopper immédiatement* et rechercher les conducteurs avariés pour les séparer de la dynamo.

734. III. La différence de potentiel est plus grande que sa valeur normale. — L'éclat des lampes-témoins, plus poussées qu'à l'ordinaire, avertit immédiatement de ce dérangement, qu'on peut contrôler par l'observation du voltmètre.

Ce dérangement peut être attribué aux causes suivantes :
a) *Mauvais fonctionnement du régulateur de vitesse* ;
b) *Diminution brusque de la charge de la dynamo* ;
c) *Construction imparfaite de la dynamo, ou mauvaise disposition des circuits*.

735. — a) *Mauvais fonctionnement du régulateur de vitesse.* — Lorsque le régulateur fonctionne mal, la vitesse peut insensiblement ou brusquement devenir plus grande que sa valeur normale et provoquer par suite une augmentation de la différence de potentiel et de l'éclat des lampes-témoins.

Il faut ramener à la main, au moyen de la valve, la vitesse à sa valeur normale, si le régulateur ne le fait pas.

736. — b) *Diminution brusque de la charge de la dynamo.* — Lorsqu'on ouvre brusquement un ou plusieurs circuits alimentés par une dynamo, l'intensité qu'elle produit diminuant, sa vitesse tend à augmenter (**308**). Cette vitesse augmente toujours, en effet, au moins momentanément, jusqu'à ce que le régulateur de vitesse, s'il fonctionne bien, ait réprimé l'accélération. Cet effet se produit, en particulier, lors de l'extinction volontaire ou accidentelle des arcs voltaïques.

737. — Il arrive parfois, même avec un régulateur bien construit et fonctionnant convenablement d'une manière courante, que la diminution brusque de l'intensité produite par la dynamo provoque, à la suite d'une première accélération de vitesse considérable, des mouvements oscillatoires du régulateur, de grande amplitude et qui ne s'arrêtent que par l'intervention de la main agissant sur la valve d'arrivée de vapeur ou sur une des tiges reliées au régulateur.

Lors de l'ouverture des circuits de la dynamo, il faut donc, autant que possible, prévenir le mécanicien, afin que celui-ci soit prêt à réprimer à la main ces grands écarts de vitesse, dangereux pour la machine à vapeur et pour les lampes, s'il en existe.

738. — *c) Construction imparfaite de la dynamo, ou mauvaise disposition des circuits.* — Nous avons vu (**692**) que lorsque la dynamo n'est pas suffisamment autorégulatrice ou que les conducteurs principaux n'ont pas une résistance convenable, la différence de potentiel au tableau ne reste pas constante, même pour une vitesse constante de la dynamo ; cette différence de potentiel augmente lorsque l'intensité du courant produit par la dynamo diminue.

On ne peut remédier à cette mauvaise disposition que par une réduction convenable de la vitesse maintenue par le régulateur.

739. IV. La différence de potentiel et l'intensité éprouvent des fluctuations continues. — Lorsque l'éclat des lampes-témoins, la déviation du voltmètre et de l'ampèremètre, et souvent aussi la vitesse, éprouvent des variations continues, on peut accuser une des causes suivantes qu'il suffit d'indiquer :

a) Rupture du circuit induit ;
b) Fonctionnement irrégulier du régulateur de vitesse ;
c) Fonctionnement irrégulier d'un arc voltaïque ;
d) Fonctionnement irrégulier d'un électromoteur.

ÉPREUVES DES DYNAMOS

740. Épreuve de conductibilité. — L'épreuve de conductibilité d'une dynamo a pour but de vérifier non seulement si le circuit n'est pas rompu complètement, mais encore si une partie du circuit ne présente pas une résistance anormale. Nous supposerons, comme précédemment, avoir affaire à une dynamo à excitation compound.

741. — I. Vérification de la continuité des circuits. — On emploie une pile de quelques éléments et un galvanomètre, par exemple un voltmètre. A cet effet, l'une des bornes du voltmètre est reliée à l'une des bornes de la pile ; le pôle libre de la pile et la borne libre du voltmètre sont munis de fils dits *fils d'essai*. On peut aussi dire que deux *fils d'essai* sont fixés aux bornes de la pile et que sur l'un d'eux on intercale un voltmètre.

742. — 1° Les conducteurs principaux de la dynamo étant enlevés des bornes et ses balais étant *relevés*, on touche les deux bornes avec les fils d'essai ; le voltmètre doit dévier, le circuit de la pile étant alors complété par le fil fin et le gros fil des inducteurs mis à la suite l'un de l'autre, comme on peut le voir par l'inspection de la figure 124.

Si le voltmètre ne dévie pas, c'est qu'un défaut absolu de communication existe, soit dans le fil fin des inducteurs, soit dans le gros fil, soit à leurs points de jonction aux balais, ou aux bornes. Pour trouver le siège de la rupture du circuit, laisser l'un des fils d'essai à une borne de la dynamo et cheminer avec l'autre fil d'essai, en partant de la seconde borne, le long du circuit du fil fin et du gros fil, et touchant tous les points dénudés. Lorsque le voltmètre dévie, c'est qu'on vient de franchir le point où existe la solution de continuité du circuit ; ce sera, par exemple, le point de jonction des fils de deux électro-aimants, ou le point d'attache aux balais et alors la réparation se fera aisément par un nettoyage des contacts.

743. — 2° Les balais sont appuyés sur le collecteur, mais on ouvre à un endroit quelconque le circuit de fil fin des inducteurs. Dans certaines dynamos, un interrupteur est placé sur ce circuit, ce qui facilite l'opération.

Si on touche encore les bornes de la dynamo avec les fils d'essai, le circuit se compose alors du gros fil des inducteurs et de l'induit ; le voltmètre doit encore dévier. S'il ne dévie pas, c'est qu'une rupture complète du circuit existe dans l'induit, ou que les balais n'appuient pas bien sur le collecteur ; on pourra aisément mettre en évidence un défaut de conductibilité dans l'un ou l'autre balai en cheminant comme précédemment sur le circuit.

744. — 3° Une rupture du circuit de l'induit peut exister, même si le voltmètre dévie dans l'opération précédente, puisque d'un balai à l'autre deux chemins au moins s'offrent au courant dans un induit ordinaire. Si l'on a été amené à soupçonner une rupture du circuit induit, par suite des phénomènes observés (**727**), voici comment on localise ce défaut, au moins dans une des bobines.

745. — D'abord, lorsque la dynamo a continué à fonctionner, de grosses étincelles ont marqué leur trace sur une ou plusieurs des lames du collecteur en particulier. On examinera la soudure de ces lames du collecteur avec les lames en équerre radiales et la soudure de celles-ci avec les fils des bobines et on refera au besoin ces soudures. D'ailleurs, si le défaut est entre une lame du collecteur et la lame en équerre, en employant comme précédemment un voltmètre et une pile munis de fils, le voltmètre ne dévie pas quand on met l'un des fils à la lame du collecteur, l'autre à la lame radiale.

746. — Lorsque la réparation des soudures ne fait pas disparaître le défaut, on peut accuser la rupture du fil de la bobine communiquant avec la lame marquée d'étincelles et la suivante dans le sens du mouvement.

747. — Si la dynamo ne fonctionne pas, on relie ses deux balais aux pôles d'une pile suffisamment puissante et on vire l'induit lentement à la main, les balais appuyant sur le collecteur; une étincelle assez forte jaillit lorsque la lame correspondant aux soudures en mauvais état ou au fil rompu quitte les balais. Le défaut de conductibilité peut être ainsi encore localisé.

748. — II. Vérification des contacts des circuits. — Lorsque aucune solution de continuité n'existe dans les circuits d'une dynamo, mais que certains contacts sont seulement imparfaits au point d'accroître notablement la résistance, les opérations précédentes sont impuissantes à les déceler. Seules des mesures quantitatives peuvent les mettre en évidence.

Si l'on songe que la plupart du temps la dynamo peut fonctionner dans ces conditions, tout en donnant des résultats inférieurs à ceux qu'on est en droit d'attendre d'elle (**721**), que d'ailleurs les défauts de conductibilité résident le plus souvent aux jonctions des diverses parties, on opérera ainsi qu'il suit:

Un voltmètre, muni de deux fils à ses bornes, est mis en dérivation, pendant que la dynamo fonctionne, entre deux points voisins du circuit comprenant entre eux une jonction, borne ou serre-fil.

La résistance séparant les deux points, supposés très voisins, doit être nulle normalement et il doit en être de même de la différence de potentiel entre ces points. Le voltmètre ne doit donc pas dévier si la jonction est bonne. On trouvera ainsi le plus souvent la jonction imparfaite.

749. Épreuve d'isolement. — Le circuit de la dynamo, inducteurs ou induit, peut communiquer avec le bâti de cette dynamo, par un ou plusieurs points. Le fil fin des inducteurs peut aussi être en communication avec le gros fil autrement que par les balais; l'humidité pénétrant les bobines peut enfin mettre en communication les couches de fil fin et de gros fil superposées. Il faut même remarquer qu'une communication peut être de cette façon établie entre une partie du gros fil reliée à la borne négative de la dynamo et une partie du fil fin reliée au balai positif. Si, comme cela arrive souvent, ce balai est en communication avec la borne positive par un conducteur de faible résistance, les deux bornes de la dynamo peuvent être ainsi mises en court-circuit (**726**).

Comme nous l'avons vu, les défauts d'isolement, en supprimant une partie des spires inductrices ou des bobines induites, peuvent affaiblir *plus ou moins* la dynamo. De plus, ces défauts d'isolement s'aggravent peu à peu. Il faut donc non seulement mettre en évidence ces défauts, mais aussi en évaluer l'importance, c'est-à-dire les *mesurer*. L'épreuve d'isolement que nous allons indiquer sera donc *quantitative*.

A cet effet nous prendrons une pile d'un nombre d'éléments suffisant pour que sa force électromotrice soit approximativement égale à la différence de potentiel normale aux bornes de la dynamo. Aux pôles de cette pile nous fixerons deux fils d'essai, et sur l'un d'eux nous aurons soin d'intercaler un voltmètre. Nous désignerons par p le fil fixé directement au pôle de la pile et par v le fil allant également à la pile, mais sur lequel nous avons intercalé un voltmètre. C'est une disposition identique à celle employée pour l'épreuve de conductibilité, sauf que la pile est ici plus puissante (**741**).

Lorsqu'on ne possède pas de pile suffisamment puissante, mais qu'on dispose d'une seconde dynamo, ce qui est le cas général dans une installation complète, on peut prendre comme source électrique cette seconde dynamo, si elle est en marche et, pour cela, relier les fils d'essai, soit aux bornes de cette dynamo, soit à la bande de distribution correspondante du tableau de distribution et à la bande commune.

Cet emploi d'une seconde dynamo ne gêne en rien d'ailleurs le service normal de cette dynamo, qui peut continuer à entretenir l'éclairage par incandescence, par exemple.

750. — I. Épreuve d'isolement par rapport au bâti de la dynamo. — Les balais sont en place, mais les conducteurs principaux sont enlevés des bornes de la dynamo essayée, qui doit être, bien entendu, au repos.

1° Toucher avec le fil v l'une des bornes de la dynamo essayée, toucher avec le fil p un point bien nettoyé des masses polaires, de l'axe de rotation, des noyaux des inducteurs, des supports des balais, des bridures en laiton cerclant l'induit, si on le peut ;

2° Noter la déviation δ du voltmètre ;

3° Réunir l'un à l'autre les fils p et v ;

4° Noter la nouvelle déviation Δ du voltmètre ;

5° Faire le calcul suivant :

$$\rho = \frac{\Delta - \delta}{\delta} \times g,$$

g étant la résistance *en ohms* du voltmètre, inscrite toujours sur l'instrument.

Le nombre ρ ainsi calculé représente, *en ohms,* la *résistance d'isolement* du circuit de la dynamo avec le bâti.

Dans les dynamos *neuves et en excellent état,* ce nombre doit être au moins égal au produit par 1 000 de la différence de potentiel normale de la dynamo. Ce nombre peut d'ailleurs décroître beaucoup sans compromettre le fonctionnement de la dynamo.

751. — *Exemple.* — Supposons que la première déviation du voltmètre ait été 5 et que la seconde soit 67 ; la résistance du voltmètre employé étant supposée égale à 2 030 ohms, on aura

$$\rho = \frac{67 - 5}{5} \times 2\,030 = 25\,170 \text{ ohms}.$$

Si la dynamo est construite pour donner normalement 70 volts aux bornes, l'isolement devrait être 70 000 ohms, pour une dynamo neuve. Le chiffre trouvé est fort acceptable, mais il indique néanmoins un affaiblissement de l'isolement.

L'épreuve d'isolement ainsi faite montrera les variations de l'isolement et permettra, par l'observation de décroissements subits, de prévenir des défauts graves de nature à compromettre le fonctionnement ou l'existence même de la dynamo.

Remarque. — Comme nous l'avons dit, c'est avec le fil v sur lequel est intercalé le voltmètre, qu'il faut toucher la borne de la dynamo essayée, et avec le fil p, venant directement de la source, le bâti de cette dynamo. Cette précaution est essentielle si l'on veut des résultats exacts, que l'on emploie, pour les essais, une pile ou une dynamo auxiliaire.

Une autre précaution doit être encore prise lorsque la source servant aux essais est une seconde dynamo. Si cette seconde dynamo employée comme source est mal isolée, que sa borne positive, par exemple, communique avec le sol; si en outre le fil p est relié à sa borne négative, lorsqu'on touchera avec ce fil p, qui vient directement de la source, le bâti de la dynamo à essayer, c'est-à-dire le sol, on mettra alors en court-circuit la dynamo servant aux essais et il pourra en résulter des avaries.

Pour éviter celles-ci, on aura soin d'abord de ne jamais fixer les fils v et p à la dynamo essayée, mais de *toucher seulement* avec ces fils la borne et le bâti; ensuite il sera bon préalablement, le fil v étant laissé de côté, de toucher avec le fil p le bâti de la dynamo essayée; si on a de grosses étincelles au point de contact, il faudra intervertir les communications des fils v et p avec la dynamo servant aux essais.

Presque toujours on sera dans de bonnes conditions en reliant tout d'abord le fil p à la borne positive de la dynamo servant aux essais.

752. — II. Localisation des défauts. — Lorsque le chiffre trouvé pour l'isolement est faible, il y a lieu de déterminer la partie du circuit de la dynamo dont l'isolement est plus particulièrement défectueux.

La méthode générale consiste à séparer les diverses parties du circuit, fil fin des inducteurs, gros fil des inducteurs, induit, balais, et à faire l'essai précédent en touchant avec le fil v la partie dont on cherche l'isolement et avec le fil p le bâti.

Ainsi, pour séparer l'induit du reste, il suffit de relever les balais.

Pour séparer les balais, il faut, après les avoir relevés, en détacher les conducteurs qui vont aux inducteurs ou aux bornes.

Le fil fin des inducteurs est isolé du reste en détachant des balais ses deux extrémités.

Enfin, si on a ainsi localisé un défaut soit dans le fil fin des inducteurs, soit dans le gros fil, on pourra séparer les divers électro-aimants et faire l'épreuve de chacun d'eux.

Lorsqu'un défaut grave est ainsi décelé dans l'enroulement d'un des électro-aimants, il faut le dérouler et réparer l'isolement.

753. — III. Isolement du gros fil des inducteurs par rapport au fil fin. — Les balais étant relevés et le fil fin des inducteurs étant détaché de ces balais, faire l'épreuve d'isolement précédente (**750**), en touchant le fil fin des inducteurs avec l'un des fils d'essai, et avec l'autre fil d'essai le gros fil.

754. — IV. Défaut d'isolement mettant en communication deux points du gros fil, ou deux points du fil fin d'un électro-aimant inducteur. — Ce défaut, s'il ne provient pas d'une communication de chacun des points avec le bâti de la dynamo, n'est pas décelé par les essais précédents. Il peut cependant affaiblir la dynamo, par la suppression d'un certain nombre de spires inductrices, et même mettre la dynamo en court-circuit. Voici comment on pourra reconnaître un pareil défaut.

755. — En général la dynamo fonctionnera, tout en donnant des résultats inférieurs à ceux d'une marche normale (**722**).

Or, si les divers électro-aimants sont en bon état, leurs enroulements sont identiques ; la différence de potentiel mesurée, avec un voltmètre, pendant le fonctionnement, entre l'entrée et la sortie du fil fin de chaque électro-aimant doit être la même pour tous les électro-aimants. Lorsque, pour un électro-aimant, la différence de potentiel ainsi mesurée est plus faible que pour les autres, c'est qu'un défaut d'isolement supprime une partie de l'enroulement.

756. — Pour le gros fil, ce même mode d'investigation ne peut être employé que si les gros fils des divers électro-aimants sont en tension les uns par rapport aux autres. Si, ce qui arrive souvent, les divers gros fils sont en quantité, la différence de potentiel aux extrémités de chacun d'eux est forcément la même, qu'il y ait ou non un défaut dans l'enroulement. Mais un électro-aimant qui présente un défaut d'isolement réduisant sa résistance s'échauffe plus que les autres, qui sont en quantité avec lui ; il peut être ainsi découvert.

757. — V. Défaut d'isolement mettant en communication deux points de l'induit. — Deux points de l'enroulement de l'induit appartenant à des bobines assez distantes peuvent être en communication directe, soit parce qu'un défaut d'isolement les fait communiquer tous deux avec le noyau en fer de l'induit, soit parce que les deux lames correspondantes du collecteur sont en communication par les bagues qui les maintiennent, soit encore parce que le fil de deux bobines est en contact avec les bridures en laiton employées pour cercler l'induit.

Ces communications peuvent être indiquées par l'épreuve générale d'isolement (**750**) ; mais la réparation exige une localisation du défaut que la méthode générale est impuissante à effectuer.

758. — Pour trouver la ou les bobines dont le fil est en communication avec le noyau en fer, l'axe de rotation, ou les bridures, on pourrait séparer en quelques tronçons l'enroulement de l'induit, en ouvrant quelques soudures des fils des bobines avec les lames du collecteur. On peut ainsi déterminer le tronçon de l'induit qui présente un défaut et, en sectionnant ce tronçon à son tour, arriver à localiser le défaut dans une bobine seulement.

Mais cette méthode est longue et peut obliger à ouvrir un grand nombre de soudures, puisqu'on ne sait pas à l'avance si une seule ou plusieurs bobines présentent des défauts.

759. — Voici un procédé par lequel on peut, sans ouvrir une seule soudure, constater à l'avance que *plusieurs* bobines de l'induit sont en communication par l'intermédiaire du noyau, ou de l'axe, ou des bridures en laiton.

Aux pôles d'une pile de faible résistance, quelques accumulateurs par exemple, on fixe deux conducteurs d'essai ; sur l'un d'eux on a intercalé un ampèremètre de faible résistance. Les balais étant relevés, on touche, avec les extrémités des conducteurs d'essai, le collecteur sur deux lames diamétralement opposées et on lit la déviation de l'ampèremètre.

On déplace ensuite les deux conducteurs d'une lame sur le collecteur, de manière qu'ils touchent toujours deux lames diamétralement opposées, et on note encore la déviation de l'ampèremètre. On continue ainsi en déplaçant à chaque fois d'une lame le portage des conducteurs d'essai, jusqu'à ce qu'on ait fait tout le tour du collecteur.

Si deux points de l'enroulement ne communiquent pas entre eux, toutes les déviations observées sont identiques, puisque l'induit est alors symétrique par rapport à son axe.

Si deux bobines non consécutives communiquent directement, toutes les déviations ne sont pas égales, mais, par exemple, à partir d'une certaine lame *a*, la déviation diminue pour atteindre un minimum, puis remonte à la valeur primitive pour une autre lame *b*. On peut alors affirmer qu'une communication directe existe de la bobine située entre la lame *a* du collecteur et sa précédente, à la bobine située entre la lame *b* du collecteur et sa précédente.

Il suffira d'ouvrir les soudures des fils de ces bobines pour vérifier cette communication.

La réparation se fera en déroulant les bobines et les réfectionnant ; en cas d'urgence, on peut se contenter de supprimer les bobines, ou l'une d'elles seulement, en enlevant ses deux extrémités des deux lames du collecteur auxquelles elles sont soudées et reliant directement ces dernières par un gros fil ou une lame de cuivre.

760. — *Remarque.* — La méthode précédente ne peut être que difficilement employée pour des induits dans lesquels des communications normales existent entre des bobines différentes, comme les induits des dynamos duplex et triplex (**482** et **487**).

Il y aura lieu, bien entendu, de choisir la force électromotrice de la pile employée et la sensibilité de l'ampèremètre, de manière que l'intensité du courant observé soit convenable et ses variations facilement mises en évidence.

Enfin, on pourrait relier les conducteurs d'essai aux balais et laisser ceux-ci appuyer sur le collecteur, les fils inducteurs étant détachés des balais.

Il suffit alors de virer l'induit doucement, en observant l'ampèremètre, pour mettre en évidence le défaut. Mais il est clair que le portage des balais se faisant sur plusieurs lames à la fois du collecteur, la précision des observations peut être moindre que lorsque l'on touche les lames du collecteur avec les extrémités elles-mêmes des conducteurs d'essai.

CHAPITRE III

ACCUMULATEURS

CONDUITE DES ACCUMULATEURS AU PLOMB

761. Installation à bord. — Les accumulateurs sont rangés sur des étagères ; ils reposent sur des isolateurs en porcelaine ou en verre.

Il faut toujours laisser un intervalle de quelques centimètres au moins entre les accumulateurs, afin de mieux les isoler les uns des autres et de pouvoir facilement surveiller les fuites. On dispose tout au plus deux rangées parallèlement sur la même étagère, et on ne doit pas superposer plus de deux étagères, la surveillance et l'entretien restant ainsi toujours aisés.

Les queues en plomb des plaques, les fils ou boulons en cuivre servant à réunir les queues des plaques d'un même accumulateur ou à établir les liaisons entre les divers accumulateurs d'une batterie, sont recouverts de paraffine ou de pétrole.

On paraffine également les vis des récipients et généralement tous les objets métalliques placés au voisinage de la batterie.

Avant toute chose il importe de débarrasser les récipients et les plaques de tous débris de paille ou autre matière ayant servi pour l'emballage.

Vérifier que les plaques positives d'un accumulateur sont bien isolées de ses plaques négatives ; faire au besoin l'épreuve d'isolement, pendant que les plaques sont sèches, au moyen d'une pile de quelques éléments et d'un voltmètre (**749**).

Assurer la séparation des plaques de noms contraires en rectifiant la position des bandes de caoutchouc, des lames d'ébonite, de verre ou autre matière destinées à cette séparation.

762. Remplissage des accumulateurs. — Lorsque les accumulateurs ne doivent pas être utilisés immédiatement, les remplir avec de l'eau pure, distillée ou de pluie.

Si la batterie peut être chargée immédiatement, remplir les accumulateurs avec de l'eau acidulée, de manière à couvrir entièrement les plaques.

763. — Préparation de l'eau acidulée. — Employer de l'eau pure, distillée ou de pluie ; la placer, après en avoir mesuré la quantité, dans un vase en verre ou en grès, ou, à défaut, dans une baille en bois.

Employer de l'acide sulfurique pur, de la qualité dite *au soufre*, ne contenant pas d'acide azotique ; il doit marquer 66° au pèse-acides Baumé.

Verser l'acide dans l'eau, très lentement et en agitant continuellement, de manière à ne pas provoquer un échauffement trop considérable.

Laisser refroidir le mélange avant d'en remplir les accumulateurs.

Vérifier la densité au moyen d'un pèse-acides.

764. — La quantité d'acide à employer est variable, suivant la densité qu'on veut donner au mélange ; le plus souvent cette densité est indiquée par le constructeur, et elle peut différer dans d'assez grandes proportions avec le type particulier d'accumulateur employé ; on emploie fréquemment des densités voisines de 1,15.

765. — Voici quelques indications approximatives sur le volume d'acide à verser dans l'eau, suivant la densité qu'on veut réaliser à la température de 17° centigrades. On remarquera que le degré indiqué au pèse-acides est égal aux chiffres décimaux de la densité, augmentés de 4 unités. Ainsi un mélange de densité 1,15 indique 19 au pèse-acides.

DENSITÉ à 17° C.	DEGRÉS du pèse-acides Baumé.	VOLUME d'acide sulfurique, en centimètres cubes, par litre d'eau.
1,12	16	123
1,13	17	133
1,14	18	145
1,15	19	157
1,16	20	170
1,17	21	183
1,18	22	196
1,19	23	209
1,20	24	222
1,21	25	234
1,22	26	246
1,23	27	258
1,24	28	270
1,25	29	282

766. Fermeture des accumulateurs. — A bord des navires, les accumulateurs sont le plus souvent fermés hermétiquement pour éviter les projections d'eau acidulée, pendant la charge, sur les objets avoisinants, et aussi les déversements de liquide par suite des mouvements du navire.

Les couvercles, en ébonite ordinairement, portent un trou pour le dégagement des gaz résultant d'une charge prolongée.

767. — Pour éviter une accumulation de gaz dans les locaux peu aérés, ce qui peut présenter quelque danger, puisque le mélange d'hydrogène et d'oxygène est facilement inflammable et qu'il explose, on recueille les gaz formés dans chaque accumulateur par un système de tuyaux en plomb ou en caoutchouc qui les conduisent au dehors.

768. — A terre, et lorsqu'on n'a pas à craindre le déversement du liquide, ni l'emmagasinement des gaz, on peut se contenter de verser à la surface de l'eau acidulée une couche de pétrole ou de valvoline, de un centimètre environ ; on peut aussi y couler une couche de paraffine fondue, en ayant soin alors de ménager un trou dans la couche solidifiée.

769. Charge des accumulateurs. — L'installation comprend toujours, pour une batterie dont tous les éléments sont en tension :

1° Un brise-circuit automatique (**511**) ;

2° Un ampèremètre mesurant l'intensité du courant de charge (**514**) ;

3° Un voltmètre en dérivation aux bornes de la batterie d'accumulateurs et mesurant la différence de potentiel, ou approximativement la force électromotrice ;

4° Un ou plusieurs interrupteurs ou commutateurs permettant de relier la batterie d'accumulateurs à la source électrique ;

5° Un rhéostat permettant de faire varier l'intensité du courant de charge (**513**) ;

6° Des fils de plomb fusibles sur les conducteurs allant aux bornes de la batterie.

Tous ces appareils constituent en général un tableau de distribution spécial pour la batterie d'accumulateurs.

770. — Prendre soin de disposer les circuits de manière que le *pôle positif* de la batterie d'accumulateurs soit bien mis en relation avec la *borne positive* de la dynamo qui doit être employée pour la charge. Un voltmètre, dont une des bornes est marquée +, permet commodément de vérifier si cette condition est réalisée.

771. — Pour *charger* une batterie d'accumulateurs, mettre d'abord en marche la dynamo qui doit produire le courant à une vitesse convenable.

Avoir soin de donner au rhéostat intercalé sur le circuit de charge une résistance d'abord la plus grande possible.

Fermer le ou les interrupteurs permettant de relier la batterie à la source électrique.

Le plus souvent il y a lieu de fermer un interrupteur placé sur le tableau de distribution général appartenant à la dynamo et un autre interrupteur placé sur le tableau spécial de la batterie d'accumulateurs.

Appuyer alors sur l'armature du brise-circuit automatique (**511**), ce qui ferme définitivement le circuit de charge.

Lire à l'ampèremètre l'intensité du courant de charge ; régler le rhéostat de manière que cette intensité soit convenable. Nous savons que l'intensité de charge doit être au plus égale à un maximum fixé par le constructeur (**391**).

Il vaut même mieux ne pas atteindre cette limite, si on veut ménager les accumulateurs ; mais il est clair, d'autre part, que la charge dure d'autant plus que le courant de charge est plus faible.

772. — Lorsque la dynamo est employée exclusivement à la charge des accumulateurs, on peut, dans une certaine mesure, régler l'intensité de charge en faisant varier la vitesse de régime de cette dynamo.

773. — Nous avons dit que souvent le nombre des accumulateurs à charger est trop grand pour qu'on puisse les mettre tous en tension dans un circuit de charge unique (**389**). On les dispose alors en plusieurs batteries partielles en tension, qu'on réunit elles-mêmes en quantité.

Mais si on chargeait en bloc cette batterie mixte, on risquerait d'avoir de grandes inégalités dans la répartition du courant de charge entre les diverses batteries partielles. Pour arriver à un résultat certain, il faut constituer pour chaque batterie partielle un circuit de charge spécial, avec un ampèremètre et un rhéostat, de manière à régler pour chacune l'intensité de charge d'une manière indépendante et à surveiller la charge.

774. — La *durée normale* de la charge d'un accumulateur est, en heures, le quotient de sa capacité en ampères-heure par l'intensité de charge en ampères. Ainsi, un accumulateur d'une capacité de 300 ampères-heure sera chargé normalement au bout de vingt heures si le courant de charge est 15 ampères.

Lorsque l'accumulateur n'est pas complètement déchargé, qu'on veut seulement restituer la portion de charge qu'une précédente décharge a détruite, on pourra calculer la durée t de charge en divisant par l'intensité de charge I la quantité d'électricité Q qu'il s'agit de restituer, majorée de 25 p. 100. On aura ainsi :

$$t = \frac{Q \times 1{,}25}{I}.$$

En exprimant Q en ampères-heure (**107**) et I en ampères, on aura t en heures.

On peut donc toujours à l'avance connaître, approximativement au moins, la durée probable de la charge complète des accumulateurs. La durée réelle ne peut être inférieure à celle calculée.

775. — On reconnaît d'ailleurs qu'on est parvenu effectivement à la fin de la charge aux deux caractères simultanés suivants :

1° Des bulles de gaz se dégagent abondamment autour des plaques ;

2° La déviation du voltmètre, qui a augmenté progressivement, est devenue stationnaire ; suivant le type d'accumulateur et la quantité d'acide employée, on a alors 2,4 volts à 2,5 volts par accumulateur en tension.

776. — Le dégagement des gaz obtenu sans que le voltmètre indique la déviation convenable correspondant à la fin de la charge montrerait que le courant de charge employé est trop grand ; il faudrait le réduire.

777. — Nous ferons remarquer qu'une charge trop prolongée ne nuit pas aux accumulateurs, si le courant de charge n'est pas trop rapproché du maximum.

778. — Observation très importante. — Ne jamais s'approcher d'une batterie d'accumulateurs, pendant la charge, avec une bougie allumée, ou un rat-de-cave, ou généralement une lumière capable de mettre le feu au *gaz explosif* provenant de la décomposition de l'eau acidulée. Pour s'éclairer, se servir d'une lampe à incandescence ; même dans ce cas, prendre soin de ne pas produire d'étincelles au voisinage de la batterie.

779. Décharge des accumulateurs. — La décharge d'une batterie doit suivre la charge d'aussi près que possible, si on ne veut pas éprouver de perte.

Le courant de décharge d'un accumulateur ne doit pas dépasser la limite imposée par le constructeur (**392**).

Nous savons d'ailleurs que le débit d'un accumulateur est égal au courant total produit par la batterie, divisé par le nombre des accumulateurs en quantité (**393**).

Le courant de décharge, soit pour la batterie entière, soit pour chaque batterie partielle, si plusieurs batteries sont en quantité, pourra être réglé au moyen d'un rhéostat, le même qui est employé pour la charge.

780. — Pendant une décharge régulière, le voltmètre mis en dérivation aux bornes de la batterie indique une différence de potentiel régulièrement décroissante à partir de 2 volts par accumulateur en tension.

La décharge doit être rigoureusement arrêtée lorsque le voltmètre indique 1,8 volt par accumulateur en tension.

781. — Un débit trop intense ou une décharge trop prolongée provoquent presque toujours la chute des pastilles, le gondolement des plaques, les court-circuits (**786 à 790**).

782. Repos des accumulateurs. — Une batterie d'accumulateurs peut rester *chargée* pendant quelque temps avant d'être employée à produire un courant. Cependant cet intervalle entre la charge et la décharge ne doit pas être trop considérable, si on veut que les accumulateurs ne s'usent pas trop vite. Quelques jours d'intervalle doivent être considérés comme un maximum normal.

783. — Lorsque les accumulateurs doivent rester longtemps sans être employés, il faut les recharger périodiquement ; on peut aussi, après les avoir chargés une première fois, les vider et remplacer l'eau acidulée par de l'eau pure.

La règle consiste, on le voit, à ne jamais laisser les accumulateurs déchargés en contact pendant quelque temps avec l'eau acidulée.

784. Entretien des accumulateurs. — Pour entretenir en bon état une batterie d'accumulateurs, essuyer les récipients, les tablettes sur lesquelles ils reposent et leurs isolateurs ; essuyer, paraffiner ou pétroler les queues des plaques et les fils ou bandes de communication.

Rétablir le niveau du liquide dans les accumulateurs où l'évaporation, ou le suintement, l'a fait baisser.

Surveiller les fuites qui peuvent se déclarer dans les récipients et les réparer immédiatement, si on le peut.

De temps en temps, ouvrir les accumulateurs, les vider, laver les récipients et les débarrasser des débris de pastilles qui se sont accumulés au fond. Enlever des plaques les parcelles menaçant de tomber ; remplacer les plaques trop usées. Remplacer l'eau acidulée, ou tout au moins rétablir le degré d'acidulation.

AVARIES, ÉPREUVES

785. Chute de matière active. — Pendant le fonctionnement régulier, la matière active des plaques, spécialement des plaques positives, se désagrège à la longue et des parcelles de pastilles tombent au fond des récipients. De ce chef seul, les plaques positives se détruisent peu à peu et il faut toujours les remplacer au bout d'un certain temps, deux ans au plus.

Quelquefois des pastilles entières tombent accélérant ainsi la destruction des plaques et mettant souvent l'accumulateur en court-circuit, en établissant une communication directe entre une plaque positive et une plaque négative.

786. Gondolement des plaques. — Un courant de charge ou de décharge trop intense, une décharge trop prolongée provoquent le *gondolement* des plaques, c'est-à-dire leur incurvation. Il en résulte souvent que les plaques positives viennent ainsi toucher les plaques négatives et que l'accumulateur est en court-circuit.

Cette déformation des plaques favorise en outre la chute des pastilles.

787. Usure des grillages. — Les grillages des plaques positives d'accumulateurs s'oxydent peu à peu et deviennent moins résistants. Ils cassent alors sous leur propre poids et laissent tomber les pastilles qu'ils retenaient. Parfois même on voit des grillages se désagréger entièrement et les plaques s'effondrer, mettant ainsi l'accumulateur absolument hors de service.

788. Rupture des queues. — Les queues en plomb des plaques d'accumulateurs se rompent quelquefois, soit par suite d'un choc, ou d'une déformation mécanique, soit par suite de l'oxydation provoquée par l'eau acidulée projetée pendant la charge, ou extravasée par les mouvements du navire. On peut au besoin ressouder de nouvelles queues en plomb, quand le grillage est lui-même en plomb, mais il faudra prendre soin de paraffiner, ou recouvrir de pétrole la soudure pour éviter une nouvelle attaque.

789. Court-circuit. — Des débris de pastilles, ou des pastilles entières tombées des plaques, le gondolement des plaques peuvent établir une communication entre les plaques positives et négatives d'un même accumulateur et le mettre ainsi en court-circuit.

La différence de potentiel entre ses bornes tombe aussitôt à une valeur très faible et même à zéro. Un accumulateur en court-circuit ne se charge pas et ne concourt pas à la production du courant de décharge ; il faut l'enlever du circuit, jusqu'à ce qu'on ait fait disparaître la cause du court-circuit.

790. — Nous devons faire remarquer que si, accidentellement ou volontairement, on met en relation directe, à l'extérieur, les deux bornes d'un accumulateur, on le décharge ainsi sur lui-même ; le courant de décharge très intense provoque toutes les avaries déjà signalées et conduit presque fatalement à la production d'un court-circuit intérieur rendant indisponible l'accumulateur, au moins momentanément.

791. Inversion des pôles. — Il arrive parfois, en particulier lorsque la décharge est trop prolongée, qu'un certain nombre des accumulateurs d'une batterie ont leurs pôles inversés. Il y a lieu, sans rien changer aux liaisons existantes, de donner à la batterie une charge très prolongée, avec un courant de charge beaucoup plus faible que le courant normal.

D'ailleurs, toutes les fois que des accumulateurs ont subi quelque avarie, cette charge très prolongée avec un courant faible doit toujours faire partie du traitement.

792. Sulfatation des plaques. — Lorsque des accumulateurs ont été abandonnés pendant longtemps, sans être chargés, soit vides, soit remplis d'eau acidulée, les plaques se recouvrent d'une couche de sulfate de plomb (surtout les négatives) qu'il est très difficile de réduire et qui empêche le fonctionnement régulier des accumulateurs.

Pour désulfater les accumulateurs, il faut les remplir avec de l'eau très faiblement acidulée et les charger pendant très longtemps avec un courant très faible.

793. Épreuve des accumulateurs. — L'épreuve des accumulateurs se fait en mesurant la différence de potentiel aux bornes de chacun d'eux au moyen d'un voltmètre de sensibilité appropriée ; on emploie généralement un voltmètre de 0 à 5 volts et on touche successivement les deux pôles de chaque accumulateur avec deux fils fixés aux bornes du voltmètre.

794. — Les résultats obtenus et l'interprétation de ces résultats diffèrent suivant les conditions où l'on opère.

1° Pendant la charge, les accumulateurs en bon état donnent plus de 2 volts.

Si des accumulateurs ont une différence de potentiel inférieure à 2 volts, ou bien ils sont en court-circuit plus ou moins complet, ou bien, ayant été précédemment soumis à une décharge trop prolongée, ils sont maintenant en retard pour la charge.

Lorsque la différence de potentiel n'augmente pas à mesure que la charge se prolonge, on peut affirmer qu'on a affaire à un court-circuit. Un court-circuit complet laisse le voltmètre à zéro.

2° Après la charge, le circuit extérieur étant rompu, tous les accumulateurs en bon état donnent une différence de potentiel voisine de 2 volts.

Les accumulateurs donnant moins de 2 volts présentent un court-circuit plus ou moins complet ou n'ont pas été suffisamment chargés. Avec un court-circuit complet le voltmètre ne dévie pas ou dévie à peine.

3° Pendant ou après une décharge, tous les accumulateurs en bon état doivent donner plus de 1,8 volt ; une différence de potentiel inférieure indique ou un court-circuit plus ou moins complet, ou une décharge trop prolongée.

CHAPITRE IV

CONDUCTEURS ET ACCESSOIRES

ENTRETIEN

795. Entretien des conducteurs. — Tenir bien secs les conducteurs dans les parties où ils se trouvent à découvert ; éviter les projections d'huile qui rongent le caoutchouc des isolants.

De temps en temps, ouvrir les canalisations en bois pour inspecter les conducteurs qu'elles renferment.

Peindre et boucher les fissures de ces canalisations.

Inspecter la fermeture des tuyaux donnant passage aux conducteurs, réparer cette fermeture au moyen de chatterton ou de résine.

Réparer les isolants des conducteurs au moyen de chatterton et de bandes de caoutchouc ou de toile caoutchoutée, conformément aux principes indiqués plus haut pour l'isolement des jonctions (**530**).

796. Entretien des interrupteurs et coupe-circuits. — Essuyer avec un linge sec les interrupteurs, commutateurs et coupe-circuits, aussi bien intérieurement qu'extérieurement.

Nettoyer les contacts des interrupteurs.

Remplacer les fils fusibles des coupe-circuits, quand ils sont fondus, par des fils de diamètre convenable. Prendre soin, avant le remplacement, de laisser refroidir les contacts et de les nettoyer soigneusement. Nettoyer aussi les extrémités du fil fusible qui doivent être en contact avec les plaques du coupe-circuit (**543**).

Établir un bon contact des fils fusibles par une pression suffisante des vis de fixation, sans cependant rendre cette pression trop énergique.

Il n'est pas mauvais de remplacer de temps en temps les fils fusibles qui n'ont pas fondu, parce que l'oxydation altère à la longue leurs contacts.

797. Entretien des tableaux de distribution. — Tenir très propres et très sèches toutes les pièces des tableaux de distribution ; les essuyer fréquemment avec des linges.

Nettoyer au clair les contacts des commutateurs avec de la toile émerisée fine, de façon à faire disparaître la trace des étincelles, puis avec cette même toile *très légèrement* grasse.

Surveiller les contacts de toute espèce entre les diverses pièces du tableau et en particulier ceux des fils fusibles des coupe-circuits ; nettoyer de temps en temps ces contacts et les assurer par un serrage des vis suffisant sans être trop énergique.

798. — Il faut bien se garder d'employer la toile émerisée pour le nettoyage des parties métalliques du tableau *ne formant pas contact* et qui ordinairement sont vernies, ces parties fussent-elles salies par des rayures dans la couche de vernis. Un essuyage à sec suffit.

AVARIES ET ÉPREUVES

799. Rupture de circuit. — Un conducteur secondaire d'un système de distribution (**551**), ou bien un conducteur formant le circuit unique d'un appareil, peut être rompu. C'est là une avarie assez rare et qui exige le plus souvent un choc, une pression mécanique assez considérable et laissant des traces sur les parties du conducteur avoisinant le défaut ; le siège de l'avarie se décèle ainsi de lui-même.

Dans le cas d'une distribution, si le conducteur rompu

alimente plusieurs appareils en dérivation, il est clair que les appareils situés entre le point de rupture et la dynamo continueront à être actionnés, tandis que le courant cessera de passer dans les autres.

Ainsi, dans le cas d'un éclairage par incandescence en fonctionnement, une rupture d'un conducteur secondaire se produisant en un point D, provoque l'extinction de toutes les lampes branchées au delà du point D. Le défaut se trouve donc entre le dernier branchement aboutissant à des lampes allumées et le premier branchement aboutissant à des lampes éteintes.

800. — Il arrive plus fréquemment qu'une dérivation (conducteur tertiaire, ou fil de dérivation) faite sur un conducteur secondaire soit rompue ; c'est presque toujours alors au point même de la greffe, le conducteur ne présentant plus la même solidité après avoir subi des torsions nécessitées par la greffe.

Cette greffe d'ailleurs peut avoir été faite d'une manière si défectueuse que le contact n'existe pas.

Il est à remarquer que la soudure des greffes diminue considérablement la solidité du fil greffé.

801. — Le plus souvent, la rupture d'un circuit se produit par suite du manque de contact entre deux points du circuit normalement réunis par des bornes, plaques de jonction, etc. C'est sur ces points que l'attention devra donc tout d'abord se porter. On devra examiner ces contacts et les nettoyer avant toute autre chose.

Dans le même ordre d'idées, les interrupteurs peuvent ne pas établir les fermetures de circuit que normalement ils sont appelés à produire, par suite d'oxydation des plots de contact, de brûlures par les étincelles, de l'interposition de corps étrangers, etc.

802. — Pareillement, un mauvais contact des extrémités d'un fil fusible avec le coupe-circuit rompt le circuit correspondant. Il en est de même de la *fusion* du fil fusible. Cette fusion doit se produire normalement par le passage d'un courant trop intense, tel que celui provoqué par une communication directe des conducteurs négatifs avec les conducteurs positifs d'une distribution, comme nous le verrons.

Mais, même en régime normal, des fils fusibles, de diamètre bien calculé, fondent inopinément par suite de contacts imparfaits à leurs points d'attache, ce qui provoque un échauffement anormal.

Dans une distribution, la place du fil fusible fondu est toujours entre le dernier branchement restant en action et le premier branchement où le courant cesse de passer ; on trouvera aisément ce fil fondu et on le remplacera, en prenant les précautions indiquées (**796**).

803. — Au tableau de distribution, le circuit peut quelquefois aussi être rompu, bien que les commutateurs aient été manœuvrés dans le sens convenable (**572**).

Il peut arriver, en effet, que les surfaces de contact des commutateurs soient sales, brûlées par les étincelles, déformées par des soins d'entretien maladroits, ou que les ressorts assurant les contacts aient perdu de leur puissance. Les communications des plots de contact des commutateurs avec les bandes de distribution ou avec les conducteurs secondaires peuvent être rompues, ou les fils fusibles fondus.

L'épreuve de conductibilité conduite intelligemment (**815**) fera aisément découvrir le siège du défaut.

804. Contacts imparfaits. — En règle générale, un contact imparfait en un point d'un circuit se trahit par un échauffement local et anormal ; ce contact doit être remis en bon état. C'est ainsi que, lorsqu'une pièce du tableau de distribution chauffe plus que d'ordinaire, on peut affirmer qu'un mauvais contact existe entre cette pièce et celles auxquelles elle est reliée.

Il est d'une bonne pratique de toucher de temps en temps avec la main les diverses pièces d'un tableau pour constater les échauffements anormaux, s'il en existe.

805. Conducteurs de section insuffisante. — Les conducteurs de section trop faible pour le courant qui les traverse normalement prennent une température exagérée qui caractérise ce défaut.

806. Étincelles aux interrupteurs et commutateurs. — La surface de portage des contacts des interrupteurs ou commutateurs, aussi bien ceux qui se trouvent intercalés sur des conducteurs que ceux du tableau de distribution, doit toujours être suffisante et d'autant plus grande que le courant traversant les contacts est lui-même plus grand. De plus, la rupture des circuits doit toujours se faire par une manœuvre vive et franche. Dans ces conditions, les étincelles observées à la rupture du circuit sont faibles et ne laissent sur les portages que des traces faciles à faire disparaître par un entretien judicieux (**797**).

807. — Mais, si la surface des contacts est trop faible, les étincelles de rupture sont fortes et leurs effets destructeurs importants.

Si, de plus, on ouvre le circuit lentement, un arc voltaïque peut s'établir entre les deux points dont on rompt le contact (**396**), et les pièces de contact peuvent alors brûler complètement.

808. — Dans le cas où un arc voltaïque s'établirait ainsi et où on ne pourrait le rompre en écartant davantage les pièces entre lesquelles il s'est formé, il faudrait rétablir aussitôt le contact pour éteindre l'arc.

En soufflant sur le contact, on empêche l'arc de se former et on l'éteint aussi quand il s'est établi.

809. Défauts d'isolement dans les conducteurs.
— Par suite de l'insuffisance ou de la destruction de leur isolement, les conducteurs d'une distribution peuvent être en communication avec le sol, dans une installation à terre ; sur un navire, les conducteurs peuvent être en communication avec la coque, généralement en fer : on dit encore souvent alors que les conducteurs sont *à la terre*.

Dans les tuyaux métalliques, on trouve souvent des conducteurs dénudés sur plusieurs décimètres de longueur et communiquant alors parfaitement avec le tuyau et toute la masse du navire, s'il est en fer.

810. — La destruction des isolants est due à l'échauffement des conducteurs, à l'humidité, à la vapeur d'eau, aux matières grasses qui imprègnent les conducteurs ; elle est activée par l'oxydation des isolants résultant des décompositions chimiques opérées par le faible courant passant à travers eux. Comme c'est sur l'électrode positive que dans les décompositions chimiques se déposent l'oxygène et les corps oxydants (**371**), ce sont les isolants des conducteurs reliés à la borne positive des dynamos qui seront le plus attaqués.

811. — Les interrupteurs, commutateurs et coupe-circuits peuvent aussi être le siège de communications des circuits avec la terre ou la coque du navire, à cause de l'humidité qui peut les recouvrir et imprégner complètement leurs socles en bois. C'est pour cette raison qu'il faut les essuyer (**796**).

Il en est de même des pièces des tableaux de distribution.

812. — Tant que les conducteurs d'une même espèce, les conducteurs positifs par exemple, communiquent seuls avec la terre ou la coque du navire, par défaut d'isolement, le fonctionnement de l'installation n'en est pas influencé.

Mais, si un conducteur négatif vient aussi, par défaut d'isolement, à communiquer avec la terre ou la coque du navire, les conducteurs positifs et négatifs étant alors en communication directe ou, comme on dit, *en court-circuit,* la dynamo qui alimente l'installation ayant ainsi un circuit extérieur de faible résistance, donne un courant énorme capable d'échauffer considérablement les conducteurs, au point quelquefois de mettre le feu aux isolants de ces conducteurs et aux corps voisins, et même de fondre les conducteurs. C'est pour éviter ces accidents graves qu'on intercale sur les conducteurs des fils fusibles qui provoquent la rupture du circuit en cas d'exagération du courant amené par les court-circuits. Mais pour protéger efficacement, les fils fusibles doivent être en assez grand nombre et ne pas être de section exagérée.

813. — Il est bien clair que le court-circuit pourra se produire par communication directe entre un conducteur positif et un conducteur négatif, si leurs isolants sont tous deux détériorés au même endroit. En particulier, un choc ou une pression un peu grande sur les deux conducteurs voisins peut produire ce résultat. Cette avarie se présente aussi parfois quand, pour retenir sur une muraille deux conducteurs, un positif et un négatif, on use de cavaliers métalliques enfoncés par-dessus les conducteurs et qui entament le plus souvent la gaine isolante. C'est avec des bandes de cuir qu'il faut, s'il y a lieu, maintenir en place les conducteurs.

814. — Quoi qu'il en soit, en général, ce n'est que peu à peu que les défauts d'isolement s'aggravent au point d'amener des court-circuits. Ils commencent généralement par être de peu d'importance.

Il faut donc *mesurer* la grandeur des défauts d'isolement pour en apprécier l'importance, et répéter fréquemment la mesure pour être averti de l'accroissement des défauts et y remédier avant la mise en court-circuit.

L'épreuve d'isolement des conducteurs sera donc *quantitative.*

815. Épreuve de conductibilité. — L'épreuve de conductibilité n'est utile que si le non-fonctionnement de quelque appareil fait soupçonner une rupture de son circuit.

Étant donné que, dans une distribution (**551**), un grand nombre de circuits sont en dérivation, il serait très long de vérifier *à l'avance* la bonne conductibilité de tous ces circuits, et il ne faut pas songer à le faire périodiquement.

La meilleure preuve qu'on puisse avoir du bon état des circuits, au point de vue de la conductibilité, est le bon fonctionnement des appareils alimentés par le courant.

Mais en cas de rupture de circuit, une épreuve de conductibilité peut déceler le point précis du défaut.

On emploie comme précédemment (**741**) une pile de quelques éléments en tension, aux pôles de laquelle on fixe deux fils d'essai. Sur l'un des fils on a intercalé un galvanomètre, un voltmètre par exemple.

816. — La recherche d'un point de rupture se fait toujours en touchant avec les fils d'essai deux points du circuit entre lesquels le défaut est sûrement compris; le voltmètre ne dévie pas, mettant ainsi le défaut en évidence.

Laissant en place l'un des fils d'essai, on touche alors avec l'autre des points de plus en plus rapprochés du circuit, jusqu'à ce que le voltmètre dévie : on vient alors de franchir le défaut.

Il est clair qu'il faut préalablement séparer le circuit essayé de toute source électrique et même de tout autre circuit pouvant établir une communication malgré le défaut.

Ces sortes d'investigations exigent souvent de l'ingéniosité et aucune règle générale ne peut être donnée à cet égard, lorsqu'on a affaire à des circuits complexes, comme ceux d'une distribution d'éclairage par exemple.

817. — Comme exemple, nous supposerons un défaut de conductibilité dans un tableau de distribution, entre une bande de distribution A_1 et l'origine B' du circuit secondaire S_1 (*fig. 168*).

Le conducteur secondaire S_1 étant détaché de la borne B' et le levier du commutateur C_1 étant dans la position indiquée par la figure, toucher avec les fils d'essai la bande A_1 et la borne B' ; si le voltmètre servant aux essais ne dévie pas, c'est qu'en effet un défaut existe entre A_1 et B'.

Laisser l'un des fils d'essai en A_1 et toucher avec l'autre fil successivement la borne B, le conducteur reliant B à H auprès de B, ce même conducteur auprès de H, le secteur H, le levier du commutateur, le plot K_1, le conducteur reliant K_1 à A_1 auprès de K_1, ce même conducteur auprès de A_1, la bande A_1.

Si, par exemple, le voltmètre dévie lorsqu'on touche H, c'est que le conducteur reliant B à H n'est pas en communication avec H.

Si le voltmètre dévie lorsqu'on touche le conducteur BH près de H, c'est que ce conducteur lui-même est rompu entre B et H.

818. Épreuve d'isolement. — On peut faire l'épreuve d'isolement des conducteurs positifs d'une installation par rapport aux conducteurs négatifs, ou des uns et des autres par rapport à la terre ou à la coque du navire.

On peut employer comme source électrique une pile ou une dynamo.

Enfin, l'épreuve d'isolement peut se faire pendant que l'installation ne fonctionne pas ou pendant son fonctionnement.

Nous allons examiner ces divers cas.

819. Épreuve d'isolement, l'installation ne fonctionnant pas. — Pour cette épreuve, il faut rompre toutes les communications normales entre les conducteurs positifs et les conducteurs négatifs.

Enlever les lampes à incandescence de leur support, en laissant en place les coupe-circuits et les interrupteurs de tous les branchements ou dérivations étant fermés.

Séparer les charbons des lampes à arc des projecteurs, si les lampes sont en place.

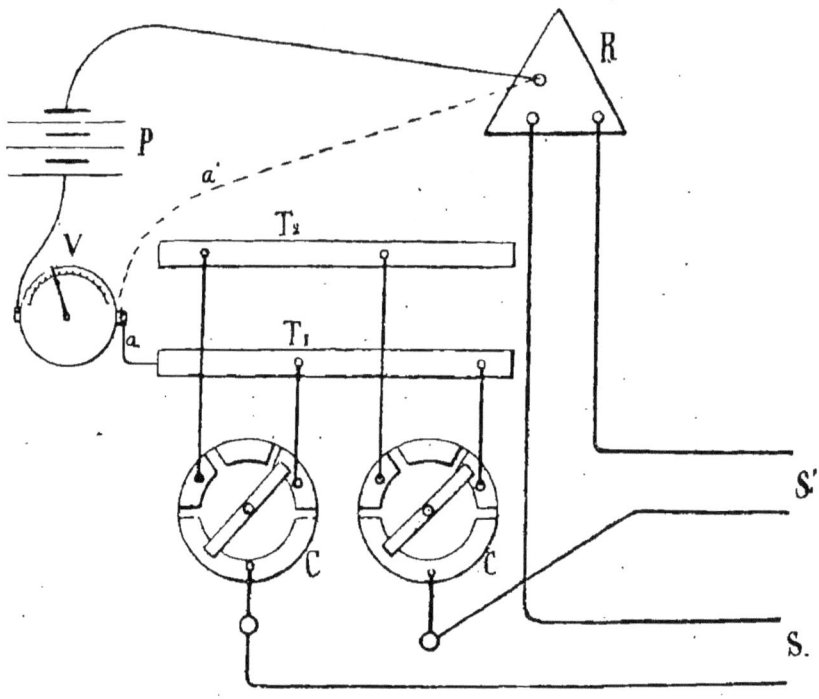

Fig. 200. — Épreuve d'isolement des conducteurs avec une pile et un voltmètre.

Ouvrir les interrupteurs commandant les circuits des autres appareils, moteurs électriques, batteries d'accumulateurs.

820. — EMPLOI D'UNE PILE ET D'UN VOLTMÈTRE. — I. Pour mesurer l'isolement des conducteurs positifs par rapport aux conducteurs négatifs, on relie l'un des pôles de la pile à l'une des bornes du voltmètre, le pôle libre de la pile et la borne libre du voltmètre étant munis de fils d'essai.

On touche avec ces fils d'essai les conducteurs positifs et

CONDUCTEURS ET ACCESSOIRES. 513

les conducteurs négatifs. Le circuit n'est fermé que s'il existe une communication par défaut d'isolement entre les deux faisceaux de conducteurs, puisqu'on a pris soin d'interrompre toute communication normale.

La figure 200 montre la manière dont on peut disposer le circuit, avec les tableaux de distribution ordinaires des navires.

Les conducteurs principaux étant retirés des bornes des dynamos et tenus isolés, relier les pôles de la pile P, d'une part au voltmètre V, d'autre part à la plaque commune R.

Relier la seconde borne du voltmètre, par le fil a, à l'une des bandes de distribution T_1, avec laquelle on met en communication, par une manœuvre convenable des commutateurs C, tous les conducteurs secondaires positifs, qui forment, avec les conducteurs négatifs, les circuits S et S'.

La pile employée doit avoir, autant que possible, une force électromotrice voisine de la différence de potentiel normale de fonctionnement de l'installation. Si, par exemple, l'installation fonctionne à 80 volts, on réunira en tension 50 à 55 éléments Leclanché, ou 40 éléments au bichromate, ou 40 accumulateurs.

821. — Procéder, comme il suit, aux lectures et calculs :

1° Noter la déviation δ du voltmètre avec le circuit disposé comme nous venons de l'indiquer ;

2° Détacher le fil a de la bande de distribution et le porter à la plaque commune en a' ; lire la nouvelle déviation Δ du voltmètre ;

3° La résistance ρ *en ohms* de l'isolement des conducteurs positifs par rapport aux conducteurs négatifs est :

$$\rho = \frac{\Delta - \delta}{\delta} \times g,$$

g étant la résistance *en ohms* du voltmètre.

822. — Comme exemple numérique, supposons qu'avec 35 éléments au bichromate et un voltmètre de résistance égale à 2 060 ohms, nous ayons trouvé :

$$\delta = 8,$$
$$\Delta = 72 ;$$

l'isolement est alors :

$$\rho = \frac{72 - 8}{8} \times 2\,060 = 16\,480 \text{ ohms.}$$

823. — II. Pour mesurer l'isolement des conducteurs reliés à la bande de distribution, par rapport à la coque du bâtiment, il suffit de toucher la coque du navire avec le fil d'essai venant de la pile et allant, sur la figure, à la plaque commune R, le reste des dispositions restant le même.

1° Lire la déviation δ_1 du voltmètre ;

2° Mettre en communication les deux fils d'essai et lire la nouvelle déviation Δ ;

3° Faire le calcul de la résistance d'isolement ρ_1 :

$$\rho_1 = \frac{\Delta - \delta_1}{\delta_1} \times g.$$

On mesurerait de même la résistance d'isolement ρ_2 des conducteurs reliés à la plaque commune, par rapport à la coque.

824. — Emploi d'une dynamo et d'un voltmètre. — On peut employer, au lieu d'une pile, une des dynamos de l'installation tournant à sa vitesse normale.

825. — I. La figure 201 montre la disposition des circuits pour mesurer l'isolement des conducteurs positifs par rapport aux conducteurs négatifs.

Une dynamo M_2 est en relation, par ses conducteurs principaux, avec la plaque commune R et une des bandes de distribution T_2. Nous avons représenté l'ampèremètre A correspondant à cette dynamo, bien qu'il soit inutile pour la mesure, afin de montrer qu'il n'est pas nécessaire de rien changer aux communications existantes.

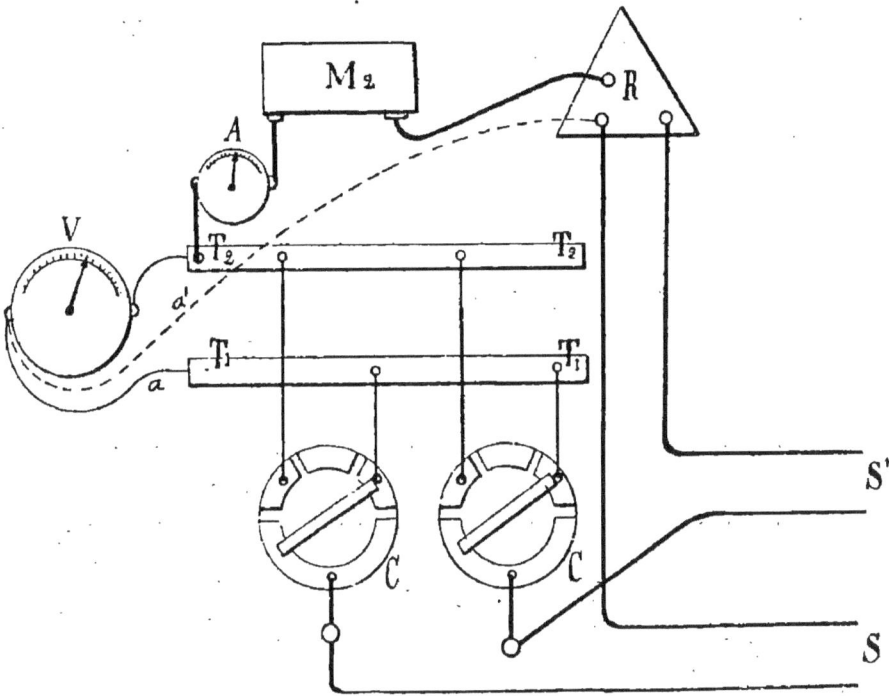

Fig. 201. — Épreuve d'isolement des conducteurs avec une machine et un voltmètre.

On manœuvre les commutateurs C de manière à mettre les conducteurs secondaires positifs des circuits S et S' en communication, non pas avec la bande de distribution T_2 correspondant à la dynamo employée, mais avec une autre bande T_1. Un voltmètre V est intercalé entre les bandes de distribution T_1 et T_2, au moyen de deux fils d'essai fixés à ses deux bornes.

Toutes les lampes à incandescence et autres communications normales étant enlevées entre les conducteurs positifs et négatifs, on met en marche la dynamo à sa vitesse normale ; il n'y a de communications entre les conducteurs positifs et négatifs que par les défauts d'isolement et le courant dû à ces communications passe par le voltmètre.

On procède aux lectures et calculs suivants :

1° Lire la déviation δ du voltmètre ;

2° Enlever de la bande T_1 le fil d'essai a venant du voltmètre et le porter en a' à la plaque commune. La dynamo continuant à tourner à sa vitesse normale, lire la nouvelle déviation Δ du voltmètre ;

3° La résistance ρ de l'isolement est *en ohms* :

$$\rho = \frac{\Delta - \delta}{\delta} \times g,$$

g étant la résistance *en ohms* du voltmètre.

826. — II. Pour mesurer, par exemple, l'isolement des conducteurs positifs par rapport à la terre ou la coque du navire, il suffit de faire communiquer par un fil auxiliaire la plaque commune R avec la terre ou la coque, de lire la déviation δ_1 du voltmètre dans ces conditions ; avec la déviation Δ obtenue comme précédemment en portant le fil a en a' à la plaque commune R, on fait le calcul de la résistance ρ_1 d'isolement des conducteurs d'aller par rapport à la coque :

$$\rho_1 = \frac{\Delta - \delta_1}{\delta_1} \times g.$$

On procéderait d'une manière analogue pour la résistance d'isolement des conducteurs négatifs par rapport à la coque.

827. Épreuve d'isolement pendant le fonctionnement de l'installation. — Dans une installation à terre, on peut aisément déterminer, sans interrompre ni gêner le fonctionnement régulier de l'installation, la résistance d'isolement des conducteurs positifs ou des conducteurs négatifs, par rapport à la terre.

A bord des navires en fer, on peut pareillement mesurer l'isolement des conducteurs par rapport à la coque, à tout instant et pendant que ces conducteurs alimentent les lampes et autres appareils.

828. — Voici comment on procède :
1° Lire la déviation Δ du voltmètre du tableau de distribution mis en relation comme d'ordinaire, par une borne avec la bande positive de la dynamo en fonction et, par l'autre borne, avec la bande négative ;
2° Laisser une des bornes du voltmètre en communication avec la bande positive, rompre la communication de l'autre borne avec la bande négative et mettre cette borne en communication avec la coque ; lire la déviation δ_1 ;
3° Remettre une borne du voltmètre en communication avec la bande négative, détacher de l'autre borne la communication avec la bande positive et mettre cette borne à son tour en communication avec la coque ; lire la déviation δ_2 ;
4° Faire les calculs suivants :

$$\rho_1 = \frac{\Delta - \delta_1 - \delta_2}{\delta_1} \times g,$$

$$\rho_2 = \frac{\Delta - \delta_1 - \delta_2}{\delta_2} \times g.$$

Le nombre ρ_1 représente la résistance d'isolement des conducteurs reliés à la bande négative ; le nombre ρ_2 représente la résistance d'isolement des conducteurs reliés à la bande positive de la dynamo en fonction.

On peut aisément combiner un commutateur facilitant les diverses communications successives du voltmètre.

829. Minimum d'isolement qu'on doit exiger d'une installation. — Dans une installation d'éclairage par incandescence nouvellement faite, on peut exiger 1 000 ohms par volt développé normalement, pour 100 lampes ; 500 ohms par volt pour 200 lampes ; et ainsi de suite, l'isolement exigible décroissant à mesure que le nombre des lampes augmente.

Ainsi pour une installation de 350 lampes, fonctionnant normalement à 80 volts, on devrait avoir :

$$\rho = \frac{1\,000}{3,5} \times 80 = 22\,860 \text{ ohms.}$$

830. — La résistance ρ d'isolement entre les conducteurs positifs et négatifs est considérée sur un navire en fer comme égale à la somme des résistances d'isolement ρ_1 et ρ_2 des conducteurs positifs ou des conducteurs négatifs par rapport à la coque.

831. — L'isolement obtenu au début ne se maintient pas ; il décroît peu à peu, pour les raisons que nous avons données (**810**). Il y a lieu de veiller et de localiser les points plus spécialement défectueux comme isolement, lorsque l'isolement descend au-dessous de 10 ohms environ par volt. L'épreuve d'isolement, faite comme nous l'avons indiqué, est très courte ; elle peut donc et doit être faite régulièrement, chaque jour.

832. Localisation des défauts d'isolement. — Pour localiser un défaut d'isolement mis en évidence par une valeur de l'isolement très inférieure aux chiffres habituellement obtenus ou qu'on est en droit d'exiger de l'installation, on dispose les choses comme pour mesurer l'isolement et on ouvre successivement les divers circuits secondaires en manœuvrant les commutateurs du tableau de distribution, tout en observant à chaque fois la déviation δ du voltmètre.

Si, après l'ouverture d'un circuit secondaire, la déviation du voltmètre baisse, c'est que le conducteur secondaire correspondant comprend un défaut notable.

833. — Pour localiser davantage le défaut, on opère avec le circuit secondaire défectueux mis seul en relation avec le voltmètre et on coupe successivement les divers branchements ou tronçons de ce circuit, en s'aidant pour cela des coupe-circuits. On arrive ainsi à déterminer le branchement ou le tronçon où le défaut est localisé et un examen un peu attentif fera découvrir le point plus spécialement avarié.

834. Fausses indications des voltmètres et ampèremètres des tableaux de distribution. — I. Souvent les ampèremètres et voltmètres des tableaux de distribution ne donnent d'indications que dans un sens et, bien entendu, l'installation est alors faite de façon que le courant passant dans ces appareils fasse dévier l'aiguille du bon côté.

Il peut arriver cependant qu'à un moment donné un ampèremètre, par exemple, placé sur le conducteur principal venant d'une dynamo, ait son aiguille déviée en sens inverse du sens normal.

835. — 1° Ou bien on a mal établi les communications des conducteurs principaux avec les bornes de la dynamo ; on a, par exemple, mis en communication avec la borne négative de la dynamo (marquée — ou N) le conducteur principal aboutissant à la borne marquée + de l'ampèremètre.

Il suffit alors d'échanger les communications des conducteurs principaux avec les bornes de la dynamo pour rétablir les choses dans l'état normal.

836. — 2° Ou bien les bornes de la dynamo elles-mêmes sont inversées, par suite d'une erreur commise dans l'aimantation au moyen d'une source auxiliaire (**711**) ; la borne de la dynamo marquée + ou P est alors en réalité la borne négative.

On peut vérifier cette inversion des bornes de la dynamo, en mettant directement en dérivation entre les bornes un voltmètre et en constatant que lorsqu'elle tourne, on a une déviation du voltmètre dans le bon sens en mettant la borne + du voltmètre en communication avec la borne N de la dynamo.

Pour obtenir dans l'ampèremètre du tableau une déviation

dans le sens convenable, il faut alors, ou bien tout simplement échanger les communications de conducteurs principaux avec les bornes de la dynamo et de plus corriger aussi les marques des bornes de la dynamo ; ou bien changer l'aimantation au moyen d'une source auxiliaire ; il vaut beaucoup mieux s'en tenir au premier procédé, plus expéditif.

837. — 3° Lorsque l'ampèremètre du tableau dévie dans le bon sens et que le voltmètre seulement a une déviation inversée, c'est que les communications de ce voltmètre avec la bande positive et la bande négative sont inversées ; il n'y a qu'à échanger entre eux les fils fixés aux bornes du voltmètre.

838. — II. Les indications des instruments de mesure peuvent aussi être erronées parce que la graduation est devenue fausse avec le temps, ou par l'action des masses aimantées voisines.

Nous avons indiqué (**138**) les méthodes permettant de vérifier la graduation des ampèremètres et des voltmètres et de déterminer, s'il y a lieu, la constante ou le coefficient par lequel il convient de multiplier les indications de ces instruments pour les corriger.

CHAPITRE V

LUMIÈRE ÉLECTRIQUE

839. Réglage d'un arc voltaïque au moyen d'une lampe à main. — Nous allons indiquer ici en détail la succession des opérations nécessaires au réglage dont nous avons indiqué plus haut les principes (**408**). Nous supposerons la lampe placée dans un projecteur.

840. — MISE EN PLACE DES CHARBONS. — Placer les charbons de manière que leurs axes soient parallèles et dans le même plan vertical ; de plus, reculer l'axe du charbon positif supérieur vers la tige carrée A *(fig. 173)*, tout en maintenant les deux axes dans le même plan vertical et parallèles, de manière qu'il y ait entre les génératrices des deux charbons un écart de 3 mm environ, comme le montre la figure 98. On y arrive soit en agissant sur les vis T ou T' *(fig. 173)*, soit en modifiant la position ou l'épaisseur des cales qui maintiennent les charbons dans la douille des porte-charbons. Les charbons étant bien placés, les écarter l'un de l'autre au moyen du volant.

Cette mise en place des charbons est très importante pour le bon fonctionnement de l'arc voltaïque.

841. — MISE EN MARCHE DE LA DYNAMO. — La dynamo qui doit actionner l'arc voltaïque est mise en marche à sa vitesse normale, et l'opérateur qui manœuvre l'arc doit être prévenu que la mise en marche est effectuée et qu'il peut allumer l'arc.

Il prévient à son tour la dynamo, quand il le peut, qu'il va allumer et il fait fermer le commutateur correspondant du tableau de distribution.

842. — Allumage. — S'assurer, comme il est dit plus loin (**867**), que le courant arrive dans la lampe par le charbon supérieur.

843. — Mettre les charbons au contact en les rapprochant au moyen du volant de manœuvre.

On est averti du contact par la chute brusque de la déviation du voltmètre mis en dérivation entre les bornes de la lampe (**415**).

844. — Aussitôt que les charbons sont au contact, les écarter vivement ; l'arc s'allume. Continuer à écarter les charbons d'abord rapidement, puis plus lentement, jusqu'à ce qu'on ait obtenu un arc satisfaisant.

845. — Observer la déviation du voltmètre en dérivation (**415**), quand l'arc est devenu bon. Maintenir quelques minutes l'arc dans ces conditions en rapprochant les charbons, au moyen du volant M (*fig. 173*), au fur et à mesure qu'ils s'usent, et s'efforçant de maintenir ainsi constante la déviation du voltmètre, c'est-à-dire la différence de potentiel entre les charbons. Ceux-ci se taillent alors d'une manière convenable.

846. — Détermination des limites supérieure et inférieure de l'arc. — Écarter progressivement les charbons en observant le voltmètre : des flammes de plus en plus longues se produisent autour des charbons ; s'arrêter pour une certaine longueur de flammes, que l'habitude fait juger trop grande, pour les charbons particuliers employés.

Noter la déviation D_1 du voltmètre à ce moment : elle correspond à la différence de potentiel limite supérieure qu'il ne faudra pas dépasser dans le maniement de la lampe (**415**).

847. — Rapprocher les charbons jusqu'à faire disparaître presque entièrement les flammes. Laisser de nouveau l'arc fonctionner quelques minutes avec l'écart correspondant, en maintenant constante la différence de potentiel au voltmètre.

848. — Rapprocher les charbons très lentement, tout en observant le voltmètre ; à un moment donné, des sifflements très légers se produisent ; noter la déviation D du voltmètre à cet instant et écarter vivement les charbons pour empêcher les sifflements de s'accentuer, ce qui aurait pour résultat d'abîmer la taille des charbons. La déviation D correspond à la différence de potentiel limite inférieure au-dessous de laquelle il ne faut jamais descendre dans le maniement de la lampe.

849. — DÉTERMINATION DE L'ARC NORMAL. — Choisir comme différence de potentiel normale une différence de potentiel correspondant à une déviation D' du voltmètre comprise entre D et D_1. Suivant le plus ou moins d'habileté de l'opérateur, on prend D' plus ou moins voisin de D.

850. — Manœuvrer le volant de manière à obtenir D' au voltmètre. Il suffit, pour y parvenir, de se rappeler qu'en écartant les charbons on augmente la différence de potentiel et qu'on la diminue en les rapprochant.

851. — MAINTIEN DE L'ARC NORMAL. — Si l'on veut maintenir un arc parfait, maintenir constamment et rigoureusement la déviation D' au voltmètre, en agissant sur le volant de manœuvre ; les mouvements brusques doivent être évités, et le rapprochement des charbons doit se faire par petits mouvements successifs.

852. — Si l'arc doit être tenu longtemps, on peut, pour éviter une fatigue trop grande provoquée par une attention soutenue, opérer de la manière suivante :
Se fixer, outre la déviation normale D', une déviation D'_1

comprise entre D' et la déviation limite supérieure D_1. Ramener l'arc à la déviation D' et, sans toucher au volant, laisser l'arc s'allonger jusqu'à ce que la déviation atteigne la valeur D'_1; rapprocher alors les charbons jusqu'à retrouver D', et ainsi de suite. La manœuvre ne se fait ainsi que de temps en temps, toutes les deux ou trois minutes; la main peut abandonner le volant de manœuvre, et il suffit de jeter un coup d'œil sur le voltmètre pour savoir s'il est temps de rapprocher de nouveau les charbons.

853. Réglage d'un arc voltaïque au moyen d'une lampe mixte inclinée, modèle Sautter et Harlé. — La lampe mixte étant, comme nous l'avons dit (**605**), la réunion d'une lampe à main et d'un régulateur automatique, nous aurons à étudier successivement le réglage à la main et le réglage automatique.

854. — Réglage a la main. — Manœuvrer le commutateur X (*fig. 175 et 176*) de manière à interrompre la communication des fils des électro-aimants régulateur et relais avec la borne négative. Pour cela, porter vis-à-vis de la lettre M (main) la queue du commutateur située à l'extérieur.

Le placement des charbons, l'allumage et les autres opérations nécessaires au réglage se font alors identiquement comme pour la lampe à main (**840**).

855. — Réglage automatique. — Placer les charbons comme il a été dit pour la lampe à main (**840**), après avoir placé la queue du commutateur X sur la lettre M.

856. — Tendre le ressort de l'électro-aimant-relais plus qu'il n'est nécessaire. Pour tendre le ressort, tourner l'écrou *v* (*fig. 175*) dans le sens de la flèche E tracée sur le socle.

857. — S'assurer que la queue du commutateur X est bien sur la lettre M ; mettre en marche la dynamo ou fermer au tableau de distribution le commutateur correspondant à l'arc voltaïque.

858. — Allumer à la main, déterminer les limites supérieure et inférieure de l'arc, choisir l'arc normal, comme pour la lampe à main (**843** à **850**), en agissant sur le volant de manœuvre M.

859. — Tenir l'arc normal à la main pendant quelques minutes, en se servant du voltmètre en dérivation aux bornes de la lampe (**851**).

Abandonner l'arc à lui-même jusqu'à ce que la différence de potentiel au voltmètre soit un peu supérieure à la différence de potentiel normale.

860. — Mettre la queue du commutateur X sur la lettre A (automatique) ; diminuer progressivement la tension du ressort de l'électro-aimant-relais au moyen de l'écrou v (sens de la flèche R).

On arrive ainsi à rendre la tension du ressort plus petite que celle qui fait équilibre à l'attraction de l'électro-aimant sous l'influence de la différence de potentiel normale D'. L'armature est alors attirée et les charbons se rapprochent (**607**). On entend le bruit produit par les mouvements des armatures.

861. — Par ce mouvement de rapprochement, la différence de potentiel lue au voltmètre devient plus petite qu'auparavant ; si elle est égale à la différence de potentiel normale D', le réglage du ressort est terminé. Si cette différence de potentiel est encore plus grande que D', on diminue encore un peu la tension du ressort ; les charbons se rapprochent de nouveau et la différence de potentiel lue au voltmètre diminue encore.

On arrive ainsi très vite à faire en sorte que le rapprochement des charbons ramène la différence de potentiel à sa valeur normale.

862. — Si, par maladresse, on diminue trop la tension du ressort, il arrive que le rapprochement des charbons conduit à une différence de potentiel plus petite que D′ ; il faut alors tendre le ressort un peu plus, attendre que l'usure des charbons ait augmenté la différence de potentiel et fait fonctionner le rapprochement automatique ; lorsque celui-ci a cessé, la lecture du voltmètre montre si la différence de potentiel est maintenant égale à la valeur normale, si elle est plus grande ou plus petite.

Après quelques tâtonnements, le réglage est achevé.

863. — Le réglage du ressort effectué, abandonner la lampe à elle-même.

864. — Lorsqu'on ne modifie pas la tension du ressort, le réglage effectué dans une séance peut servir pour une autre. Les charbons étant en place, non au contact, si on ferme le circuit de la lampe, l'arc s'allume automatiquement et se règle ensuite aussi automatiquement. L'opérateur n'a plus dès lors à intervenir.

865. — REMARQUE. — Le seul ressort dont la tension ait besoin d'un réglage est celui de l'électro-aimant-relais. Le ressort de l'électro-aimant régulateur F doit permettre l'attraction de l'armature toutes les fois que le circuit de cet électro-aimant est mis en relation avec la source électrique ; ce ressort ne doit donc pas être trop fort (*fig. 177*).

866. — Pareillement le ressort R′ de l'électro-aimant allumeur G (*fig. 175*) doit permettre l'attraction de l'armature aussitôt que les charbons sont au contact. Ce ressort ne doit pas être trop fort et ne pas arracher l'armature, lorsque le courant passant dans l'arc diminue quelque peu par suite d'une variation de la source électrique.

Lorsqu'on voit, pendant le fonctionnement, les charbons se rapprocher brusquement sans qu'on ait éteint l'arc, c'est qu'en effet l'électro-aimant allumeur abandonne inopinément son armature.

Il y a lieu de diminuer la tension du ressort R' de l'allumeur.

867. Observations générales sur le fonctionnement des lampes à arc. — 1° Pour découvrir le cratère positif dans les arcs employés dans les projecteurs, on place le charbon positif à la partie supérieure et on le déplace par rapport au charbon négatif (**840**). Il est clair qu'il faut alors avoir soin d'établir les communications de la lampe avec la source, de manière qu'en effet le courant arrive par le charbon supérieur.

Pour s'en assurer avant l'allumage (**842**), vérifier que la borne marquée + du voltmètre est bien en communication avec la borne positive P de la lampe. Si le voltmètre dévie du côté gradué, le courant arrive à la lampe dans le bon sens. Dans le cas contraire, il faut échanger entre eux les conducteurs mis aux bornes du projecteur ou de la lampe.

868. — 2° Lorsque l'écart latéral des axes des deux charbons est convenable, le cratère vu à travers le trou circulaire pratiqué sur le fond du projecteur présente l'aspect d'un cercle brillant et très net.

Si le cratère ainsi vu est une ellipse allongée dans le sens vertical, l'écart des axes est trop grand ; il faut rapprocher l'axe du charbon positif de celui du négatif, en agissant sur la vis commandant ce mouvement.

Si le cratère est une ellipse allongée dans le sens horizontal, l'écart latéral des axes des charbons est trop faible ; on l'augmente légèrement.

869. — 3° L'extinction volontaire ou accidentelle d'un arc provoque toujours une *accélération* de la vitesse de la dynamo, parce qu'elle diminue l'intensité du courant produit.

On préviendra donc, autant que possible, la machine avant ces extinctions.

Lorsque le régulateur de vitesse ne fonctionne pas bien, la dynamo *s'emballe*.

870. — 4° Lors de l'allumage, la mise au contact des charbons ferme la dynamo sur un circuit peu résistant; l'intensité du courant qu'elle produit est alors considérablement augmentée et sa vitesse *diminue,* au moins momentanément.

Il faut ne maintenir les charbons au contact que le moins de temps possible.

Il est bon en outre de prévenir la machine de l'allumage d'un arc et, quand on le peut, de n'allumer jamais qu'un arc à la fois. Si, en effet, plusieurs arcs sont allumés en même temps avec la même dynamo, si la mise au contact des charbons est simultanée et dure quelque peu, l'accroissement de l'intensité du courant produit par la dynamo peut être assez grand pour causer des avaries dans les conducteurs, ou faire fondre les fils fusibles des conducteurs principaux. Le ralentissement de la vitesse est en tous cas très marqué, et la dynamo peut même être en quelque sorte calée momentanément.

871. Épreuves des lampes à arc. — L'épreuve de conductibilité du circuit d'une lampe à arc se fait en mettant les charbons en place et au contact.

Deux fils d'essai sont fixés aux bornes d'une pile de quelques éléments; sur l'un d'eux on a intercalé un voltmètre.

Avec ces fils d'essai, on touche les bornes de la lampe séparée préalablement de tout autre circuit. Lorsque le voltmètre dévie, la conductibilité est bonne.

Si le voltmètre ne dévie pas, rechercher le point de rupture du circuit, ainsi que nous l'avons indiqué à diverses reprises, en déplaçant l'un des fils d'essai le long du circuit de la lampe, jusqu'à ce que le voltmètre dévie.

872. — On fait l'épreuve d'isolement avec l'ensemble pile et voltmètre indiqué précédemment.

Mais les charbons sont écartés ou enlevés.

La borne positive de la lampe étant normalement en communication avec le socle de la lampe, on s'assure que la borne négative et les fils qui s'y rattachent sont isolés du socle. Pour cela, on touche avec les fils d'essai d'une part la borne négative, de l'autre le socle ; le voltmètre ne doit pas dévier.

Lorsqu'on a affaire à une lampe mixte, on prend soin de mettre sur A la manette du commutateur.

873. Lampes à incandescence. — Nous allons indiquer ici les quelques précautions qu'il convient d'apporter pour la mise en place des lampes à incandescence et les causes de mauvais fonctionnement.

874. — Montage d'une lampe a incandescence dans une douille Pieper. — Visser le culot de la lampe dans le ressort formant écrou, en contre-tenant l'extrémité de celui-ci avec le bout du doigt, de manière à l'ouvrir légèrement.

875. — Ne visser la lampe que ce qu'il faut pour obtenir le contact entre la base du culot et le disque de contact du fond de la douille (**426**).

Si la lampe est trop vissée, le ressort perd toute son élasticité ; en outre, il peut être déformé au point qu'on ne puisse dorénavant ni retirer la lampe en place, ni la remplacer par une autre.

876. — Laisser, au contraire, au ressort la plus grande élasticité possible. On doit pouvoir faire céder le ressort en tirant légèrement sur la lampe. Lorsqu'on abandonne celle-ci, un léger choc annonce que le contact ci-dessus indiqué existe.

Nettoyer à la toile émerisée les contacts dont il vient d'être question.

877. — Pour enlever une lampe, dévisser le culot en contre-tenant avec le doigt l'extrémité du ressort.

878. — Mauvaise fixation des fils a la douille. — Une lampe à incandescence peut ne pas s'allumer parce que les fils de dérivation ne sont pas en communication parfaite avec le disque de contact placé au fond de la douille ou le ressort formant écrou. Vérifier ces communications et les assurer.

879. — Rupture du filament. — La rupture du filament d'une lampe, amenée par son usure normale ou par un choc, interrompt naturellement le courant. Cette avarie, facile à constater, exige le remplacement de la lampe.

TABLE DES MATIÈRES

PREMIÈRE PARTIE

ÉTUDE ÉLÉMENTAIRE DES COURANTS ÉLECTRIQUES DE LEUR MODE DE PRODUCTION ET DE LEUR UTILISATION

CHAPITRE PREMIER
NOTIONS DE MAGNÉTISME

	Pages.
Aimants naturels	1
Métaux magnétiques	2
Aimants artificiels	2
Pôles des aimants	4
Action de la terre sur les aimants	4
Actions réciproques des pôles de deux aimants	6
Aimant directeur	6
Aimantation par contact ou par frottement	7
Aimantation par influence	9
Conservation de l'aimantation	11
Champ magnétique d'un aimant	11
Écran magnétique	19

CHAPITRE II
COURANTS ÉLECTRIQUES

Comment se manifeste un courant électrique ; phénomène d'Œrstedt	21
Galvanomètre	22
Sens d'un courant électrique ; loi d'Ampère	24
Phénomènes du courant électrique	27
Conducteurs et isolants	29

TABLE DES MATIÈRES.

Pages.

Circuit électrique. 30
Moyen d'obtenir un courant électrique. 32
Diverses sortes de courants électriques. 33

CHAPITRE III

ÉLÉMENTS D'UN COURANT ÉLECTRIQUE ; LOIS NUMÉRIQUES QUI LES RELIENT ; LEUR MESURE

§ 1. *Éléments d'un courant électrique.*

Intensité d'un courant électrique 34
Quantité d'électricité fournie par un courant électrique. 35
Différence de potentiel entre deux points d'un conducteur parcouru
   par un courant électrique 35
Résistance électrique des conducteurs 36
Force électromotrice d'une source électrique 39

§ 2. *Relations entre les éléments d'un courant électrique.*

Lois de Ohm. 40
Circuits dérivés. 43
   Intensité d'un courant dérivé. 44
   Courant principal. 45
   Résistance présentée par un ensemble de dérivations. . . . 46
   Relations entre le courant principal et les courants dérivés . 47
   Shuntage des galvanomètres 48

§ 3. *Mesures électriques.*

Généralités sur les mesures électriques 49
Mesures de l'intensité d'un courant ; ampère 52
   Ampèremètres 54
   Ampèremètre Deprez et Carpentier. 54
   Ampèremètre Sautter et Harlé 57
   Ampèremètre Bréguet. 60
   Manière de mesurer un courant avec un ampèremètre . . . 61
Mesure des quantités d'électricité ; coulomb 62
Ohm, ou unité pratique de résistance 63
   Bobines et caisses de résistance. 64
   Rhéostats 66

TABLE DES MATIÈRES. 533
Pages.

Calcul de la résistance d'un conducteur 69
    Variation de la résistance d'un conducteur avec sa température et sa pureté 70
    Résistance des métaux purs et alliages usuels. 72
    Résistance spécifique de quelques liquides 72
Volt, ou unité pratique de différence de potentiel 73
Calcul des différences de potentiel et des forces électromotrices. . 73
Voltmètres. 76
    Voltmètre Deprez et Carpentier 78
    Voltmètre Sautter et Harlé 79
    Voltmètre Bréguet. 79
    Voltmètre étalon 80
    Mesure d'une différence de potentiel avec un voltmètre. . . 82
Mesure de la résistance d'un conducteur parcouru par un courant, au moyen d'un ampèremètre et d'un voltmètre 83
Étalonnage des instruments de mesure. 85

§ 4. *Problèmes divers sur les grandeurs électriques et les lois qui les relient.*

Problèmes. 88

CHAPITRE IV

PHÉNOMÈNES CALORIFIQUES DU COURANT ÉLECTRIQUE

Échauffement des conducteurs par les courants 93
Circonstances dont dépend l'échauffement des conducteurs . . . 95
Loi de Joule. 96
Travail électrique dans un conducteur ; joule ou unité pratique de travail ; rapport avec le kilogrammètre. 97
Puissance électrique développée dans un conducteur ; watt, ou unité pratique de puissance ; rapport avec le cheval-vapeur 99
Problèmes. 100

CHAPITRE V

AIMANTATION PAR LES COURANTS ; ÉLECTRO-AIMANTS

Hélice magnétisante. 103
Règles pour trouver les pôles. 104
Points conséquents 105

TABLE DES MATIÈRES.

Pages.

Électro-aimants... 106
   Forme et construction des électro-aimants 106
     Armatures... 108
     Magnétisme rémanent................................. 108
     Puissance des électro-aimants 109

CHAPITRE VI

PILES ÉLECTRIQUES

Couple voltaïque... 114
Définitions générales relatives à un élément de pile 115
Cause du courant produit par un élément de pile 116
Zinc amalgamé.. 117
Polarisation d'un couple voltaïque........................... 118
Divers modes d'association des éléments des piles 120
Calcul de l'intensité du courant produit par une pile dans un circuit extérieur déterminé................................. 122
    1° La pile comprend un seul élément 124
    2° Éléments associés en tension...................... 125
    3° Éléments associés en quantité 127
    4° Association mixte.................................. 130
Différence de potentiel entre les deux pôles d'une pile ; comparaison avec la force électromotrice 134
Mesure de la force électromotrice d'une pile 135
Mesure de la résistance intérieure d'une pile 136
Tableau des forces électromotrices des couples usuels 138

CHAPITRE VII

PRODUCTION DES COURANTS ÉLECTRIQUES PAR LE PHÉNOMÈNE DE L'INDUCTION

Courants d'induction... 139
Loi de la boucle... 143
Loi de Lenz.. 145
Courants de Foucault... 146
Force électromotrice et intensité des courants induits....... 147
Effets des courants induits.................................. 150
Extra-courants... 150

TABLE DES MATIÈRES.   535

CHAPITRE VIII

MACHINES ÉLECTRIQUES

§ 1. *Généralités sur les machines électriques.*

	Pages.
Constitution générale d'une machine électrique	152
Induit	152
Noyaux en fer de l'induit	153
Commutateur; collecteur; balais	155
Inducteur	155
Divers modes d'excitation des dynamos	158
Excitation en série	158
Excitation en dérivation	161
Excitation compound	162

§ 2. *Machine Gramme.*

Anneau Gramme	162
Collecteur	164
Inducteur	165
Fonctionnement de la machine Gramme	167
Calage des balais	173

§ 3. *Grandeurs intéressant les machines électriques.*

Dynamos excitées en série.

Relations entre les diverses grandeurs électriques d'une dynamo excitée en série	175
Fonctionnement d'une dynamo en série sur un circuit extérieur de résistance variable	178
Caractéristiques	182

Dynamos excitées en dérivation.

Relations entre les grandeurs électriques principales d'une dynamo excitée en dérivation	184
Fonctionnement d'une dynamo excitée en dérivation sur un circuit extérieur de résistance variable; caractéristique	187

Dynamos à excitation compound.

Relations entre les grandeurs électriques principales d'une dynamo à excitation compound	188
Fonctionnement d'une dynamo à excitation compound sur un circuit extérieur de résistance variable; caractéristique	191

CHAPITRE IX

MOTEURS ÉLECTRIQUES

	Pages.
Réversibilité des machines électriques	194
Fonctionnement d'un moteur électrique	195
Divers modes d'excitation des moteurs électriques	198
Calage des balais dans les électromoteurs	202
Force contre-électromotrice des moteurs électriques	202
Étude générale du fonctionnement des moteurs électriques	206
Manœuvre des moteurs électriques	215
Mise en marche	215
Variation de la vitesse	216
Arrêt ; mise en court-circuit	216
Inversion du sens de la rotation	218

CHAPITRE X

ACCUMULATEURS ÉLECTRIQUES

Courants secondaires	223
Force contre-électromotrice de polarisation	226
Formation des accumulateurs au plomb	228
Accumulateurs à oxyde de plomb	229
Force électromotrice et résistance intérieure d'un accumulateur au plomb	230
Batteries d'accumulateurs	231
Courant de charge des accumulateurs	231
Débit	232
Capacité	232

CHAPITRE XI

LUMIÈRE ÉLECTRIQUE PAR ARC VOLTAÏQUE

Arc voltaïque	234
Taille des charbons	234
Lumière produite	235
Divers états d'un arc voltaïque	236
Réglage des arcs voltaïques	237
Réglage d'un arc à la main	239

	Pages.
Régulateurs automatiques	240
Régulateurs en série, ou d'intensité	240
Régulateurs en dérivation, ou de différence de potentiel	242
Régulateurs différentiels	243
Grandeurs caractéristiques des arcs voltaïques employés dans la marine	244

CHAPITRE XII

LUMIÈRE ÉLECTRIQUE PAR INCANDESCENCE

Lampes à incandescence	245
Douille Pieper	246
Éclat normal des lampes	247
Constantes électriques normales d'une lampe à incandescence	248
Durée des lampes à incandescence	250
Conditions que doit remplir un éclairage par incandescence	250
Divers types de lampes à incandescence employés dans la marine	251

DEUXIÈME PARTIE

DESCRIPTION DES APPAREILS DE PRODUCTION ET D'UTILISATION DES COURANTS ÉLECTRIQUES

CHAPITRE PREMIER

PILES ÉLECTRIQUES

Élément à eau de mer	253
Avantages, inconvénients et usages	254
Éléments dépolarisés	254
Élément au bichromate de potasse	255
Avantages, inconvénients, usages	258
Pile au bichromate de potasse de la marine	258
Élément Leclanché	259
Piles Leclanché de la marine	262
Avantages, inconvénients, usages	262

CHAPITRE II

MACHINES ÉLECTRIQUES

	Pages.
Nomenclature des divers types de dynamos employés dans la marine	264
Dynamos Gramme type M ou PM, pour canots à vapeur	264
Dynamos Gramme CT ou PCT, pour grands bâtiments.	270
Dynamo Gramme bipolaire, type Hc	272
Régulateurs de vitesse.	278
Dynamo Gramme triplex, type Z	282
Dynamo Gramme triplex, type S.	286
Dynamo duplex Bréguet	290
Dynamos multipolaires de la Société alsacienne	291
Dynamo Desroziers	294
Dynamos Siemens et Edison	296
Dynamo à enroulement Brown et à pôles redresseurs.	297
Accouplement des dynamos.	301

CHAPITRE III

ACCUMULATEURS

Accumulateur Julien.	307
Accumulateur Laurent-Cély.	308
Association des accumulateurs en batteries	311
Disjoncteur automatique	312
Rhéostat employé pour la charge ou la décharge d'une batterie d'accumulateurs	314

CHAPITRE IV

CONDUCTEURS ET ACCESSOIRES

Substances diverses employées pour former les conducteurs	315
Forme des conducteurs	316
Isolement des conducteurs.	316
Isolement faible	317
Isolement moyen.	317
Isolement fort	317
Protection de l'isolement des conducteurs	318
Assemblages et greffes des conducteurs	319
Interrupteurs et conjoncteurs.	324

TABLE DES MATIÈRES.

	Pages.
Commutateurs	325
Isolateurs	327
Coupe-circuits	328
Dimensions des fils fusibles	329
Rhéostats	331
Diamètre des fils constituant un rhéostat	331

CHAPITRE V

DISTRIBUTION DU COURANT ÉLECTRIQUE A BORD DES NAVIRES

Disposition générale des conducteurs principaux, secondaires et de dérivation	333
Règles à observer pour l'établissement d'un système de distribution en dérivation	336
Détermination de la section à donner aux conducteurs d'une distribution	338
Conducteurs principaux	339
Conducteurs secondaires	340
Conducteurs tertiaires	341
Fils de dérivation	342
Tables	343
Divers modes de distribution employés à bord des navires	346
Tableau de distribution unique	347
Deux tableaux de distribution, les dynamos partagées en deux postes	351
Tableau de répartition, avec plusieurs tableaux de distribution	352
Deux tableaux de répartition, les dynamos partagées en deux postes	357
Tableau général de distribution, avec couplage des dynamos en quantité	363
Deux tableaux généraux de distribution, les dynamos, couplées en quantité, étant partagées en deux postes	366

CHAPITRE VI

APPAREILS D'ÉCLAIRAGE ÉLECTRIQUE

Lampe à arc à main	377
Lampe mixte inclinée, système Sautter et Harlé	379
Lampe mixte horizontale, système Bréguet	387
Lampe mixte horizontale, système Sautter et Harlé	391

	Pages.
Résistances intercalaires des projecteurs	399
Projecteurs Mangin	400
Projecteurs paraboliques Bréguet	402
Projecteurs commandés à distance	402
Commande électrique des projecteurs, système Sautter et Harlé	405
Commande électrique des projecteurs, système Bréguet, nouveau modèle	412

CHAPITRE VII

APPAREILS COMMANDÉS PAR DES MOTEURS ÉLECTRIQUES ; DISPOSITIFS DE MANŒUVRE

Perceuses électriques	416
Ventilateurs électriques	419
Monte-charges électriques	421
Monte-charges électriques alternatifs	423
Système du bloquage	426
Système du déclanchement	430
Système des relais	431
Noria électrique	436
Manœuvre électrique des canons	438

TROISIÈME PARTIE

CONDUITE, ENTRETIEN, AVARIES ET ÉPREUVES DES APPAREILS DE PRODUCTION ET D'UTILISATION DES COURANTS ÉLECTRIQUES

CHAPITRE PREMIER

PILES ÉLECTRIQUES

Montage et entretien d'un élément à eau de mer	440
Montage et entretien d'une pile vigilante	440
Préparation des solutions	440
Préparation de la pile	441
Entretien	442

TABLE DES MATIÈRES.

Pages.
Montage d'une pile Leclanché. 442
Chargement et entretien d'une pile Leclanché à l'agar-agar 445
Procédés d'amalgamation du zinc 448
Précautions et soins généraux à prendre pour l'usage des diverses
    piles 448
Épreuves des piles 449
      Interprétation des résultats donnés par les épreuves 450

CHAPITRE II

MACHINES ÉLECTRIQUES

Mise en marche d'une machine électrique.

Préparatifs de mise en marche 452
Mise en marche. 454

Soins pendant la marche.

Observations des instruments de mesure 457
Manœuvres régulières ; leurs effets 458
Remplacement d'une dynamo par une autre 459

Entretien des dynamos.

Généralités. 461
Entretien des inducteurs. 462
Entretien de l'induit. 462
Entretien du collecteur 462
Démontage de l'induit. 463
Entretien des balais. 464
Entretien du régulateur de vitesse 464

Causes de mauvais fonctionnement des dynamos.

Généralités 464
I. La différence de potentiel est nulle ou très faible ; l'intensité exté-
    rieure est nulle ou très faible 465
      1° Pas d'étincelles, ou faibles étincelles au collecteur . . . 465
          a) Défaut de communication du voltmètre avec la dynamo. 466
          b) Défaut d'amorçage de la dynamo, par insuffisance de
            magnétisme résiduel, ou inversion des connexions
            des inducteurs. 467
          c) Rupture du circuit de l'induit, ou des inducteurs ; dé-
            faut de portage des balais sur le collecteur. 469
          d) Court-circuit dans l'induit ou les inducteurs 470

TABLE DES MATIÈRES.

Pages.

  2° Fortes étincelles au collecteur 472
    Court-circuit entre les bornes de la dynamo. 472
II. La différence du potentiel est plus faible que sa valeur normale. 472
  1° La différence du potentiel n'atteint pas, à la mise en marche, sa valeur normale, pour la vitesse normale; il n'y a que de faibles étincelles au collecteur. 473
    a) Défaut de conductibilité dans le circuit de la dynamo, ou dans les conducteurs principaux 473
    b) Défaut d'isolement dans les inducteurs ou dans l'induit. 474
  2° La différence de potentiel n'atteint pas, à la mise en marche, sa valeur normale, pour la vitesse normale; de fortes étincelles se montrent au collecteur. 475
    a) Mauvais calage des balais, ou mauvais état du collecteur 475
    b) Court-circuit entre les bornes ou au delà des bornes. 476
    c) Rupture du circuit de l'induit. 476
  3° Pendant le fonctionnement régulier de la dynamo, l'éclat des lampes-témoins et la différence de potentiel baissent peu à peu; les étincelles sont faibles; la vitesse est normale. 477
    Légère augmentation de la résistance de l'induit et des inducteurs, ou léger défaut d'isolement 477
  4° Pendant la marche régulière, l'éclat des lampes-témoins et la différence du potentiel baissent brusquement; l'intensité diminue. 477
    Diminution de la vitesse; défaut de conductibilité ou d'isolement 477
  5° Pendant la marche régulière, l'éclat des lampes-témoins et la différence de potentiel baissent brusquement; l'intensité augmente brusquement; la vitesse diminue brusquement 478
    a) Augmentation de la charge. 478
    b) Court-circuit dans les conducteurs extérieurs. . . . 478
III. La différence de potentiel est plus grande que sa valeur normale 479
    a) Mauvais fonctionnement du régulateur de vitesse . . 479
    b) Diminution brusque de la charge de la dynamo. . . 479
    c) Construction imparfaite de la dynamo, ou mauvaise disposition des circuits 480
IV. La différence de potentiel et l'intensité éprouvent des fluctuations continues. 480
    a) Rupture du circuit induit 480
    b) Fonctionnement irrégulier du régulateur de vitesse . 480

TABLE DES MATIÈRES.

Pages.

c) *Fonctionnement irrégulier d'un arc voltaïque* 480
d) *Fonctionnement irrégulier d'un électromoteur* 480

Épreuves des dynamos.

Épreuve de conductibilité 480
    I. Vérification de la continuité des circuits. 481
    II. Vérification des contacts des circuits 483
Épreuve d'isolement. 483
    I. Épreuve d'isolement par rapport au bâti de la dynamo. 484
    II. Localisation des défauts. 486
    III. Isolement du gros fil des inducteurs par rapport au fil fin 487
    IV. Défaut d'isolement mettant en communication deux points d'un électro-aimant inducteur. 487
    V. Défaut d'isolement mettant en communication deux points de l'induit. 488

CHAPITRE III

ACCUMULATEURS

Conduite des accumulateurs au plomb.

Installation à bord. 491
Remplissage des accumulateurs. 492
    Préparation de l'eau acidulée. 492
Fermeture des accumulateurs. 493
Charge des accumulateurs 494
Décharge des accumulateurs 497
Repos des accumulateurs. 498
Entretien des accumulateurs 498

Avaries, épreuves.

Chute de matière active 499
Gondolement des plaques 499
Usure des grillages 499
Rupture des queues. 499
Courts-circuits 500
Inversion des pôles 500
Sulfatation des plaques 501
Épreuve des accumulateurs. 501

CHAPITRE IV

CONDUCTEURS ET ACCESSOIRES

Entretien.

	Pages.
Entretien des conducteurs	503
Entretien des interrupteurs et des coupe-circuits	503
Entretien des tableaux de distribution	504

Avaries et épreuves.

Rupture du circuit	504
Contacts imparfaits	506
Conducteurs de section insuffisante	507
Étincelles aux interrupteurs et commutateurs	507
Défauts d'isolement dans les conducteurs	508
Épreuve de conductibilité	510
Épreuve d'isolement	511
Épreuve d'isolement, l'installation ne fonctionnant pas	511
Épreuve d'isolement pendant le fonctionnement	516
Minimum d'isolement qu'on doit exiger d'une installation	517
Localisation des défauts d'isolement	518
Fausses indications des voltmètres et des ampèremètres	519

CHAPITRE V

LUMIÈRE ÉLECTRIQUE

Réglage d'un arc voltaïque au moyen d'une lampe à main	521
Réglage d'un arc voltaïque au moyen d'une lampe mixte	524
Observations générales sur le fonctionnement des lampes à arc	527
Épreuves des lampes à arc	528
Lampes à incandescence	529
Montage d'une lampe dans sa douille	529
Mauvaise fixation des fils à la douille	530
Rupture du filament	530

Nancy, impr. Berger-Levrault et Cie.

BERGER-LEVRAULT ET Cⁱᵉ, LIBRAIRES-ÉDITEURS
PARIS, 5, rue des Beaux-Arts. — 18, rue des Glacis, NANCY.

E. GUYOU, capitaine de frégate
MEMBRE DE L'ACADÉMIE DES SCIENCES

Les Problèmes de navigation et la carte marine. Types de calculs et tables complètes. 1896. Un vol. gr. in-8 de 107 pages, avec 2 planches, br. **3 fr. 50 c.**

Théorie du Navire. Suivie d'un Traité des évolutions et allures par le contre-amiral Mottez. 2ᵉ édition. 1894. Un volume in-8 de 440 pages, avec 151 figures, broché. *(Couronné par l'Académie des sciences.)* . . . . **7 fr. 50 c.**

Cours élémentaire d'Astronomie, par E. Guyou et H. Willotte, ingénieur des ponts et chaussées. 2ᵉ édition. 1896. Volume in-8 de 574 pages, avec 170 figures dans le texte et 2 planches, broché . . . . **10 fr.**

Traité de Trigonométrie rectiligne et sphérique. 1891. Un volume in-8, avec 43 figures, broché. . . . . **5 fr.**

Théorie mécanique de la houle cylindrique simple et permanente. 1877. Grand in-8, broché. . . . . **1 fr. 50 c.**

Tables de poche donnant le point observé et les droites de hauteur. 1884. In-18, cartonné . . . . **1 fr. 50 c.**

Traité élémentaire d'Électricité. Notions préliminaires sur l'étude de l'électricité, par G. Hallez, lieutenant de vaisseau. 1882. Un volume in-12, avec 178 figures . . . . **4 fr.**

Manuel pratique d'Électricité à l'usage des gardes d'artillerie, gardiens de batterie et sous-officiers d'artillerie, par C. Véry, lieutenant au 4ᵉ régiment d'artillerie. 1894. Un volume in-8, avec 63 figures, broché . . . . **3 fr.**

Les Unités électriques, par L. Gages, capitaine d'artillerie. 1898. In-8, br. **2 fr.**

Origines de l'Électricité, de la lumière, de la chaleur et de la matière, par Jules Bloch, de Nancy. 1883. 2 parties. Grand in-8, avec gravures, broché. **3 fr.**

Notes sur l'isolement des conducteurs électriques (procédé d'essai), par le Dʳ A. Foucaut, médecin de 1ʳᵉ classe de la marine. 1875. In-8, broché. . **1 fr.**

Les Accumulateurs électriques et leur emploi, par A. Piégart, capitaine du génie. 1896. Brochure in-8, avec 24 figures . . . . **1 fr.**

La Navigation astronomique et la navigation estimée, par Georges Lecointe, officier belge, provisoirement détaché dans la marine française. 1897. Un volume in-4 de 400 pages, avec 190 figures, broché . . . . **15 fr.**

Essai sur la Navigation aérienne. Aérostation, Aviation, par E. Lapointe, enseigne de vaisseau. 1896. Un volume in-8 avec figures, broché . . . . **3 fr.**

De la Possibilité des voyages aériens au long cours, par E. Debureaux, lieutenant à la 1ʳᵉ compagnie d'aérostiers. 1891. In-8, avec 3 figures . . . **1 fr.**

La Navigation aérienne, ses rapports avec la navigation aquatique, par Henry Durassier. 1875. In-8, avec 11 figures, broché . . . . **2 fr.**

Des Ascensions aéronautiques libres en pays de montagnes, et particulièrement à Grenoble, par J. Voyer, lieutenant du génie. 1891. In-8, avec figures, broché . . . . **1 fr. 50 c.**

Essais sur les phénomènes cosmogoniques, par A. Coffinières de Nordeck, lieutenant de vaisseau. Avec une lettre de Pierre Loti. 1893. Un volume in-8 de 394 pages, avec planche en couleurs, broché . . . . **6 fr.**

Nouvelle théorie des Marées. Le mouvement différentiel, par F. de Saint-Ognon. 1895. Un vol. in-4 de 127 pages sur papier de Hollande, avec 8 planches, broché . . . . **6 fr.**

Étude sur les Tremblements de terre, par Léon Vinot. Volume in-8, avec 3 photogravures, broché . . . . **3 fr. 50 c.**

Essai de Météorologie. Les courants électriques et la prévision du temps, par Baudens, lieutenant de vaisseau. 1880. Grand in-8, broché. . . . . **1 fr. 75 c.**

Réflexions sur des points de Météorologie, par le contre-amiral A. Mottez. 2 parties. 1884. Grand in-8 . . . . **1 fr. 25 c.**

Note sur les Ouragans, par Edmond Ploix, ingénieur hydrographe de la marine. 1879. Grand in-8, broché . . . . **1 fr. 25 c.**

www.ingramcontent.com/pod-product-compliance
Lightning Source LLC
Chambersburg PA
CBHW070840230426
43667CB00011B/1867